喻园新闻传播学者论丛

品牌传播
信息时代的主体建构
BRAND COMMUNICATION
SUBJECT CONSTRUCTION IN INFORMATION AGE

舒咏平自选集　SELECTED WORKS OF
SHU YONGPING

舒咏平　著

社会科学文献出版社
SOCIAL SCIENCES ACADEMIC PRESS (CHINA)

总　序

置身于全球化、媒介化的当下，我们深刻感受与体验着时时刻刻被潮水般的信息所包围、裹挟和影响的日常。这是一个新兴的信息技术快速变革和全面应用的时代，媒介技术持续地、全方位地形塑着人类社会信息传播实践的样貌。可以说，新闻传播的形态、业态和生态，在相当程度上被信息技术所决定和塑造。"物换星移几度秋"，信息技术的迭代如此之快，我们甚至已经难以想象，明天的媒体将呈现什么样的面貌，未来的人们将如何进行相互交流。

华中科技大学的新闻传播学科，就是在全球科技革命浪潮高涨的背景下开设的，也是在学校所拥有的以信息科学为代表的众多理工类优势学科的滋养下发展和繁荣起来的。诚然，华中科技大学新闻与信息传播学院还是一个相对年轻的学院。1983 年 3 月，在学院的前身新闻系筹建之时，学校派秘书长姚启和教授参加全国新闻教育工作座谈会。会上，姚启和教授提出，时代的发展，尤其是科学技术的日新月异，将对新闻从业者的媒介技术思维、素养和技能提出比以往任何时代都高的要求。当年 9 月，我们的新闻系成立并开始招生。成立后，即确立了"文工交叉，应用见长"的发展思路，强调培养学生的动手能力和应用能力，强调在科学研究和人才培养中，充分与学校的优势理工类专业交叉渗透。

1998 年 4 月，新闻系升格为学院。和其他新闻传播学院的命名有所不同，我们的院名定为"新闻与信息传播学院"，增添了"信息"二字。这是由当时华中科技大学的前身华中理工大学的在任校长，也是教育部原部长周济院士所加的。他认为，要从更为广阔的视域来审视新闻与传播活动的过程和规律，尤其要注重从信息科学和技术的角度来透视人类传播现象，考察传播过程中信息技术与人和社会的关系。"日拱一卒，功不唐捐"。长期以来，这种思路被充分贯彻和落实到我院的学科规划、科学研究、人才培养、社会服务等各项工作中。

因此，华中科技大学新闻与信息传播学院的最大特色，就是我们自创立以来，一直秉承文工交叉融合发展的思路，在传统的人文学科和"人文学科+社会科学"新闻传播学科发展模式之外，倡导、创新和践行了一种全新的范式。在这种学科范式下，我们以"多研究些问题"的学术追求，开拓了以信息技术为起点来观察人类新闻传播现象的视界，建构了以媒介技术为坐标的新闻传播学科建设框架，确立了以"全能型""高素质""复合型""创新型"为指向的人才培养目标，建立了跨越人文社会科学、科学技术和新闻传播学的课程体系和师资队伍，营造了适合提升学生实践技能和科技素质的教学环境。

就学科方向而论，30多年来，学院在长期的学科凝练和规划实践中，形成了相对稳定的三大支柱性学科方向：新闻传播史论、新媒体和战略传播。在本学科于1983年创办之时，新闻传播史论即是明确的战略方向。该方向下的教学和研究工作主要包括：马克思主义新闻观与思想体系、新闻基础理论、新闻事业改革、中外新闻史、传播思想史、传播理论、新闻传播学研究方法等领域；在建制上则包括新闻学系和新闻学专业（2001年增设新闻评论方向），此后又设立了广播电视学系和广播电视学专业（另有播音与主持艺术专业）、新闻评论研究中心、马克思主义新闻观教研平台等系所平台。30多年来，在新闻传播史论方向下，学院尤为重视新闻事业和思想史的研究，特别是吴廷俊教授关于中国新闻事业史、张昆教授关于外国新闻事业史的研究，以及刘洁教授和唐海江教授关于新闻传播思想史、观念史和媒介史的研究，各成一家，卓然而立。

如果说新闻传播史论方向是本学科的立足之本，那么积极规划新媒体方向，则是本学科凸显自身特色的战略行动。20世纪90年代中期，互联网进入中国，"新媒体时代"正式开启。"不畏浮云遮望眼"，我们积极回应这一趋势，成功申报并获批国家社科基金重点项目"多媒体技术与新闻传播"（主持人系吴廷俊教授），在新闻学专业下开设网络新闻传播特色方向班，建立传播科技教研室和电子出版研究所，成立新闻与信息传播学院并聘请电子与信息工程系主任朱光喜教授为副院长。此后，学院不断推进和电子与信息工程系、计算机学院等工科院系的深度合作，并逐步向业界拓展。学院先后成立了传播学系，建设了广播电视与新媒体研究院、媒介技术与传播发展研究中心、华彩新媒体联合实验室、智能媒体与传播科学研究中心等面向未来的研究平台，以钟瑛教授、郭小平教授、余红教授和笔者为代表的学者，不断推进信息传播新技术、新媒体内容生产与文化、新媒体管理、现代传播体系建设、广播电视与数字媒体、新媒体广告与品牌传播等领域的研究和教学工作，引领我国新媒体教育教学和科学研究风气之先。

　　2005 年前后，依托于品牌传播研究所、广告学系、公共传播研究所等系所平台，学院逐步凝练和培育了一个新的战略性方向：战略传播。围绕这个方向，我们开始在政治传播、对外传播与公共外交、国家公共关系、国家传播战略、中国特色网络文化建设等诸领域发力，陆续获批系列国家课题，发表系列高水平论文，出版系列学术专著，对人才培养起到了积极支撑作用，促进了学院的社会服务工作，提升了本学科的影响力。可以说，战略传播方向是基于新媒体方向而成形和建设的。无论是关于政治传播、现代传播体系、对外传播与公共外交、国家传播战略方面的教学工作还是研究工作，皆立足于新媒体发展和广泛应用的现实背景和演变趋势。在具体工作中，对于战略传播方向的深入推进，则是充分融入了学校在公共管理、外国语言文学、社会学、中国语言文学、哲学等学科领域的学科资源，尤其注重与政府管理部门和业界机构的联合，最大限度整合资源，发挥协同优势。"既滋兰之九畹兮，又树蕙之百亩"。近年来，学院先后组建成立了国家传播战略研究院和中国故事创意传播研究院，张昆教授、陈先红教授等领衔的研究团队在提升本学科的社会影响力方面，起到了非常积极的作用。

　　"却顾所来径，苍苍横翠微。"本学科诞生于 20 世纪 80 年代初信息科技革命高涨的时代背景之下，其成长则依托于华中科技大学（1988～2000 年为华中理工大学）信息科学和人文社会科学的优势学科资源，规划了新闻传播史论、新媒体和战略传播三大支柱性学科方向，发展的基本思路是学科交叉融合。30 多年来，本学科的学者们前赴后继、薪火相传，从历史的、技术的、人文的、政策与应用的角度，观察、思考、研究和解读人类的新闻与传播实践活动，丰富了中外学界关于媒介传播的理论阐释，启发了转型中的中国新闻传播业关于媒介改革的思路，留下了极为丰厚和充满洞见的思想资源。

现在，摆在读者诸君面前的"喻园新闻传播学者论丛"，即是近十多年来，我院学者群体在这三大学科版图中留下的知识贡献。这套论丛，包括二十余位教授的自选集及相关著述。其中，有吴廷俊、张昆、申凡、赵振宇、石长顺、舒咏平、钟瑛、陈先红、刘洁、何志武、孙发友、欧阳明、余红、王溥、唐海江、郭小平、袁艳、李卫东、邓秀军、牛静等诸位教授的著述，共计 30 余部，涉及新闻传播史、媒介思想史、新闻理论、传播理论、新闻传播教育、政治传播、新媒体传播、品牌研究、公共关系理论、风险传播、媒体伦理与法规等诸多方向。可以说，这套丛书是华中科技大学新闻传播学者最近十年来，为新闻传播学术研究所做的知识贡献的集中展示。我们希望以这套丛书为媒介，在更广的学科领域和更大知识范畴的学者、学人之间进行交流探讨，为当代中国的新闻传播学术研究提供华中科技大学学者的智慧结晶和思想。

当今是一个新闻业和传播业大变革、大转折的时代，新闻传播业正在经历人类历史上"百年未有之大变局"。首先是信息科技革命的决定性影响。对当前和未来的新闻传播业来说，技术无疑是第一推动力。大数据、云计算、区块链、物联网、人工智能等技术，持续带来翻天覆地的变革，不断颠覆、刷新和重构人们的生活与想象。其次是国际化浪潮。当前的中国越来越走近世界舞台中央，"讲好中国故事""传播好中国声音"，中国文化"走出去"和提升文化软实力，是国家层面的重大战略，这些理应是新闻传播学者需要面对和研究的关键课题。最后是媒体业跨界发展。在当前"万物皆媒"的时代，媒体的概念在放大，越来越体现出网络化、数据化、移动化、智能化趋势。媒体行业的边界得到了极大拓展，正在进一步与金融、服务、政务、娱乐、财经、电商等行业建立更紧密的联系。在这个泛传播、泛媒体、泛内容的时代，新闻传播研究本身也需要加速蝶变、持续迭代，以介入和影响行业实践的能力彰显学术研究的价值。

　　由是观之，新闻传播学的理论预设、核心知识可能需要重新思考和建构。在此背景下，华中科技大学新闻传播学科正在深化"文工交叉，应用见长"的学科建设思路，倡导"面向未来、学科融合、主流意识、国际视野"的发展理念，积极推进多学科融合。所谓"多学科融合"，是紧密依托华中科技大学强大的信息学科、医科和人文社科优势，在新的时代条件下，以面向未来、多元包容和开放创新的姿态，通过内在逻辑和行动路径的重构，全方位、深度有机融合多学科的思维、理论和技术，促进学科建设和科学研究的效能提升和知识创新。

　　为学，如水上撑船，不可须臾放缓。展望未来，我们力图在传统的新闻传播史论、新媒体和战略传播三大支柱性学科方向架构的学术版图中，在积极回应信息科技革命、全球化发展和媒体行业跨界融合的过程中，进一步凝练、丰富、充实、拓展既有的学科优势与学术方向。具体来说，有如下三方面的思考。

　　其一，在新闻传播史论和新媒体两大方向之间，以更为宏大和开阔的思路，跨越学科壁垒，贯通科技与人文，在新闻传播的基础理论、历史和方法研究中融入政治学、社会学、语言学、公共管理学、经济学等学科的思维方式和理论资源，在更广阔的学科视域中观照人类新闻传播活动，丰富学科内涵。特别的，在"媒介与文明"的理论想象和阐释空间中，赋予这两大学术方向更大的活力和可能性，以推进基础研究的理论创新。

　　其二，在新媒体方向之下，及时敏锐地关注5G、人工智能、云计算、区块链等新兴技术日新月异的发展演变，以学校支持的重大学科平台建设计划"智能媒体与传播科学研究中心"为基础，聚焦当今和未来的信息传播新技术对人类传播实践和媒体行业的冲击、影响和塑造。在此过程中，一方面，充分发挥学校的计算机科学与技术、电子信息与通信、人工智能与自动化、光学与电子信息、网络空间安全等优势学科的力量，大力推进学科深度融合发展，拓展本学科的研究领域，充实科研力量，提高学术产能；另一方面，持续关注和追踪技术进步，积极保持与业界的对话和互动，通过学术研究的系列成果不断影响业界的思维与实践。

　　其三，在新媒体与战略传播两大方向之间，对接健康中国、生态保护、科技创新等重大战略，以健康传播、环境传播和科技传播等系列关联领域为纽带，充分借助学校在基础医学、临床医学、公共卫生、医药卫生管理、生命科学与技术、环境科学与工程、能源与动力工程等学科领域的优势，在多学科知识的有机融合中突破既有的学科边界，发掘培育新的学术增长点，产出标志性的学术成果，彰显成果的社会影响力和政策影响力。

1983~2019 年，本学科已走过 36 年艰辛探索和开拓奋进的峥嵘岁月，为人类的知识创造和中国新闻事业的改革发展贡献了难能可贵的思想与智慧。在人类的历史长河中，36 年的时间只是短短一瞬，但对于以学术为志业的学者们而言，则已然是毕生心智与心血的凝聚。对此，学院谨以这套丛书的出版为契机，向前辈学人们致以最崇高的敬意！同时，也以此来激励年轻的后辈学者与学生，要不忘初心，继续发扬先辈们优良的学术传统，在当今和未来的时代奋力书写更为辉煌的历史篇章！

"潮平两岸阔，风正一帆悬。"在技术进步、全球化发展和行业变革的当前，人类的新闻传播实践正处于革命性的转折点上，对于从事新闻传播学术研究的我们而言，这是令人激动的时代机遇。华中科技大学新闻传播学科将秉持"面向未来、学科融合、主流意识、国际视野"的思路，勇立科技革命和传播变革潮头，积极推进多学科融合，以融合思维促进学术研究和知识创新，彰显特色，矢志一流，为建设中国特色、世界一流的新闻传播学科，为我国新闻传播事业的改革发展，为人类社会的知识创造，为传承和创新中华文化做出应有的贡献！

张明新

华中科技大学新闻与信息传播学院教授、博士生导师、院长
2019 年 12 月于武昌喻园

目　录

CONTENTS

自序　品牌传播：信息时代的主体建构 …………………………………… 001

上篇　品牌传播理论建构

品牌传播理论建构的主体性、史学观与思维变革 ………………………… 003

品牌即信誉主体与信任主体的关系符号 …………………………………… 014

品牌：传受双方的符号之约

　　——"狗不理"品牌符号解析 …………………………………………… 024

习近平讲话中有关品牌观点的学习与解读 ………………………………… 037

论品牌传播 …………………………………………………………………… 048

"品牌传播"内涵之辨析 ……………………………………………………… 058

基于网络的品牌传播"长尾化" …………………………………………… 070

品牌危机的网上扩散与消弭

　　——以迪奥的"莎朗·斯通事件门"为例 ……………………………… 078

论"国家品牌传播"

　　——信息社会语境下价值导向的国家传播 …………………………… 092

"国家品牌传播"提出的逻辑 ………………………………………………… 107

中国国家品牌传播的新闻自觉

　　——党性与人民性相统一的主体意识 ………………………………… 121

自主品牌：华夏文明的致效媒介 …………………………………………… 140

自主品牌故事中的中国形象 …………………………………… 151

从"价格让渡"到"价值满足"
　　——社会转型期自主品牌传播的取向 ………………… 163

缺憾的自主传播
　　——基于自主品牌网站英文版的实证分析 ………… 173

国外消费者的中国品牌形象认知
　　——基于对义乌市场外商的问卷调查 ……………… 187

中国品牌与环境的海外消费者认知 ……………………… 206

中国本土品牌洋符化的符号学批判 ……………………… 232

从大禹治水看个人品牌的建构 …………………………… 245

意见博弈：传播的内在图景 ……………………………… 253

广义灵感论：自我传播效应 ……………………………… 267

下篇　广告传播演进变革

论广告生存的变革 ………………………………………… 291

广告接受心理的微观发生
　　——兼论马克斯·萨瑟兰的"羽毛效应说" ………… 301

广告互动传播的实现 ……………………………………… 314

广告传播公信力的缺失与导入 …………………………… 323

广告公信力评估模型的建构与操作 ……………………… 337

数字传播环境下广告观念的变革 ………………………… 347

碎片化趋势与"广告载具"的微观承接 ………………… 356

搜索平台上的广告信息呈现 ……………………………… 368

受众中心的网络广告呈现
　　——以"大众点评网"为例 ……………………………… 380

"信息邂逅"与"搜索满足"
　　——广告传播模式的嬗变与实践自觉 ……………… 391

新媒体广告的"原生之困"与管理创新 ………………… 401

基于企业自有数字媒体的品牌传播聚合性 ……………… 409

超越营销的品牌营销传播

——新媒体环境下广告主的抉择 …………………………… 421

基于受众评价的广告社会效果研究 …………………………… 431

企业公益传播：公益营销的超越 …………………………… 450

传播通道过剩与品牌人文价值 …………………………… 460

融媒体广告的特性与品牌传播取向 …………………………… 473

品牌传播服务取向的广告产业转型 …………………………… 484

自　序
品牌传播：信息时代的主体建构

信息时代，是让人们如此始料不及地来到了——

打开手机或者任何随身终端，无论是动动手指还是语音发出指令，这个世界的任何公开信息立刻就来到你的面前。

如果你有足够丰富的见闻、足够博大的思想，那么你就不需发愁全世界不与你分享，你的微信、微博或推特，就是世界级的媒体。

可是你的生命时空不足以消化海量信息，而你也无法生生不息地生产既昙花一现又转瞬即逝的信息内容。诚如美国媒体专家戴维·申克在其《信息烟尘：在信息爆炸中求生存》所言，信息烟尘已经袭来，信息过剩一旦发生，信息就不再对生活质量有所帮助，反而开始制造生活压力和混乱，甚至无知。

是的，我们该反思生存于信息社会如何驾驭信息，如何让信息烟尘凝结为价值了。传播学者以及所有要让生命价值不再烟尘化、要让劳动和工作从功利走向尊严的人们，均需对此做深层的思考。

作为广告学的学者，我曾经为广告创意之短长、广告效果之优劣、广告媒体之选择等命题殚精竭虑，但广告促进营销的本源导向总令我有所不甘，且促使我超越对营销增长的关注，进而对商品价值、产品品质、企业责任，乃至对品牌信誉进行深入的思考。当我的思考逼近品牌背后主体的人时，我发现无论是品牌生产者还是品牌消费者，他们的利益与价值均在品牌上实现了统一，因此我也水到渠成地提出了涵盖广告、新闻、公关、营销话语、网络沟通的"品牌传播"。

可是我的思维是如此不甘地守候在生产与消费领域，当我将品牌指代从产品、企业自然地迁移到社会服务、组织机构，乃至国家，以至个人时，才发现品牌内涵是如此的丰富：它不仅是国务院文件中所指出的"品牌是企业乃至国家竞争力的综合体现"，而且包括了所有主体的人。而且我们可以发现，凡以品牌称誉者，无一例外不是体现正向价值的，倘若有瑕疵且不予改观，则将会被社会立即剔除出品牌的行列。可见品牌是信誉主体与信任主体的关系符号，具有鲜明的正价值、正能量，兼顾多方利益，同时又是品牌主综合竞争力的集中体现。品牌属于品牌主，这毫无疑问，但其需要品牌产品的消费者、使用者，以及社会上的目标人群对其充满信任并予以务实合作，只有这样才构成品牌的价值。

如此，"品牌化发展理念"正于无形中成为我国新时代社会发展需秉持的理念。因为，品牌化发展理念不仅将指导我国企业坚定信念，走自主创新、自主品牌道路，在提升供给侧品质、满足市场的同时，更自信地走向国际市场，为国家形象建构做出贡献；而且品牌化发展理念将以现代语境之语言符号内涵，引领每一个中国人进行思想境界的升华、行为的自律自觉，在打造个人品牌的同时，将个人价值融入自主品牌及国家品牌的建设中。可以说品牌化发展理念对个人、组织、国家三个层面进行了命运一体化、信誉一体化的融合与引导，以引导全体中国人自觉建构品牌，为人类发展做出贡献。显而易见，品牌化的中国制造与创造、品牌化的中国人与组织，乃至中国国家整体品牌，正是走向人类命运共同体的世界最乐意接受的。

当作为主体的人们均希望在各层面品牌中体现自身的生命价值时，那么我们的品牌传播也必然显示出在信息社会建构主体的深远意义。我们知道，传播学诞生伊始，就受命于美国政府参加了二战；随后传播学的一系列原理诞生，又多有美国选举政治的色彩，鲜明地为选举主体服务。可以说传播学诞生时主体就在那，其研究一开始就无须对传播者或传播主体展开研究，其研究重心与诸多成果自然落到讯息、媒介、受众、效果这四个环节或要素之上。

传播学创始人之一的施拉姆曾指出，人类与其他动物社会的主要区别就是人类的传播。也就是说传播作为人类精神交往的重要方式，是人类为了满足自身需要，自觉主动发起的，因此，传播的诸要素均要取决于传播主体——"人"的因素，从人的需要与传播目的出发。如果说，诸多大众传播现象中唯有广告的主体性最为鲜明，因为广告定义就是突出广告主的可识别，那么，我们再对在传播领域占据重要地位的新闻传播进行审视时，则无疑可发现其存在隐形的却无时不在的国家主体。而在任何个人生存发展中，又总是通过传播校正自身行为，并努力展现个人生命价值。其背后无疑正是品牌理念和品牌的正向传播。

如此，品牌传播自然成为其信息社会须臾难离的实践领域。由品牌观来观照人类历史则可发现，从原始氏族社会以来，主体的人无不是通过信誉的建构来推动自身实践的，都是有意无意地建树品牌来实现自身价值、推动社会发展的。由此，品牌既具有宽阔的主体涵盖面，又简洁概括地体现了各类主体的价值追求。而在信息社会，由于个人、企业、组织乃至国家，均有意无意地走向品牌化生存，均需通过信息传播来进行品牌生存发展的环境营造，如此，让所有点滴的信息传播均体现品牌价值，并因品牌内核的吸附力而积淀为长远的价值，这就是品牌传播，就是信息时代社会主体建构的必由之路。

本书选入的诸篇论文均体现了我如上思考的轨迹，或许写作当时并没有达到信息时代主体建构的高度，但记录下一个学者的思维轨迹却是应然的。

舒咏平

2022 年 2 月

品牌传播理论建构

品牌传播理论建构的主体性、
史学观与思维变革

习近平同志 2004 年 12 月在浙江省经济工作会议上的讲话中明确指出："品牌是一个企业技术能力、管理水平和文化层次乃至整体素质的综合体现。从一定意义上说，品牌就是效益，就是竞争力，就是附加值。"① 国务院办公厅所颁发的文件中也明确指出："品牌是企业乃至国家竞争力的综合体现。"② 也就是说，品牌乃是富有显著价值的企业、国家及各类组织乃至个人的主体性体现。由此，由广告延伸而来的品牌传播，则需突破其工具理性、实践层面而在更为宽广的视域中进行理论建构。而关于品牌传播理论建构，如下三个题项乃为关键。

一 品牌传播研究本质是主体性传播理论建构

传播学奠基人拉斯韦尔对于传播过程是以五要素来描述的，即传播者—讯息—媒介—受众—效果，并由此开辟了传播学的五个研究领域。由于传播学诞生之始，威尔伯·施拉姆、拉斯韦尔、霍夫兰等传播学的奠基人均在二战期间参加了美国统计局与战时新闻局的工作，其职责就是研究

---

① 习近平:《干在实处 走在前列——推进浙江新发展的思考与实践》，中共中央党校出版社，2006，第 146~147 页。

② 《国务院办公厅关于发挥品牌引领作用 推动供需结构升级的意见》，中国政府网，2016年 6 月 20 日，http://www.gov.cn/zhengce/content/2016-06/20/content_5083778.htm。

政府在紧急战争状态下如何传播、产生效果，因此其传播主体本身就是不言而喻的、明确的美国政府，这使得传播学一开始就无须对"传播者"或传播主体展开研究，传播学初创期的诸多成果自然落到讯息、媒介、受众、效果这四个环节或要素之上了。如此，其实践与理论研究演绎的结果致使传播者定义至今依然模糊不清，传播主体的研究依然缺位。

虽然传播学理论系统建构者施拉姆曾明确指出："使人类有别于其他动物社会的主要区别是人类传播的特定特性。"① 其定义虽突出了传播的主体性，但其理论体系却是以传播符号、传播代码、传播途径、传播媒介、传播效果来建构的；虽然也阐述了信息发送者与信息挑选，但传播主体分析却未能涉及。我们知道，传播作为人类精神交往的重要方式，是人类为了满足自身需要且自觉主动发起的；因此，传播的诸要素均要取决于传播主体——"人"的因素，从人的需要与传播目的出发。马克思曾说过，当现实的人"通过自己的外化把自己现实的、对象性的本质力量设定为异己的对象时，这种设定并不是主体；它是对象性的本质力量的主体性"。② 这就是说，现实中的人们需要展示自身的主体性力量，其自身的实践必然将主体本质赋予对象，从而让对象性的存在体现出主体性的本质力量。而传播正是人的主体性付诸信息、借助于媒介、到达于受众对象的主体性活动。我国著名传播学者郭庆光将人际传播定义为"两个行为主体之间的信息活动"，对组织传播则阐释为"以组织为主体的信息传播活动"③；显然他对于个体与组织作为传播主体把握是非常清晰的。但是由于在大众媒介环境下，传播学的研究重心总是落于大众传播、大众媒介之上，郭庆光界定大众传播主体为"专业化的媒介组织"，基于这样的媒介中心论认知，其也就不知不觉地把传播定义为"社会信息的传递或社会信息系统的运行"④；如此在传播这一核心界定中，"传媒"作为"5W"传播模式中的一个环节得到空前突出，而真正的"传者"——"传播主

---

① 〔美〕威尔伯·施拉姆、威廉·波特：《传播学概论》，陈亮等译，新华出版社，1984，第3页。
② 马克思：《1844年经济学哲学手稿》，人民出版社，2000，第124页。
③ 郭庆光：《传播学教程》，中国人民大学出版社，1999，第81、101页。
④ 郭庆光：《传播学教程》，中国人民大学出版社，1999，第5页。

体"消失了。

可以说，当大众媒介占据传播中的重要地位时，必然会诞生一个媒介主体；且媒介与新闻的专业主义在大众传播中占有强大的话语权，这就使得作为社会运行主体的各类组织及个人本应是传播主体的，却消淡退隐了。这在新闻理论中表现尤为突出。新闻专业主义强调：新闻必须服务于公众利益，不是服务于某政治或经济集团；新闻从业者是社会的观察者、客观的报道者，是信息流通的"把关人"；采纳的基准是以中产阶级为主体的主流社会的价值观念。[1] 因此就使得新闻与媒体成为独立的主体，或者成为中产阶级主体的代言人。而马克思主义新闻观则强调"政治家办报"，认为无产阶级政党就是要把党报党刊等主流媒体办成真正代表无产阶级和人民大众利益、实现党性与人民性相统一的"喉舌"。马克思就曾明确指出，报刊"它生活在人民当中，它真诚地同情人民的一切希望与忧患、热爱与憎恨、欢乐与痛苦"。[2] 也正是胡耀邦在担任总书记时所说："我们党的新闻事业，究竟是一种什么性质的事业呢？就它最重要的意义来说，用一句话来概括，我想可以说党的新闻事业是党的喉舌，自然也是党所领导的人民政府的喉舌，同时也是人民自己的喉舌。"[3] 实践中马克思主义新闻观的核心即"党性和人民性从来都是一致的、统一的"[4]，实际上最简洁、明了地回答了新闻媒体的主体乃是"党和人民"的代言。在我国，新闻传播的主体即中国共产党领导的、人民当家作主的社会主义中国。或者说，中华人民共和国就是我国新闻传播事实上的主体，就是我们要不断建构的国家品牌。

如果说在传播领域占据重要地位的新闻传播存在隐形的却无时不在的国家主体，那么在利用媒体进行广而告之的广告领域，其主体则为广告主或品牌主。由于广告的实务操作主要是广告公司，所派生出来的概念与思

---

[1] 陆晔、潘忠党：《成名的想象——中国社会转型过程中新闻从业者的专业主义话语建构》，《新闻学研究》2002年第7期。

[2] 《马克思恩格斯全集》（第一卷），人民出版社，1995，第352页。

[3] 胡耀邦：《关于党的新闻工作》，中国网，2011年4月12日，http://www.china.com.cn/cpc/2011-04/12/content_22343622.htm。

[4] 《习近平谈治国理政》（第一卷），外文出版社，2014，第154页。

维角度也多是从广告公司出发的，以致在广告领域最常见的思维视角就是广告公司主体或媒介主体；事实上的广告主或品牌主这一主体也无形中被边缘化了。随着以网络为代表的新媒体强势崛起，广告主或品牌主可以利用自有新媒介进行自主传播，凸显广告传播主体进行价值建构的品牌传播也就应运而生。也就是说，品牌传播来源于广告，但在凸显其主体性传播的同时，又使品牌传播理念为更广阔领域的主体性传播所分享。在广告传播中，广告主虽然更多的是企业，但国家形象广告、政党参选广告、公益广告，其背后的广告主主体则无疑是国家、政党以及各类社会组织；而且这所有的广告主均有一个品牌建构的使命，需要通过各种途径方式与环境建立良好互动关系，如此，品牌传播自然成为信息社会须臾难离的实践领域。

当然，对于传播主体性的研究其实在不同领域、不同角度也总在进行。如我国新闻学学者杨保军从新闻传播活动中分析说：印刷新闻纸是新闻传播主体与接受主体分立对应关系开始的标志；新闻活动中存在传受主体不分的情况，且将伴随人类历史的始终。[①] 这里他显然是从具体的新闻传播者与阅读者来认识主体的。但他又写道："新闻控制本质上属于一种文化控制，并且主要是一种精神文化控制，直接指向人们的价值态度和价值观念。新闻控制实质上是一种利益控制，就是一定的利益集团按照自身的利益目标对新闻信息流进行控制。"[②] 这里对于新闻实施控制的无疑更是本质性的新闻传播主体。曾有位研究主体哲学的学者写道："真正的主体只有在主体间的交往关系中，即在主体与主体相互承认和尊重对方的主体身份时才可能存在。"[③] 这意味着，凡有接受对象存在，则必然有不同的传播主体存在。这就必然分化出各种领域的传播主体：国家形象传播主体、社会主义核心价值观公益传播主体、环境保护公益传播主体、各级政府部门施政传播主体、企业形象传播主体、产品促销广告传播主体、文体活动传播主体、旅游产品与业务传播主体、组织与团队运行传播主体、家

---

① 杨保军：《论传播主体与接受主体的关系》，《国际新闻界》2003 年第 6 期。
② 杨保军：《新闻理论教程》（第 2 版），中国人民大学出版社，2010，第 280 页。
③ 郭湛：《主体性哲学——人的存在及其意义》，云南人民出版社，2002，第 253 页。

庭及成员活动传播主体等。不同角度、不断细分的传播主体固然清晰地存在，但作为具有涵盖面的传播学，却需要有相对概括性的传播主体以及主体性传播研究。而品牌传播作为主体传播研究则很好地弥补了传播学中主体缺位之不足，且启发传播学者可从多角度对传播主体这一富有广阔空间的领域展开研究。

既然传播学的发展需要建构主体性传播学说，那么"品牌"对于主体性的涵盖与价值则无疑需要进一步明确。品牌在早期是作为"用来区分不同生产者的产品之烙印"① 来被认识的，并广泛地用于市场经济领域；随着信息时代各类实践主体需要符号化、信息化，并投入正向价值建构的传播，主体品牌化成为必然的趋势，并为学界所关注。由此，现代的品牌则成为"信誉主体与信任主体的关系符号"，同时品牌"移用为个体的人，是个人品牌；平行移用为各类不同的社会组织，则构成不同组织的品牌；而上升为一个国家，那么国家则也同样成为品牌"。② 而由品牌观来观照人类历史，则可发现从原始氏族社会以来，主体的人无不是通过信誉的建构来推动自身实践的，都是有意无意地建树品牌来实现自身价值、推动社会发展。由此，品牌既具有宽阔的主体涵盖面，同时又简洁概括性地体现了各类主体的价值追求；品牌传播研究则较好地体现了主体性传播理论建构的本质。

二　品牌传播史研究是对人类传播智慧的传承

由于传播主体或主体性传播从来没有在传播研究中占据应有的位次，因此既有的传播史很少考虑传播活动实施的主体——"人"；而是自然性地臣服于大众媒介的力量，将更多传播史探索的眼光投向媒介发展史。如郭庆光的《传播学教程》就非常典型，其在"人类传播的发展进程"一节中写道："语言的产生是真正意义上的人类传播的开端。从语言产生到今天的信息社会，人类传播本身也经历了一个漫长的发展过程。传播是通

---

① 〔英〕保罗·斯图伯特主编《品牌的力量》，尹英译，中信出版社，2000，第 2 页。
② 舒咏平：《品牌即信誉主体与信任主体的关系符号》，《品牌研究》2016 年第 1 期。

过一定的媒介、手段或工具来进行的。根据媒介产生和发展的历史脉络，我们可以把迄今为止的人类传播活动区分为：口语传播时代、文字传播时代、印刷传播时代、电子传播时代。"① 或许这种以媒介形态为基准的传播史研究，确实能简明地梳理清晰媒介在社会发展中的地位与作用，但传播作为人的主体性实践方式，即使从传播学诞生以来就具有的五要素来审视，也都决定了传播史的梳理不能局限于媒介史。由于传播学研究中的主体缺位致使主体性传播一直未得到清晰梳理，这使得"传播"这种人类最普遍的实践活动，尚未能进行史的追踪、史的梳理与总结，并在史中获得启迪。

所幸，已有诸多学者从传播的不同领域进行了专门史的研究。如传播思想史、传播制度史、新闻史、媒介史、修辞史、广告史、教育史、文学史、艺术史、中外交流史、文化传播史、翻译史、旅游史、邮驿史、印刷出版史、宗教史等，几乎各个领域都涉及丰富多彩的传播现象。由于学科界限需要统一，有学者建议将传播史的领域界定为三个方面：一是传播媒介史；二是传播者角色与制度史；三是传播观念史。② 此观点依然是传播史的细分性研究，是否有以人为本、以主体性传播为本体的传播史研究呢？1993 年，我国第一代传播学学者们在厦门大学举办了一次"中国传统文化中'传'的座谈会"。会上约定，由孙旭培先生主编、28 位学者共同参与编写一本旨在从源远流长的华夏文明中梳理出传播现象的著作。这就是人民出版社出版的《华夏传播论》。应该说该书成功地探索了中国传播史研究的广泛领域，但这毕竟是一本让传播学界内外更多人对中国传统文化中的传播现象感兴趣的集体合著③，尚无法将其视作主体性传播的史论。此后不久，李敬一的《中国传播史》由武汉大学出版社出版，应该说该书突出了传播主体的要素，如"史实论""人物论""思想论""发展论"均鲜明地梳理了传播主体的传播智慧，但在理论架构上还是传统史学模式，史论多于对传播学的诠释。④ 也就是说，作为传播史的研

---

① 郭庆光：《传播学教程》，中国人民大学出版社，1999，第 28 页。

② 王琛：《20 年来中国传播史研究回顾》，《当代传播》2006 年第 6 期。

③ 孙旭培主编《华夏传播论》，人民出版社，1997，第 7 页。

④ 杨永军：《论我国"传播学本土化"的理论建构》，《学术论坛》2005 年第 3 期。

究，其传播主体的色彩并没有显示出学科特色，依然以传统的史学概念与话语来探讨传播智慧，这就使得传播学本体色彩未能清晰显示。

当我们超越媒体形态变迁的眼光，从细分的传播现象走向具有综合性的品牌传播史研究时，则可以很分明地考察人类史上主体人为了正向价值建构的品牌而展开传播的智慧及其得失，并将因此形成主体性传播史。如果说我国古代沉淀下来的三皇五帝是中华民族先祖传播建构的圣祖品牌，那么春秋战国时期出现的"诸子百家"则可以说是他们通过游说传播建立起来的个人品牌。如"轩辕黄帝"作为中华民族的始祖，率领先民播百谷草木、发展生产、始制衣冠、建舟车、制音律、创医学，以至打败蚩尤统一华夏部落，创下赫赫功绩；同样，"神农炎帝"作为中华民族的始祖之一，则制耒耜种五谷、尝百草明医药、制陶器开集市、治麻布让民着衣、作五弦以乐百姓、立日历分农时、创教育启民智德，并联合黄帝促进炎黄部落结盟，共同击败了蚩尤。可以说黄帝与炎帝，不仅成为中华民族的象征，也成就了其个人品牌。而他们之所以富有威望有所作为，显然在当时就是通过原始社会的人际传播、群体传播而建立起其圣祖之品牌；并在悠悠岁月中又通过《水经注》《山海经·西山经》《国语·晋语四》《左传》《史记·五帝本纪》等文字文本传播至今。东周末年，由于社会离乱，出于士族阶层的诸子"不再具有固定的官职，诸侯各自为政，小国林立，客观上为他们的自由流动提供了可能。他们或转向民间，或被不同的国家聘用，开始扮演知识传播者和思想创造者的角色"。① 如此，他们自由地发挥了主体性思维，建立了个性的主体思想观点，并通过游说、进谏、辩论、演讲、教学、著书等方式进行传播，就有了"处士横议，诸子纷纷，著书立说"② 的百家争鸣繁荣局面。在这个主体性张扬的时代，其为中国乃至人类创造了儒家、道家、墨家、名家、法家、兵家、阴阳家等学术流派品牌，而且建立了中国历史上最星光灿烂时期的孔子、孟子、荀子、老子、庄子、墨子、管子、孙子等学术代表人物的个人品牌。恩格斯曾盛赞文艺复兴时代："这是一次人类从来没有经历过的最伟大

---

① 林甘泉：《从文明起源到现代化》，人民出版社，2002，第395页。
② （清）章学诚：《文史通义》，第39页。

的、进步的变革，是一个需要而且产生了巨人——在思维能力、热情和性格方面，在多才多艺和学识渊博方面的巨人的时代。"① 显然，在我国春秋战国时期，学术流派迭出、思想巨人群起，也正是一个主体性品牌传播的辉煌时期。

马克思曾经指出："无论历史的结局如何，人们总是通过每一个人追求他自己的、自觉预期的目的来创造他们的历史，而这许多按不同方向活动的愿望及其对外部世界的各种各样作用的合力，就是历史。"② 因此在历史发展的长河中，在人类不同的实践领域与生存层次中，人们通过各种组织形式来达成愿望、创造历史，在与外部世界形成互动作用中，其主体性传播或多或少均具有品牌传播性质。如古代的宗教、庙观、家族、宅第、集镇、村庄、店铺、商号、作坊、书院、师傅、帮派等；如近代社会的党派、政府、工厂、企业、商场、学校、医院、媒介、农庄、科研院所、文化机构、社会团体、事业单位、政府部门、生活共同体等；可以说只要是存在运作实践，就具有鲜明的主体性，就具有品牌传播的内涵，就是品牌传播史，以至主体性传播史研究的对象。史上这些非常清晰的传播主体如何运用当时的媒介手段来建构品牌，且推进历史发展，其角度正是我们品牌传播史的研究范畴，而且可以帮助我们了解历史上主体传播的种种史实及其透视出的传播智慧，这显然更富有人类传播智慧解析与传承的史学意义。

三　品牌传播载体观是对广告媒体思维的突破

传播学的诞生正是大众媒体在发挥影响力的时候，且当时的传播学创始人立足大众媒体进行了学科奠基；但他们所做出的贡献换个角度则又必然地成为束缚：直到今天，传播的研究视野主流还是牢牢捆绑在大众媒体之上。尤其是广告，其在 19 世纪伴随便士报运动而诞生，从此便一直依赖大众媒体而存在，当提及美国的广告高地纽约"麦迪逊大道"时，就

---

① 《马克思恩格斯全集》(第二十卷)，人民出版社，1971，第 361 页。
② 《马克思恩格斯选集》(第四卷)，人民出版社，2012，第 254 页。

自然知道这里丛生林立的广告公司是依赖这条大道上云集着的美国 CNN、《时代》、《时尚》等诸多媒体而生存。① 由此，广告实务与研究也就无法摆脱媒体思维，一切的创意、表达、投放、送达、接触等广告要素无不是基于大众媒体的媒体思维而展开。

随着网络时代的到来，人的"耳目喉舌"的有限性被打破，公众的信息接受不仅由大众媒体转移到网络空间，而且基于网络线上的"准社会交往"发展成为几近真实状态的人际交互②，从而形成一种"媒介化社会"，即一个全部社会生活、社会事件和社会关系都可以在网络媒介上展露的社会，由此网络媒介影响力对社会实现了全方位渗透。③ 如此，品牌必然依靠无所不在的网络信号，将品牌信息化解为各类沟通载体，使受众及消费者通过正式和非正式的渠道反复接收与品牌、企业身份相关的信息，从而引发他们对品牌的认知与认同。④ 随着各类、各层面的品牌传播更多自主地付诸基于网络的社会媒体抑或自媒体，其传播渠道的研究必然由大众媒体走向小众媒体，乃至更加细化的一对一微观载体。当工业社会演进到网络支撑的信息社会时，品牌传播无疑需要更全更多的媒体，且必然性地主动进行品牌信息的全透明展示，从而形成品牌主与品牌受众信息的全面对称。品牌传播对于"全媒体、全透明、全对称"的追求体现在媒体呈现上则构成了"品牌传播载体观"：各类能呈现品牌信息的事物均将成为有效的品牌载体。如在品牌传播思维中，品牌创始人、企业领袖、企业员工、企业建筑、品牌产品、产品包装、品牌终端、品牌代理、品牌网站、品牌 App、品牌电商、品牌互动维护、品牌高管的微博微信等均具有了与大众媒体、社会媒体同样的传播功能，由此可统称为"品牌载体"。

"品牌载体"是在媒介网络化、碎片化、小众化趋势下应运而生的，

① 〔美〕马丁·迈耶：《麦迪逊大道》，刘会梁译，海南出版社，1999，第 7 页。
② M. Lüders, "Conceptualizing Personal Media," *New Media & Society* 5 （2008）：683-702.
③ 〔美〕曼纽尔·卡斯特：《网络社会的崛起》，夏铸九等译，社会科学文献出版社，2001，第 15 页。
④ M. Press, E. J. Arnould, "How Does Organizational Identification Form? A Consumer Behavior Perspective," *Journal of Consumer Research* 4 （2011）：650-666.

它一定意义上突破了广告业紧盯单纯媒体的媒体思维。在媒体思维中，曾经针对大众媒体的无穷分解与无止境的碎片化，有专家提出了"广告载具说"：单一媒体中刊登广告的特定空间与时段，且具有不可分割性、具体指向性、自由选择性这三大特点①；由此，品牌传播需要采纳综合型的媒体载具战略，即一种整合、系统、立体、360 度无死角的载具策略。②但我们这里的"品牌传播载体观"，则在兼顾单纯媒体或载具之"物"的基础上，还将载体的眼光延伸到具有品牌主体性的"人"。而从国家品牌形象塑造上看，我国传播学学者程曼丽教授就认为政府、企业和全体国民三大类主体均起着传播载体作用。③薛可等学者则曾通过实证研究证实：个人代言在国家品牌形象的传播中起到了正向效果，国外媒体对国家领导人的关注度最高，文体艺术名人其次，而对企业家和第一夫人的关注度偏低；国家形象代言人中，第一夫人的传播效果最好。④也就是说，国家品牌也往往通过个人载体得到有效传播。而在同仁堂、全聚德、茅台、海尔、联想、福特、波音、奔驰、松下、索尼、微软等中外著名品牌的成长历程中，我们都能很清楚地看到"人"对于品牌的承载意义。如：乔布斯为"苹果"的形象代言、雷军总出现于"小米"新品发布会、董明珠在电视上自信地说"格力，让世界爱上中国造"、马云在世界各地频频为"阿里巴巴"业务进行主题演讲等。我想谁也不会否定这些领袖级的"人"乃品牌最佳的载体。但我们这里更想强调的是：在网络媒体环境中，作为品牌载体的"人"，已不单单是品牌创始人或企业领袖，而是必然地体现于他的所有员工以及品牌关系人。因为在数字化生存中，一定意义上已经实现了人即数字、数字即人；每个人总是不知不觉地在数字生存表现中自然地展示自我，展示所依托的、所关联的品牌。如，特定品牌企业员工的微博微信、各类直播平台上品牌人言行的自然直播呈现、电子商务平台上客户的评价与打分、专业分享平台上人们旅游经历与生活经验的

---

① 舒咏平：《媒体碎片化趋势与"广告载具"的微观承接》，《现代传播》2007 年第 2 期。
② 刘晓倩：《论碎片化趋势下品牌传播的"分身术"》，《新闻研究导刊》2017 年第 4 期。
③ 程曼丽：《大众传播与国家形象塑造》，《国际新闻界》2007 年第 7 期。
④ 薛可、黄炜琳、鲁思奇：《中国国家形象个人代言的传播效果研究》，《新闻大学》2015 年第 2 期。

实录与分享等，无不是最具有品牌传播效应的载体。也就是说，"品牌传播载体观"顺应网络时代，正视传播渠道过剩且无所不在的环境事实，拓展了单纯媒体思维，打通了物与人之间以及符号与内容之间的隔膜，且进入了品牌传播载体微观层面。这不仅仅还原了品牌传播进行时的客观事实，更开拓了品牌传播"媒体—载体"的实践领域与研究领域。毫无疑问，"品牌传播载体观"涉及的对象、领域、方式、方法等，其复杂程度均远远超出了单纯的广告媒体思维；但科学总是不断挑战未知、走向精细，这恰恰是学科成为科学、学科进入成熟的标志，是工具性的广告学走向主体性与完整本体性的品牌传播学深厚学理性所在。

（原载《现代传播》2018 年第 1 期，署名舒咏平、肖雅娟）

品牌即信誉主体与信任主体的关系符号

提及"品牌"，人们赋予它的内涵几乎全是正面的、富有价值的一种追求与肯定。正因为如此，品牌成为企业发展的自觉理念、成为消费者信赖的选择、成为人们由衷称道的话题，乃至成为一个地区与国家的形象符号。习近平曾非常明确地指出，我们"要着力提高自主创新能力和培育自主品牌，坚定不移地走品牌发展之路"。[①] 品牌之所以富有如此魅力，我们的认识与解读显然还需从符号经营层面延伸向哲学的纵深。

一 品牌的信誉主体性

毋庸讳言，品牌是作为主体的人创建的，事物只要被冠以品牌，其背后必然站立着大写的人。英国英特品牌公司的保罗·斯图伯特曾就品牌起源写道："品牌被用来区分不同生产者的产品已由来已久。实际上，英语'品牌'（brand）一词源于古挪威语的'brandr'，意思是'打上烙印'。"[②] 确实，在各民族农耕时代，古代人们无一例外地在牛及其他牲畜身上打上烙印以表明主人所有，在未干的陶器底部按上指印以标明制陶者，在斧头、镰刀、木桶等工具上烙上印记以标明生产者。这些"烙印"无疑就是品牌的雏形，同时也清晰表明了"烙印"主人对于产

---

① 缪毅容：《习近平与国企负责人座谈：使国企成自主创新主体》，《解放日报》，2007 年 9 月 22 日，第 1 版。

② 〔英〕保罗·斯图伯特主编《品牌的力量》，尹英译，中信出版社，2000，第 2 页。

品信誉的担保。可以说，"烙印"作为品牌诞生之初，就具有了鲜明的信誉主体性。

欧洲近代哲学的主要代表人物笛卡尔提出"我思故我在"的命题，其"我思"的本身就体现了主体性存在，为近现代主体性哲学的形成与演变奠定了基础。可以说笛卡尔为人们追求知识确定性而确立了一个稳固可靠、不可动摇的主体性支点或前提。但笛卡尔的主体性命题更多地体现在"思"层面，马克思则从实践层面充分肯定了人的实践主体性。马克思指出，当现实的人"通过自己的外化把自己现实的、对象性的本质力量设定为异己的对象时，这种设定并不是主体；它是对象性的本质力量的主体性"。① 也就是说，现实中的人将自身的实践赋予对象性，而对象性的存在即人本质力量的主体性体现。马克思还进一步论述了人的实践与动物活动的区别。他指出："人则使自己的生命活动本身变成自己的意志和意识的对象。他的生命活动是有意识的。这不是人与之直接融为一体的那种规定性。有意识的生命活动把人同动物的生命活动直接区别开来。正是由于这一点，人才是类存在物。"② 可以说，人有意识的主体性实践，将自身的生命活动转化为与动物本能性活动全然不同的对象，不仅证明自身主体性存在，也让对象具有了主体性。

品牌作为主体实践对象性存在，具有丰富的包容性，也展现了主体人的丰富特性。因为在品牌创建实践中，人的主体能动性、丰富性，既在规定中又在自由中得以对象性地展现。因为，"在这种活动中，作为主体的人的类特性得以显现，人的本质得以实现；实践活动才是实现人的自由的实现途径，实践能力才是人的主体性，这恰是马克思将自由的实现奠基于人的实践活动及其历史发展过程之上，并由此体现出了巨大的现实感和历史感"。③

品牌作为人类高度自觉实践的主体对象性产物，虽然展现了主体人的丰富特性，但需清晰认识的是品牌丰富的主体性是以信誉为核心元素

---

① 马克思：《1844年经济学哲学手稿》，人民出版社，2000，第124页。
② 《马克思恩格斯全集》（第四十二卷），人民出版社，1979，第96页。
③ 郭晶：《现当代主体性哲学的合理形态》，《社会科学辑刊》2012年第3期。

的。因为，信誉从来就是主体存在的第一要素。早在两千多年前，我国著名的思想家孔子就倡导："民无信不立"；"上好礼，则民莫敢不敬；上好义，则民莫敢不服；上好信，则民莫敢不用情。夫如是，则四方之民襁负其子而至矣"。① 孔子传人荀子则说道："君子养心莫善于诚，致诚则无它事矣。"② 韩非子也强调，"小信成则大信立"。③ 中国历史上著名的晋商和徽商都在经营中倡导诚实守信，梁启超曾盛赞道："独守信用、自夸于世界人之前。"④ 他们是对做人、做事、经商而言，但何尝不可以针对创建主体性的品牌呢？当世界上大多数计算机用的是开机可见、司空见惯的微软操作系统时，以比尔·盖茨为代表的微软人的主体信誉就已经无言地得到证明。同样，当一代代苹果手机引领着掌上时尚风潮时，人们记住的仍然是苹果公司那犹存的乔布斯精神。而人们满怀希望，且充满信任地走进同仁堂，"炮制虽繁必不敢省人工，品味虽贵必不敢减物力"的同仁堂传统无疑就体现在那一枚枚中药丸中。如果说哈佛大学是高等教育品牌，那么该校校长、著名教育家科南特所言就是其信誉主体性最好的佐证："大学的荣誉，不在他的校舍和人数，而在于它一代一代的质量。"⑤ 李克强在埃塞俄比亚出访期间，曾考察了展示中国装备的"亚的斯亚贝巴轻轨"项目，他由衷地对施工人员说，要通过一个又一个合作工程打造中国装备"走出去"的"高地"，带动中国装备更好地"走出去"，工程要有好的质量，才有好的中国品牌。确实，品质就是品牌信誉最坚实的保障。产品无言，但优秀的、精益求精的产品恰恰是品牌信誉主体性最权威的对象性存在。

二　品牌信誉由信任主体建构

整合营销传播提出者亦为品牌营销专家舒尔茨曾说道："品牌个性能

---

① 《论语·子路》。
② 《荀子·不苟》。
③ 《韩非子·外储说左上》。
④ 《山西票号史料》编写组：《山西票号史料》，山西人民出版社，1990，第590页。
⑤ 石晶：《世界著名品牌常识》，吉林人民出版社，2009，第48页。

给品牌一个生命与灵魂，能让消费者轻易地将本品牌与竞争品牌区别开来，它能给消费者一种既熟悉又亲密的朋友般感觉。""所以说'消费者主导策略'毫不为过。……整合营销传播的核心是使消费者对品牌萌生信任，并且维系这种信任，使其存在消费者心中。"[①] 另一位美国品牌专家汤姆·邓肯则强调："很多公司眼中看到的品牌，只是印在产品包装上的名称和商标，他们忽略了以下真相：真正的品牌其实是存在于关系利益人的内心和想法中。换言之，即使公司拥有品牌名称和商标的所有权，品牌的真正拥有者却是关系利益人。"[②] 他们所言实际上表述了品牌是由消费者为核心的关系利益人所主导的观点。

如此，从品牌创建者角度则可表达为："我"创建品牌，但由"非我"来信任、使用、建构。

但从品牌接受使用者角度，则需将"我"与"非我"调过来，即"我"接受、购买、使用性拥有品牌，"非我"则进行品牌的生产、提供。

显然，单纯用哲学认识论上的"我"与"非我"并无法解释品牌的复杂属性；由此，也启迪我们将品牌创建者称为信誉主体，由消费者为核心的关系利益人则可冠以信任主体——施以信任的主体。

而将认识论与传播学结合起来，我们则可以看到西方主流的大众传播研究传统，是一条由传播者（我）指向受传者（他）的路径，"受众"概念就是典型的第三人称取向。虽然媒体"使用与满足"理论是对传统观念的反思，但其描绘的受众，仍然是第三人称的"他"，而不是第一人称的"我"，这就造成传播学体系中的"受众"概念总是显得缺乏主体性。相比之下，中国传播思维则关注由接受者"我"指向传播者"我"的路径，即作为接受者的"我"具有高度的主体性。我国传播学者邵培仁曾写道：在中国传统传播思想中，"接受主体性"在庄子、慧能与王阳明三位思想家身上实现了会通，虽然他们前后跨越两千年，分属道、释、儒，但其思想却近乎一脉相承。他们都认为传播的关键在

---

① 〔美〕唐·E. 舒尔茨等：《整合行销传播》，吴怡国等译，中国物价出版社，2002，第111、116页。

② 〔美〕汤姆·邓肯、桑德拉·莫里亚蒂：《品牌至尊：利用整合营销创造终极价值》，廖宜怡译，华夏出版社，2000，第11页。

"受"不在"传"；而"受"的关键，在于恢复一个本真的精神世界，庄子称其为"真宰"，慧能称其为"本心"，王阳明称其为"良知"（即本体）。这个本真的精神世界往往是被蒙蔽的，人要做的就是恢复它的本来面目，即"空"的状态，从而达到与"道"相"通"的目的。这需要付诸强大的主体性力量，可称之为"接受主体性"（Receiving Subjectivity），其背后本真的精神世界，可以称之为"受体"（Recipient）。① 确立传播主体与接受主体的分立对应关系，意味着传播主体意识与接受主体意识的强化和自觉，意味着传与受的矛盾显化为双重主体在对立统一中求得不断的进步和发展。……这种新变化最突出的表现就是由以"传播者本位"为主导的传播模式向以"受众本位"为主导的传播模式变迁和转化。② 也就是说我们对于传受双主体的认识，已经转向受众本位来审视传播，且前提就是"传播者和受众之间的双向互动传播"。③

而品牌，作为一种能让消费者清晰记忆产品特征、"体现一定精神价值的符号"④，虽然信誉主体在创建中赋予诸多努力，但一旦推向市场、推向社会，就成为传播的对象、构成了"受体"；其意义与价值何在，则只能由"接受主体"来阐释与评判，并相应地导出信任与否的认知与品牌信誉的建构。

实际上，品牌学者与实践者非常清楚信任主体施以信任对于品牌建构的重要意义。定位论的提出者就如此指出，定位"是改变人们头脑里早已存在的东西，把那些早已存在的联系重新连接到一起"，"定位就是帮助在人们的头脑中找到一个有组织的体系"，"在市场上建立品牌可信性和在婚姻中建立配偶可信性的方法没有什么两样；你必须先入为主，然后多加小心别让对方找到改变主意的理由"。⑤ 如果说定位是品牌战略的方向，那么定位基础上的产品开发、品质管控、体验营销、互动传播等则构

---

① 邵培仁、姚锦云：《传播受体论：庄子、慧能与王阳明的"接受主体性"》，《新闻与传播研究》2014年第10期。
② 杨保军：《论传播主体与接受主体的关系》，《国际新闻界》2003年第6期。
③ 陈绚：《数字化时代的新闻理论与实践》，新华出版社，2002，第38页。
④ 张树庭：《论品牌作为消费交流的符号》，《现代传播》2005年第3期。
⑤ 〔美〕里斯、特劳特：《定位》，王恩冕等译，中国财政经济出版社，2002，第5、21、23页。

成品牌价值的要素。这里因针对品牌实践的需要，只字未提及"建构"，但其强调品牌信誉主体的全部努力，无不是获得信任主体对于品牌的信任建构。英国品牌专家布莱克斯顿认为，成功的品牌关系都具有两个因素：信任和满意。其中，信任受风险、可信度和亲密性的影响，而满意是主动性和支持性的函数。[1] 美国哈佛大学商学院的 S. 佛妮尔在 1998 年提出品牌关系质量概念，用以衡量品牌关系的强度、稳定性和持续性。其分为六个部分：爱与激情、自我联结、相互依赖、个人承诺、亲密感情、品牌的伴侣品质。[2] 他们的研究显然都是从信任主体出发，用大量数据统计分析从而得出品牌之所以获得成功的要素维度及其函数指标。这就证明了，品牌的真正生命力就在于信任主体能够对品牌施以信任，并达成品牌信誉建构。

三　信誉主体与信任主体的关系符号达成

当我们将品牌的本质分别从信誉主体与信任主体角度予以审视，就自然引出了对于"品牌"符号的认识，即品牌是包括组织与个人在内的品牌主、以可以进行传播流通的符号能指以及符号所指的内在事物（产品、服务、行为等）通过消费扩散，而在消费者或接受者那里产生的倾向性的印象，是品牌主与以消费者为核心的受众的一种聚焦性的信誉约定。[3] 而"品牌是一种合同，是一种关系，是一种保证"[4]，几乎成为品牌学界公认的品牌本质属性。而在本文，我们则强调品牌本质即信誉主体与信任主体的关系符号达成。

我们知道，当双方的共通意义通过传播不断扩大时，传播者对符号的解释和受众对符号的理解才能不断趋于一致。当作为信誉主体的企业以自

---

① M. Blackston, "Observations: Building Equity by Managing the Brand's Relationships," *Journal of Advertising Research* 5-6 (1992): 101-105.

② S. Fournier, "Sonsumer and Their Brands: Developing Relationship Theory in Consumer Research," *Journal of Consumer Research* 3 (1998): 343-373.

③ 舒咏平：《品牌传播教程》，北京师范大学出版社，2013，第 4 页。

④ 〔美〕艾丽丝·M. 泰伯特等：《凯洛格品牌论》，刘凤瑜译，人民邮电出版社，2006，第 48 页。

己全部的努力来塑造品牌符号，并且在传播推广中高度尊重以消费者为核心的信任主体的文化背景和认知能力，不断加强与信任主体的传播沟通时，两者的共通空间越大，就越能产生独特强烈的品牌联想，从而把符号的创建和推广发挥到最大价值。[①] 在信誉主体与信任主体约定的"共通空间"，品牌的关系符号功能应运而生。契约法告诉我们，关系嵌入性是理解关系契约的出发点，"关系"指契约得以发生的情景，契约服务于交易，而每项交易都是嵌入复杂关系中的，因此，必须将契约与其社会背景联系起来进行考察才能理解契约的本来面目。[②] 关系契约中的交易各方并不是陌生人，他们大多数的互动发生在合约之外，不需要法院根据看见的条款来执行，而是代之以合作和威胁、交流与策略这样一种特殊的平衡机制。[③] 由于契约的关系嵌入性，契约总是在一定的语境下发生，只有在特定的语境中，当事人、当事人的行为、当事人的合意判断和合意内容才能够得到准确的解释和阐释。关系嵌入性决定了要从交易所嵌入的关系去理解契约，契约的执行依赖于合作性交易关系。如果把品牌看作信誉主体与信任主体这两类当事人关系的嵌入，看作二者关系的一种法院执行之外、由市场营销达成的关系符号，那么无论哪一方主体都会使品牌创建或建构变得郑重而圣洁起来。

为此，我们可以通过图 1 来分析品牌何以成为信誉主体——企业（含产品）与信任主体——以消费者为核心的关系利益人之间的关系符号。

图 1 之所以被称为狭义品牌的关系符号示意，是因为在信息高度发达的现代社会，社会诸多具有主体背景的内容、现象均被符号化，亦即品牌化；"品牌"的指代已不单单限于商业品牌，还包括个人品牌、团体品牌、院校品牌、区域品牌、城市品牌甚至国家品牌。如果说商业品牌可称

---

① 汪曼等：《符号学视角下的品牌构建与推广》，《重庆理工大学学报》（社会科学版）2015年第 8 期。

② I. R. Macniel, "Relational Contracts Theory: Challenges and Queres," *Northwestern University Law Review* 3 (2000): 877-907.

③ G. K. Hadfield, "Problematic Relations: Franchising and the Law of Incomplete Contracts," *Stanford Law Review* 3 (1990): 927-992.

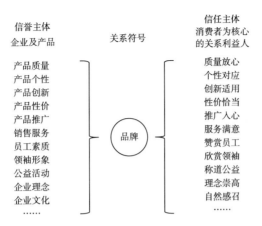

图 1　狭义品牌的关系符号示意

为狭义品牌的话，那么种种社会品牌，则可统称为广义品牌。狭义品牌与广义品牌的并存，是一种客观存在。① 而狭义品牌一般被公认为企业及其产品品牌，如可口可乐、微软、苹果、耐克、迪士尼、奔驰、宝马、华为、小米、茅台、五粮液。在我们的论题中的信誉主体之品牌，则是由产品质量、产品个性、产品创新、产品性价、产品推广、销售服务、员工素质、领袖形象、公益活动、企业理念、企业文化等一系列的主体性要素所决定的企业与产品。这些要素凝聚为品牌这一关系符号；与此同时，还需要以消费者为核心的关系利益人通过质量放心、个性对应、创新适用、性价恰当、推广入心、服务满意、赞赏员工、欣赏领袖、称道公益、理念崇高、自然感召等一系列的主体认知及行为，对品牌施以主体信任，如此品牌才真正构成双主体，达成无形契约的关系符号。

这种双主体所共同创建及建构的关系符号，还鲜明地体现在个人品牌之上，如图 2 所示。

其实，作为信誉主体的每个个体的人，按照马斯洛的人格层次理论来看，总是希望能由低层次走向获得尊重、实现自我的高层次，建构个人品牌。但各种主客观原因，往往构成个人品牌创建与建构的复杂化呈现。这

———————

① 余明阳、舒咏平：《论"品牌传播"》，《国际新闻界》2002 年第 3 期。

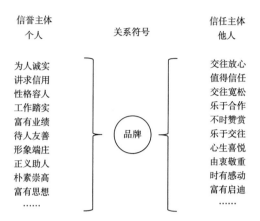

图2 个人品牌的关系符号示意

里无法展开论述，但却可以医生、教师来验证个人品牌也同样是双主体的关系符号。如一位医生，医术高明、医德高尚，则必然成为其所在医院、所在科室的优秀典型，在当今可以进行网络预约挂号的就诊环境中，他每天的号往往很快就预约一空。而一位教师，专业知识广博、对学生又循循善诱且为人师表，那么他必然会得到学生的尊重、得到学生家长的称赞。实际上，在各种环境中每个人均可以展现为人诚实、讲求信用、性格宽容、工作踏实、富有业绩、待人友善等个人魅力，并为信任主体的他人所信任，使自己的名字之品牌成为双方的关系符号。如此，品牌理念就必然会引导个体建构信誉、有所作为，也引导他人来施之以信任。同时，这种个人与他人角色又总在不断互相移位，这就在个人品牌创建与建构中促进了社会的和谐与进步。

从狭义的企业及产品品牌下移用为个体的人，是个人品牌；平行移用为各类不同的社会组织，则构成不同组织的品牌；而上升为一个国家，那么国家也同样成为品牌。国家品牌的创建与建构，如图3所示。

如图3所示，逻辑非常清晰，即国家形象、国家品牌，不是自诩或自封的；而是作为信誉主体在传承历史文化的基础之上，举国上下通过每个领域的艰辛奋斗展现出实实在在的成就，且得到本国与他国民众的主体性信任而建构起来的，并成为共同的关系符号。而一个国家品牌要真正成为

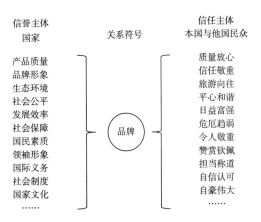

图 3　国家品牌的关系符号示意

信誉主体，无疑需要在产品质量、品牌形象、生态环境、社会公平、发展效率、社会保障、国民素质、领袖形象、国际义务、社会制度、国家文化等诸多方面有所作为、富有成就，这样才可望形成信任主体的质量放心、信任敬重、旅游向往、平心和谐、日益富强、危厄趋弱、令人敬重、赞赏钦佩、担当称道、自信认可、自豪伟大的认知与认同。我国的国家发展正验证了这一点。试想，在封建社会的清朝末年、在列国侵凌的近代、在军阀混战的岁月、在日寇入侵的苦难中，我们的国家能让我们的人民、国际社会施以品牌般的信任吗？或许更多的是如鲁迅那样爱之深、痛之切。

　　毫无疑问，品牌正日益成为我国社会发展的热词，成为信息社会最具深刻内涵的信息符号；而我们以品牌即信誉主体与信任主体的关系符号来解读品牌，无疑将有助于引导人们对于品牌进行正确的理解，并使品牌成为促进社会发展具有公约数的崇高理念。

（原载《品牌研究》2016 年第 1 期）

品牌：传受双方的符号之约

——"狗不理"品牌符号解析

"品牌"，既是经济现象，更是传播现象。当企业将它的冠以特定符号的产品通过营销、广告、公关等扩散给消费者时，消费者也就在品牌符号信息的认知与品牌产品消费体验中，不仅接受了该符号的产品，而且连同符号本身——"品牌"也一道接受、达成消费，并使得品牌符号得以存在。表面上看，品牌符号的传播主体就是企业，而消费者无疑正是接受者；然而事实远非如此简单，因为消费者从来就不是一个单纯的受者，而企业也并非只是扮演传者角色。本文在此基本前提下，以"狗不理"这一品牌特例的解析来认知品牌符号的深层内蕴。

一　消费者主导的"狗不理"符号意指

在符号学基本理论的阐释中，现代语言学家索绪尔关于语符能指与所指关系的基本理念无形中构成了符号学的基石。他在自己的著作中一再表示，对于语言"我们建议保留用符号这个词表示整体，用所指和能指分别代替概念和音响形象。后两个术语的好处是既能表达它们彼此间的对立，又能表示它们和它们所从属的整体间的对立"。① 而"能指"与"所指"，在另一位符号学家罗曼·雅各布森看来，则分别为符号的两个方

---

① 〔瑞士〕F.D.索绪尔：《普通语言学教程》，高名凯译，商务印书馆，1980，第102页。

面："一个是可以直接感觉到的指符（signans），另一个是可以推知和理解的被指（signatum）。"①

在营销与品牌学家们看来，"品牌"作为符号的典型性是如此清晰。美国营销学的权威人物菲利普·科特勒认为："品牌是一个名称、术语、标记、符号、图案，或是这些因素的组合，用来识别产品的制造商和销售商。它是卖方做出的不断为买方提供一系列产品特点、利益和服务的允诺。由于消费者视品牌为产品的一个重要组成部分，因此建立品牌能够增加产品的价值。"② 品牌学家大卫·爱格则认为："品牌就是符号，一个成功的符号（或标志），能整合和强化一个品牌的认同，并且让消费者对于这个品牌的认同更加印象深刻。我这里所指的'符号'，包括了任何能代表这个品牌认同的东西与做法。"③ 也就是说，这些关于品牌的表述，均分明地指出了品牌符号的两层特性。

$$\text{品牌符号}\begin{cases}\text{能指：名称、标识}\\\text{所指：产品、服务、企业、声誉等}\end{cases}$$

一般来说，品牌符号两个层次中的能指——"名称""标识"，更多的是由品牌主来创设的，而所指则需由品牌主提供，且获得消费者认同。但我国著名的老字号品牌"狗不理"却是一个特例：消费者在其品牌符号建构中的主导性得到了全面凸显。狗不理企业集团对于"狗不理"品牌诞生是这样进行权威表述的。

"狗不理"始创于 1858 年。

清道光年间，河北武清县一农家，四十得子，为求平安，取名"狗子"，期望像小狗一样好养活（按照北方习俗，此名饱含淳朴的挚爱亲情）。狗子十四岁来津学艺，在一家蒸食铺做小伙计，狗子心

① 〔英〕特伦斯·霍克斯：《结构主义和符号学》，瞿铁鹏译，上海译文出版社，1987，第129页。

② 〔美〕菲利普·科特勒：《市场营销导论》，俞利军译，华夏出版社，2001，第212~213页。

③ 〔美〕大卫·爱格：《品牌经营法则》，沈云骢、汤宗勋译，内蒙古人民出版社，1999，第54页。

灵手巧又勤奋好学，练就一手好活，于是不甘寄人篱下，自己摆起包子摊，他研制了水馅半发面、口感柔软、鲜香不腻、形似菊花、色香味形都独具特色的包子。于是，引得十里百里的人都来吃包子，生意十分兴隆，狗子忙得顾不上跟顾客说话。这样一来，吃包子的人都说"狗子卖包子不理人"，日久天长，都叫他"狗不理"。①

在如上表述中，"狗不理"品牌符号的形成，可以说是由消费者主导建构的。在索绪尔的语言符号学中，如果说狗子研制的"水馅半发面、口感柔软、鲜香不腻、形似菊花、色香味形都独具特色"的包子为"所指"，那么"狗不理"则是"能指"。在皮尔斯的符号理论中，"狗不理"乃为"符号代表物"，特色包子为"所指对象"，消费者则是"解释者"。问题在于，在其符号形成中，消费者不仅扮演了解释者角色，而且还承担了"狗不理"这一符号代表物创设者的工作。"狗不理"这一符号代表物，具有鲜明的情境性、戏谑性色彩。在狗子包子铺的特定情境中，"狗"指代的是包子铺主狗子其人，"不理"则指生意火爆无暇与顾客说话，由此，在小商铺所形成的小小消费圈内，与店铺主人熟悉又获得满意消费的顾客，在其主体意识中建构出独具特色的包子意象与价值的同时，自然地、戏谑性地赋予了"狗不理"符号能指。

而以法国符号学家罗兰·巴尔特的理论来看，"狗不理"品牌符号形成，即"饮食的语言结构只是由某种集体性用餐法或某种个别性'言语'构成的"。其间的"意指作用，可以被看成是一个过程，它是一种把能指和所指结成一体的行为，这个行为的结果就是记号"。②"狗不理"就是这样的记号，因为"记号就是由一个能指和一个所指组成的。能指面构成表达面，所指面则构成内容面"。"记号一旦形成，社会就可以使其具有

---

① 狗不理集团：《"狗不理"出典》，2010年3月9日，http://www.chinagoubuli.com/jsp/index.jsp。

② 〔法〕罗兰·巴尔特：《符号学原理》，李幼蒸译，中国人民大学出版社，2008，第14、27页。

功能，把它当成一种使用的对象。"① 如此，就构成了"狗不理"这特有的记号或符号。"狗不理"符号的意指构成见表1。

表1　"狗不理"符号的意指构成

能指	所指	
狗不理	①水馅半发面、口感柔软、鲜香不腻、形似菊花，色香味形独具特色的包子 ②狗子忙得顾不上跟顾客说话，吃包子的人都说"狗子卖包子不理人"	
记号	消费者体验与评价	狗子所为
	←——————— 消费者意指过程 ←———————	

在如上"狗不理"符号的意指构成过程中，我们可以看到：其"所指"的"狗子"其人，以其特色产品与服务氛围之所为构成了狗子包子铺的产品与服务内涵，其"能指"的"狗不理"符号，却是消费者赐予的"记号"；而且，这个"意指"心理过程的主体是消费者。他们在体验并消费了狗子的产品与服务后，进行了符号的意指——"狗不理"品牌符号的创造，明确了该符号的表达面与内容面，即"能指"与"所指"。如此，狗子与消费者达成了一个符号约定，即狗子向消费者约定的是"狗不理"所指，消费者约定的则是"狗不理"能指与所指期待。从中，我们无疑可以很明确地认知到：在"狗不理"符号建构中，消费者起了主导性作用。

当然，其他更多的品牌符号不同于"狗不理"这一特例，其能指层面的品牌"名称""标志"等记号，往往是品牌主设计的。但我们不能忽略的是，品牌符号的生命力在于所指内涵，即品牌产品与服务在消费者心中的总体评价。这就决定了品牌符号即使在能指记号创设之时，品牌主也是把消费者认可、欢迎的预期作为主导性目标的。随着品牌符号被大量地传播、使用、消费，其内涵所指则必然越来越为消费者所认识、所评价、所信任，并形成品牌声誉。整合营销传播的提出者舒尔茨就说道："品牌个性能给品牌一个生命与灵魂，能让消费者轻易地将本品牌与竞争品牌区

---

① 〔法〕罗兰·巴尔特：《符号学原理》，李幼蒸译，中国人民大学出版社，2008，第21、23页。

别开来，它能给消费者一种既熟悉又亲密的朋友般感觉。""所以说'消费者主导策略'毫不为过。……整合营销传播的核心是使消费者对品牌萌生信任，并且维系这种信任，使其存在消费者心中。"① 我国对品牌卓有研究的学者何佳讯则在剖析了现代品牌经营的种种现象之后，强调了消费者对于品牌的重要性，他认为："消费者对产品如何感受的总和，才称品牌。"② 也就是说，品牌符号之所指，不仅是对应产品、服务、企业，更是消费者体验、感受的总和，是以"消费者为主导"的。

二 "狗不理"符号所指的历时性差异

在索绪尔的理论中，语言产生、运用和发展是约定俗成的，决定语言既是任意的，又是社会约定性的。其在于"言语活动有个人的一面，又有社会的一面；没有这一面就无从设想另一面"。③ 语言与概念、客观事物的某种联系，绝大多数情况是由无从言说、无法澄明的偶然因素、历史情境因素、人类发展际遇因素在人们的无数次交往实践中形成规定的，因而它不可能获得某种自在必然性的论证。就像"狗不理"符号的形成，对于进行语言行为的消费者来说，乃是以一种没有丝毫制度规范而任意创设的。但"狗不理"符号一经确立，就"会凭借集体习惯的约束而强加于个人"而具有了社会性；如此"一个符号在语言集体中确立后，个人是不能对它有任何改变的"。④ 即使"狗不理"品牌符号所指中的主体"狗子"本人，最初并不愿意接受"狗不理"符号，而欲以"德聚号"称之，却也无法奏效。⑤ 这就是语言符号社会性的力量。

但语言符号的分析又是复杂的，因为"一方面，语言处在大众之中，同时又处在时间之中，谁也不能对它有任何的改变；另一方面，语言符号

---

① 〔美〕唐·E. 舒尔茨等：《整合行销传播》，吴怡国等译，中国物价出版社，2002，第111、116页。
② 何佳讯：《品牌形象策划》，复旦大学出版社，2000，第10页。
③ 〔瑞士〕F. D. 索绪尔：《普通语言学教程》，高名凯译，商务印书馆，1980，第29页。
④ 〔瑞士〕F. D. 索绪尔：《普通语言学教程》，高名凯译，商务印书馆，1980，第134、104页。
⑤ 《狗不理包子的由来》，2010年2月25日，http://zhidao.baidu.com/question/139201490。

的任意性在理论上又使人们在声音材料和观念之间有建立任何关系的自由"。"符号在时间的连续性与在时间上的变化相连"，而"有关演化的一切都是历时性的"。① 显然，"狗子"本人不愿接受"狗不理"品牌符号，而最后又必须无可奈何地接受，显然不能单纯地以共时性的、社会性的眼光来认识，而需历时性地、发展地从两个方面分析。

其一，"狗不理"符号系统构成形成内涵漂移。

符号学家巴尔特认为符号形成是一个"意指作用"的过程，而在构成一个"意指系统"中，一切意指系统都包含一个表达层面（E）和一个内容层面（C），意指作用则相当于两个层面之间的关系（R）；这样我们就产生了一个表达式：ERC。继而，可以假定，这个 ERC 系统——"系统 1"本身变成另一系统"系统 2"的单一成分……这样，系统 1（ERC）变成表达层面（E）或系统 2 的能指②，如图 1 所示。

系统1	ERC		
系统2	E	R	C

图 1　"意指系统"1 与 2 之间成分比较

而"狗不理"品牌符号可视作系统 2 的 E："能指"。其依赖的系统 1 中的两个语言符号元素"狗"与"不理"，却有自身的 ERC 构成，即能指"狗"与所指"家养的动物"、能指"不理"与所指"不理睬的态度"形成两个层面的关系。在巴尔特看来，由系统 1 到系统 2 的这种符号外延与内涵的变化是一种全新的"涵指"，并形成了"神话"；而"神话是一个奇特的系统，它从一个比它早存在的符号链上被建构：是一个第二秩序的符号学系统。那是在第一个系统中的符号（也就是一个概念和一个意象相连的整体），在第二个系统中变成了一个能指"。③ 也就是说，在原有

① 〔瑞士〕F. D. 索绪尔：《普通语言学教程》，高名凯译，商务印书馆，1980，第 113～114、119 页。
② 〔法〕罗兰·巴尔特：《符号学原理》，李幼蒸译，中国人民大学出版社，2008，第 55 页。
③ 转引自李彬《符号透视：传播内容的本土诠释》，复旦大学出版社，2003，第 137 页。

的语言系统中的"狗不理（睬）"整体，已经在"狗不理"品牌符号系统中蜕变为自己的"神话"，仅仅是借用了原系统中的整体符号，而"所指"则全然不一样。"狗不理"品牌符号已与"狗不理（睬）"原符号系统产生了内涵所指的漂移与落差。其可表示为图2。

图2 "狗不理"品牌意指内涵的"系统1"
与"系统2"差异比较

其二，"狗不理"符号阐释形成内涵落差。

当"狗不理"品牌符号社会化形成，它的社会性也就得以确定，因此即使"狗子"本人力图弃用也无能为力。因为，"语言结构是语言的社会性部分，个别人决不可能单独地创造它或改变它。它基本上是一种集体性的契约，只要人们想进行语言交流，就必须完全受其支配"。① 但就"狗不理"品牌符号社会性或集体性约定而言，却又是受限制、有条件的，犹如"一套菜是参照一种（民族的、地区的或社会的）结构构成的，然而这个结构是随着时代和用食者的不同而体现的"②。也就是说，"狗不理"品牌内涵或所指所约定的，仅仅是狗子包子铺创业之始、特定消费情境下的产品与服务。如果说，"狗不理"符号创设的当时，既为符号建构者又为符号解释者的消费者对内涵所指并无歧义，即不会进行原义之外的阐释；那么，经过历时性的时过境迁，特定的情境已经不复存在，"狗不理"品牌符号的解释者就会还原于"狗不理（睬）"语言符号之系统1，必然按照一般语言符号内涵所指产生"连狗都不会理睬"的符号联想与阐释。

就狗子其人而言，他虽然乐享"狗不理"品牌符号的市场效应，也

① 〔法〕罗兰·巴尔特：《符号学原理》，李幼蒸译，中国人民大学出版社，2008，第4页。
② 〔法〕罗兰·巴尔特：《符号学原理》，李幼蒸译，中国人民大学出版社，2008，第13页。

能体会到其中强调"他不理人"是由于产品受欢迎的良好内涵，但该符号具有一种下里巴人的戏谑色彩且容易引起错误阐释，其意识深处总存在隐隐的担忧与不满意，这才有要改名为"德聚号"的企图。在其情其境中的狗子尚且有如此担忧，而随着"狗不理"品牌符号历时性的运用，其背离"狗不理"品牌符号所指的阐释与解构也同样成为必然。正如解构主义所主张的："我们认为自己所把握了的客观世界，或意义的世界，其实都只是一个由语言构成的那个世界的对应物；也正是从这个意义上说，过去认为是很稳定的'意义'，由于语言本身的性质和语言结构自身逻辑的作用，就变成了一种极不稳定的能指符号的滑动。"[①] "因为能指总是流动不居，漂浮无定，在意指过程中能指与其说指向一个所指，不如说是带出一个能指——即所谓的'漂浮的能指'和'滑动的所指'。"[②] 其实，任何品牌符号的意指过程均存在"所指滑动"的现象，如中文"奔驰"品牌符号，其所指早已经脱离了早期品牌创始人 Daimler、Benz（戴姆勒、本茨）的内涵；而英文"SONY"之品牌符号，内涵也脱离了最初的小型收音机产品以及盛田昭夫受"SONNY BOY"（可爱的小家伙）流行词启迪的情境；"诺基亚"的品牌符号，现代的消费者怎么也不会产生其当初生产纸尿布的阐释。如此，"狗不理"品牌符号在人们历时性的接受阐释中，与最初的内涵所指产生落差也就成为必然。

虽然凡品牌符号均存在原始的内涵所指与人们接受中的所指阐释有差异的情况，但可以说没有哪个品牌如"狗不理"这样，在历时性运用中让该符号受者的接受阐释存在如此巨大的落差。其所指落差如图 3 所示。

在如上"狗不理"品牌所指内蕴的显著落差中，显然我们看到了必须以传播沟通来消除落差，彰显其品牌所指真相的任务。

---

① 盛宁：《人文困惑与反思——西方后现代思潮批判》，生活·读书·新知三联书店，1997，第 86 页。

② 转引自李彬《符号透视：传播内容的本土诠释》，复旦大学出版社，2003，第 149~150 页。

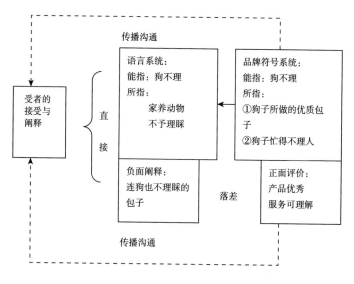

图 3　"狗不理"所指落差

三　品牌核心价值传播与"狗不理"内涵回归

由于"狗不理"语言符号（系统 1）与品牌符号（系统 2）所指之间巨大落差的存在，可以说，任何该符号的接受者对于"狗不理"品牌符号必然存在以下这样的心路历程。

犹疑：为什么该包子会"狗不理（睬）"？

悬念：为什么"狗不理"包子受欢迎，"狗不理"为什么能成为著名品牌？

寻觅："狗不理"品牌符号在常规的系统 1 之外肯定另有所指？

这些疑问，皮尔斯的符号理论中的"三元组合"可以给予最恰切的解释。在皮尔斯看来，符号由符号代表物（repersentamen）、所指对象（object）、解释者（interpretant）构成；符号构成本身就是符号活动或符号化过程：由第一性的符号代表物到第二性的所指对象，再到第三性的解释者，说明人类通过符号来认识世界，但符号并不完全代表世界的意义，还要通过人对世界的解释，也就是人与客观世界之间的互动。由于皮尔斯的符号理论强调人对符号的解释、强调人与客观世界的互动，因此具有鲜明的认知性、动态性和互动性。[①] 其实也就强调了人们作为实践主体对于符号解释的主体性、自觉性。而对于品牌符号，包括"狗不理"品牌的内涵建构来说，就需要进行品牌符号所指内涵的自觉传播。符号学的兴盛，导致传播学发展乃是一种逻辑上的必然。正如英国符号学学者霍克斯所说："符号学的疆界，如果它有的话，和结构主义接壤，两个学科的兴趣基本上是相同的。"但"从长远看来，两者都应被囊括在第三个容量很大的学科内。它简单地叫作交流传播"。[②] 而在品牌符号所指内涵的解释、交流、传播中，如下三点是需格外强调的。

1. 品牌主与消费者的传者、受者角色是不断转换的

我们已经知道，主导"狗不理"品牌符号建构的是消费者，而且也正是消费者当初在人与人之间的传播扩散，才迫使狗子接纳该符号并与消费者达成一种品牌符号约定。在这组传播关系中，显然消费者扮演了传者角色，而品牌主狗子却是受者。随着"狗不理"品牌符号历时性地运用，"狗不理"品牌所指内涵不可避免地发生演变：经营者已由狗子传递到其继承者、"狗不理"包子的销售情境也已时过境迁、其产品形态也由单纯的"包子"进行了延伸。而当初体验"狗不理"包子与服务并担任品牌符号解释者的消费者，也历时性地产生分化：新生代的、本身就具有松散性的消费人群或隐约知晓"狗不理"符号所指，或全无所知。如此，后继的"狗不理"品牌主为了市场效应，理所当然地成为最自觉的品牌符号传播者，而分化的消费者，则会根据他们最切实的"狗不理"消费体验、根据狗子其人初创"狗不理"品牌的故事传播，对其内涵或肯定、或批评、或毁誉参半、或二次传播，既扮演受者、又不断扮演传者。后继的品牌主也会在消费者参差不齐的传播中，扮演受者，并进行经营行为的调整。显然，这里的传者、受者角色不断转换，恰恰验证了"传播"更应是双向的、互动的"传通"，这也是英文 communication 的本义所在。

---

① 郭鸿：《现代西方符号学纲要》，复旦大学出版社，2008，第 21 页。

② 〔英〕特伦斯·霍克斯：《结构主义和符号学》，瞿铁鹏译，上海译文出版社，1987，第 127 页。

2. 品牌传播总是围绕品牌符号所指之"核心价值"进行

虽然"狗不理"品牌符号在历时性运用中内涵不可避免地发生演变，但"狗不理"品牌符号诞生的叙事文本却从来未变，并成为其 160 多年品牌传播的核心。而该文本对"狗不理"包子产品的高品质、受消费者欢迎进行了格外突出，甚至该文本中对于服务不周——"狗子忙得不理睬人"也给予了理解与原谅。也就是说，"狗不理"品牌的核心价值乃为高品质、受消费者欢迎的优质产品。英国品牌学家斯图伯特曾说道："品牌不是违背消费意愿而强加在'品牌的忠诚信徒'头上的。品牌使消费者在日益复杂的世界上充满自信地购物。品牌为消费者提供了质量、价值和产品满意方面的保证。"① 显然，品牌符号总是所指其对于消费者有价值的内涵，包含了消费者对品牌所指代的产品信誉与商业信用的聚焦性认知与认可，也是品牌主不断追求、长期积累的产品信誉。

如此，品牌符号实际上是品牌主与消费者在"核心价值"上达成的"协议"。英国学者布莱克斯顿认为，成功的品牌关系都具有两个因素：信任和满意。其中，信任受风险、可信度和亲密性的影响，而满意是主动性和支持性的函数。② 哈佛商学院助理教授 S. 佛妮尔 1998 年提出品牌关系质量概念，用以衡量品牌关系的强度、稳定性和持续性。其有 6 个部分：爱与激情、自我联结、相互依赖、个人承诺、亲密感情、品牌的伴侣品质。③ 而美国营销学者汤姆·邓肯等人则从企业实际运作的角度提出评价品牌关系的 8 个指标：知名度、可信度、一致性、接触点、回应度、热忱心、亲和力、喜爱度。④ 虽然如上观点各异，但对品牌关系中的"信任""依赖""承诺""可信"却是高度一致的。实际上，其昭示的均是品牌价值最核心的"信用"。而这种以信用为核心的品牌核心价值，显然不可能以"忽悠"式的宣传、广告来建立，而只能是以高品质产品为事

---

① 〔英〕保罗·斯图伯特主编《品牌的力量》，尹英译，中信出版社，2001，第 12 页。

② M. Blackston, "Observations: Building Equity by Managing the Brand's Relationships," *Journal of Advertising Research* 5-6 (1992): 101-105.

③ S. Fournier, "Sonsumer and Their Brands: Developing Relationship Theory in Consumer Research," *Journal of Consumer Research*. 3 (1998): 343-373.

④ 〔美〕汤姆·邓肯、桑德拉·莫里亚蒂：《品牌至尊：利用整合营销创造终极价值》，廖宜怡译，华夏出版社，2000，第 37、38 页。

实基础，通过持续的营销、消费、沟通来验证、建构。而"狗不理"品牌符号也正是在产品品质坚守、验证的"核心价值"传播中，不断实现内涵所指的回归。

3. 品牌：消费者主导的传受双方符号之约

以品牌符号建立起来的在品牌主与消费者协议关系中，品牌主承诺的是品牌产品信誉与价值，而消费者承诺的是对于品牌价值的期待与消费的真实体验。正是在这种协议的执行中，"狗不理"品牌符号得到了160多年的历史延续与生命力焕发，其他富有生命力的品牌莫不如此。但需要正视的是，品牌的历时性发展不可能一成不变：时代在变、市场在变、消费者在变，品牌主同样需要与时俱进。如"狗不理"品牌符号内涵所指，在今天已经不是一个"生意兴隆的包子铺"，而是一个多元化企业集团，其以餐馆业为龙头，并拥有高档酒店业、中式快餐、物流配送、速冻食品、养殖基地、新品开发、培训学校等多种业态。这样就必然存续品牌新的"符号化"过程以及解释性传播。

当品牌主不断将其变更了的品牌符号内涵所指与相对稳定的品牌符号能指予以统一，即对品牌符号代表物进行内涵解释，表面上看这种品牌传播的主体是品牌主，但就其实质而言，主导品牌命运的却是消费者。因为没有消费者的关注、消费、验证，任何的品牌传播也只是自说自话、毫无效应。如"三鹿奶粉"事件前期，一方面"三鹿"还在背离事实地进行大众传播；另一方面消费者也在进行契合"三聚氰胺奶粉引发无数结石婴儿"事实的人际传播、群体传播，其意见博弈的结果，乃是"三鹿"品牌符号内涵赋予了"结石奶粉"所指，其品牌大厦轰然倒地。而在2010年初出现的"丰田"召回事件，也恰恰是消费者的不断投诉，迫使丰田进行850万辆丰田车的召回维修，其总裁频频道歉。显然，如果品牌不能让消费者产生信任感和满足感，消费者就会立即中断与品牌的关系；即使在大众传播与全球市场一体化环境下，品牌符号建构的主导者依然是消费者。我国品牌研究学者张树庭指出，品牌意义在消费者对产品和营销的认可中逐步积累，一方面消费者通过接触营销信息、亲自体验产品或服务、与相关群体沟通等方式，对品牌从不了解到熟悉，逐步积累起对品牌的认识，了解企业传递的品牌意义。另一方面，消费者从自己的价值观念出发，对企业传递的品牌信息进行重新解释，形成了新的意义，并影响了其他消费者对品牌的理解，逐步形成一股强大的力量，最终使企业意识到必须认可消费者的解释，并对营销信息作相应调整，从这个意义上讲，消费者参与品牌意义的建构。① 美国品牌专家汤姆·邓肯等人则强调："很多公司眼中看到的品牌，只是印在产品包装上的名称和商标，他们忽略了以下真相：真正的品牌其实是存在于关系利益人的内心和想法中。换言之，即使公司拥有品牌名称和商标的所有权，品牌的真正拥有者却是关系利益人。"② 如此便引出了我们对于"品牌"符号的认识，即品牌是包括组织与个人在内的品牌主、以可以进行传播流通的符号能指以及符号所指的内在事物（产品、服务、行为等）通过消费扩散，而在消费者或接受者那里产生的倾向性的印象，是品牌主与以消费者为核心的受众的一种聚焦性信誉约定。

如上，我们结合"狗不理"品牌符号的解析，探究了品牌作为品牌主与消费者，或曰传者与受者的符号之约，以启迪品牌主与消费者共同成熟起来，通过品牌符号内涵建设与发展，进行切合事实的解释传播，增进了传受双方的沟通与约定，促进和谐消费以及自主品牌建设与发展。另外也需认识到，品牌传播也形成了一柄双刃剑，在品牌符号解释传播的约定中，部分奢侈品的品牌主与消费者也可能达成了共谋，激发人们由需求向欲求的升级，引导无限制的、畸形的符号消费，使无厌足的以符号满足"欲求"的消费主义侵蚀人们、泛滥于社会，形成一个值得警惕的消费潮流。

（原载《现代传播》2011 年第 2 期）

---

① 张树庭：《论品牌作为消费交流的符号》，《现代传播》2005 年第 3 期。
② 〔美〕汤姆·邓肯、桑德拉·莫里亚蒂：《品牌至尊：利用整合营销创造终极价值》，廖宜怡译，华夏出版社，2000，第 11 页。

习近平讲话中有关品牌观点的学习与解读

　　对于"品牌"，学者们有多种角度的认知，如强调"产品与劳务区别"的差异论①、强调"与消费者之间关系"的关系论②、强调"给消费者带来价值"的价值论③，以及"利益价值信用体系"的体系论④等。可以说，品牌的一切解读均显示其内涵是全方位、正能量的。由于品牌归根结底是信息社会的一个信息符号，其承载的信息具有鲜明的主体性，我们更倾向于认为"品牌即信誉主体与信任主体的关系符号"⑤。从信息社会、正向主体性角度来审视，品牌则不仅仅是营销传播或企业管理的话语，而更应该成为国家发展的战略取向。

　　实际上，我国历代领导人均对中国品牌发展发表过讲话。毛泽东1956年视察南京无线电厂时，曾自信地指出，将来我们也要有自己的名牌，要让全世界听到我们的声音。⑥ 邓小平1992年在视察珠海、深圳时指出，我们应该有自己的拳头产品，创出我们中国自己的名牌，否则就要

---

① 〔美〕菲利普·科特勒：《营销管理》，梅汝和译，上海人民出版社，1994，第607～608页。
② Don E. Schultz, Beth E. Barnes, *Strategic Brand Communication Campaigns* (NTC Business Books, 1999), p. 35.
③ 〔美〕约翰·菲利普·琼斯：《广告与品牌策划》，孙连勇译，机械工业出版社，1999，第36～38页。
④ 胡晓云：《"品牌"定义新论》，《品牌研究》2016年第2期。
⑤ 舒咏平：《品牌即信誉主体与信任主体的关系符号》，《品牌研究》2016年第1期。
⑥ 参见洪烛《南京：让毛泽东诗兴大发的城市》，http://www.mj.org.cn/mzzz/content/2014-09/02/content_153800.htm。

受人欺负。[1] 1998 年江泽民在苏南视察时提出，要立民族志气，创世界名牌。[2] 2005 年，胡锦涛在山东视察时强调，要提高我们民族的自主创新能力，要拥有我们自己的核心技术，要拥有我们民族的世界品牌。[3] 显然，国家领导人是站在国家发展、民族振兴角度来审视品牌、强调品牌的。作为我国第五代国家领导人，习近平则更是前所未有地高度重视品牌发展，在多个场合就品牌发展做了重要讲话，为此我们对其思想精髓进行如下学习与解读。

一 品牌是供给侧改革的核心取向

2014 年 5 月，习近平总书记来到河南，深入乡村、企业、保税物流中心、国际陆港进行考察调研，就经济社会发展和基层党的群众路线教育实践活动情况做了重要讲话，并明确指出，要"推动中国制造向中国创造转变、中国速度向中国质量转变、中国产品向中国品牌转变"[4]。这里的"三个转变"中，落实到具体目标上的"中国创造""中国质量""中国品牌"，其核心无疑是以"中国品牌"为载体的，因为中国品牌承载着中国创造、中国质量，并由消费者在市场上进行品牌认知、品牌选择。对此，《人民日报》曾发文写道：新常态下，模仿型排浪式消费阶段基本结束，个性化、多样化消费渐成主流。增强消费在经济发展中的基础作用，需要通过创新供给激活需求，因而品牌消费潜力巨大。根据国际经验，一个国家人均国内生产总值达到 3000 美元时，就进入品牌消费时代。我国人均国内生产总值已达 7000 美元，加之互联网普及和电子商务快速发展，消费者对品质、时尚、服务的需求与日俱增，品牌消费日益成为消费主流。由于品牌经济发展滞后，目前我国多数行业低端过剩、高端短缺，高

---

[1] 转引自倪德刚《未被整理到邓小平"南方谈话"要点中的"要点"》，《学习时报》2014 年 6 月 23 日，第 1 版。

[2] 转引自张宿堂、殷学成《立民族志气　创世界名牌——江泽民总书记苏南企业看发展》，新华网，http://news.xinhuanet.com/ziliao/2000-12/31/content_478421.htm。

[3] 转引自李东生《让中国自主品牌走向世界》，《求是》2007 年第 9 期。

[4] 《习近平在河南考察：确保经济持续健康发展和社会和谐稳定》，中国政府网，http://www.gov.cn/xinwen/2014-05/10/content_2677109.htm，2014 年 5 月 10 日。

品质自主品牌供给不足，难以满足消费升级需要。2014 年我国旅游贸易逆差估计超过 1000 亿美元，其中很大一部分是我国居民在海外的品牌消费。应主动顺应消费升级趋势，引导企业从产品经营转向品牌经营、从价格竞争转向提供价值服务，提振消费信心，满足消费需求，增强经济增长内生动力。① 也是在 2014 年 5 月，习近平来到上海联影医疗科技有限公司考察，当他看到这家企业自主产权的遥控数字化 X 光机 "像小推车一样轻巧灵便"时，很高兴地说道："医疗设备是现代医疗业发展的必备手段，现在一些高端医疗设备基层买不起、老百姓用不起，要加快高端医疗设备国产化进程，降低成本，推动民族品牌企业不断发展。你们的事业大有可为。"② 这里，习近平再次明确强调民族品牌企业发展正是为了满足老百姓的需要。

可以说，我国人民日益增长的品牌消费，激发了需求侧的结构变化，并促使供给侧结构性改革以品牌为核心取向，这正是习近平关于供给侧改革与 "三个转变" 讲话的思想精髓。也正是基于这一判断，习近平于2015 年 11 月在中央财经领导小组会议上首次提出了在适度扩大总需求的同时，着力加强供给侧结构性改革，着力提高供给体系质量和效率，增强经济持续增长动力，推动我国社会生产力水平实现整体跃升。③ 随后，中央专门研究了供给侧结构性改革方案，深化供给侧的改革被提到当前的首要工作议程。对此，习近平强调指出："我们提的供给侧改革，完整地说是 '供给侧结构性改革' ……供给侧结构性改革的根本，是使我国供给能力更好满足广大人民日益增长、不断升级和个性化的物质文化和生态环境需要，从而实现社会主义生产目的。"④ 也就是说，虽然改革的是供给侧，但却是辩证性地从需求侧出发的。习近平对此专门举例说道："我国一些有大量购买力支撑的消费需求在国内得不到有效供给，消费者将大把钞票花费在出境购物、'海淘' 购物上，购买的商品已从珠宝首饰、名包

---

① 唐承沛：《品牌经济，新常态发展的重要支撑》，《人民日报》2015 年 1 月 12 日，第 1 版。
② 《习近平：加快高端医疗设备国产化进程 推动民族品牌企业不断发展》，人民网，http://politics.people.com.cn/n/2014/0524/c1024-25060577.html。
③ 《习近平提 "供给侧结构性改革"，深意何在？》，新华网，http://news.xinhuanet.com/politics/2015-11/19/c_128444441.htm。
④ 《习近平谈治国理政》（第二卷），外文出版社，2017，第 252 页。

名表、名牌服饰、化妆品等奢侈品向电饭煲、马桶盖、奶粉、奶瓶等普通日用品延伸。"① 而针对需求侧的结构变化，习近平已经注意到"近年来，我国一些企业在推进供给侧结构性改革方面进行了成功探索。比如，前些年我国市场上各类手机争奇斗艳，既有摩托罗拉、诺基亚等国外品牌，也有国内厂商生产的手机，竞争十分激烈，一些企业破产倒闭。在这种情况下，我国一些企业从生产端入手，坚持自主创新，瞄准高端市场，推出高端智能手机，满足了人们对更多样的功能、更快捷的速度、更清晰的图像、更时尚的外观的要求，在国内外市场的占有率不断上升"。② 显然，习近平通过"需求侧变化"→"供给侧结构改革"→"企业品牌产品创新升级"的逻辑分析，指出品牌是供给侧改革的核心取向。正是在习近平有关"供给侧改革"与"三个转变"均落到了自主品牌发展的思想指导下，2016 年 6 月国务院办公厅专门颁发了文件，强调指出，品牌是企业乃至国家竞争力的综合体现，代表着供给结构和需求结构的升级方向。要按照党中央、国务院关于推进供给侧结构性改革的总体要求，积极探索有效路径和方法，更好发挥品牌引领作用，加快推动供给结构优化升级，适应引领需求结构优化升级，为经济发展提供持续动力。以发挥品牌引领作用为切入点，充分发挥市场决定性作用、企业主体作用、政府推动作用和社会参与作用，围绕优化政策法规环境、提高企业综合竞争力、营造良好社会氛围，大力实施品牌基础建设工程、供给结构升级工程、需求结构升级工程，增品种、提品质、创品牌，提高供给体系的质量和效率，满足居民消费升级需求，扩大国内消费需求，引导境外消费回流，推动供给总量、供给结构更好地适应需求总量、需求结构的发展变化。③ 显然，该文件的核心主题"发挥品牌引领作用推动供需结构升级"，正是习近平关于品牌发展理念的精髓所在。

---

① 《习近平谈治国理政》（第二卷），外文出版社，2017，第 253 页。

② 同①，第 254~255 页。

③ 《关于发挥品牌引领作用　推动供需结构升级的意见》，中国政府网，2016 年 6 月 20 日，http://www.gov.cn/zhengce/content/2016-06/20/content_5083778.htm。

二　品牌就是质量，就是效益

针对经济转型的新常态，我国经济已由高速增长阶段转向高质量发展阶段，习近平强调"高质量发展应该实现产业竞争体系比较完整，生产组织方式网络化智能化，创新力、需求捕捉力、品牌影响力、核心竞争力强，产品和服务质量高"①。也就是说，高质量发展已鲜明地体现到品牌发展之中。2015 年 7 月，习近平在考察吉林省海兰江畔光东村的千顷稻田时，一位农技人员拔起一把秧苗递到总书记面前说："插秧时 3—5 棵苗，现在已分出三四十棵了，今年有好收成！"习近平说："中国有 13 亿人口，要靠我们自己稳住粮食生产。粮食也要打出品牌，这样价格好、效益好。祝乡亲们大丰收。"② 显然，习近平是借高质量的水稻产品，强调了要立足高质量、打出品牌，创造好价格、好效益。

我们知道，品牌以质量为基石，美国学者奈杰尔·霍利斯曾经在其著作《全球化品牌》中写过这么一句话"历史上品牌曾经只作为质量的标志"，而该观点的表述则是在强调"品牌不仅仅是质量的标志"时表述的。③ 这里，作者表明品牌发展有许多工作要做，但前提还是质量；毕竟有产品质量，才有消费者口碑，才谈得上品牌。对于质量，习近平在多个场合曾予以强调。早在 2005 年，他在浙江省委书记任上就针对浙江省的产业发展指出："要以质量和效益为中心，积极争取有质量、有效益的快速发展。"④ 而在 2016 年 1 月，习近平指出，我国经济发展方式要从规模速度型转向质量效率型，经济结构调整要从增量扩能为主转向调整存量、做优增量并举，发展动力要从主要依靠资源和低成本劳动力等要素投入转

---

① 《习近平谈治国理政》（第三卷），外文出版社，2020，第 237~238 页。

② 《习近平：粮食也要打出品牌》，人民网，http://politics.people.com.cn/n/2015/0716/c1024-27316856.html。

③ 〔美〕奈杰尔·霍利斯：《全球化品牌》，谭北平等译，北京师范大学出版社，2009，第 35 页。

④ 习近平：《干在实处 走在前列——推进浙江新发展的思考与实践》，中共中央党校出版社，2006，第 129 页。

向创新驱动。① 质量效率、做优增量并举均鲜明体现到品牌发展之中。支树平曾撰文写道："要深入开展质量品牌提升行动，支持企业开展技术创新和管理创新，通过改善和创新质量供给激活消费需求，引导我国居民海外消费回流。加强质量服务，积极扶持电子商务等新业态健康发展。坚持走以质取胜之路，依托技术标准开拓海外市场，培育以技术、标准、品牌、质量、服务为核心的对外经济新优势，力促'优进优出'。进一步加大品牌培育、推广和保护力度，加快培育一批在国内、国际叫得响的品牌，树立我国品牌大国形象。"② 在全国政协召开的"加快推进品牌建设"座谈会上，委员们均认为，品牌是一个企业乃至国家竞争实力和发展潜力的重要体现；品牌不是评出来的，而是市场认可的结果；因此需通过加强企业管理，提高创新能力、产品质量及员工忠诚度等，推动企业走品牌发展之路。③ 以习近平同志为核心的党中央高度重视品牌建设工作，目前品牌建设已纳入国家规划，国家有关部门制定出台了《关于加强品牌建设的指导意见》；"十三五"规划建议中明确提出要"开展质量品牌提升行动"。显然，质量立国、品牌立国已经成为我国以习近平同志为核心的党中央高度重视的发展国策。

实际上，习近平的"品牌立国"观点由来已久。早在 2005 年，他在浙江省委书记任上就曾经明确说道："品牌是一个企业技术能力、管理水平和文化层次乃至整体素质的综合体现。从一定意义上说，品牌就是效益，就是竞争力，就是附加值。"世界上许多知名企业往往也都把品牌发展作为企业开拓市场的优先战略。比如可口可乐、百事可乐、耐克等无一不是从抓品牌战略着手，创立属于自己的名牌产品，最终占领全球市场。

---

① 习近平：《在省部级主要领导干部学习贯彻党的十八届五中全会精神专题研讨班上的讲话》，《人民日报》2016 年 5 月 10 日，第 1 版。
② 支树平：《建设质量强国的基本遵循——学习贯彻习近平同志关于质量问题的重要论述》，《人民日报》2016 年 2 月 16 日，第 7 版。
③ 《全国政协召开双周协商座谈会 围绕"加快推进品牌建设"建言献策》，新华网，http://news.xinhuanet.com/politics/2016-01/05/c_128598249.htm。

三　在对外开放中，中国品牌关系到国家形象

　　整合营销传播学者大卫·爱格认为："品牌就是符号，一个成功的符号（或标志），能整合和强化一个品牌的认同，并且让消费者对于这个品牌的认同更加印象深刻。我这里所指的'符号'，包括了任何能代表这个品牌认同的东西与做法。"① 还有学者对于品牌的认识开始超越"术"的层面，对品牌本质揭示为"品牌是包括组织与个人在内的品牌主、以可以进行传播流通的符号能指以及符号所指的内在事物（产品、服务、行为等）通过消费扩散，而在消费者或接受者那里产生的倾向性的印象，是品牌主与以消费者为核心的受众一种聚焦性的信誉约定"。② 正由于品牌作为一种能获得倾向性信任的"成功的符号"，各国都把拥有享誉全球的自主品牌作为本国经济文化成功的象征、国家形象的脸面。基于这样的共识，2012 年 12 月，习近平在《关于领导干部"配车问题"发表的内部讲话》中语重心长地说道："我们逐渐要坐自主品牌的车，现在也有了这个设计和生产，老坐外国车观感也不好。很多外国领导人都坐自己国家生产的车，除非没有生产。"这里，习近平讲得既委婉又明确，且有着丰富的内涵。首先表示中国作为坚持开放的国家，并不反对坐外国车，这无疑显示出一个开放大国国家领袖的胸襟，清晰地表达了我国"坚持合作共赢，建设一个共同繁荣的世界"；"支持开放、透明、包容、非歧视性的多边贸易体制，构建开放型世界经济"③ 的开放观；实际上也正是如此，在中国的城市、乡村的道路上几乎容纳了全球所有的汽车品牌。其次则表达了在坚持开放的前提下我国自主品牌汽车要有自己的设计与生产，作为国家各级领导人要逐渐坐自己国家的自主品牌汽车，因为涉及国家形象之"观感"，即清晰地表达了虽然对中国消费者没有坐自主品牌汽车的要求，但对于国家公务员则强调应该逐渐坐自主品牌汽车这一国际通则。

① 〔美〕大卫·爱格：《品牌经营法则》，沈云聪、汤宗勋译，内蒙古人民出版社，1999，第 54 页。
② 舒咏平：《品牌：传受双方的符号约定》，《现代传播》2011 年第 2 期。
③ 《习近平谈治国理政》（第二卷），外文出版社，2017。

正因为自主品牌代表国家形象，国家领导人进行公务活动时使用自己国家品牌产品就成为必然的选择。对此习近平首先身体力行。他作为国家领导人进行考察调研时乘坐的是中国自主品牌汽车江淮宝斯通，由位于南京江都区的江淮集团安凯客车公司生产。而在国际出访中，习近平及其夫人彭丽媛身着中国自主服装品牌也早已成为公开的秘密，其品牌就是大连的"创世"、广州的"例外"。我们知道，在服装文化发达的欧洲，法、英、德、意的男装，几乎一个国家就一个，而该国国家领导人理所当然成为该国产品品牌的"代言人"、推广者。2014 年，习近平夫人彭丽媛在出访中，拿出手机照相，人们清楚地看到，她用的手机是中国自主品牌：中兴。2014 年 5 月，习近平来到位于河南郑州的中铁工程装备公司的生产基地，登上"中国造"盾构机，并谆谆告诫：装备制造业是一个国家制造业的脊梁，但我国装备制造业还有许多短板，这就需要我们掌握更多的核心技术，让更多的中国品牌叫响世界。[1]

可以说，习近平的讲话与身体力行均强调一个基本的思想：中国自主品牌关系到中国国家形象，中国品牌是中国国家最具传播力的形象代表。诚如微软、波音、可口可乐、迪士尼代表美国，西门子、奔驰、奥迪代表德国，欧莱雅、皮尔·卡丹、LV 代表法国，丰田、佳能、索尼代表日本，现代、三星、LG 代表韩国，中国同样需要能真正代表国家形象、得到国际市场由衷认可的品牌。1965 年，Schooler 在研究中美洲共同市场的贸易增长时，发现国家形象影响消费者的偏见，并第一次正式引入了"国家形象"概念。[2] 更有学者认为：国家形象就是消费者对特定国家产品的总体感知。[3] 也就是说，一个国家的产品品牌与国家形象息息相关。正因为如此，毛泽东、邓小平、江泽民、胡锦涛等历代国家领导人都曾强调中国品牌代表中国声音、中国志气；但明确强调中国品牌是一种"观感"，代

---

① 郑筱倩：《习近平登上"河南造"盾构机 让中国产品变品牌》，《河南商报》2014 年 5 月 12 日，第 1 版。

② D. Schooler Robert, " Product Bias in the Central American Common Market," *Journal of Research in Marketing* 2 (1965)：394-397.

③ M. S. Roth, J. B. Romeo, " Matching Product Category and Eountry Image Perceptions：A Framework for Managing Country-of-origin Effects," *Journal of International Business Stodies*3 (1992)：pp. 477-497.

表中国国家形象，要在坚持开放进程中真正"叫响世界"，这需要引起我们国人的高度重视与务实实践。

四 品牌可延伸至其他具有
标志性的、成功的工作

日本学者片平秀贵曾经写过一本著作《品牌本质是发现梦想》。书中，他分析，奔驰、耐克等品牌企业，其"员工自始至终坚持的梦想就是'要做只做最好'"。[①] 企业发展，需要品牌、需要梦想；同样，其他工作要想做好，也同样需要梦想，需要品牌。2014 年 7 月，习近平在会见德国总理默克尔时就说道："中德务实合作是全方位的，双方步伐应更大一些，打造更响亮的合作品牌。双方要落实好已经决定的合作项目，当前应着力打造两国制造业合作，共同运作好法兰克福人民币离岸市场建设。对尚未开展具体合作的领域，要着眼长远，开拓创新。两国还要放眼全球，发挥各自优势，加强在全球产业链中每个环节的合作。中方欢迎德方共同参与丝绸之路经济带建设。中方将继续有序推进开放，欢迎德国继续参与中国市场竞争。""中德要持之以恒推进人文交流，大力促进双方人员往来，通过合作编写教材、推广对方杰出文学艺术等方式，增进两国青年一代相互了解和友谊。我们还要引导两国媒体全面、客观报道对方，帮助两国民众相互客观认知。"[②] 中德的合作，在中国与发达国家之间具有标杆意义。据统计，2016 年，中德贸易额为 1512.9 亿美元，德国是我国在欧洲最大贸易伙伴；同年，我国对德投资同比增长 258.6%，存量达到 88.27 亿美元；德对华新增投资项目 392 个，累计项目总数达 9394 个、使用 281.8 亿美元。[③] 习近平为此曾专门撰文写道："中德合作一直领跑

---

① 〔日〕片平秀贵：《品牌本质就是发现梦想》，林燕燕译，东方出版社，2010，第 7 页。

② 刘华：《习近平：打造更响亮的中德合作品牌》，新华网，http://www.xinhuanet.com/politics/2014-07/07/c_1111498195.htm。

③ 乔继红：《中德携手发展 打造合作升级版》，新华网，http://www.xinhuanet.com/2017-05/28/c_1121052816.htm。

中欧合作。每天往返于中国和欧盟之间的 15 亿美元商品中，近 1/3 属于中德。"① 正是有着这些务实的、高效的、友好的合作，习近平才认为中德之间已经成为合作品牌，下一步的工作是把该品牌"打造得更响亮"。

由"中德合作"品牌推而广之，富有良好基础且实践检验富有成效的工作均可被视作广义的品牌。如习近平在会见全国优秀县委书记时说道："优秀县委书记是一个崇高的荣誉。大家是从全国 2800 多名县（市、区、旗）委书记中选出来的，都在各自岗位上做出了出色业绩，得到了群众认可，是我们领导干部中的标杆。"为此，他还向优秀县委书记提出了"做政治的明白人、发展的开路人、群众的贴心人、班子的带头人"的 4 点要求；并强调"焦裕禄、杨善洲、谷文昌等同志是县委书记的好榜样，县委书记要以他们为榜样"；要先天下之忧而忧，后天下之乐而乐，"真正做到事事带头、时时带头、处处带头，真正做到率先垂范、以上率下"。② 实际上，习近平是寄希望广大县委书记均争做焦裕禄式的优秀县委书记个人品牌，而这正是党的使命、人民的事业之所需。美国进行高级人才培训的希勒公司总裁乔·希勒曾说道："个人品牌向他人传达一种积极的期望，他是对别人的承诺，是你在受众中的首要形象。"③ 我国的品牌研究者也认为：品牌背后永远是主体的人，因此品牌首先应具有信誉主体性，并得到他人由衷的认可；当个人的实绩像大禹治水那样得到人们广泛的认同与赞赏，就理所当然成为流芳百世的个人品牌。④ 而这样的县委书记品牌以及各行各业的模范标兵之个人品牌，也正是我们实现"中国梦"最坚实的支撑。

又如，凤凰卫视时事评论员李炜曾在凤凰卫视《时事开讲》中说道：习近平 2014 年访问欧洲，其中一项重要的成果就是推广了"中国社会制度"的品牌。在访问欧洲期间习近平说道："中国人苦苦寻找适合中国国

① 习近平：《中德携手合作造福中欧和世界》，《人民日报》2014 年 3 月 29 日，第 2 版。
② 《习近平在会见全国优秀县委书记时的讲话（2015 年 6 月 30 日）》，中国共产党新闻网，http://cpc.people.com.cn/n/2015/0901/c64094-27536312.html。
③ 〔美〕埃尔弗·努锡法拉：《个人品牌的力量》，吴威译，《中国企业家》2002 年第 11 期。
④ 舒咏平、邓国芬：《从大禹治水看个人品牌的建构》，《湖南行政学院学报》2017 年第 1 期。

情的道路。君主立宪制、复辟帝制、议会制、多党制、总统制都想过了、试过了，结果都行不通。最后，中国选择了社会主义道路。在建设社会主义实践中，我们有成功也有失误，甚至发生过严重曲折。改革开放以后，在邓小平先生领导下，我们从中国国情和时代要求出发，探索和开拓国家发展道路，形成了中国特色社会主义，提出要建设社会主义市场经济、民主政治、先进文化、和谐社会、生态文明，维护社会公平正义，促进人的全面发展，坚持和平发展，全面建成小康社会，进而实现现代化，逐步实现全体人民共同富裕。独特的文化传统，独特的历史命运，独特的国情，注定了中国必然走适合自己特点的发展道路。我们走出了这样一条道路，并且取得了成功。"[1] 李炜随后评价道：习近平讲这番话，不知那些欧洲议员们听懂了没有，或者那些学生们听懂了没有，我是听懂了。我觉得习近平讲得比较诚恳，中国的社会制度是中国实践的结果，是历史的选择，所以中国要走这个社会制度的品牌道路。[2] 从富有创新、富有品质与效益的角度审视，已经初显成功且不断改革优化的"中国社会制度"，正是中国人民还在实践进程中的制度品牌、道路品牌；也正是基于这样的视角，习近平便借助国际舞台着力宣传、传播这一品牌。

习近平曾经指出："人民对美好生活的向往，就是我们的奋斗目标。"[3] 同理，人民的满意就是我们要创造的各类工作品牌！因此，国际合作中的"中德关系"、在"郡县治、天下安"中有着重大担当且政绩突出的县委书记、正不断得到国际更多认可与赞赏的"中国道路"等，无疑均是品牌理念自然延伸的实践领域，均是习近平寄予厚望的事业品牌。

（原载《现代传播》2017 年第 7 期，署名甘世勇、舒咏平）

---

① 《习近平在布鲁日欧洲学院的演讲》，新华网，http://www.xinhuanet.com/politics/2014-04/01/c_1110054309.htm。

② 李炜：《习近平向欧洲打出两个中国品牌》，http://phtv.ifeng.com/program/sskj/detail_2014_04/03/35431652_0.shtml。

③ 《习近平谈治国理政》（第一卷），外文出版社，2014，第 4 页。

论品牌传播

伴随市场经济的发展,逐步成熟起来的消费者开始进行认牌消费,于是"品牌"越来越多地被经营者和研究者重视。"品牌战略""品牌策划""品牌经营""品牌管理"等概念也就随之而生,并频频出现在论著之中。无疑,这是知识经济时代对凝聚知识的"品牌"空前重视的可喜现象。然而,由于这些概念内涵极为丰富,相应的,其外延也相当宽泛,对其进行研究固然有多学科整合的效能,但也难免产生泛化与浅层化的倾向。为追求品牌研究的深入与致效,我们选取品牌建设的关键——"传播"来进行专门化的研究,于是便提出"品牌传播"的新概念,并在本文对它的内涵、提出的背景、特点进行论述。

一 品牌传播的内涵

欲认识"品牌传播"的内涵,首先需认识"品牌"之概念。对于品牌的起源,英国英特品牌公司董事保罗·斯图伯特曾经写道:"品牌被用来区分不同生产者的产品已由来已久。实际上,英语'品牌'(brand)一词源于古挪威语的'brandr',意思是'打上烙印'。"①

确实,在诸多著述中,均记述了古代人们在牛及其他牲畜身上打上烙印以表明主人所有,在未干的陶器底部按上指印以标明制陶者,在斧头、

---

① 〔英〕保罗·斯图伯特主编《品牌的力量》,尹英译,中信出版社,2000,第2页。

镰刀、木桶等工具上烙上印记以标明生产者，这些其实都是品牌的雏形。当社会生产的规模渐次扩大，品牌印记的使用迅速普及并带来无形的价值时，寻求品牌保护的"商标"（Trademark）及商标法便随之诞生。第一个商标法案诞生于 1803 年的法国，而英、德、美诸国，也均在 19 世纪 70 年代制定了商标法。值得思考的是，品牌催生了商标，而商标又反过来促进了品牌的发展。正如美国广告专家约翰·菲利普·琼斯所说："品牌由商标发展而来，长期以来，商标一直是向发明者的专利提供法律保护的工具。但是，对一百多年前出现的最早的品牌而言，品牌开发过程所衍生出的目的和重要意义超出了法律保护的单一职能。品牌向它的购买者隐含着产品质量和同一性的保证，购买者除此之外，对该产品的生产商一无所知。更重要的是，品牌可以准确无误地把一个生产商的产品同另一生产商的产品区分开来。"① 也就是说，品牌比起商标单一的法律保护功能来说，多出了丰富的内涵以及相应的促销功能与经营功能。如此也就引出了关于"品牌"多种多样的理解与定义，如著名的广告大师 D. 奥格威所认为的"品牌是错综复杂的象征"与著名的营销专家菲利普·科特勒所认为的包含"用户"（User）在内的多方面内容组合，就不尽相同。而我国对品牌卓有研究的学者何佳讯则在剖析了现代品牌经营的种种现象之后，强调消费者对于品牌的重要性，他认为："消费者对产品如何感受的总和，才称品牌。"② 他的观点在以消费者为取向的经营时代，无疑是正确的。

"品牌"的感受与评价者既然在于消费者，而品牌的拥有者与经营者又是生产企业；如此，将二者建立有机联系的"传播"自然成为品牌经营或品牌战略中的关键因素。"品牌传播"（Brand Communication）概念也就随之进入我们的视野。

我们之所以提出"品牌传播"，是基于品牌研究之现状。综观目前品牌研究情况，可以发现其内容主要有两大块：一是品牌的静态构成，包括品牌名称、品牌设计、品牌的产品指代、品牌的科技含量、品牌的文化内

① 〔美〕约翰·菲力普·琼斯：《广告与品牌策划》，孙连勇译，机械工业出版社，1999。
② 何佳讯：《品牌形象策划》，复旦大学出版社，2000。

涵、品牌的价值等；二是品牌的动态经营，包括品牌定位、品牌战略决策、品牌管理、品牌产品营销、品牌的延伸、品牌保护等。虽然也涉及品牌的推广，但尚未提升到传播的高度来认识与研究。对品牌研究现状进行审视与反思，我们遗憾地发现，目前的品牌研究其实只是从设计学、管理学、营销学、产品研发、法学多角度切入品牌、认识品牌、逐一扫描品牌的结果。多学科的视角，固然使我们对品牌的认识得到一种崭新的整合，但也无可避免地引起了研究内容的泛化，并无法进行学科定位，以至不被主流学科重视。

正是为了澄浊见清，我们提出如是观点：虽然品牌重在消费者的感受与评价，但是品牌毕竟是品牌的拥有者进行自觉传播的结果，因此我们认为品牌研究应定位于传播学，并提出"品牌传播"概念与传播学视野中专门化研究主张。而关于"品牌传播"的内涵，首先应该是一种操作性的实务，即通过广告、公共关系、新闻报道、人际交往、产品或服务销售等传播手段，以最优化地提高品牌在目标受众心目中的认知度、美誉度、和谐度；而对品牌传播的基础、规律、方式方法的探讨总结，则构成品牌传播学的内容。

在如上关于品牌传播内涵的表述中，我们并没有将品牌传播的对象限于单纯的消费者之上，而是指名为包括消费者在内的"目标受众"；其考虑是：在信息高度发达的现代社会，社会的诸多内容、现象均被符号化，亦即品牌化；"品牌"的指代已不单单限于商业品牌，还包括城市品牌、区域品牌、院校品牌、团体品牌、个人品牌等社会品牌。如果说商业品牌可称为狭义品牌的话，那么种种社会品牌，则可统称为广义品牌。狭义品牌与广义品牌的并存，是一种客观存在。由于任何研究对象均存在特例，而对象的广义化，则使特例成几何倍数增加，这就制约了追求自洽性的学科探讨与成果的积淀。因此，我们对"品牌传播"的理论探讨，重点落在狭义品牌传播之上。

二 品牌传播提出的背景

传播学是 20 世纪出现的新兴的社会科学，但 20 世纪的传播学主要是与新闻学进行了密切的联姻，于是新闻化的传播学便较多地为社会政治服务。而进入 21 世纪，人类比历史上任何一个时期更强调和平与发展、强调经济建设，因此传播学直接为经济建设服务就成为必然，这种必然性便催生了"品牌传播"。其具体背景可以从三个方面来认识。

1. 世界市场制胜的关键是品牌传播

全球市场的一体化，是一个人人均能分明感受到的趋势。但这对所有市场竞争者来说未必都是福音，因为世界市场上的竞争更多地体现在强者博弈、名牌对决之上，即跨国公司及其所拥有的品牌之间的竞争。"据联合国跨国公司中心的统计，全球跨国公司已发展到了 39000 家，海外分支机构 27 万个，这些跨国公司控制着世界 80% 的技术专利、70% 的投资、60% 的贸易。并且跨国公司的来源国相对集中在发达国家，世界上最大的 100 家跨国公司，数量的 70%、资产的 80% 集中在欧美和日本。"[1] 而跨国公司本身不仅是品牌，如可口可乐、通用汽车、IBM、宝洁、迪士尼、索尼，而且它们还分别拥有一个品牌群，且不说宝洁公司所拥有的 100 多个品牌，就是通用汽车也拥有"雪佛兰""凯迪拉克""别克""欧宝"等多种品牌；可口可乐公司除了"可口可乐"，还有"雪碧""芬达"等品牌。综观国际市场上的竞争，其实主要就是跨国公司之间演出的品牌竞争风云。如"柯达"与"富士"、"可口可乐"与"百事可乐"、"通用"与"福特"等品牌之间的战火，几乎燃遍了世界市场的每个角落。

在中国，盖洛普调查公司首次所做的中国消费者生活态度和生活方式趋势调查显示，就品牌知名度（认知率）而言，排在前 20 位的商品品牌，国外品牌占 16 个，国内品牌只有 4 个。认知率最高的可口可乐达 85%。认知率超过 20% 的 58 个品牌中，国产品牌 10 个，占 17.24%。这表明国外品牌进入中国市场，其实就是以品牌传播作为战略先导的。相形之下，我国绝大多数的品牌尚处于本土市场中的成长阶段，在国际市场上除了"海尔""格力""双星""同仁堂"等品牌尚有一定的影响外，能与跨国公司相抗衡的品牌几乎没有。近 20 年来，我国的外贸额虽然不断提高，出口商品结构也在不断优化，如 1997 年我国出口的工业制成品已

---

① 王成荣：《中国名牌论》，中国人民大学出版社，1999。

占出口总额的 86.9%，基本上改变了无品牌的初级产品主导出口的格局；但是，我国的出口工业制成品仍以劳动密集型的轻纺产品为主，而且多为定牌加工，自主知识产权的品牌产品甚少，因此出口量虽然不小，但效益却不容乐观，其症结便是我国工业产品的品牌力不强。显然，伴随我国加入 WTO，我国自主知识产权的品牌参与国际市场竞争将是无可回避的选择，这无疑对我国的品牌传播提出了严峻的挑战。相应的，特辟"品牌传播"为对象进行研究，就显得极为必要。

2. 媒介的市场生存需服务于品牌传播

20 世纪总体上是大众媒介与广告传播共兴共荣的时期。在整个 20 世纪，虽然大多数时期世界格局处于战争与冷战状态，媒介传播的内容也以政治及意识形态为重，但是在 20 世纪的后半叶尤其是最后十年，伴随大规模战争与冷战的结束，世界上绝大多数国家进入经济发展期，媒介的生存也为之一变，即媒介因广告的巨资注入而风光无限，广告也因大众媒介的巨大传播力而效用颇丰。无疑，20 世纪后期大众媒介的生存实践将促使传播学的研究者们思考：当大众媒介的生存取决于市场需求时，它的主体意识该是一种怎样的构成？我国的年轻学者黄升民教授曾在对多家媒介跟踪研究后，颇有感慨地写道："媒介经营走到今天，你可以不说'产业化'，也可以不说'商业化'，但是，你无法改变一个基本的现实，中国的媒介，无论大小，现在都是依靠自身的经营取得生存的权利，再说得直白一点，90% 是靠广告经营来生存的，已经呈现一种'准企业'的特点。""任何强有力的行政干预，只能解决媒介经营的一时之痛，然而，替代不了媒介在市场经济中的自身生存和长久发展。"[①] 当我国媒介业频频成立集团，甚至进行现代企业化改造进入股市时，我们就不得不得出媒介的市场生存已成为媒介主体意识的主旋律之结论。媒介的市场生存，迫使其必须在"传播内容""市场受众""广告客户"三者之间进行统筹运作；而在三者环行互动中，"传播内容"与"市场受众"，一定意义上成为争取"广告客户"、服务"广告客户"的手段。因为，服务"广告客户"成为媒介市场生存的生命线。如果说，服务"广告客户"，一定程度

---

① 黄升民：《重提媒介产业》，《现代传播》2000 年第 5 期。

上就是服务于"品牌传播",这对于媒介经营来说,其实乃是一种经营指导思想的突破。正如我们前面所述,"品牌"其实是一个企业、一个国家竞争力的象征,而围绕品牌传播所进行的经济建设,也已成了21世纪最大的政治;因此突破争取广告客户的具象、突破广告收入简单的数据统计,配合广告刊播所系统进行的品牌传播,其实不仅不是新闻报道的雷区,反而是媒介所需进行科学研究的课题。但是,其前提是需要明确的,即媒介的市场生存需要服务于"品牌传播"。

3. 整合营销传播空前凸显品牌因素

营销,是一种新颖的经营理念。现代营销学之父菲利普·科特勒介绍道:"市场营销观念认为,组织目标的实现有赖于对目标市场的需要和欲望的正确判断,并能以比竞争对手更有效的方式去满足消费者的要求。"① 显然,以消费者为主的营销观念相对于传统的以生产者为主的推销观念,是一大进步。在现代市场营销实践中,伴随现代广告、公共关系、销售促进等传播实务的有机运用,"整合营销传播"(Integrated Marketing Communication,IMC)应运而生。

1993年美国西北大学 D. E. 舒尔茨教授等人出版了重要的著作——《整合行销传播》。该书强调由生产导向转入消费者导向后,4P已经转向4C,过去的"消费者请注意"现已被"请注意消费者"取代。因此,从消费者出发,IMC就应该成为营销的新趋势。对于"整合营销传播",美国广告公司协会(American Association of Advertising Agencies,简称4A)的一个工作组所下的定义则为:

> 这是一个营销传播计划概念,要求充分认识用来制定综合计划时所使用的各种带来附加价值的传播手段——如普通广告、直接反应广告、销售促进和公共关系——并将之结合,提供具有良好清晰度、连贯性的信息,使传播影响力最大化。

综合舒尔茨的观点与4A所揭示概念的内涵,IMC的主要内容有三:

---

① 〔美〕菲利普·科特勒:《市场营销学导论》,梅汝和译,华夏出版社,2001。

一是强调从消费者需求出发，从沟通意义上展开营销活动；

二是强调把广告、公关、CI、促销、直销、包装、新媒体等一切传播均归属于广告活动，使企业能将有关的信息统一口径地传播，即"用同一声音去说"（speak with one voice）；

三是强调营销的前提是传播，需要追求传播效果的最大化。

从 IMC 的这三项内容中，我们可以看到有效的营销对于传播沟通的依赖，而营销传播中的"用同一声音去说"（speak with one voice），则无形地将整合营销传播的核心指向了"品牌"；因为只有品牌才能将营销传播的诸多内容统一起来，如企业历史与动态、产品科技含量与功能、企业家的人格、企业员工素质、消费者的品牌认可等，均直接或间接地附加到品牌内涵之上。如此，我们完全可以认识到"品牌传播"乃是整合营销传播操作的关键，即整合营销传播空前凸显了品牌之因素。美国的营销与广告学者乔治·E. 贝尔齐等曾分析了整合营销传播兴盛的原因，认为："根本原因是厂商们认识到了战略性地整合多种传播机构的价值"；"反映了厂商们对环境变化的适应，尤以尊重消费者、科技和媒体为前提"；以及"公司营销方式的改变"[①]。

这些原因不仅导致了营销与传播的联姻，更导致了营销与传播方式的整合，其整合的核心或旗帜自然便归于品牌。可见，"品牌传播"，不仅是企业参与国际市场竞争的宏观战略之需要，也是媒介市场生存需要而热心服务的结果，更是与企业生死攸关的市场营销操作之必然。

三 品牌传播的特点

明确了"品牌传播"的内涵以及提出的社会背景，一定意义上即确立了"品牌传播"概念的存在。但是，将该概念发散为系统的理论、转化为可操作的规律与方法，还将有大量的研究工作需要去做。这里，我们先对"品牌传播"的特点进行探讨与归纳。

---

① 〔美〕乔治·E. 贝尔齐、麦克尔·A. 贝尔齐：《广告与促销：整合营销传播展望》（上），张红霞、李志宏主译，东北财经大学出版社，2000。

1. 信息的聚合性

作为动态的品牌传播，其信息的聚合性，是由静态品牌的信息聚合性所决定的。菲利普·科特勒在谈到建立品牌时说道："品牌是一个名称、术语、符号、图案，或者是这些因素的组合，用来识别产品的制造商和销售商。它是卖方做出的不断为买方提供一系列产品的特点、利益和服务的允诺。"① 我国学者韩光军则认为："品牌是一个复合概念。它由品牌名称、品牌认知、品牌联想、品牌标志、品牌色彩、品牌包装以及商标等要素构成。"② 他们所述的品牌表层因素如名称、图案、色彩、包装等，其信息含量是有限的，但"产品的特点""利益与服务的允诺""品牌认知""品牌联想"等品牌深层次的因素，却无疑聚合了丰富的信息。它们构成了品牌传播的信息源，也就决定了品牌传播本身信息的聚合性。因此，当世界上著名的跨国公司在经营决策、组织调整、产品开发、市场开拓、广告发布、公关活动等方面有所动作时，包含消费者在内的受众，接受心理结构便自然地进行信息聚合，聚合于相应的品牌传播之上。这就启发品牌传播者，在具体操作品牌传播实务时，需辩证地进行信息取舍，做到所传播的品牌信息"合"则有基础，"聚"则能传神。

2. 受众的目标性

"品牌传播"作为传播的一个门类，其对象只能是受众。虽然从营销角度看，品牌的经营者最关注的是目标消费者，因为"品牌"打动"消费者"、"消费者"带动"销售"，乃是最明确不过的逻辑；但从传播角度看，品牌的传播者最关注的是目标受众，因为"品牌"打动"受众"、"受众"则会产生有益于品牌的行为——不仅仅是直接带动销售，而且还引发各种各样的间接行为，如意见领袖会对品牌进行二次传播、潜在消费者将转化为知晓消费者。虽然在一定程度上，"消费者"与"受众"是一致的，但不同的表述与强调，却体现了不同的指导观念：将品牌传播的对象表述为"消费者"，强调的是消费者对产品的消费，体现的是在营销上

① 〔美〕菲利普·科特勒：《市场营销学导论》，梅汝和译，华夏出版社，2001。
② 韩光军：《品牌策划》，经济管理出版社，1997。

获利的功利观念；而将品牌传播的对象表述为"受众"，强调的是受众对品牌的认可与接受，体现的是传播上的信息分享与平等沟通观念。因此，"品牌传播"的合理对应对象便只能是"受众"。如果将信息传播也视作一种营销行为，那么与所有在市场中求取生存的企业一样，传播者也需细分市场，寻找到自己的目标消费者即目标受众。事实上，早已在市场中生存的媒介均有自己的目标定位、自己的受众群。但对于"品牌传播"者来说，他所寻找的目标受众，既是目标消费者，又是品牌的关注者，还应是通过特定媒介积极主动的"觅信者"。如此，只有确立了明确的目标受众，传播中的受众本位意识才能得到体现，受众的接受需求才能得到满足，相应的品牌传播才是卓有成效的。

3. 媒介的多元性

加拿大的传播学家麦克卢汉有句名言，即"媒介即讯息"；初读之时，不免令人无法理解，但细思之，却可品味出其中的真理性。因为，媒介技术往往决定所传播的讯息本身。如电视媒介传播了超出报刊、广播多得多的"讯息"，而网络媒介又传播了兼容所有媒介讯息的"讯息"。而在传播技术得到革命性变更的今天，新媒介的诞生与传统媒介的新生，则共同打造出一个传播媒介多元化的新格局。这为"品牌传播"提供了机遇，也对媒介运用的多元化整合提出了新挑战。

传统的大众传播媒介，如报纸、杂志、电视、广播、路牌、海报、POP、DM、车体、灯箱等，对现代社会的受众来说，依然魅力犹存，对它们的选择组合本身就具有多元性。而新媒体的诞生，则使品牌传播的媒介多元性更加突出。美国传播学家罗杰·菲德勒曾经描绘了数字化时代广告传播的景象："数字技术可能会把广播与印刷广告中人们熟悉的特长加以融合，同时结合电脑媒介中的一些人际特征。数字媒介中的广告不像电视上的商业广告，也许不会突然打扰或耽误读者与观众的收看。它们的作用也许更像购物中心的店面橱窗。读者或观众简直可以在那些他们不感兴趣的广告前'一走而过'……当一扇'窗户'里的广告吸引住了一位潜在的顾客，他或她只要触摸一下或选择那则广告，就可以走进商家的'商店'。""当前的发展趋向强烈表明，新形式应比当前的形式更加个人化，更加交互化，更加有责任感。"① 实际上，菲德勒所描绘的景象已通过互联网而成为现实。企业自办的网站、刊播的网络广告，不仅在起着广告的功能，更在进行内涵丰富的品牌传播。而由互联网所带来的新媒体的丰富性，至今人们尚未完全认识。如此，品牌传播在新旧媒介的选择中，就有了多元性的前提。

4. 操作的系统性

在传播实务研究者的眼光中，"一个系统是一套相互作用的单元，它在一个现存的边界范围内通过对于来自环境的变革压力做出反应和调整而长时间发挥作用，从而获得和维持目标状态"。仅"就公共关系来说，这一整套相互作用的单元包括这个组织以及与之已经具有或者将要具有各种关系的各类公众。他们或多或少地相互影响或者相互有关"。②

公共关系是树立组织的良好形象、协调公众关系的传播行为，并作用于品牌传播。既然仅公共关系的操作都需讲究系统性，具有丰富内涵的品牌传播更需遵循操作的系统性。在品牌传播中，其系统的构成主要为品牌的拥有者与品牌的受众，二者由特定的信息、特定的媒介、特定的传播方式、相应的传播效果（如受众对品牌产品的消费、对品牌的评价）、相应的传播反馈等信息互动之环节，而彼此成构。由于品牌传播追求的不仅是近期传播效果的最佳化，而且追求长远的品牌效应，因此品牌传播总是在品牌拥有者与受众的互动关系中，遵循系统性原则进行操作。其基本程序为：审视品牌传播主体—了解并研究目标受众—进行品牌市场定位—确立品牌表征—附加品牌文化—确定品牌传播信息—选择并组合传播媒介—实施一体化传播—品牌传播效果测定与价值评估—品牌传播的控制与调整……该程序构成了一个品牌传播的系统工程，并周而往复，使品牌不断增加活力，在系统性的传播与更新中走向强悍与长寿。

（原载《国际新闻界》2002 年第 3 期，署名余明阳、舒咏平）

---

① 〔美〕罗杰·菲德勒：《媒介形态变化》，明安香译，华夏出版社，2000，第 222~223 页。
② 〔美〕斯各特·卡特李普：《公共关系教程》，明安香译，华夏出版社，2001，第 187 页。

"品牌传播"内涵之辨析

自学界在 2001 年提出"品牌传播"概念后①,"品牌传播"在实践中运用得越来越广泛,其研究论著也越来越多见。截至 2012 年 1 月,中国知网上以"品牌传播"为题的国内文献共有 971 条。从其年份分布上看,1998 年仅 1 篇,2006 年在数量上突破了 100 篇,2011 年的文献数量更达到 162 篇。在 2011 年国务院新增的"广告与媒介经济"二级学科研究范围中,更明确写道:"品牌传播:研究企业或产品品牌的战略规划,以及规划实施的理论与实践问题。"② 显然,"品牌传播"将正式成为人文社会科学的研究对象。为此,进行其概念的内涵辨析与揭示就显得尤其重要。

一 相关概念的本质追索

1. 广告

虽然广告已经成为一个产业,广告人也随着媒体发展环境变化而不断赋予"广告"新的内涵,但与单向度的大众媒体息息相关的"广而告之"的本质内涵却总难以从既定的社会认知中脱离。1894 年,被誉为美国现代广告之父的阿尔伯特·拉斯克尔提出,广告是"印在纸上的推销术"

---

① 余明阳、舒咏平:《论"品牌传播"》,《国际新闻界》2002 年第 3 期。
② 第六届新闻传播学科评议组:《新闻传播学二级学科目录"广告与媒介经济"(050303)》2011 年 6 月稿。

(Salesmanship in print, driven by a reason why)，这一定义揭示出广告的核心含义，即广告是销售的手段。1948 年，美国营销协会的定义委员会（The Committee on Definition of the American Marketing Association）为广告下了定义，几经修改，形成了迄今为止影响较大的广告定义："广告是由可确定的广告主，对其观念、商品或服务所作之任何方式付款的非人员性的陈述与推广。"另外，美国学者威廉·阿伦斯对广告下的定义也有着广泛的影响力，他认为"广告是由可识别的出资人通过各种媒介进行的有关产品（商品、服务和观点）的、有偿的、有组织的、综合的、劝服的、非人员的信息传播活动"。

在吸纳这些较具权威性的广告定义之核心要素后，我国的学者也对"广告"的内涵进行了阐述。樊志育教授在《广告学原理》中论述："广告者，系讯息中所明示的广告主，将商品、劳务或特定的观念，为了使其对广告主采取有利的行为，所做的非个人的有费的传播。"丁俊杰教授在《现代广告通论》中表述："广告是付费的信息传播形式，其目的在于推广商品和服务，影响消费者的态度和行为，博得广告主预期的效果。"倪宁教授在《广告学教程》中指出："广告是广告主为了推销其商品、劳务或观念，在付费的基础上，通过传播媒体向特定对象进行的信息传播活动。"陈培爱教授在主编的《广告学概论》中解释："现代广告是指一种广告主付出某种代价的，通过传播媒介将经过科学提炼和艺术加工的特定信息传达给目标受众，以达到改变或强化人们观念和行为的目的的、公开的、非面对面的信息传播活动。"

综观以上界定，我们能够清晰地看到"广告"内涵的核心要素。其一，广告必须有明确的广告主，即出资人。在广告所占有的时空范围内，受众可以一目了然地识别出资人的传播内容与目的。广告中有确切的广告主，一方面是出资人付出费用应该得到回报，可以使广告所产生的效应直接作用于广告主；另一方面能够对广告主产生一定的警示作用，表明其必须对传播内容的真伪承担相应的责任。其二，广告是一种付费行为。广告作为一种传播活动，要将特定信息传递给消费者就需要占据媒体的时间和空间，而各种媒介的使用必须支付费用。由于媒体的时间和空间最终是由广告主购买的，因此传统广告从策划创意制作到媒体运用，都在很大程度上代表广告主的意志，广告主对传播有一定的控制作用。其三，广告是传播对广告主有利的信息。由于广告的终极目的是为了营销，因此在广告中传递的商品、服务、观点信息都是基于广告主利益最大化的前提，加之传统媒体单向性的特点，使得广告的"传""受"双方基本处于信息不对等的状态，缺乏互动话语权的广告受众在接受广告时则必然处于一种"被迫接受"的地位。其四，广告是非个人的传播行为。这是广告销售与人员直接提示、介绍、演示商品等人员销售的最大区别，广告必须是通过大众媒介"广而告之"的行为。传统广告无论针对什么样的细分受众，主要是利用大众媒体进行广而告之，但传统媒体利润获得所需要的规模性，均导致了大众媒体广告受众细分的有限性与传播范围的泛化。如此，大量接触到广告信息的受众则必然不会是精准的目标受众。当"广告"内涵的四大核心要素不能涵盖当前新媒体广告的"互动性""消费者主导""广告主自主传播"等特征时，"广告"内涵的局限已经得到充分的显现。虽然不少学者以"新广告""后广告""超广告"等前缀增添方式，指代快速变更的新媒体广告现象，但其基本的一个前提却是共同的：长期基于单向度传统媒体的"广告"，其约定俗成的"广而告之"的内涵已经越来越局促了。

2. 公共关系

公共关系，通常的认知基本为"通过信息传达、说服和调整来引导公众支持某个行动、事业、运动或者机构的一种努力"[1]。其概念与内涵在实践中进行本质追索，却呈现为一种两极分化之趋势。其一是广义的公共关系，其内涵已经无限放大，泛化到凡人类在社会关系范畴中的实践皆无所不在，如国际事务、国家政治、组织管理乃至人际间的沟通，均处处有着泛化的公共关系。其二是狭义公共关系，其内涵则限定在社会组织为自身运作与发展，所进行的是能引起公众注意与媒体传播、具有一定公共性的活动。

引起公共关系分化的原因有以下几点。第一，公共关系自身存在就是从分化对象中抽取出来的一种认识的角度。当我们的公关学者从古代思想

---

[1]　Edward L. Bernays, *The Engineering of Consent* (Norman：University of Oklahoma Press, 1955）, pp. 3-4.

中提炼出公共关系思想,用古今中外各种案例来诠释公共关系真谛时,实际上就已经理下了公共关系必然分化的种子。而在现代社会,当社会组织成为社会运行的主体时,公共关系无所不在,却又泛化近无,但公共关系的精神却随着人性化、民主化、互动性、双赢乃至多赢的追求而更显其生命力。第二,法制基础上的价值升华加速,促进了公共关系分化。为了更积极地面向未来展开良性竞争与可持续性发展,各类社会组织的行为必须超越法制规范的最基本层面,进行价值的升华,走向道德信誉聚焦的品牌建构。这种社会组织品牌的建构,是其组织行为全方位的提升,远远超出了公共关系"讲真话""对等沟通"的层面,由此公共关系的分化成为必然。第三,新媒体的零门槛与扩散效应,加速了公共关系消解。以网络为代表的新媒体迅猛发展,使得任何一个社会组织面向不同的目标公众均是零门槛的、极为便利的信息发布与对话沟通平台,这也成为公共关系分化的助推器。在与公众的关系达成中,公关真谛依然存在,但公共关系自身消解,让位于更专门化的业务概念。

三种原因形成了三种推力,并合力汇成公共关系分化的趋势,因此促使我们对公共关系理论本体进行再定位。其一为"泛化扩散极",也就是广义的公共关系,指的是组织运行各类行为中所追求的自觉借助传播沟通,以与其各种关系的目标公众取得和谐的思维意识与基本素质。其二为"集中凝聚极",也就是狭义的公共关系,指组织运行依凭公关意识所进行的,各种专门化的、人际的、组织的、大众化的传播活动的总称。当我们认识到由二极走势构成公共关系本体定位时,无须因公共关系概念日益在我们的视线中淡出而焦虑失落,反倒应为公共关系意识素质在社会的全方位渗透而感到骄傲。①

3. 整合营销传播

"整合营销传播"(Integrated Marketing Communication,IMC)是当今营销学和广告学的一个热门研究领域,从 1993 年美国西北大学 D.E. 舒尔茨教授等人出版了重要著作《整合行销传播》以来,近 20 年的时间里

---

① 舒咏平、段双银:《新媒体发展与公共关系分化》,陈先红、何舟主编《新媒体与公共关系研究》,武汉大学出版社,2009。

有无数的专家学者着力于此研究，但究竟什么是 IMC 至今仍然需要我们继续探索。作为"整合营销传播之父"的舒尔茨教授也在不断地修正自己的观点，但舒尔茨教授三本 IMC 著作中都无一例外地将整合营销传播视为单项营销活动的整合，强调借助多种传播手段和多渠道的传播方式，如广告、公共关系、促销、直效营销等，以完成或实现与消费者之间建立良好关系的"营销目标"。在舒尔茨教授的论述中并没有把与消费者建立良好的品牌关系视为整合营销传播的核心价值追求，由于品牌关系在整合营销传播理论中的缺失，无形中就强化了整合营销传播的功利性色彩。

在舒尔茨所倡导的整合营销传播观念的基础上，真正实现从观念到操作，并基本完成整合营销传播理论构建的是汤姆·邓肯。汤姆·邓肯对整合营销传播终极价值的理解是对舒尔茨教授以来有关认识的进一步发展总结，他的最大贡献在于把"建立品牌关系"作为整合营销传播的中枢，把"追求品牌资产"作为整合营销传播的终极目标。而且整合营销传播的对象范围也大大突破了一般的企业与顾客范畴，是企业与所有关联系统的交流互动。汤姆·邓肯创造性地提出了"关系利益人"（stakeholders）这一概念，同时揭示了品牌在整个企业系统中的最大包容性和最广关联性价值。由于有关品牌的资讯无处不在，关系利益人利用这些资讯可以自动整合，并做出对品牌的判断，从而决定了其对品牌的支持程度。所有关系利益人对品牌的支持程度累积起来就构成了品牌资产。虽然汤姆·邓肯的观点大大拓宽了整合营销传播的视野和执行空间，但整合营销传播在营销层面上的终极追求始终是其必然的落脚点，尽管舒尔茨教授在重新定义整合营销传播时指出，"整合营销传播是品牌传播的一个业务战略过程"，它"在本质上是战略，在执行上是战术"①，但在实际的企业运作过程中，整合营销传播始终无法脱离基于功利性策略的窠臼，更多地被视为一种策略性的操作方法，以实现单项的具有功利性的营销目的。

---

① 〔美〕唐·E. 舒尔茨、〔英〕菲利普·J. 凯奇：《全球整合营销传播》，何西军等译，中国财政经济出版社，2004。

二 "品牌传播"的本质内涵

1. 本质目标：品牌信誉的建构

在最早提出"品牌传播"的概念时，我们将其界定为："一种操作性的实务，即通过广告、公共关系、新闻报道、人际交往、产品或服务销售等传播手段，以最优化地提高品牌在目标受众心目中的认知度、美誉度、和谐度"。[①] 应该说在市场竞争环境、媒介生存环境经历了 10 年的风雨变化后来反观这样的内涵界定，其依然体现出前瞻性与恰切性，其品牌传播的"三度目标——认知度、美誉度、和谐度"在今天看来因突出了"和谐度"也同样具有合理性与指导意义。但我们的认知依然需要前进、需要在学理层面对"品牌传播"目标进行聚焦性的提炼，这不仅是"品牌传播"概念与时俱进地进行充实性演进的需求，同时也是从战略意义和现实操作层面上对"品牌传播"的目标进行新的审视，我们提出品牌传播的本质目标应该是"品牌信誉的建构"。

英国学者布莱克斯顿认为，成功的品牌关系都具有两个因素：信任和满意。其中，信任受风险、可信度和亲密性的影响，而满意是主动性和支持性的函数。[②] 哈佛商学院助理教授 S. 佛妮尔 1998 年提出品牌关系质量概念，用以衡量品牌关系的强度、稳定性和持续性。其有 6 个部分：爱与激情、自我联结、相互依赖、个人承诺、亲密感情、品牌的伴侣品质。[③] 而美国营销学者汤姆·邓肯等人则从企业实际运作的角度提出评价品牌关系的 8 个指标：知名度、可信度、一致性、接触点、回应度、热忱心、亲和力、喜爱度。[④] 虽然如上观点各异，但对品牌关系中的"信任""依赖""承诺""可信"的认知却是高度一致的。实际上，其昭示的均是品

---

① 余明阳、舒咏平：《论"品牌传播"》，《国际新闻界》2002 年第 3 期。

② M. Blackston, "Observations. Building Equity by Managing the Brand's Relationships," *Journal of Advertising Research* 5-6 (1992): 101-105.

③ S. Fournier, "Sonsumer and Their Brands. Developing Relationship Theory in Consumer Research," *Journal of Consumer Research*. 3 (1998): 343-373.

④ 〔美〕汤姆·邓肯、桑德拉·莫里亚蒂：《品牌至尊：利用整合营销创造终极价值》，廖宜怡译，华夏出版社，2000，第 37 页。

牌价值最核心的"信用"。而这种以信用为核心的品牌核心价值，显然不可能以"忽悠"式的宣传、单向度的广告来建立，而只能是以高品质产品为事实基础，通过持续的营销、消费、服务、沟通来验证、建构。

然而在残酷的市场竞争环境中，总有不少企业因为见利忘义、急于求成、心存侥幸而未能坚守企业品牌的灵魂——诚信，"当一个社会组织远离目标公众、一心追求所谓'知名度与美誉度'的时候，华而不实的浮躁将使得它的决策人在轻实在、重虚名的轨道上越滑越远，直至出现重大的危机"。① 三鹿奶粉不但隐瞒"三聚氰胺奶粉致婴幼儿结石"的悲惨事实，还蓄意欺骗地进行"专业生产、品质有保证""名牌产品、让人放心、还实惠""生产名优乳品，奉献社会民众"的广告宣传；"达芬奇"为了使高分子树脂材料、大芯板和密度板生产的家具价格翻上十几倍甚至上百倍，煞费苦心地将国产家具送出国去"挂洋头"，还信誓旦旦地对消费者进行"100%意大利生产""所用原料为名贵实木白杨荆棘根"的虚假宣传。实际上，"三鹿奶粉""达芬奇家具"本身就是产品"文本"，既负载着生产者的诚信信息，又在传播中接受产品"文本"诚信信息的解读。著名经济学家吴敬琏曾指出："从长远看，中国最缺乏的不是资金、技术和人才，而是信用，以及建立和完善信用体系的机制。"② 虽然"品牌传播"概念的"和谐度"目标追求的本质是品牌主与目标受众之间相互理解、相互信任，但是由于"信誉"已经成为企业最稀缺的资源，我们的"品牌传播"概念更应该明确提出须以"品牌信誉的建构"为本质目标，以根本性地指导品牌传播的实践行为。

2. 根本手段：双向对称之沟通

传播学的奠基人威尔伯·施拉姆曾经说过"大多数传播是双向的"，"最典型的和最频繁的传播格局是一种扩大了的双向关系"，"这种关系的结果是，随着交流的继续进行，理解很可能变得越来越接近"。③ 斯科

① 舒咏平：《有关"知名度、美誉度"的质疑》，《公关世界》2000年第2期。
② 谢巧生、李淑贞：《中国传统诚信思想与现代企业信用建设》，载《传统文化与先进构建学术研究论文集》，鹭江出版社，2006，第257页。
③ 〔美〕威尔伯·施拉姆、威廉·波特：《传播学概论》，陈亮等译，新华出版社，1984，第48~49页。

特·卡特李普和阿伦·森特、格伦·布鲁姆在《有效公共关系》中提出了"双向对称"理论，虽然其理论模型的指代对象是公共关系，但这一模型的核心思想适合指导社会组织的任何沟通传播行为。一方面我们要把组织的想法和信息向公众进行传播和解释；另一方面又要把公众的想法和信息向组织进行传播和解释，目的是使组织与公众结成一种双向沟通和对称的和谐关系。J. Thomas Russell 和 W. Ronald Lane 在《Klppner 广告教程》中预言："未来的广告和传播的标志是消费者参与程度更高、控制力更强，广告和传播由单向传播向双向沟通转变。"[①] D. E. 舒尔茨所主张的"整合营销传播"，同样显示出由单向往双向转化的互动性趋势。为此，在新旧媒体全方位整合的今天，我们更应看到广告、公共关系与营销内涵中"双向对称沟通"真谛的追求，同时将广告、公共关系、营销作为品牌传播的手段来看待，突出品牌传播服务于消费者及公众的双向互动性。

在企业与消费者的品牌关系建构中，基于产品"文本"基础上的品牌认同是基础，而消费者及公众是否对品牌产生认同感，主要受相互间双向对称沟通的程度所影响。过去处于被动地位的消费者几乎没有与企业平等对话的机遇与平台，"企业单向度的广告信息发布本身追求的也只是'信息邂逅'的高概率，即希望目标消费者能高概率地接触广告信息，或希望所发表的广告信息能够高概率地引发媒体接触者关注"。[②] 今天的消费者，诚如学者黄振家所指出的："消费者拒绝传统广告，却可以在新媒体环境中选择想观看的广告类型、品牌信息。"[③] 丁俊杰教授也指出：消费者不再相信单一的信息来源，他们需要不断地"搜索"、"分享"和"比较"，从而获取自己更需要和更满意的信息。针对消费者的"搜索满足"心理，我们的品牌传播必须将"双向对称之沟通"作为根本手段，才能适应消费者由"被动"转为"主动"的身份特征变化。

当我们将基于产品事实基础的广告、公共关系、营销对话、服务满足

---

① 〔美〕威尔伯·施拉姆、威廉·波特：《传播学概论》，陈亮等译，新华出版社，1984，第 24 页。

② 舒咏平：《"信息邂逅"与"搜索满足"——广告传播模式的嬗变与实践自觉》，《新闻大学》2011 年第 2 期。

③ 黄振家：《广告产业的未来》，《广告大观》（理论版）2008 年第 3 期。

等在内的互动沟通作为品牌传播的手段时，还必须看到迅速崛起的新媒体，正"以数字传输为基础、可实现信息即时互动的媒体形式，其终端显现为网络连接的电脑、手机、电视等多媒体视频"[①]，为"双向对称之沟通"的实现提供了强大的技术支撑。有学者指出："虽然新媒体仍然是一种媒体形式，但是，它同现有的大众媒体已有根本性的区别。它提供了一种技术平台，一种沟通平台，具有数字化、多媒体、实时性和交互式传递等特征。"[②] 正因为这样的根本性特征，新媒体可以帮助品牌与消费者进行有高度个人相关性的对话，逐渐建立目标受众对新媒体广告、公共关系、营销对话等双向对称沟通的依赖性，从而实现品牌传播的效果，并使品牌与消费者彼此享有价值。

可以概括地说，品牌传播的本质内涵即为以品牌信誉在消费者及公众心目中建构为目标，以包含产品"文本"、服务满足、广告、公共关系、营销对话在内的互动沟通为手段的现代主体性传播实践活动。

三 "品牌传播"与相关概念

1. 涵盖"广告"的包容关系

当"广告"内涵的四大核心要素（广告必须有明确的广告主，广告是一种付费行为，广告是传播对广告主有利的信息，广告是非个人的传播行为）不能涵盖当前新媒体广告的"互动性""消费者主导""广告主自主传播"等特征时，"广告"内涵演进的主要取向便是"品牌传播"。由于在19世纪末诞生的现代"广告"，比诞生于20世纪上半叶的"传播"学更早，这就构成了我们讨论的一个基本前提：广告从本质上虽然属于传播，但由于其独立性更早，也就形成了自身的生命力。但在随时代变化而发展的研究与运用中，"广告"需从"传播"中获取理论营养，"传播"的性质与规律也就不能不考虑。在传播的视野中，营销固然以成功的传播沟通为前提，但独立性的营销学已有专门化、独立性的研究，而实际已经

---

① 舒咏平：《新媒体广告》，高等教育出版社，2010，第4页。
② 陈刚：《新媒体与广告》，中国轻工业出版社，2002，第12页。

独立的广告业务与理论展开显然是需要进行正视的。那么，避开围绕营销对象——包含实体与虚体性劳务在内的商品购销——展开研究的营销学，广告传播更多的是对商品符号的传播，从而引导广告受众依循商品符号来进行消费。而商品符号的高度抽象即"品牌"。失去品牌符号指代的广告，消费者的接受就无所适从，其传播也必然是没有意义与价值的。也就是说，从学理上看品牌传播与广告的关系是涵盖"广告"的包容关系。

从实践角度看，品牌传播的实质是通过所有的互动沟通手段来塑造消费者头脑中品牌竞争优势的认知过程，为了形成品牌认知，我们需要借助广泛的沟通手段把品牌的核心价值根植于消费者心中，达到引导消费者的目的。然而众多沟通手段中，广告只是一个非常重要、运用广泛的沟通手段。品牌传播的形式可以很多，不一定囿于广告，但广告生来就是为传播品牌信息服务的。品牌传播涵盖"广告"的包容关系具体体现为：第一，品牌传播的宏观目标决定了单次广告活动的微观目标，任何一次广告活动都是对品牌声誉所做的长期投资；第二，品牌传播的核心内容决定了广告诉求的具体内容，品牌传播的基本信息是广告策划创意的基础与前提，虽然广告策划创意需要灵感与顿悟，但广告策划创意的逻辑前提是品牌自身的个性化特点。

此外还需强调的是：广告概念历来的表述运用，主要强调的是"广而告之"的一个领域，属于不带任何价值取向的中性界定；而品牌传播则由于强调了"品牌乃信誉的建构"，凸显了一种以社会标准为取向、以受众的集体共识为旨归的积极价值取向，因此在一定意义上"品牌传播"概念及内涵本身就引导着包含广告、公关、新闻、营销传播在内的各种主体的价值追求，在助益品牌经济效益实现的同时也履行了其社会责任。

2. 与"公共关系"的有限交合

我们所揭示的"品牌传播"本质目标为"在消费者及公众心目中建构品牌信誉"，如此，作为其信誉建构手段之一的公共关系，则必然与品牌传播形成交合。品牌信誉的建构，一定意义上是建立起品牌与消费者之间以"信誉"为基石的品牌关系。既然要建立这种品牌关系，就要运用各种能够与消费者进行双向对称沟通的手段，以达到覆盖所有信息接触点的目的。为此，"以关系为逻辑起点，以组织—公众—环境关系为基本概念，以生态学为元理论基础，以社会文化系统的组织扮演社会好公民为主体定位，以双向传播为方式，以实现组织利益和公共利益的和谐为最终目标"① 的公共关系自然进入品牌传播的视野，成为品牌传播的重要手段之一。但"公共关系"与"品牌传播"的关系是有限地交合，各自还有着广泛的话语空间。

就品牌传播而言，需要借助传播手段之一的公共关系来实现树立品牌形象、传递品牌信息、沟通协调关系、处理品牌危机的目的，但品牌传播的目的又不拘泥于此层面，其终极目标是与消费者建构起以信用为核心的品牌关系。要实现这一终极目标，还需要在坚守产品品质、让产品"文本"无言诉说的前提下，整合各种能够与消费者实现双向平等沟通的手段来进行现代主体性的传播实践活动。而从公共关系来看，因在新媒体发展颠覆了传统传播方式的今日，其存在方式表现出分化的趋势，那么能够与品牌传播进行对接的公共关系显然是"集中凝聚极"，即组织运行依凭公关意识所进行的，各种专门化的、人际的、组织的、大众化的传播活动。而在内涵无限放大，凡人类的社会关系范畴中均有着公共关系实践的"泛化扩散极"中，公共关系还有着广泛的不拘泥于为品牌传播而服务的拓展空间。

3. 指导"整合营销传播"的道术关系

在进行"整合营销传播"概念的本质追索时，我们已经明确地揭示出"整合营销传播"所突出的"营销"功利性与策略性，整合营销传播的提出是基于营销的视角，即强调"能够找出消费者问题的解决之道——消费者利益点"，而"消费者利益其实就是消费者对品牌的要求，对我们来说要定好方向，不能只是与消费者沟通时的空话。决定消费者利益点，必须根据消费者的要求与欲求"。② 也就是说，整合营销传播强调的是符合消费者利益的营销卖点，它侧重于双方当时利益的达成与共赢。汤姆·邓肯虽然把建立"品牌关系"作为整合营销传播的中枢，但其建

---

① 陈先红：《公共关系生态论》，华中科技大学出版社，2006。
② 〔美〕唐·E.舒尔茨等：《整合行销传播》，吴怡国等译，中国物价出版社，2002，第107页。

构品牌与消费者之间忠诚关系的终极目标还是"追求品牌资产",所以整合营销传播的实质还是营销层面的一种具体战术。

但今天的市场正如著名管理学家汤姆·彼得斯所言:"市场上的产品已经争夺得不可开交。因此,如果想要在这个拥挤得不像话,而且越来越糟糕的市场中凸显自己,那么建立品牌就比以往更为重要,而不是不重要。"① 广告专家拉里·莱特同样认为:"未来营销之战将是品牌之战,是为获得品牌主导地位而进行的竞争。企业和投资人把品牌视为企业最有价值的资产。品牌是至关重要的概念。"② 品牌之所以如此重要,一定意义上是因为品牌代表了品牌拥有者与消费者之间的"协议"。品牌乃是品牌主长期积累的商业信用,同时也是消费者对品牌所指代的商业信用的聚焦性认知与认可。而品牌传播强调以品牌信誉在消费者及公众心目中建构为本质目标,在尊崇消费者的立场上,以包含产品"文本"、广告、公共关系、营销对话、服务满足等在内的互动沟通为手段,强调长短效应兼顾的系统聚合。这种注重专一品牌符号的神形兼备的聚合,更重视不同阶段利益实现后的品牌积累,从而上升到企业发展的战略层面。因此,以品牌信誉的建构为本质目标的品牌传播与以品牌资产的追求为终极目标的整合营销传播之间自然形成了指导与被指导的道与术关系。当然,不同层面的道术关系将殊途同归,均有利于品牌的良性成长、企业的可持续性发展。

(原载《现代广告学术季刊》2012年第2期,署名舒咏平、陈丽娟)

---

① 〔美〕汤姆·彼得斯:《重启思维》,顾淑馨译,中信出版社,2007,第161~162页。
② 〔美〕戴维·阿克:《管理品牌资产》,奚卫华、董春梅译,机械工业出版社,2006,第3页。

基于网络的品牌传播"长尾化"

2007 年 1 月 28 日，比尔·盖茨在达沃斯世界经济论坛上预言：随着在线视频产品的日益发展，互联网将在 5 年内"颠覆"电视的传统地位。① 如果说比尔·盖茨的预言还只是就媒体形态的此消彼长而言，那么，这种网络引发的"颠覆"在社会各个领域频频发生则更需要我们关注与适应。其中，基于网络所引发的企业盈利模式及品牌传播方式的变革，足以令我们警觉起来。

一 网络媒体上的"碎片"聚合

"碎片化"是近年日渐响亮的概念及已成热门的话题。"碎片化"（fragmentation）在 20 世纪 80 年代由后现代主义研究者提出时，指的是后现代文化视野中真实的实在转化为各种影像；时间碎化为一系列永恒的当下片段。② 至 90 年代，"碎片化"之说延展到社会学、广告学，如美国传播学者约瑟夫·塔洛就在其 1997 年出版的著作中写道："一种共识就很快取得影响，即因为美国社会比以往任何时候都更为支离破碎，广告主需要各种视听形态以吸引比以往更狭窄和更确定的受众。"近年，我国社会学学者李强、广告学学者黄升民等撰文分析认为，"碎片化"已经成为一个社会学、消费行为学、传播学界的热门概念，指的是社会阶层的多元裂

---

① 《比尔·盖茨：互联网 5 年内将"颠覆"电视》，《国际新闻界》2007 年第 2 期。
② 〔英〕迈克·费瑟斯通：《消费文化与后现代主义》，刘精明译，译林出版社，2005。

化,并导致消费者细分、媒介小众化。程士安等也认为:"基于以消费者为中心的市场发展时期,其媒介、品牌也正朝着'碎片化'方向发生着相应的变化。技术导致媒介的'碎片化'、消费者个性化需求导致品牌的'碎片化'等一系列变化,均是在分众的基础上,那些原本被我们视作同一集体共享同一特征的分块被打得更碎,出现了彼此差异更加显著的碎片。"①

然而,我们却不能不看到,由经济、社会、媒介打碎的"碎片",同时也在被媒介,确切地说是被新媒介重新黏合、聚合起来。托马斯·弗里德曼的《世界是平的——21世纪简史》就指出:全球化3.0时代,从2000年开始,其独特的动力来自个人,即由个人电脑、光缆、工作流程软件,使个人和小团体在全球范围内亲密无间合作,并构成了平坦世界;世界不仅因此而缩小和平坦化,并使得人们可以全球合作;并且这种全球化不再只是由欧洲人和美国人驱动,而是由全世界每个角落、各种肤色、各个人种的人们所参与。②他还指出:当世界变得平坦,并且你也感受到这种压力时,你应该挖掘自己的潜力迎接挑战,而不是修建各种保护墙。而小公司要想在平坦的世界中发展,必须学会采取大手笔,迅速利用所有促进合作的新工具,使自己扩展的力度更大,速度更快,范围更宽,程度更深。大公司则应该学会做小卖部,向你的顾客和雇员提供自助式服务。实际上,在世界平坦化时代,最好的公司是最善于合作的公司。虽然,弗里德曼的观点受到了指责,如罗纳尔多·阿罗尼卡等人就针锋相对地说道:"弗里德曼的全球化3.0的放任的自由市场不是关于个人的,它根本就不是关于人类的,它就是跨国公司有、跨国公司治、跨国公司享的自由市场。"③这一指责固然有其道理,但对于进入国际市场的公司运作而言,这承认了基于网络之上因国际合作而引发的世界平坦化趋向。也就是说,网络聚合了个人与大小公司、聚合了不同国度的生产者,这是不争的事实。

当复杂的生产流程与环节也以"碎片"形态在网络上得到了聚合时,个性化的信息接受、异质化的商品消费,则更自然地在网络上得到聚合。

---

① 程士安等:《碎片化:21世纪营销变化的关键词》,《广告大观》(理论版)2007年第1期。
② 〔美〕托马斯·弗里德曼:《世界是平的——21世纪简史》,何帆等译,湖南科学技术出版社,2006,第9~10页。
③ 〔美〕罗纳尔多·阿罗尼卡:《世界是平的吗?》,惠新华、龚艺蕾译,群言出版社,2006。

如专业网站、分类频道、专题论坛、个人博客、CRM 系统等，其固然功能各异，但将平坦化世界中的受众与顾客以全新的标准与方式进行聚合，却是共同的目标。因此，当历史中常见的广场式人群聚会日渐消淡，凭借网络、电脑、手机，人们则不停地在赛博空间聚会、赶场，其聚合的程度与效率绝不亚于往昔。因聚合而获得信息交互传播、情智共振共享的人们会倍感充实地问：在赛博空间，何碎之有？

二 "长尾市场"与品牌传播"长尾化"

当网络自由自在聚合"碎片"人群的功能逐渐被人们认识，新的盈利模式被商家发现了。这就是"需求的规模化供给"。克里斯·安德森在其《长尾理论》中说道：在货架不足、银幕不足、频道不足、波段不足的匮乏世界中，消费者聚焦由制造者导演的"热门"商品是可以理解的。但在一个网络传播和零售强力兴起的丰饶世界，情况就全然不一样了：在热门商品销售高高的头部之后，有着一条无物不销的长尾市场。关于这条长尾巴，真正让人吃惊的是它的可怕规模。如果足够多的非热门产品组合到一起，实际上可以形成一个堪与热门市场相匹敌的大市场。如此，在线数字化形成"货架空间无穷无尽"的企业，则可以领悟到数学集合论的原理：一个极大极大的数（长尾中的产品），乘以一个相对小的数（每一种长尾产品的销量），仍然等于一个极大极大的数。而且这个极大极大的数只会变得越来越大。①

我们知道，传统的大规模生产，是生产方规模经济；而新经济的特点在于需求方规模经济。个性化定制要想成为经济，它的生命力在于普及。一个不为众人和市场所知的个性化产品，其创意与功能再好，也不可能成为"经济"。而"长尾市场"则告诉我们，在新经济时代，需要使消费者多样化的需求形成规模优势，而这种规模之所以成为可能，乃在于要立足于网络基础。因为，无所不在的网络就是规模，需求方规模经济，就是网络节点上的规模经济。据 CNNIC 统计，到 2006 年底，我国网民数量突破

---

① 〔美〕克里斯·安德森：《长尾理论》，乔江涛译，中信出版社，2006，第 39 页。

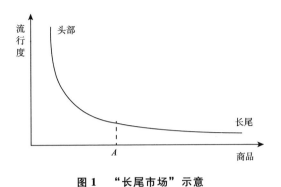

图 1　"长尾市场"示意

总人口的 10%，达到 1.37 亿。央视市场研究公司发布的 2006 年中国广告市场分析数据显示：2006 年网络媒体从小众媒体变为大众媒体，网民每周用来上网的时间平均达到了 16.9 小时，即将赶上观众每周看电视的平均时间 18 小时；并估算 2007 年互联网、楼宇电视等新媒体广告将占全国广告预算的 21%，更有 56.7% 的企业界人士表示将在 2007 年加大对其的投入。[①] 如此，在 2006 年也"把营销者在互联网上做品牌的信心找回来了"，而这种信心更多的体现是因为"Marketing2.0 更多地利用 Web2.0 制造互联网上受众的广泛参与活动，将每一个参与者作为传播介质的一个元素，促使元素间互相影响，达到人际传播的放大效应"[②]。当网上的品牌传播直接面对每一个网络终端的受众，也就产生了品牌传播的"长尾化"。

　　所谓品牌传播"长尾化"，即将原来大规模制造、集中于强势媒体的流行品牌商品，针对网络重新聚合出来而实际分散的市场碎片，进行目标分化、载具分散的小众或窄告传播，其品牌传播的形态则呈一条渐渐拉长的长尾。且以 IBM 为例，其品牌自有的 IBM.com 网站无疑是网络传播的头部，公司有一个专门的团队每天对许许多多的企业客户通过网站浏览而提出的采购咨询与需求进行反馈，为客户提供报价、方案、指导服务，或

---

① 央视市场研究公司：《2006 中国广告市场分析：新兴媒体渐成新宠》，《经济参考报》2007 年 2 月 9 日。

② 吕勇：《2007 年品牌传播的网络营销趋势》，《网易》2007 年第 2 期。

介绍给当地的代理商。而且，IBM.com 还会为客户提供上百个丰富的主题，有来自全球的资深演讲人通过网络会议、视频直播等方式介绍新技术，展现 IBM 作为 IT 领域领导品牌的形象。而在各个国家与地区有影响的门户网站上，IBM 的网络广告、企业信息均根据不同人群的特点，亮相于新闻、财经、体育、娱乐等不同的频道上；其品牌传播的形态也因这些网站及频道的广泛分布而呈现出一条长尾。显然，这一基于网络的品牌传播"长尾化"应引起品牌主——企业的足够重视，因为这一全新的品牌传播模式背后是全新的传播导向的盈利模式。

三　品牌传播"长尾化"的操作

在品牌传播"长尾化"形态中，更可怕或可喜的是，其长尾中的任何需求信息均可随时链接进入品牌网站这一头部，即网络上的长尾化的品牌传播，将因传受双方即时性互动，而实现传播的实时沟通。而在这种实时沟通中，客户需求得以提出，甚至参与品牌主的商品设计与制造，他们一方面"在一起相互交流"，另一方面又"散向越来越专项化的不同圈子，越来越深入地探讨着圈内的主题爱好——当志同道合者们走在一起时，他们必然会这样做"。① 如此，基于网络的品牌传播"长尾化"操作已全然异于大众媒体所体现出来的单向度的传播或者是延时性传播，不仅实现了即时互动，而且已从简单的品牌信息接受而参与到品牌内涵的创新之中。这就需要我们对品牌传播"长尾化"的操作进行更细致的探讨。对此，克里斯·安德森在其"长尾理论"中已为我们进行了揭示：基于网络，"生产工具的普及使生产者的队伍急剧壮大；超高效的数字经济学创造了新的市场和新的交流中心；最终，利用群体智慧联络供给与需求的能力带来了崭新的推荐和营销方式"。②

---

① IAB：《美国网络广告收入报告》，2005 年 4 月，http：//www.iab.net。
② 〔美〕克里斯·安德森：《长尾理论》，乔江涛译，中信出版社，2006，第 40 页。

表1　长尾的奥妙

力量	企业	范　例
生产普及	长尾·工具制造者、生产者	数字摄影机、桌面音乐和视频编辑软件、博客工具
传播普及	长尾·集合器	亚马逊、eBay、iTunes、Netflix
供需相连	长尾·过滤器	Google、博客、Rhapsody 的自动推荐、畅销榜

资料来源：〔美〕克里斯·安德森《长尾理论》，乔江涛译，中信出版社，2006，第40页。

在表1中，安德森是将"长尾理论"视作全新的盈利模式来揭示的，而在我们的论题中，因为这一全新的盈利模式的全过程均建立在网络之上，而且均是一种在品牌传播前提下的信息沟通合作，因此可称之为品牌传播的"长尾化"操作。其操作实际上分作了三个环节。

1. 聚合了品牌产品普及性的设计与生产

不同于传统的规模化生产与传播，在"长尾市场"的开发中，品牌主为克服碎片化需求规模转化为碎片性生产而导致的缺乏规模效益，自然地瞄准网络的互动性，将品牌产品设计与生产转化为生产者与消费者共同的合作过程以及品牌的深度传播过程。其基础为已经非常流行的网上定制，在"百度"搜索上，关键词"定制产品"有25万个网页，而"网上定制"链接的网页则多达1990万个。如果说在安德森所列出的表1中的"生产普及"上，其关注的尚是电子音像类的产品设计与制造，那么在网络世界及现实生活中，这种整合消费者参与设计的网上定制，则已普及诸多领域。如，个性化产品定制网站 yiikoo.com（艺酷网）上，T恤、茶杯、包包、水杯、钢笔、手机链、充电器、奖牌、相册、枕头、仿古电话机等个性化的日常生活用品，其定制的本身已经吸纳消费者参与设计。而在品牌网站上，海尔早在2001年就推出了"网上定制"冰箱业务，仅1个月时间，就从网上接到了100多万台的订单。而2007年2月，马自达在日本推出了第一家网上定制汽车服务，客户只要登录，就可以选择自己喜爱的发动机型号、内部设计和外部构造，并加上自己的个性设计，这样厂家就可以自由组合生产出独一无二的汽车。

需指出的是，在这种消费者参与的、普及性的设计与生产中，虽然还没有达到如"老鼠爱大米""一个馒头的血案"等电子音像作品可完全由自主个体设计制作的程度，却在网络上形成了集纳无数包括消费者自身的、普通个体参与设计与生产的走向。而在这与无数个体形成一对一互动的设计与生产普及中，同时构成了品牌传播长尾的末端：每一次传播仅指向单一的个体。

2. 弥散与聚合自如中实现品牌传播普及

在网络基础上，个性化的定制使得品牌传播弥散化特点尤为突出，以至于走向长尾末端的一对一；同时，在同一品牌旗帜下，个性化的产品在共享品牌承诺与信誉的基础上，又使品牌得到聚合性传播。近年，随着越来越多的广告投资转移到因特网领域，不仅在 2005 年出现报纸广告下滑的拐点，而且日前发布的一项产业预测称，全球电视广告开支预计将在 2007 年出现下滑。法国广告和媒体公司 Publicis 旗下的 Zenith Optimedia 部门发布的一项最新研究显示，电视广告在全球广告开支中所占的份额在 2006 年达到 37.9% 这个巅峰，2007 年将下降至 37.8%。而 2007 年全球互联网广告增幅将达 28.2%，远高于其他媒体 3.9% 的平均增幅。易观国际相关研究也表明，2010 年中国网络广告市场规模将达 115.63 亿元，年均复合增长率为 26.2%。一份来自 Informa Telecoms&Media 市场调研公司的报告显示，全球手机广告收入将于 2011 年达到 113.5 亿美元，其中标语式、搜索式等 WAP 类广告收入将达到 31.3 亿美元；手机电视类广告收入将达 43.7 亿美元，为总收入的 38%。显然，网络与手机广告，连同楼宇数字广告、移动电子广告、游戏置入广告等，蔚然形成一个由品牌为聚合中心的弥散性传播形态。它不再是单纯地由广告公司或媒体公司所提供的媒体组合计划而确定，更多的是企业的品牌管理部门常规的、系统的、碎片化的、精细的乃至一对一的品牌传播工作，即弥散的、长尾化的品牌网络传播已经无法简单地依赖代理商，而需品牌主自我掌控、精细化操作，并以即时性的信息与行动响应而向品牌聚合。

3. 搜索与推荐系统浓缩了供需信息距离

在销售中，购销双方或品牌主与消费者是信息不对称的，而消费者要获得足够的支持信心，其信息搜索成本支付就往往会到达一个模糊的临界点。但这个临界点导致的消费往往并不理想，即商品的信息依然不充分却已经无力再增加搜索成本。但在网络上，由于搜索引擎与推荐系统（论坛、博客）等浓缩了品牌商品提供的信息距离，最大化地降低了搜索成本。这正是安德森所强调的连接供需双方所依赖的网上过滤器、自动推荐、畅销榜等工具所显示的效能。以 Google、Yahoo、百度为代表的搜索引擎，在这场由搜索力服务于注意力的转化中，正显示出强劲的潜力。世界品牌实验室编制的 2006 年度"世界品牌 500 强"排名显示，互联网搜索品牌 Google 击败沃尔玛、微软、可口可乐而跻身榜首。又根据美国交互广告署（IAB）发布的统计数字，从 2003 年到 2005 年，以关键词广告为代表的搜索引擎营销市场从 2002 年占网络广告市场的 4% 猛增到 2005年的 48%；预计搜索引擎营销到 2010 年将达到 116 亿美元，超过传统Banner 网络广告。[①] 而在我国，2006 年，中国搜索引擎市场规模达到36.2 亿元，比 2005 年的 22.6 亿元同比增长 60%。[②]

与搜索引擎相配套的，则是由各种关键词指代的品牌论坛、品牌博客、大型公关、品牌展示、新闻事件的品牌推荐系统。如，美国的纽约时代广场，长期以来就是一块"风水宝地"，是品牌争相亮相、得到高端推荐的平台。美国著名卫生纸品牌 Charmin 就因赞助修建时代广场上的假日厕所，每天有成千上万来到时代广场上的人使用 Charmin 卫生纸，而仅在YouTube 一网站上，更有数十万名网民获悉这一情况。每周还有很多游客在他们的博客或者在 MySpace 网页上发布介绍这一事件的照片和视频。消费者日益热衷于在像 YouTube 和 MySpace 这样的网站上发布他们拍下的有关各种行销现场的图片、网络视频，并加以推荐性地评说；也就是说，品牌不用商家自己宣传，具有号召性的热心消费者们早已经推荐代劳了。当与品牌相关的各种推荐系统在网上凝结成各种关键词，由消费者的主动搜索而给予不同量的网页阅读时，这不仅给消费者的消费信心提供了多方面的佐证与支持，减少其搜索成本，而且由于这些相关品牌的关键词不同量的网页供给与点击，俨然形成一个传播的长尾。

（原载《国际新闻界》2007 年第 6 期）

---

① IAB：《美国网络广告收入报告》，http：//www.iab.net.2005.4。
② 北福源科技：《2006 搜索引擎盈利模式研究报告》，http：//www.royalmetro.com.2006.7。

品牌危机的网上扩散与消弭

——以迪奥的"莎朗·斯通事件门"为例

一　研究缘起

法国戛纳当地时间 2008 年 5 月 24 日，莎朗·斯通（以下简称莎）在戛纳出席公开活动，在被香港有线电视记者问及是否了解中国汶川地震时，突然口吐狂言，称这是报应，令在场众人惊讶不已。随后莎也遭到中国演艺界和中国网友的谴责和抵制，其代言的法国时尚品牌"迪奥"（Dior）也遭到强烈抵制，在 5 月 30 日当天，关于此方面的一篇帖子达到近 80000 人次的点击。几天时间，这一事件迅速在网上扩散开来。品牌危机的网上传播态势如何，以怎样的方式通过哪些渠道传播，这些品牌危机信息散布一般来源于哪些网站，等等，所有这些成了本研究关注的最初动因。

在品牌危机发生后，迪奥与网络舆论对于莎事件进行多向传播，其相互关系的成对取向如何，也就是迪奥对莎事件的看法与网络舆论对此问题的看法是否一致？迪奥对于网络舆论在莎问题上看法的估计，与网络舆论对于迪奥在此问题上的看法的估计是否一致？这种一致或不一致是否会导致矛盾发展，从而成为品牌危机网上扩散或消弭的原因？这些是本研究要探讨的深层次动机。

二　研究目的和意义

本研究通过对百度检索到的关键词为"迪奥　莎朗·斯通"的相关文章进行文本内容分析,以描述品牌危机信息在网上的分布状态、传播态势等,这有助于了解品牌危机信息在网上传播的一般规律,并为品牌网络公关制定媒体策略提供参考。

三　研究问题及假设

麦克姆斯和肖提出的议程设置理论认为,大众传媒往往不能决定人们对某一事件或意见的具体看法,但可以通过提供信息和安排相关的议题来有效地左右人们关注某些事实和他们的意见及他们对议论的先后顺序。该理论强调,受众会因媒介提供议程而改变对事物重要性的认识,对媒介认为重要的事件首先采取行动。此理论告诉我们,大众媒体所重点关注的,也是受众所重点关注的。①那么在大众传媒纷纷拥有自己网站的今天,其对品牌危机事件的发布是否仍然像传统媒体那样影响人们的认知呢?

另外,大众传播还可以提供来自信源的信息,这种信源是人际传播网络不可能得到的。一旦人们从媒介得到信息,他们就会以有用的新信息武装起来进入谈话状态。事实上,大众传媒为那些寻求信息的人提供信息,并且为随后的人际传播补充所需要的信息。②另在百度中国人搜索行为研究中,有分析师认为,在重大社会事件发生以后,网民已经习惯性地在博客、贴吧、论坛这样的非官方渠道寻找信息,并马上参与互动讨论。由此,本研究提出第一个研究问题及相应假设。

　　RQ1:关于迪奥的品牌危机信息及与此相关的网络舆论在网上形成、

---

① Donald L. Shaw, and Maxwell E. McCombs, *The Emergence of American Political Issues: The Agenda-Setting Function of the Press* (St. Paul, Minn.: West Publishing Company, 1974).

② 〔美〕斯各特·卡特里普等:《有效的公共关系》,明安香译,华夏出版社,2001,第221页。

扩散的主要渠道是什么，主要来源是什么，以什么样的形式进行传播？

H1：社区类网站（为了研究的便利，本文把社区、论坛、BBS等网站统称为社区类网站）比传统媒体的网站更多地传播品牌危机信息。

H2：来源于传统媒体网站的品牌危机信息比来自网民原创的要多。

H3：来自传统媒体网站的信息比社区性网站信息受到更多的关注。

每个人拥有的意见在相关性以及强度的大小方面是不一样的。公共关系中把此叫作取向。组织和公众对共同指向的事物的看法构成了成对取向。成对取向可以提供必要的信息，以便确定和描述在组织——公众相互关系中存在的问题。结合本研究目的，本文提出第二个研究问题及相应假设。

RQ2：在品牌危机发生后，迪奥与网民相互关系的成对取向如何，也就是迪奥对莎事件的看法与网民对此问题的看法是否一致；迪奥对于网民在莎问题上看法的估计与网民对于迪奥在此问题上的看法的估计是否一致？

H1：迪奥与网民在莎事件上的看法是相一致的。

H2：迪奥对于网民在莎问题上看法的估计与网民对于迪奥在莎问题上的看法的估计不一致。

四　研究方法

本研究主要采用网络内容分析法。网络内容分析法有两层含义：一是对网络的内容进行分析；二是基于网络技术和网络环境来研究。[1] 本文主要是指第一层意思。网络内容分析的类型有很多种，本论文主要是对网络

---

[1]　周黎明、邱均平：《基于网络的内容分析法》，《情报学报》2005年第10期。

内容的文本进行分析。

网络内容分析具有传统内容分析法的基本特征，但又不是内容分析法范围的简单扩大，它的主要功能在于：描述网络传播的信息，推断网络传播主体的意图和倾向，分析传播内容的变化趋势，比较鉴别、评价网络信息资源以及网络传播效果，预测未来的发展变化。①

由于网络内容分析有一定的局限性，因此本文还结合网上数据，采用了文献分析法。

五　研究设计与实际操作

（一）样本及分析单元的选择

本研究主要是利用搜索引擎工具，通过关键词搜索，对检索到的相关文本进行分析。在搜索引擎的选取上，主要是根据中国网站排名网提供的排名数据，取综合排名榜的第一名百度这一搜索引擎来作为获取样本的工具。搜索引擎是互联网上最热门三大基础应用之一，从传播研究的角度看，搜索引擎不仅是信息查询工具，也是信息统计工具，因此亦可被视为研究的辅助性工具。②

具体操作是：在百度高级搜索中，在包含全部关键词后输入"莎朗·斯通"以及包含任意一个关键词后输入"Dior迪奥"，选择全部语言、仅在标题中显示的方式进行搜索，至笔者搜索时（2008年9月16日下午3点）的相关数据为4330条，以此为总体，然后根据媒体及网民关注此事件的时间跨度，限定时间段为2008年5月24日至7月24日（在抽样时，百度搜索后标题下显示的时间与文章发布的时间都在此阶段的才符合样本要求）。

分析单元以"篇"为单位，包括样本媒体中谈及莎朗·斯通、迪奥事件的所有新闻报道、评论、博文、帖子或专稿等。去掉百度省略的一些

---

① 黄晓斌、成波：《网络内容分析法在竞争情报研究中的应用》，《图书情报工作》2007年第4期。

② 秦州：《新闻搜索中的舆情"峰值"——中国近年来重大矿难报道》，《新闻界》2005年第5期。

内容相似的条目，保留了前面十页共 500 个样本，然后剔除打不开的网页或被屏蔽的及与此事件无关的网页，最后共获得样本 217 篇。

（二）类目构建

本研究确定分析类目为：文章发布的时间、文章发布的网站、文章来源、文章发布的形式、文章被关注度、文章标题的侧重点、文章及迪奥对莎事件的评价、迪奥解决问题的方式、对迪奥的要求或期望。具体说明和定义如下。

文章发布的时间：文章刊发的时间，以"天"为记录单位。

文章发布的网站：关于网站的分类，目前还没有一个统一的权威分类，按照不同的标准有不同的分类。由于在网络公关的具体操作过程中，首先要厘清所需要的网络媒体，如三大门户网站、本行业内的专业网站、社区类网站、地方网站（各地热线）、博客网站、传统主流媒体的网站、搜索类网站等。因此本研究将网站分成八大类，同时根据研究目的的需要，主要考察门户网站、传统主流媒体网站、社区类网站等。门户网站主要指新浪、搜狐、网易等；社区、论坛、贴吧等同属于社区网站。传统主流媒体的网站如人民网等。

文章来源：以样本文章的来源为主，主要是指文章转引、自撰或独创等。转引的网站与上面发布的网站相同。博客自撰或帖子都属于来自发布网站原创或专稿类。

文章发布的形式：主要是指新闻报道、评论、博文、帖子、专稿或专栏文章等。如果是来自博客网站的文章，但是原文转发新闻报道，就归到新闻报道类，而不属于博文类。

文章被关注度：主要用两个指标衡量，一是点击率或阅读量，二是回帖或评论数。有些样本因为网站技术的原因，两者都没显示的，在数据录入时记作缺省。

文章标题的侧重点：主要看标题的倾向性，有侧重于抵制莎的，有侧重于抵制迪奥的，有侧重于要求迪奥采取行动的，有侧重于莎道歉或否认道歉的反应的，也有侧重于迪奥反应的。如果标题中并列两行同时提及莎和迪奥的，以后一句为主。

对事件的评价：分为"正面""负面""中立""没有提及"四类。"正面"指文章中使用褒义词评价的；"负面"指使用了贬义词；"中立"指只陈述事实。

迪奥解决问题的方式：指文章中提到的迪奥在事件发生后的反应和行动，如发表言论声明、采取实际行动如捐赠等、采取回避的方式。

对迪奥的要求或期望：主要是文章中提到的要求迪奥采取的措施，如发表言论声明，要求与莎脱离关系、中止合同、停止一切商业活动等，撤下所有莎代言的广告，实际资助行为等。

（三）建立编码程序

在分类的基础上设计了编码表。

六　统计结果分析

以下所有图表除特别注明之外，均是通过 SPSS 软件分析得出。

（一）时间分布

通过对日期进行频次统计后可以得出 2008 年 5 月 24 日至 7 月 24 日的文章分布情况，分析发现，在 5 月 26 日，同时提到莎朗·斯通和迪奥的消息才在网上开始传播，共 9 篇，占了总样本数的 4.1%；而到了 27 日这一天就迅速攀升到 24 篇，到 30 日达到峰值，共 55 篇，占总样本数的 25.3%；5 月 31 日一直到 6 月 5 日是个转折期，数量开始下滑；6 月 6 日之后开始逐渐消弭。通过对比百度指数中所得到的数据可发现（见图 1），用户关注度与媒体关注度均在 5 月 28 日至 30 日期间上升最迅速。由此可将此品牌危机信息在网上的传播分为四个阶段：5 月 24 日发生至 5 月 26 日三天为事件的形成期，27 日至 30 日四天为发展期，5 月 31 日至 6 月 5 日为转折期，6 日过后为消弭期。对比用户关注度和媒体关注度发现，在 6 月 5 日前后媒体关注度有个较大的回升，这是因为莎朗·斯通否认道歉引起了媒体的追踪报道。但是尽管如此，用户关注度却仍然保持下滑趋势，这似乎可以说明为什么在危机形成后的前几天是危机公关的黄金时期。

将每个时间段的样本与文章标题的侧重点进行交叉分析发现：从形成期开始，文章就侧重于迪奥的反应，到了发展期，侧重于抵制迪奥与要求迪奥采取行动的文章均有所增加；而到了转折期，因莎否认道歉导致侧重点偏向抵制莎，直至最后侧重迪奥反应的文章比例达到最大，而侧重于抵制迪奥比例达到最低。整个过程表明迪奥反应还是比较迅速的。

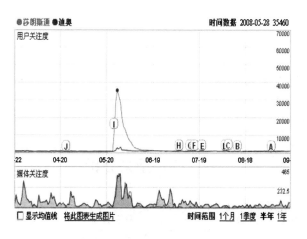

图1　用户关注度与媒体关注度比较①

（二）文章发布的网站分布及来源

从图2可以看出社区类网站所占比例最高，占总数的30.4%。传统媒体网站所占比例并不高，这表明在危机事件发生后社区类网站传播信息广泛。但是对比文章来源（见图3）可以发现，来源于传统媒体网站的文章占的比例最高，其次是来自发布网站原创或专稿。这说明传统媒体提供的信息是网络舆论扩散的重要来源，社区内人们进行再传播的信息是对传统媒体信息的再加工，从而引发大讨论。因而本研究的前两个假设都得到了证实。

---

① 百度数据研究中心：《用户关注度与媒体关注度比较》，http：//info. beauty. hc360. com/2008/05/28。

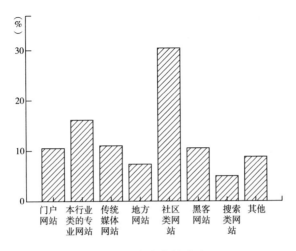

图 2　文章发布的网站

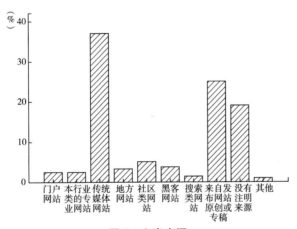

图 3　文章来源

（三）文章被关注度

由于网站技术的限制，有很多网页上面没有显示点击或跟帖的数量，回帖数尚可通过人工计算出来，但点击率却是没办法统计的，在统计时，凡是没有显示的均为缺省值。本研究针对点击最多和评论最多的两个样本进行了单独分析，发现它们都发布于门户网站，点击率最高的是网民发的帖子，而评论数最多的则是来源于传统主流媒体的新闻报道，由于点击率在此网页中没有显示，因而也可以在一定程度上说明传统主流媒体的新闻报道仍然发挥议程设置的作用。因此本假设 3 即来自传统媒体网站的信息比社区性网站信息受到更多的关注，在一定程度上得到证实。

（四）文章中对莎事件的评价及迪奥对莎事件的评价

表 1　文章对莎事件的评价

		频次（次）	百分比（%）	有效百分比（%）	累计百分比（%）
Valid	正面	1	0.5	0.5	0.5
	负面	190	87.6	88.0	88.4
	中立	2	0.9	0.9	89.4
	没有提及	23	10.6	10.6	100.0
	Total	216	99.5	100.5	
Missing	System	1	0.5		
Total		217	100.0		

表 2　迪奥对莎事件的评价

		频次（次）	百分比（%）	有效百分比（%）	累计百分比（%）
Valid	正面	1	0.5	0.5	0.5
	负面	116	53.5	53.7	54.2
	没有提及	99	45.6	45.8	100.0
	Total	216	99.5	100.5	
Missing	System	1	0.5		
Total		217	100.0		

通过对比表 1 和表 2 可以发现，文章中对莎事件的评价，与迪奥对莎事件的评价有相一致的地方，就是负面评价均占了最大比例。但是在迪奥对莎事件的评价中，没有提及的也占了相当的比例，达到了 45.6%。这表明网络舆论对莎事件的评价与所感知到的迪奥的立场是有一定距离的，

这种不一致导致品牌危机信息的进一步扩散。本研究中第二个问题中的第一个假设部分得到证实，第二个假设得到充分证实。

（五）文章形式与标题侧重点的交叉分析

通过图4可以发现，尽管各种形式的文章都侧重于迪奥的反应，但是对比新闻报道和帖子，新闻报道更侧重于迪奥的反应，帖子在侧重迪奥反应的同时，还侧重于抵制迪奥和要求迪奥反应或行动，这两项也占了较高比例。这说明在应对新闻媒体方面，迪奥做得较为成功，但在应对通过帖子发布或获取信息的网民方面，却表现出一定的不足。

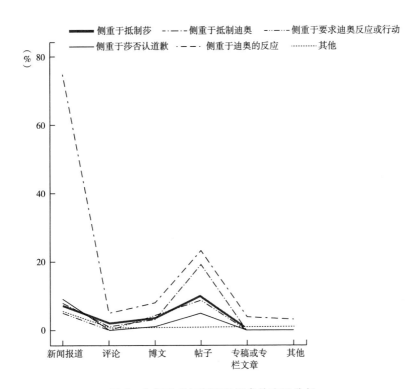

图4　文章形式与标题侧重点的交叉分析

（六）迪奥的解决方式以及文章中提及的对迪奥的要求或期望

表3　迪奥解决问题的方式

		频次（次）	百分比（%）	有效百分比（%）
有效	回避	4	1.8	1.9
	发表言论声明	107	49.3	49.5
	撤下广告停止商业活动	19	8.8	8.8
	没有提及	86	39.6	39.8
	Total	216	99.5	100.0
无效	System	1	0.5	
总量		217	100.0	

表4　对迪奥的要求或期望

	回应		案例百分比（%）
	频次（次）	百分比（%）	
要求迪奥发表言论声明	3	1.3	1.4
要求与莎脱离关系、终止合同、停止商业活动	85	37.9	39.4
要求撤下所有莎代言的广告	10	4.5	4.6
要求实际资助行为	2	0.9	0.9
没有提及	124	55.4	57.4
总计	224	100.0	103.7

　　在表3中，迪奥解决问题的方式以发表声明为主，其次就是没有提及，这更进一步地说明受众对其反应方面的认识是有限的。在表4中，虽然"没有提及"部分占了最大比例，但结合图3和表3可以看出，主要原因是来源于媒体的新闻报道比较多，而这些新闻报道又主要侧重迪奥的反应，因此，对迪奥提出更进一步的要求或期望的以发帖子的网民居多，而在这些期望当中，要求与莎脱离关系、终止合同及停止一切商业活动的占了较大比例，占了总样本的37.9%，共有85篇。这说明在两者的成对

取向方面，两者是不一致的。根据 Jack M. Mcleod 和 H. Chaffee（1973）提到的组织——公众相互关系的成对取向模式图①，绘制出迪奥与网民相互关系的成对取向图（见图 5）。

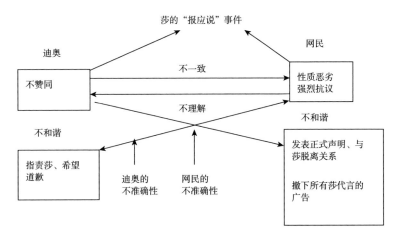

图 5　迪奥与网民相互关系的成对取向

在成对取向中，组织与公众相互关系的性质受到的是不同的定义和不准确的认知的威胁，而不是问题本身的不一致。无论在哪种形势下，对于有关问题都不需要旨在改变一致与不一致层次上的传播，能够帮助形成共同分享的定义和提高准确性的传播，可以改善相互关系。从以上内容可以看出，迪奥正是在对网民的期待估计上出现了偏差，才导致网络舆论的进一步扩散。

七　结论

本研究主要对以"迪奥　莎朗·斯通"为关键词检索到的网页文章进行了文本内容分析，得到以下结论。

（1）"莎朗·斯通事件门"发生后，关于迪奥品牌的危机信息在网上

---

① 〔美〕斯各特·卡特里普等：《有效的公共关系》，明安香译，华夏出版社，2001，第231页。

经历了形成、发展、转折，然后逐渐消弭的这样一个过程。

2008 年 5 月 24 日莎朗·斯通的"报应说"事件发生，当天迅速在网上开始传播，两天后矛头开始指向其代言的品牌"迪奥"，此期间成为事件的形成期。接下来的四天为发展期，30 日由最开始的 9 篇文章直线攀升至顶峰，达到 55 篇。5 月 31 日至 6 月 5 日为转折期，6 日过后开始迅速下降。在整个过程中，迪奥反应比较迅速，文章标题中"侧重于迪奥反应"所占的比例都比较高。

（2）传统媒体网站上的新闻报道成为众多社区类网站进行品牌危机传播的主要来源。

虽然在发布信息网站中，社区类网站所占比例最高，达到 66 篇，占总数的 30.4%，但是在文章来源中，来源于传统媒体网站的文章所占的比例最高，其次是来自发布网站原创或专稿。这说明传统媒体提供的信息能够引起广泛的关注，是网络舆论扩散的重要来源，社区内人们进行再传播的信息是对传统媒体信息的再加工。因此，品牌在处理危机事件时，仍然要充分利用传统媒体的威信，制定正确的媒体策略。

（3）文章中对莎事件的评价，与迪奥对莎事件的评价有相一致的地方，即负面评价均占了最大比例。但是在迪奥对莎事件的评价中，没有提及的也占了相当的比例，达到了 45.6%。这表明网络舆论对莎事件的评价与所感知到的迪奥的立场是不相一致的。尽管各种形式的文章都侧重于迪奥的反应，但是对比新闻报道和帖子，新闻报道更侧重于迪奥的反应，帖子在侧重迪奥反应的同时，还侧重于抵制迪奥和要求迪奥反应或行动，这两项也占了较高比例。这说明迪奥的反应与网络舆论的期待是不相一致的。

八　研究不足

网络内容分析法是一种不同于内容分析法的方法，针对的是网络这一新媒体，由于网络传播内容瞬息万变，固定框架的抽样非常困难，本研究只能根据研究的便利性选择百度关键词搜索，并进行诸多条件的限定，最后决定样本 217 个，相比百度里搜索到的文章来说，这个样本量偏小，不能很好地代表总体情况。

本研究更多的是一种描述性研究，研究中发现迪奥品牌采取的措施与网民期待不相一致，但这是否为网上舆论进一步扩散的原因还没有得到数据的支撑。

另外，由于利用此方法进行研究的文章不多，有些类目分类、界定找不到科学的依据，也可能导致本研究缺乏说服力，但基本上还是给出了一个虽不精确但大致具有代表性的图景，为下一步的研究打下了一定的基础。

（原载《华中科技大学学报》2009年第2期，署名舒咏平、铁翠香，本文略有删节）

论 "国家品牌传播"

——信息社会语境下价值导向的国家传播

一　"国家品牌传播" 概念的提出

2015 年 6 月，由国务院新闻办公室主办，中国外文局和外文局对外传播研究中心承办的第四届全国对外传播理论研讨会在重庆举行，主题是 "构建融通中外的对外话语体系"，且专门设置了 "城市形象与国家品牌传播" 分论坛。值得注意的是，这里的 "国家品牌传播" 概念由官方率先提出。这无疑是个信号："国家品牌传播" 乃是国家利益所需，是国家发展的战略。截至 2016 年 6 月，期刊网 "国家品牌传播" 主题词下只有 5 篇文章，显然其研究文章尚少，但已经开始起步。其中王建宁所撰写的《"中国" 国家品牌传播的几点思考》一文就明确提出："要准确树立中国的海外形象，就要精心打造中国这个品牌。"① 显然，要打造中国国家品牌，国家品牌传播就是重要的实践方式与研究领域。

有学者写道："国家品牌的研究过程主要经历了一个由产品的原产国形象、国家形象到国家品牌的过程。"② 也就是说，"国家品牌" 概念的诞生本身就是学科研究逻辑性推进的最新成果。早在 1965 年，Schooler 在研

---

① 王建宁：《"中国" 国家品牌传播的几点思考》，《经济视角（中旬）》2011 年第 6 期。
② 韩慧林、孙国辉：《国家品牌研究述评与管理启示》，《现代管理科学》2014 年第 9 期。

究中美洲共同市场的贸易增长时，发现一个国家的形象鲜明地影响着消费者的印象，由此便第一次引入"国家形象"概念。[①] 由于国家形象对于各个国家展开国际市场营销具有背书效应[②]，在学者们探讨的影响国际市场营销的诸多因素中，产品及品牌的"来源国效应"吸引了越来越多的注意。[③] 我国学者黄合水通过实证也指出："来源国效应的产生与来源国的国家形象有关，且品牌来源国、产品制造国、产品设计国、产品装配国等均分别对产品质量的评价产生影响。"[④] 值得注意的是，这里是出于产品国际营销而引发产品或品牌"来源国"的研究，并由此派生出了"国家形象"概念。而"国家形象"在我国得到关注并引发研究热，是在 21 世纪初国家提出"软实力"建设之后。目前不仅一大批论著得以问世，而且对该领域展开研究的一些高校还纷纷建立国家形象研究机构，如清华大学成立了国家形象传播研究中心，华中科技大学牵头建立了国家传播战略协同创新中心。

对应国家形象建构，国家传播也应运而生。2013 年就有专家提出了"国家传播"概念，并界定为"国家传播是由国家（政府和其他社会组织）实施或引导展开的，反映了国家意识形态和国家意志的系统化的社会传播活动"。并认为："当原始社会逐步过渡到了部落联盟形式的早期国家之后，与国家相关的、传播国家政治化信息的'国家传播'活动，就开始出现了。"而"在整个的大众传播时代里，'国家传播'仍是社会传播的重要任务，在国家需要的时候，不管传媒业有怎样的'媒介立场'，它还是要服从这一需要的，而且在关键时刻这甚至是社会传播的最主要任务"。[⑤] 更有学者从我国国家传播范式上提出：我国的国家传播正

① Robert D. Schooler, "Product Bias in the Central American Common Market," *Journal of Research in Marketing* 2（1965）：394-397.

② Abhilash Ponnam, Roy Subhadip IUP, "Indian Consumers' Perception of Country of Origin on Organizational Capabilities," *Journal of Management Research* 10（2009）：63-72.

③ Khalid I. Al-Sulaiti, Michael J. Baker, "Country of Origin Effects: A Literature Review," *Marketing Intelligence&Planning* 3（1998）：150-155.

④ 黄合水：《产品评价的来源国效应》，《心理科学进展》2003 年第 6 期。

⑤ 黄也平：《软传播：新世纪中国"国家传播"的方式选择》，《吉林大学社会科学学报》2013 年第 3 期。

在实现战略转型，即从宣传走向传播，从传播走向修辞；因为"传播不带有任何强迫的意味，传者和受众之间的角色关系是平等的"，而"修辞则更强调传播的针对性和效果指向"。① 显然，以国家为主体的国家传播，虽然随着国家的存续一直在以不同方式进行着，但到了媒体高度发达、传播方式已经多元化的今天，才正式走进了研究者的视野。

如果说，"国家传播"是一种客观存在，其实践的目标指向与其说是建构"国家形象"，更应该说是建树"国家品牌"。因为，国家形象还有正负优劣之分的中立性、凸显形象认知的表层性，但国家品牌则具有正向价值导向性、具有本质内涵与外在形象的统一性。而任何一个国家实施战略性传播，其根本目的无疑是建构、树立自身的正面形象，希望自身的价值得到国内外受众由衷的认可。这份建树与认同就是国家品牌。习近平曾就企业品牌说道："品牌是一个企业技术能力、管理水平和文化层次乃至整体素质的综合体现。从一定意义上说，品牌就是效益，就是竞争力，就是附加值。"② 而在 2016 年 6 月国务院颁发的文件中更是开篇就明确写道："品牌是企业乃至国家竞争力的综合体现。"③ 显然，作为一个国家综合素质得到正向认知的"国家品牌"，既代表了国家利益，也正契合信息社会品牌化生产、品牌化消费、品牌化生存与发展的语境。由此，"国家品牌"日益成为学者们研究的关注重点。

截至 2016 年 6 月的知网期刊，涉及"国家品牌"主题词的论文有771 篇。学者们认为：从 20 世纪 80 年代起，品牌理论研究对象从最初的产品品牌和服务品牌拓展到个人品牌（Person Branding）和区域品牌（Place Branding），国家品牌就属于区域品牌的一种。国家品牌就是一个国家在其他国家公众头脑中形成的总体印象。一个国家的品牌形象一旦形成，人们就会带着对这个国家的总体印象去看待来自这个国家的公民、企

---

① 陈汝东：《论我国国家传播范式的战略转型：从宣传走向传播，从传播走向修辞》，《今传媒》2014 年第 3 期。

② 习近平：《干在实处 走在前列——推进浙江新发展的思考与实践》，中共中央党校出版社，2006，第 146~147 页。

③ 《关于发挥品牌引领作用 推动供需结构升级的意见》，中国政府网，http://www.gov.cn/zhengce/content/2016-06/20/content_5083778.htm。

业、产品和服务等一切事物。也就是说,一个国家的整体品牌形象将对该国的政治、经济、社会等各方面均产生影响,这就是所谓的"国家品牌效应"(Nation Brand Effect, NBE)。① 英国学者西蒙·安霍尔特曾提出一个"国家品牌六边形模型",该模型呈现出国家品牌是人们对该六边形中六个维度的国家竞争力理解的总和,六维度分别为:出口、文化传统、旅游、政府治理、投资与移民、国家居民。自 2005 年起,安霍尔特以在多个国家进行在线问卷调查的方式测量了 50 个国家(地区)的国家形象,并据此发布年度"安霍尔特-捷孚凯国家品牌指数",给出这 50 个国家(地区)的国家形象整体排名及其在六个维度上的单项排名,产生了较广泛的国际影响。② 进入 21 世纪后,已经有越来越多的国家开始通过实施国家品牌化(nation branding)来营造和维护本国的良好形象和声誉。韩国于 2009 年设立了直属总统的国家品牌委员会,谋求从国家层面系统性地提高其国际形象和地位。而在我国,2015 年在北京隆重召开了"国家品牌与文化论坛",且发布了"国家品牌与国家文化软实力研究"成果。

由于"国家品牌是一个多层面、多维度和情境相关的概念"③,其"既包括基于消费者角度理解的在产品评价基础上形成的对某个国家的国家品牌形象认知,又包括消费者对该国的经济水平、政治地位、文化环境等其他因素而形成的总体感知"④,因此"国家品牌"研究已经在多个领域展开。对于新闻传播学科来说,"国家品牌传播"显然就是责无旁贷的使命,就是学科研究的战略性领域。习近平曾明确指出:宣传工作对内需"弘扬主旋律,传播正能量";对外需"创新对外宣传方式,着力打造融通中外的新概念新范畴新表述,讲好中国故事,传播好中国声音"。⑤ 而"国家品牌传播"正是这样一个符合习近平讲话精神的新概念。所谓品牌,即信息社会使用频度甚广的主体性语言概念,是诸多具有主体背景且

---

① 张鹏:《国际营销中国家品牌效应的应对策略》,《经济论坛》2013 年第 9 期。
② 转引自〔俄〕A. B. 格鲁莎《国家品牌:现代条件下国家形象的塑造技巧——以意大利为例》,王丽梅、薛巧珍编译,《国际新闻界》2008 年第 11 期。
③ 杨一翁、孙国辉:《国家品牌效应及其调节变量研究》,《企业经济》2016 年第 3 期。
④ 韩慧林、孙国辉:《国家品牌研究述评与管理启示》,《现代管理科学》2014 年第 9 期。
⑤ 《习近平谈治国理政》(第一卷),外文出版社,2018,第 155~156 页。

承载正向价值的内容及现象的符号化呈现，是信誉主体与信任主体的关系符号。① 如果说"国家传播"概念具有鲜明的从国家利益出发的取向，但却有以我为主之倾向、国家民族主义之嫌；那么"国家品牌传播"则是以国家的正向价值能获得国际社会、国内民众的由衷认可、敬重的"品牌"为前提，并以信息社会语境下主体信息向"品牌"集聚，并付诸以受众为导向、与公众双向沟通的传播实践。正是基于如上认识，我们郑重地提出了"国家品牌传播"。

二　国家品牌传播的特点

任何主体性事物之所以能成为"品牌"，首先是因为品牌符号指代的内涵富有普遍的正向价值，实现了品德、品质、品性的内在一体化；其次是该品牌符号的能指与所指，得到了受众相对广泛的正向认可与赞赏性建构。如此，"国家品牌"则不仅仅是国家形象具有正向价值的客观对象，而且是具有鲜明正价值导向，得到国内民众与国家社会的认可与赞赏，并自觉建构出来的国家主体之信息符号。在现代信息社会，"品牌"成为指代各类值得肯定的主体之信息符号，是信息社会越来越频繁使用的主体性指代的概念，也是信息传播全部使命所在；由此"国家品牌传播"成为契合信息社会语境，且具有价值导向的国家传播。国家品牌传播由此派生出如下三大特点。

（一）以国家正向价值建构为本位

品牌专家大卫·爱格曾指出：品牌就是一个成功的符号，能在消费者心目中整合并强化为一个品牌的认同，并且让消费者对于这个品牌的认同更加印象深刻。② 也有学者从品牌本质上提出：品牌是包括组织与个人在内的品牌主、以可以进行传播流通的符号能指以及符号所指的内在事物

---

① 舒咏平：《品牌即信誉主体与信任主体的关系符号》，《品牌研究》2016 年第 1 期。
② 〔美〕大卫·爱格：《品牌经营法则》，沈云聪、汤宗勋等译，内蒙古人民出版社，1999，第 54 页。

（产品、服务、行为等），通过消费扩散，而在消费者或接受者那里产生的倾向性的印象，是品牌主与以消费者为核心的受众一种聚焦性的信誉约定。① 可见品牌总是对一个主体进行正向价值肯定的信息符号，其不仅仅体现于企业而且体现于国家。但是这种体现我们需认识到，它是体现于受众的心理建构中，是他人认可的产物。也就是说，真正的品牌不是自诩、自封的，而是受众由衷认可且集体建构的。

正由于品牌是正向价值建构的产物，无形中就形成了对于品牌正向价值肯定与引导之特性，并由此产生一种品牌效应或品牌势能。所谓品牌效应或品牌势能，指的是品牌能引导消费者对于品牌符号元素（人物、精神、价值行为）的赞同、崇拜等正面认知。② 也正是品牌的这种正向价值效应或势能，具有远大理想的中外企业无一例外地把品牌作为发展核心战略。同理，国家品牌传播也是以正向价值引导一个国家的民众创造国家正向价值的品牌化凝结，并通过品牌传播来赢得国际社会的敬重的。由此，国家正向价值的建构自然成为国家品牌传播的目标本位。

国家品牌的构建与传播，对内起到鼓舞士气、凝聚共识、团结奋斗、共建美好家园的强大动员力量和精神作用；对外起到打造我国在国际上的正面形象，树立大国责任意识，认同中华民族文化价值等外塑作用。在社会主义中国，习近平提出的"坚持中国特色社会主义道路自信、理论自信、制度自信、文化自信"，和实现"不仅造福中国人民，而且造福世界人民"的中国梦，以及党中央倡导的"富强、民主、文明、和谐，自由、平等、公正、法治，爱国、敬业、诚信、友善"社会主义核心价值观，则自然导向中国的品牌自信，也自然成为中国国家品牌传播正向价值的核心内涵，成为中国国家品牌建构的价值取向。中国特色社会主义道路作为多元世界政治格局中的一个单元，它的成功与成就是需要接受世界检验的，是需要通过传播而获得世界人民的认同与接受的。"中国梦"和"社会主义核心价值观"具有鲜明的中国特色，闪耀着中国智慧和中国精神，同样需要得到世界的认知和理解，这些都是中国在世界上的"品牌"和

---

① 舒咏平：《品牌：传受双方的符号约定》，《现代传播》2011 年第 2 期。
② 胡易容：《传媒符号学——后麦克卢汉的理论转向》，苏州大学出版社，2012，第 182 页。

"名片"，是国家品牌传播的符号与象征。

（二）以"双向对称"沟通为原则

在大众媒体环境下，单向度的宣传扩散，虽然能达到迅速形象信息告知并进行舆论引领的作用，但这种片面的、单向度的宣传所强调的是灌输和反复报道，在实际传播过程中，其效果往往不是非常明显，甚至比预期的效果相去甚远或大打折扣。由于媒体自身的特性，需提供多方面自由发声的平台，以"双向对称"为沟通原则的传播成为人们能够普遍接受的理论工具。随着数字化媒体的迅速发展，媒体使用成为每一位主体人的传播资源；如此，如何使国家品牌在对内获得更多国民正向价值认知前提下，以行动为之优化、以话语为之传播，这就需要国家品牌传播与民众能形成"双向对称"的良性互动。而对外，国家品牌要获得国际社会的认可与敬重，也需要通过"双向对称"的传播沟通，赢得更多的认知、理解、肯定与支持。

从传播学来看，受众一般是指信息传播的接收者和接受者，在整个信息的传播过程和环节中属于被动的一方。也正因为如此，我们往往把报纸的读者、广播的听众和电视的观众统称为受众。多维的信息消费者组成的受众是传播反馈的核心环节，传播效果必须从受众的反应中进行评价，受众是决定传播活动成败的关键因素。在信息高度发达的今天，社会的诸多现象均已品牌化，因此，品牌传播的对象只能是受众，在品牌传播中，必须努力强化品牌和受众之间的关系。然而，到了新媒体时代，由于信息的传受双方已经发生了根本的改变，大众不再是单纯的信息接收者和接受者，也成为信息的生产者和传播者，他们既消费信息，又生产和传播信息。因此，从"双向对称"沟通或身份置换、身份等同的原则出发，我们把被动身份的受众改称为具有主动意识的"用户"，用户所强调的更多的是选择、反馈和体验，所以更符合"双向对称"沟通的条件和要求。这样，在新媒体时代的品牌传播中，我们需要具有互联网思维，更加强化品牌和用户之间的关系。

由于信息在传播过程中注重的是来自受众反向的信息反馈和信息的双向对称沟通，国家制度层面的顶层设计或国家意义上的战略传播，对内要建立在本国国民普遍能够认同和接受的基础上，对外要让世界上绝大多数国家或地区的政府和民众能够理解、认可和支持。就以南海仲裁案的传播为例，我国所采取的传播策略是对内，从历史和法理的双重角度全面阐述我国南海主权和领土主张，获得国内一致赞同。对外，针对不同国家和地区采取不同的传播策略，针对东盟国家，我们从历史继承的角度阐述自古以来南海就是我国的传统渔场；针对美国、日本等域外国家，我们则从维护 1982 年通过的《联合国海洋法公约》和东盟与中国 2002 年签署的《南海各方行为宣言》的严肃性和公正性出发，坚决捍卫我国南海立场。这种传播带来的结果是，世界上有 70 多个国家以不同的方式表达理解和支持中国在南海问题上的正当立场。不仅如此，2016 年 7 月 23 日至 8 月 3 日，我国有关部门还在美国纽约时报广场 "中国屏"，播放关于南海主权和主张的视频宣传片，以每天 120 次的频率密集播出。采访了包括英国伦敦经济与商业政策署前署长、英国工党影子内阁外交国务大臣、巴基斯坦驻华大使和中国南海研究院院长在内的各国政要和专家学者，让他们相继出镜，从不同视角阐述了中国对南海诸岛的主权所具有的充分的历史和法律基础，向全球受众介绍中国对南海诸岛合理合法拥有无可争议的主权，澄清了所谓南海仲裁案的闹剧真相，重申对话协商才是妥善处理南海争议的解决途径。[①] 防止西方媒体对南海仲裁案的歪曲报道，或者由于信息不对称造成的误解、误报。此举就是践行以 "双向对称" 为沟通原则的传播。

(三) 国家维度多元主体传播

作为一个主权国家，虽然其国家品牌传播的核心主体是中央政府及其相应的机构，但国家层面的传播从来就不是顶层少数人的职责，而应是从国家维度出发的多元主体的权益与义务。

正如国家既需要官方外交，更需要企业合作、文化交流、商贸旅游、民间交往等多形式的公共外交。在信息高度发达的今天，社会的诸多现象均已品牌化，"品牌" 的指代已经从企业、产品走向城市品牌、区域品牌、

---

① 李畅翔：《南海主题宣传短片亮相纽约时报广场》，新华网，http://www.xinhuanet.com/world/2016-07/27/c_129182451.htm？isappinstalled=0。

院校品牌、团体品牌、个人品牌等社会品牌。由此，具有国家品牌背书的任何社会品牌传播，均可被视作国家品牌的传播主体。体现到国家品牌传播领域，则不仅需要国家领导人、国家机构、中央媒体担负传播主体责任，也需要这个国家每一个组织、每一位公民来自觉实施多元主体的传播。

过去我们常常把传播主体狭隘地理解为传播机构和传播媒介，实际上传播媒介已经广泛地渗透到社会的肌理，表现得更加宽泛和多元。我们不妨从国家、社会和公民个人三个维度来分析国家品牌的多元主体传播。

从官方外交来看，国家主要领导人的出访、接见外宾、共同会见记者、发表联合声明、到访问国发表主题演讲，以及在到访国家或地区的主流媒体上发表文章；深刻阐述我国治国理政的理论与实践，展示大国的形象；外交部、国防部等国家主要涉外部门举办新闻发布会与记者招待会，就国内外关心与关注的内政外交发布信息，回答记者提问，阐述国家的态度与立场。这些都是国家层面的政治传播，对于塑造国家品牌、展示国家姿态、树立国家形象、传播中国声音起到直截了当的作用和效果。

从行业层面来看，中国的企业及其产品走出国门，融入国际市场，也是在间接传播中国的国家品牌和形象。企业从事产品生产和经营的资质、能力与水平，企业产品的质量与规模，均构成了中国企业在海外的品牌与信誉。中国企业走出国门往往把社会效益放在首位，或者坚持社会效益大于经济效益的原则，从某种意义上来说，资本的输出、劳动力的输出、产品的输出，便意味着文化的输出、理念的输出、价值观的输出。最明显的莫过于孔子学院在世界各地开花结果，孔子学院就是向海外传播中国优秀传统文化的重要载体，中国先进的教育理念、个性化的教育方法经过几千年的培育和涵养，对于世界来说是一笔宝贵的精神财富，有助于推动世界文化的大繁荣、大发展，促进相互取长补短，异质文化之间的相互激荡与彼此交融，是个不可或缺的文化资源，这便是中国文化作为优质文化对世界文化传播、传承与发展所做出的巨大贡献。

从公民个人角度来看，每年都有数以亿计的国人纷纷到国外求学深造、访问交流、观光旅游等，实际上每个人都是国家形象的代言人，国人在海外的举手投足、一言一语都代表国人形象，在目的地或目标国的心目中或印象中，每个人的言行都被打上来源国浓厚的色彩和烙印。因此，对于每一个国人来说，自从跨出国门的那一刻、那一步起，你就不仅仅是一个简单的个体，而是开始在替中国国家品牌与国家形象背书，在自觉或不自觉地从事国家品牌与形象的传播。

三　国家品牌传播的实践空间

国家治理与发展，其面广事繁，其运行的本身无一不体现在国家品牌传播上，由此国家品牌传播实践空间也同样无限广阔。但这里，我们结合"国家品牌传播"概念的首次提出，认为可将其实践空间或曰实践领域主要概括为如下三个方面。

（一）国家核心价值观认同的国民精神引导

美国学者安东尼曾指出，任何国家和政党，为了更好地存在与发展下去，必定会紧紧围绕保持制度完整这个核心，并试图成功地把思想方式灌输到每个成员的脑子里。由此可知，对于任何一个国家而言，对其国民加强爱国主义教育是天经地义的，是维护国家民族团结统一，促进国家民族繁荣发展的重要精神依托，那么这种教育以及教育内容的传承与普及就离不开传播，传播的内容既包括国家层面的制度传播，又包括思想传播和文化传播。

古代国家传播以多样的形式、权威的内容在传统法律的传播中居于中心地位；而专制社会中的国家传播，其核心载体则是体现皇权至上、优先普通法律的君主诏书。① 这种对内传播是一种自上而下的垂直式传播，与国家行政管理的方式基本保持一致，在特定的历史时期和特定的社会语境下自有其传播的形态、特点及效果，也是能够得到国民认可的一种传播方式，传播的效果往往也是十分明显的。

而在一个国家改朝换代或面临国家危亡之际，推动历史发展的总是以这个国家的核心价值观得到民众的认同为核心准则。为此可以说，只要国

---

① 李畅翔：《南海主题宣传短片亮相纽约时报广场》，新华网，http://www.xinhuanet.com/world/2016-07/27/c_129182451.htm? isappinstalled＝0。

家存在，其国家核心价值观得到广泛认同，并成为国民精神的引导支柱就是关键。正所谓人心向背，决定了这个国家将走向何方。由此，以国家核心价值观认同来进行国民精神的引导，自然成为国家品牌传播的首要实践领域。①

如果说在西方社会，其核心价值观往往是所谓的自由、平等、博爱，那么在社会主义中国，我们的核心价值观就是凝练为二十四个字的社会主义核心价值观，它已经成为国民的精神支柱，是引导国家、社会与公民个人走向文明与发展的重要基石和价值取向，是凝聚人心和形成共识的精神基础，因而成为我国对内传播的重要内容。传播的任务和使命就是让社会主义核心价值观不仅深入人心、化为理念，而且还要转化为一种自觉行动，作为一盏航灯引导我们奋斗和发展的方向，作为一把尺衡量和检验我们工作所取得的实际效果。

联系到我们的新闻舆论及传播工作，与社会主义核心价值观形成同构的就是马克思主义新闻观的接受、养成与自觉实践。马克思主义新闻观是指导我国新闻舆论工作的"定海神针"，无论是对于新闻传播理论研究，还是对于新闻传播人才的培养教育，或是对于新闻传播实践来说，无疑都是纲领性的文献和指南，它就是新闻传播领域统一意志、统一行动的核心价值观。我们知道，新闻可以反映舆论、引导舆论乃至制造舆论，而舆论是社会公众观察外界的重要窗口，是社会公众行为决策的信息基础。在当代社会中，舆论对政治运行、社会进步、文明传承具有重大影响，作为舆论工具的新闻成为不可替代的社会公器。② 因此，对于新闻舆论工作者来说，如何利用手中的传播工具加强舆论引导至关重要，国人对国家核心价值观的认同与践行，从某种程度上来看就是依赖大众传媒的及时、正确、合理的引导，尤其是新媒体时代，面对社会矛盾纷繁复杂、网络舆情汹涌澎湃、各种信息真假难辨，如何做到以不变应万变，坚持社会主义核心价值观就成为一大法宝和一把利剑。正如习近平在 2016 年 2 月 19 日召开的

---

① 王飞：《西方国家传播核心价值观的经验与启示》，《山西高等学校社会科学学报》2015年第8期。
② 胡钰：《论马克思主义新闻观的时代内涵》，《思想教育研究》2016 年第 3 期。

党的新闻舆论工作座谈会上所强调的那样："要深入开展马克思主义新闻观教育，引导广大新闻舆论工作者做党的政策主张的传播者、时代风云的记录者、社会进步的推动者、公平正义的守望者。"这便是我国新闻舆论工作者在新的历史时期的职业精神所在，是新闻传播工作认同国家核心价值观、引导国民精神的神圣使命与主体价值的体现。

（二）国家品牌的国际传播

国家存在的本身，一方面是对内治理的需要，另一方面就是相对国际社会而言的。由此，国家作为品牌主体，其国际传播从来都不可能停歇。无论大国小国，它要获得契合它实际的且富有尊严的生存空间，其国家品牌的国际传播就必须付诸实践。这种国际传播的目的就是让所在国在物理空间和声誉空间能够享有一席之地，既能让世界共享其应有的资源优势，又能让自己在国际空间中享有应该拥有的各项权利和发展机会，从而确立自己在世界格局中的地位、优势与影响力。

从信息传播的角度来看，由于信息强国与信息弱国已经形成了战略上的 "信息位势差"，信息的强势渗透使居于信息低位势的国家的政治安全、经济安全、军事安全乃至民族文化传统都将面临前所未有的冲击。今天，以带有政治影响力的信息辐射空间来划分的 "信息疆域" 正在 "侵吞" 传统的地理边界。因此，保卫 "信息边疆"，加强国家信息安全保障能力建设，已成为信息弱国至关重要的问题。[1] 信息强国与弱国的形成，一方面与经济发展水平和国家的硬实力密切相关，另一方面也与国家对信息传播的重视程度有关，即国家文化软实力之间的博弈与较量。具体落实在信息传播的制度建设与手段方法的使用等层面上，西方发达国家历来重视信息的对外传播，它们习惯于把自己的价值观裹挟在信息流和文化流之中一起 "打包" 向外输出，进而逐步占领意识形态的空间和阵地。2003年，美国成立了 "全球传播办公室"，其运作的实质就是对美国价值观进行符号化及象征力量的操控，以在全球传播其价值观并制造 "同意"，扩

---

① 支庭荣：《试论 21 世纪中国的国家传播安全》，《中国电视广播学刊》2001 年第 4 期。

大美国的影响力与号召力。①

美国除了利用好莱坞电影、麦当劳、肯德基等有形的文化和生活消费方式的对外传播外，最重视新闻与信息的国际传播。20世纪中期，继不惜投入巨资建设具有强大辐射力的广播、电视之后，美国又于20世纪90年代精心打造了贯穿全球、突破地理时空限制的互联网，让自己成为互联网管理的"大本营"，操控全球的信息传播。"据统计，美联社、合众社、路透社、法新社这四大西方通讯社的新闻发稿量，占全球总量的80%，以美国为首的西方发达国家的媒体传播的世界各地新闻，占全球总量的90%以上。新闻传播是意识形态很强的社会行为，在国际传播中，这种价值观决定的报道立场很鲜明。""在美国，只有符合他们的价值观的新闻才能被报道。"②

与西方国家的强势传播相比，我国的国际传播体系不够完善，传播能力较弱，以致在国际舞台上发自中国传媒的声音显得比较微弱。如今，"讲好中国故事，传播中国声音"已经成为中国国际舆论传播的一项重要任务。与此同时，国际传播秩序不平衡与中国国家形象不佳的问题依然十分突出。在国外传媒中，中国的负面新闻、中国威胁论等负能量的信息传播甚嚣尘上，肆意丑化和歪曲中国形象，给中国国家品牌建设抹黑，严重阻碍和影响了中国融入世界一体化的进程。毋庸置疑的是，新闻传播在塑造国家形象中具有重要作用，当前国际新闻传播秩序的不平衡就造成中国国家形象的扭曲。在一些全球范围的国家声誉调查中，中国的排名往往靠后，远低于德国、日本、美国等国家，作为世界第二大经济体的中国，在国际上的美誉度与其对世界经济发展的贡献度之间出现严重的不匹配。一项在越南的民意调查表明，越南18—35岁的年轻人中对美国"抱有强烈好感"的达73%，而对中国"抱有强烈好感"的仅有17%。③ 按说，同是社会主义国家的越南和中国，彼此之间的价值认同应该是一致的，造成

---

① 王飞：《西方国家传播核心价值观的经验与启示》，《山西高等学校社会科学学报》2015年第8期。

② 史安斌、郭云强、李宏刚：《清华新闻传播学前沿讲座录：续编》，清华大学出版社，2012，第48~49页。

③ 史安斌：《全球传播与新闻教育的未来》，清华大学出版社，2014，第6页。

这种局面和结果可能是因为信息传播的缺失或不对称，误解、误会、彼此之间的隔阂或许是重要原因。因此，加强彼此之间的高层互动、民间往来和信息交流应是当务之急。这些都应当作为国家品牌国际传播的丰富内涵和重要抓手，不断加以强化。

（三）国家层面的舆情采集分析

如果说，对内进行国民精神的核心价值观引导，对外进行品牌的国际传播，乃是国家品牌传播不可缺失的两大实践领域；那么，从国家层面进行国内外的舆情采集分析，乃是前两大实践领域的前提，且单列为国家品牌传播基础性的工作。

一般来说，舆情采集与分析基于这样两种情势：一是对传播出去的国家信息进行反馈信息收集和效果评估；二是进一步了解传播对象对国家信息的诉求与期盼。在传统媒体时代，我们的信息传播往往不大重视信息的反馈收集，只片面强调信息的单向传输，信息传播出去便意味着传播活动的终结，至于信息传播后的效果如何则弃之不顾，更谈不上对传播效果进行有效的评估与分析。同时在信息的传播过程中更强调"主体在我""主权在我"，传播什么和不传播什么完全取决于自己的主观意志，罔顾传播对象对信息的知情权及其接受心理。新媒体时代，随着信息平台的多元化，舆情传播的碎片化、分散化，信息传播的不可控和不可知因素陡然增多，传统媒体时代的信息传播手段已经不能满足信息社会发展的需要，信息传播出去仅代表传播活动的起始，互联网思维把传统媒体受众塑造成拥有体验权的用户，用信息的定制与推送服务替代原有的信息单向传播，彻底颠覆和解构了信息传播的方式与方法。

舆情对于一个国家来说绝不可小觑，对内它关乎国家的社会稳定与安定团结，对外它关乎国家的形象和信誉。尤其在网络时代，信息的翅膀可以扇动太平洋的波涛，舆情亦如汹涌的海水，既可载舟亦可覆舟，它可以瞬间让全球为之轰动、为之哗然。在信息社会，国家层面的舆情采集分析，又是一项庞大的系统工程，不仅需要有专门的信息机构，而且需要国家各类传播主体，立足国家层面来审视舆情信息。

目前，上到国家层面，下到专门的单位、行业机构，都相继建立起舆情采集和监测机制，做到随时捕捉和跟踪民间或网络上的舆情信息流动及其变化，及时关注和了解社情民意，倾听各方呼声，做好信息的上传下达，化解矛盾，舒缓情绪，解决问题，体现"位卑未敢忘忧国"的国家情怀。特别是在涉及国家层面的大是大非问题上，既要保护好国人爱国主义的满腔热情，又要防止狭隘的国家民族主义和民粹主义的肆意滋生和蔓延，把国民意志与党和国家的意志集中统一起来。

不仅如此，新媒体时代，在舆情采集的方法和手段上，我们还需科学地把握现代信息社会数据留痕并产生大数据的特点，来进行基于大数据的挖掘采集，如此才能真正科学地进行国家层面的舆情采集分析，为前两项国家品牌传播实践提供科学依据，并付之于成功的传播。大数据会通过对目标受众的数据呈现进行认真仔细的分析，并获得目标受众的信息需求与评价，从而引导传播者有针对性地进行品牌传播，并在大数据的动态管理中，使得互动传播更为合理有效。"知己知彼"方能做到"百战不殆"，舆情的采集和分析结果重在运用，国家层面的舆情的采集和分析，为国家品牌传播策略的制定和实施提供重要的参考。

总之，信息社会语境下价值导向的国家传播，把国家品牌建设作为一项重要的举措，既是我们国家在求生存谋发展过程中所面临的一项崭新的领域和事业，又是我们国家在前进的道路上充满坎坷、富有挑战性、千载难逢的战略机遇期。在世界局势风云激荡，意识形态领域争斗此起彼伏之际，我们要高高举起和牢固树立社会主义核心价值观，在世界的舞台上，以一个负责任的大国姿态和形象，广泛传播中国声音，热情参与国际事务的协商与处理，努力维护世界的和平与发展，充分挖掘并积极发挥国家品牌传播的价值和作用，为实现中华民族伟大复兴的"中国梦"贡献学术的智慧与精神的力量。

（原载《学术界》2016年第9期，署名舒咏平、沈正赋）

"国家品牌传播"提出的逻辑

本文首先需要澄清并界定的是，"国家品牌"概念的主体是国家，而非央视广告"国家品牌计划"中的企业。虽然后者因央视强大的传播力而无形中成为"国家品牌"之冠冕，但理性与时间告诉我们，"国家品牌"是有着专指的。

一 "国家品牌传播"的提出与内涵

"国家品牌"概念来自 20 世纪对品牌来源国、国家形象的研究。1996 年，西蒙·安霍尔特以"作为品牌的国家"为题写作的时候，聚焦于来源国效应，其第一篇文章是《二十一世纪的国家品牌》，文中主张：在某种意义上，制造特定产品的国家（或者消费者相信这些国家制造了特定产品）是一类品牌。随后，这一主张以及围绕该主张展开的学术研究和业界实践得到了广泛关注与重视。政府也开始意识到，如果打算在这个簇新的世界秩序下存活并繁荣的话，城市、国家和地区都需要用一种新的方式来考虑身份、战略、发展、竞争和愿景，这就是国家品牌。[①] 2005 年，为了评估各国品牌价值，西蒙·安霍尔特提出"国家品牌六维度模型"，认为国家品牌是人们对该六边形中六个维度的国家竞争力理解的总和，六维度分别为：出口、文化传统、旅游、政府治理、投资

[①] 〔美〕西蒙·安浩：《铸造国家、城市和地区的品牌：竞争优势识别系统》，葛岩、卢嘉杰、何俊涛译，上海交通大学出版社，2010，第 19 页。

与移民、国家居民。① 按此模型，他与全球一些著名的市场研究机构携手合作，推出国家品牌指数 NBI（Nation Brands Index）。接着美国第二大、世界第四大广告传播公司 IPG 集团旗下的 Future Brand 及万博宣伟公关（Weber Shandwick）两家公司也合作推出国家品牌指数 CBI（Country Brand Index）。与此同时，荷兰国际关系研究中心学者彼得·范·汉姆撰文倡议品牌国家的兴起，其文章探讨了产品（服务）品牌与国家品牌的相似性，认为国家品牌建构对于形塑欧洲政治景观的意义实际上是一个积极的发展，因为国家品牌正逐渐取代民族主义；并通过一系列举例如比利时、爱沙尼亚、波兰等，说明这些变化意味着政治范式的转变——从地缘政治的现代世界和权力到后现代世界的形象和影响力；文章随后还对比分析了东欧与北约、欧洲的国家品牌建构情况。② 此后，越来越多的国家开始通过实施国家品牌化（nation branding）来营造和维护本国的良好形象和声誉。韩国还于 2009 年设立了直属总统的国家品牌委员会，谋求从国家层面系统性地提高其国际形象和地位。

2015 年，我国在北京隆重召开了"国家品牌与文化论坛"，并发布了"国家品牌与国家文化软实力研究"成果。我国品牌研究者对于国家品牌的研究也从多角度展开，认识到"国家品牌是一个多层面、多维度和情境相关的概念"③；其"既包括基于消费者角度理解的在产品评价基础上形成的对某个国家的国家品牌形象认知，又包括消费者对该国的经济水平、政治地位、文化环境等其他因素而形成的总体感知"④。目前在知网期刊数据库中，以"国家品牌"为关键词的论文已达 685 篇。如果说国家品牌研究已很深入，那么"国家品牌传播"则是近年才提出的全新概念。2015 年 6 月，由国务院新闻办公室主办，中国外文局和外文局对外传播研究中心承办的第四届全国对外传播理论研讨会在重庆举行，其中专

① Simon Anholt, and Jeremy Hildreth, *Brand America: The Mother of All Brands*'（Cyan Books, 2004）.

② Peter Van Ham, *The Rise of the Brand State : The Postmodern Politics of Image and Reputation*（2001）. Peter Van Ham, "The Rise of the Brand State. The Postmodern Politics of Image and Re- putation", *Foreign Affairs*, 5（2001）, str. 2-6.

③ 杨一翁、孙国辉等：《国家品牌效应及其调节变量研究》，《企业经济》2016 年第 3 期。

④ 韩慧林、孙国辉：《国家品牌研究述评与管理启示》，《现代管理科学》2014 年第 9 期。

门设置了"城市形象与国家品牌传播"分论坛。① 值得注意的是，这里的"国家品牌传播"概念乃是由主导新闻舆论、对外宣传的官方机构率先提出的。这显然透露出这样的信号："国家品牌传播"乃是国家利益所需，是国家发展的实践需要。2011年，我国学者王建宁撰写了《"中国"国家品牌传播的几点思考》一文，文中明确提出："要想准确树立中国的海外形象，就要精心打造中国这个品牌。""'中国'品牌传播走向世界不仅要思考和讨论，更重要的应该是去不断实践，并在实践中不断创新。"② 文中，作者不仅提出了打造中国国家品牌的重要性，而且也提出了在信息化、全球化时代，国家品牌传播就是重要的实践方式与研究领域的观点。这里，作者展示了一种学术感觉，尚没有真正提出"国家品牌传播"概念。

2016年8月于安徽师范大学召开的学术会上，该校学者在所做的主题发言中正式提出了"国家品牌传播"的系统观点，论文在《学术界》2016年第9期上发表。其主要观点为：国家品牌传播乃是信息社会语境下具有鲜明价值导向性的国家传播，其具有以国家正向价值建构为本位、以"双向对称"沟通为原则、从国家维度进行多元主体传播的特点，并指出国家品牌传播实践领域主要有：国家核心价值观认同的国民精神引导、国家品牌的国际传播、国家层面的舆情采集分析等。③ 由此，"国家品牌传播"的学术帷幕正式揭开。几乎与其同时，国务院办公厅于2016年6月颁发了《关于发挥品牌引领作用 推动供需结构升级的意见》，文件中明确指出："品牌是企业乃至国家竞争力的综合体现。"④ 从国家层面正式认可了"国家品牌"一说。由此可以认为：国家品牌即国家硬实力与软实力的综合性凝结，是中国改革进入深水区、世界格局走向多极化的国家战略取向。而以正价值导向、以硬实力与软实力综合性地获得受众认可为内涵的国家品

---

① 杨楠：《城市形象与国家品牌传播》，中国网，2015年6月12日，http：//www.china.com.cn/newphoto/news/2015-06/12/content_35806082.htm。

② 王建宁：《"中国"国家品牌传播的几点思考》，《经济视角（中旬）》2011年第6期。

③ 舒咏平、沈正赋：《论国家品牌传播——信息社会语境下价值导向的国家传播》，《学术界》2016年第9期。

④ 《国务院办公厅关于发挥品牌引领作用 推动供需结构升级的意见》，中国政府网，2016年6月20日，http：//www.gov.cn/zhengce/content/2016-06/20/content_5083778.htm。

牌传播，则自然成为我国新闻传播界从业者与学者的实践空间与理论视域。

进入 21 世纪以来，世界格局正在发生深刻变化，大国的兴衰沉浮、东西方的力量此消彼长成为这一变化的突出特征。随着中国这个东方社会主义大国的崛起，西方的整体实力相对下降已成不争的事实，甚至有人开始发出"资本主义终结"的危言，基辛格先生认为现在是四百年未有之变局。更为值得注意的是，西方几百年工业文明所形成的文明优越感、"欧美中心论"正在逐渐失语，相反希望中国出来承担更多领导责任的呼声越来越高。与此同时，西方社会舆论对自己发展模式的怀疑情绪正在集聚，民众对他们政治精英的怀疑和失望情绪正在蔓延，进而演变为近年来发生在欧美的一系列"匪夷所思"的政治事件和社会思潮。在我国别无选择地走向世界领导者的这一历史进程中，如何进一步强化"四个自信"，如何构建与国际社会期待的大国品牌形象？所有这些都成为今天国家品牌传播新的出场语境，成为思考国家品牌传播新的逻辑前提。

二 "国家品牌传播"提出的实践逻辑

1. 中国责任担当与国家品牌建构的自觉

近年国际形势急剧演变，中国作为人口第一大国以及经济总量第二的经济体在国际事务中发挥越来越大的作用，这既是责任又是义务。但如何扮演国际新角色，如何让国际社会认可并敬重中国，自然成为中国政治家与学者们所思考的问题。由此，"国家软实力""和平崛起""国家形象"等概念被接连提出。

"软实力"是 20 世纪 80 年代美国学者约瑟夫·奈在美国霸权是否旁落的争论中提出的，他认为美国不仅拥有经济和军事等硬实力优势，还有文化、价值观和意识形态等软实力优势。我国学者由此得到启发，认识到软实力建设乃是我国强国战略的必经之路，需改变我国软实力薄弱的现状，要投入更多力量建设国家软实力。[①] 但"软实力"毕竟来源于美国霸

---

① 赵刚、肖欢：《国家软实力——超越经济和军事的第三种力量》，新世界出版社，2010，第 7~8 页。

权，有向他国进行文化渗透的因素，有"实力较量"的冷战思维与零和博弈的意味。

"和平崛起"是基于国际发展比较的角度，突出国家层面的迅速发展同时向国际社会表达发展道路的概念，阐述的是中国崛起走的乃是和平发展之路，依靠自身的力量发展，既不会妨碍他国，又不会威胁他人。[①] 但"和平崛起"陈述的仅仅是自身发展崛起之路径或理念的选择，并没有包含中国如何能被国际社会接受并扮演怎样角色的内涵。

对"国家形象"的研究最初来源于对品牌来源国的研究，体现的是国际贸易中为一个国家品牌产品进行背书的国家形象效应。由此，"国家形象"概念的落脚点是追求其客观性，也就必然有好坏优劣的差异。这就决定了该概念本身也不足以简洁地表达中国将要在国际社会所要担当的责任与扮演的角色。

就在这些概念的衍化进程中，中国是如此迅速地甚至是始料未及地面临着所要担当的国际责任：时至2017年，中国GDP达74万亿元人民币，仅次于美国；年进出口总额24.3万亿元，是全球第一贸易大国；外汇储备达3万亿美元，居全球第一；年出境旅游人数达到1.4亿，是世界最大的出境旅游消费国。目前，中国对世界经济增长的年均贡献率超过30%，成为世界经济增长的第一引擎。[②] 更重要的是，中国经济持续保持6.7%以上的速度的增长、每年有高达1000万贫困人口脱贫，且在社会稳定与内部治理上显示出令世界瞩目的高效，显示出中国制度、中国道路的蓬勃活力。

相比之下，美国经济长期低迷，对外实行军事霸权，又因为特朗普上台而产生社会撕裂，其国际领导力正逐渐减弱；欧洲则因为欧债危机、英国脱欧、德国面临难民困境、法国大选走向未定等，也难以在国际舞台发挥更大影响力；日本以美国马首是瞻且一直试图逃避二战对亚洲所犯下的罪责，也缺乏国际领导者气质；俄罗斯过于依赖能源支撑而使得经济相对

---

① 阎学通、孙学峰：《中国崛起及其战略》，北京大学出版社，2005，第213页。
② 郭同欣：《中国对世界经济增长的贡献不断提高》，人民网，2017年1月13日，http://theory.people.com.cn/n1/2017/0113/c40531-29020324.html。

脆弱。正是国际形势如此急剧衍化，显示出中国风景独好的良好趋势；这就使得国际社会寄希望于中国彰显大国责任担当。对此，新加坡的学者撰文写道：中国所提出的"一带一路"倡议和主导成立亚洲基础设施投资银行，乃是世界所期待的；国际社会还逐渐发现中国对西式地缘政治并不感兴趣，且没有任何向外扩张企图；世界还可以发现中国的政治体系及领导层是世界上少数几个最强有效的，没有西方党派之间的互相否决、体制内外对峙；迅速提升的中国消费能力，不仅使中国成为一个内需导向社会，而且意味着西方也需要依靠中国需求来带动增长。总之，来自中国的信息都是正面的，世界对于这个崛起的、不一样的大国充满期待。而对中国来说，世界给了自己巨大的责任和压力，但也给了自己一次历史机遇。① 几乎与此同时，新加坡前驻联合国大使马凯硕几年前在哈佛大学的一场演讲迅速流传开，这位前高官面对西方谆谆告诫：与美国人习惯把自己的意识形态强加于他人不同，中国不会"指手画脚、搬弄是非"，不会推销自己的意识形态，不会怂恿别人邯郸学步。② 可以说，正是在国际发展的大背景下，中国俨然成为一个令人瞩目、成就斐然的国家品牌。

正是在这种背景下，习近平总书记明确表达道：我们要"坚持中国特色社会主义道路自信、理论自信、制度自信、文化自信"，做一个"负责任的国家"；"中国人历来主张'世界大同，天下一家'。中国人民不仅希望自己过得好，也希望各国人民过得好"；"国际社会携起手来，秉持人类命运共同体的理念，把我们这个星球建设得更加和平、更加繁荣"。实践中，日新月异的中国在经济上、文化上为人类、为世界所做的贡献正呈现出大国责任担当的国家品牌力量。而"四个自信"也决定了国家品牌建构的自觉、持续、稳健、提升。

2. 国家品牌自觉建构中的传播

习近平曾经明确说道："品牌是一个企业技术能力、管理水平和文化层次乃至整体素质的综合体现。从一定意义上说，品牌就是效益，就是竞

---

① 郑永年：《为什么世界期待中国》，南略网，2017 年 2 月 21 日，http：//www.nanlue.com/mon/keji/20170221/34942_2.html。

② 马凯硕：《新加坡外交官哈佛演讲：如果中国成为第一强国》，中华网，2017 年 2 月 21日，http：//news.china.com/international/1000/20170221/30270569.html。

争力，就是附加值。"① 同样，国家品牌作为"国家竞争力的综合体现"，需要把国家发展各方面工作做好，并在事实的基础上进行卓有成效的传播，使中国国家品牌深入人心，并在国内外的舆论中积极建构。我们知道，"品牌的真正生命力取决于信任主体是否能够对品牌施以信任，并达成品牌信誉建构"。而"国家品牌，不是自诩或自封的；而是作为信誉主体在传承历史文化的基础之上，举国上下通过每个领域的艰辛奋斗展现出实实在在的成就，且得到本国与他国民众的主体性信任而建构起来，并成为共同的关系符号"。② 显然，引导受众对于品牌施以信任的群体心理建构，自然聚焦到国家品牌传播。从宏观层面审视，则主要体现于以下两个方面。

第一为内获认同、形成合力。在品牌发展中，品牌愿景是凝聚共识、激励品牌相关关系人的目标动力。而中国国家品牌建构，从新中国成立提出自力更生、独立自主建设社会主义强国，到改革开放提出"四个现代化"，进而由习近平形象地概括成"中国梦"，这无疑就是最具有说服力、信服力、鼓舞性的国家品牌传播。正因为如此，习近平在谈到新闻舆论工作和信息化工作时就明确指出，要把党的理论和路线方针政策变成人民群众的自觉行动，要贯彻执行以团结稳定鼓劲、正面宣传为主的新闻舆论工作基本方针。在做好把握方向、正面宣传的前提下，要增强新闻传播的吸引力和感染力。同时，又要做好舆论监督，舆论监督和正面宣传是统一的。而这种统一的本质就是在建构中国国家品牌的进程中，聚合内部力量，形成巨大的合力，以实现"中国梦"。

第二为外获信赖、达成合作。围绕党和国家工作大局，以建构国家品牌形象为核心，在维护国家根本利益、传播中华优秀文化、服务党和国家对外战略的前提下，讲好中国故事、传播好中国声音、阐释好中国特色，营造对于我国发展有利的国际舆论环境。从而在世界上获得广泛的信赖，从各个方面达成互利友好的合作，实现双边双赢、多边共赢。面向世界传

---

① 习近平：《干在实处 走在前列——推进浙江新发展的思考与实践》，中共中央党校出版社，2006，第 146~147 页。

② 舒咏平：《品牌即信誉主体与信任主体的关系符号》，《品牌研究》2016 年第 1 期。

播中国国家品牌是多层面、多渠道、多方式方法的。如在宏观层面传播
"中国梦"，传播当代中国价值观念，传播中国坚持和平发展、促进共同
发展的理念，传播中国经济发展成就和对世界经济发展的重要贡献，传播
介绍我国民主政治、社会进步、民生改善、民族团结和科技创新；而在微
观层面讲述中国人、中国家庭的创业、敬业、创新、勤奋、关爱、友善、
亲孝、和睦等方面的精彩故事，从而引导国际社会既全面客观认识当代中
国，又具体真切地感受中国。习总书记曾在博鳌论坛上发言说道："亲望
亲好，邻望邻好。"中国将坚持与邻为善、以邻为伴，巩固睦邻友好，深
化互利合作，努力使自身发展更好惠及周边国家。中国发展离不开亚洲和
世界，亚洲和世界繁荣稳定也需要中国。① 这显然告诉我们，中国发展不
可能是孤立的，需要融合到全球发展之中；这就需要在世界上进行卓有成
效的中国国家品牌传播，让世界认可、敬重中国。当然，进行中国国家品
牌传播，需要加强国际传播能力和对外话语体系建设，强化数字传播能
力，打造报道中国的权威媒体，同时引导各层面的公共传播，创新方式方
法及话语体系，以真正提升对外传播的效果。

三 "国家品牌传播"提出的理论逻辑

1. 马克思主义新闻观的时代话语

马克思主义新闻观首先体现于"政治家办报"，在于无产阶级政党
就是要把党报党刊等主流媒体办成真正代表无产阶级和人民大众的利
益、实现党性与人民性相统一的"喉舌"。马克思、恩格斯自身的革命
实践从来都与新闻工作紧密联系在一起，其长期从事《莱茵报》、《新
莱茵报》及《社会民主党人报》的撰稿及编辑；因为他们认识到：精
神和周围世界是相互作用的，而报刊能直接参加政治斗争。② 马克思曾
说，报刊"生活在人民当中，它真诚地同情人民的一切希望与忧患、热

---

① 《中国发展离不开亚洲和世界》，中国日报网，2013 年 4 月 7 日，http：//www.chinadaily.
com.cn/hqcj/gsjj/2013-04-07/content_8693268.html。

② 〔法〕奥古斯特·科尔纽：《马克思恩格斯传》（第一卷），管士滨译，生活·读书·新
知三联书店，1980，第 322 页。

爱与憎恨、欢乐与痛苦"。① 《新莱茵报》则指出："报刊按其使命来说，是社会的捍卫者，是针对当权者的孜孜不倦的揭露者，是无处不在的耳目，是热情维护自己自由的人民精神的千呼万应的喉舌。"② 恩格斯更是在著名的《共产主义者和卡尔·海因岑》一文中鲜明地表达道："党刊的任务是什么呢？首先是组织讨论，论证、阐发和捍卫党的要求，驳斥和推翻敌对党的妄想和论断。"③ 胡耀邦在时任总书记时也曾旗帜鲜明地说道："我们党的新闻事业，究竟是一种什么性质的事业呢？就它最重要的意义来说，用一句话来概括，我想可以说党的新闻事业是党的喉舌，自然也是党所领导的人民政府的喉舌，同时也是人民自己的喉舌。"④ 习近平也在全国宣传思想工作会议上强调："党性和人民性从来都是一致的、统一的。"⑤ 而国家品牌传播，则可以说是站在国家发展大局，将党性与人民性融于一体的政治传播，是马克思新闻观核心思想的全新体现。诚如尹韵公先生所言："党性和人民性结合得越是紧密，党性与人民性兼容得越是贯通，就越是有利于我们加快实现民族复兴中国梦的伟大步伐。"⑥

马克思主义新闻观其次强调的是根据事实来描写事实，即强调据实报道。马克思说道："凡是真的东西，都经得住大的考验；一切假的东西，我们甘愿与它们一刀两断。"⑦ 恩格斯则曾强调："完全立足于事实，只引用事实和直接以事实为根据的判断，由这样的判断得出的结论本身仍然是明显的事实。"⑧ "忠于事实"也正是中国共产党人一贯注重的调查研究、实事求是，深入实际、深入群众作风在新闻领域的体现，即强调忠于事实

---

① 《马克思恩格斯全集》（第一卷），人民出版社，1995，第 352 页。
② 《马克思恩格斯全集》（第六卷），人民出版社，1961，第 275 页。
③ 《马克思恩格斯全集》（第四卷），人民出版社，1995，第 300 页。
④ 胡耀邦：《关于党的新闻工作》，中国网，2011 年 4 月 12 日，http://www.china.com.cn/cpc/2011-04/12/content_22343622.htm。
⑤ 《意识形态工作是党的一项极端重要的工作》，新华网，2013 年 8 月 20 日，http://news.xinhuanet.com/politics/2013-08/20/c_117021464_2.htm。
⑥ 尹韵公：《关于"党性和人民性从来都是一致的、统一的"理论梳理》，《安徽大学学报》（哲学社会科学版）2014 年第 1 期。
⑦ 《马克思恩格斯全集》（第四十一卷），人民出版社，1982，第 204~205 页。
⑧ 《马克思恩格斯全集》（第四十二卷），人民出版社，1979，第 413 页。

基础上的新闻报道才能获得人民群众的信赖，才能把社会主义事业推向前进。而品牌传播从来就是以信誉为旨归，以可靠的产品品质为传播信源，如此才能建构出品牌形象。因此，实事求是、忠于事实、以获取信任而进行的国家品牌传播，同样是马克思主义精髓的现代话语表达。

马克思主义新闻观还体现在坚持正确的舆论导向，传播正能量，讲好中国故事。鉴于国际形势变化、信息社会话语不断翻新，习近平对此反复强调："要创新对外宣传方式，着力打造融通中外的新概念新范畴新表述"；"不日新者必日退"，"明者因时而变，知者随事而制"[①]；"要加强国际传播能力建设，增强国际话语权，集中讲好中国故事，同时优化战略布局，着力打造具有较强国际影响的外宣旗舰媒体"。[②] 我们"应该立时代之潮头，通古今之变化，发思想之先声"，在做好宣传思想工作方面要"比以往任何时候都更加需要创新"[③]。显然，国家品牌传播延续了马克思主义新闻观的政治把关、信誉建构的核心思想，更切合当今信息社会的话语语境，可以说这正是马克思主义新闻观顺应时代的话语崭新体现。

2. 国家形象研究的正向价值维度介入

"国家品牌"概念本身就是"国家形象"逻辑性推进的结果。早在1965年，Schooler 在研究国际贸易时发现一个国家的形象鲜明地影响着消费者选择，由此第一次引入"国家形象"概念。[④] 由于国家形象对于各个国家展开国际市场营销具有背书效应[⑤]，营销界的学者在产品及品牌的"来源国效应"领域展开了诸多研究[⑥]；在传播学界也自然结合国家软实力建设而展开相关研究。管文虎等早在1999年就著书写道："国家形象是

① 《习近平关于全面深化改革论述摘编》，中央文献出版社，2014。
② 《习近平谈治国理政》（第二卷），外文出版社，2017，第 333 页。
③ 《习近平关于全面深化改革论述摘编》，中央文献出版社，2014。
④ Robert D. Schooler, "Product Bias in the Central American Common Market," *Journal of Research in Marketing* 2 (1965): 394-397.
⑤ Abhilash Ponnam, Roy Subhadip IUP, "Indian Consumers' Perception of Country of Origin on Organizational Capabilities," *Journal of Management Research* 10 (2009): 63-72.
⑥ Khalid I. Al-Sulaiti, Michael J. Baker, "Country of Origin Effects: A Literature Review," *Marketing Intelligence & Planning* 3 (1998): 150-155.

一个国家整体实力的综合体现,它包含了国家的外部公众和内部公众对国家本身、国家行为、国家的各项活动及其成果所给予的总的评价和认定,因此国家形象具有极大的影响力、凝聚力。"① 对于"国家形象"的内涵,Martin 和 Eroglu 于 1993 年提出:国家形象即一个人对于某个特定国家所持有的所有描述性(descriptive)的、推论性(inferential)的和信息性(informational)的信念总和。② 2002 年 Kotler 等基于地区营销和品牌管理的视角对国家形象所进行的界定则为:"人们对地区所抱有的信念和印象的总和,国家形象代表了与一个地区相联系的大量含义和信息的提炼。"③显然,早期的国家形象研究带有很强的国际贸易、国际营销的背景与烙印。但国家形象毕竟不限于国际营销与消费领域,其一经提出就不再受国际贸易及营销领域的局限,而延展至有关国家的方方面面,并进入一种更广大视野的研究。如我国学者张昆就从新闻传播学的角度提出"国家形象",是指国家的各种客观状况在国际社会公众舆论中的投影,即国家行为表现、性状特征、精神面貌等要素特征在国际社会公众心目中的抽象反映和公众对相应国家的总体评价。④

不可否认,由于"国家形象"有正负优劣之分的中立性,其自然有利于学者们展开客观公允的研究。如在既有的研究结果中,往往得出的"中国国家形象"总是负面居多,总有被误读、被"妖魔化"的各种认知;因此需要进行中国国家形象的重塑与输出。⑤ 由此,国家形象研究必然导出这样的理念:"正如保证产品质量是一个企业应该履行的最基本的社会责任一样,一个国家建立良好形象的根本前提在于其对国计民生的切实关心与保护。"⑥ 在国家形象之前强调了"良好"的前提,这也

---

① 管文虎主编《国家形象论》,电子科技大学出版社,1999,第 23 页。

② I. M. Martin, S. Eroglu., "Measuring a Multi-dimensional of Business Research: Country image," *Journal of Business Research* 3 (1993): 191-210.

③ Kotler Philip Gertner David, "Country as Brand, Products, and Beyond: A Place Marketing and Brand Management Perspective," *Journal of Brand Management* 4 (2002): 249-261.

④ 张昆:《国家形象传播》,复旦大学出版社,2006,第 180 页。

⑤ 支庭荣:《国家形象传播——一个新课题的凸现》,《中国广播电视学刊》1996 年第 7 期。

⑥ 涂光晋、宫贺:《国家形象传播的前提、理念与策略——以 2008 北京奥运与三鹿奶粉事件的对照研究为例》,《国际新闻界》2008 年第 11 期。

正如刘奇葆同志所指出的："对外宣传要围绕党和国家工作大局，以塑造国家良好形象、维护国家根本利益。"① 而"良好国家形象"即"国家品牌"，通过宣传传播"塑造国家良好形象"无疑就是"国家品牌传播"。

也就是说，相对于客观的"国家形象"，国家品牌则具有正向价值导向性、本质内涵与外在形象的统一性。而任何一个国家实施战略性传播，其根本目的无疑是建构、树立自身的正面形象，希望自身价值得到国内外受众由衷的认可。这份建树与认同就是国家品牌。品牌专家大卫·爱格曾指出：品牌就是一个成功的符号，能在消费者心目中整合并强化为一个品牌的认同，并且让消费者对于这个品牌的认同更加印象深刻。② 而在2016年6月国务院颁发的文件中更是开篇就明确指出"品牌是企业乃至国家竞争力的综合体现"。显然，作为一个国家综合素质得到正向认同的"国家品牌"，既代表了国家利益，又契合了信息社会品牌化生产、品牌化消费、品牌化生存与发展的语境。诚如习近平所指出的："新闻舆论工作各个方面、各个环节都要坚持正确舆论导向。各级党报党刊、电台电视台要讲导向，都市类报刊、新媒体也要讲导向；新闻报道要讲导向，副刊、专题节目、广告宣传也要讲导向；时政新闻要讲导向，娱乐类、社会类新闻也要讲导向；国内新闻报道要讲导向，国际新闻报道也要讲导向。"③ 而种种宣传报道正确导向的高度概括，就是国家品牌传播。

3. 品牌传播双赢效应的层面提升

品牌的形成及其生命力，在于所指代的内涵——产品、服务在消费者心中有着由衷的良好评价。这就决定了品牌创设之时，品牌拥有者总是把消费者认可、欢迎的预期作为主导性的目标。随着品牌符号被大量传播、使用、消费，其内涵所指则必然地越来越为消费者所认识、所评价、所信

① 《刘奇葆：传播好中国声音 塑造国家良好形象》，新华网，http://www.xinhuanet.com//politics/2014-09/14/c_1112473487.htm，2014年9月14日。
② 〔美〕大卫·爱格：《品牌经营法则》，沈云骢、汤宗勋译，内蒙古人民出版社，1999，第54页。
③ 《习近平谈治国理政》（第二卷），外文出版社，2017，第332~333页。

任,并形成品牌声誉。① 美国的整合营销传播提出者舒尔茨就说道:"品牌个性能给品牌一个生命与灵魂,能让消费者轻易地将本品牌与竞争品牌区别开来,它能给消费者一种既熟悉又亲密的朋友般感觉。""所以说'消费者主导策略'毫不为过。……整合营销传播的核心是使消费者对品牌萌生信任,并且维系这种信任,使其存在消费者心中。"② 品牌信誉主体的全部努力,都是为了获得信任主体对于品牌的信任建构。英国品牌专家布莱克斯顿认为,成功的品牌关系都具有两个因素:信任和满意。其中,信任受风险、可信度和亲密性的影响,而满意是主动性和支持性的函数。③ 显然,品牌传播首先要从消费者、受众出发,真正满足他们的价值需要;一旦消费者及受众的需要得到满足,品牌主体也就自然从中获得收益。可以说,品牌本身,以及品牌传播秉承的总是双赢理念与双赢效应。

著名新闻传播学者郭庆光曾说道:"不断变化的传播环境和消费环境给品牌传播提出了新问题和新挑战,……'传播什么'不再只是一种技巧,而是成为一种价值定位与选择。随着品牌认知环境的变化,受众主动参与增加,信息接受碎片化,品牌塑造难度加大,这要求品牌传播研究者重新思考品牌传播的科学规律,以符合新规律的思路和方式对品牌传播理论进行建构。"④ 显然,品牌传播的实践与理论层面,均更加突出受众的价值、受众的参与。该理念上升到国家品牌传播层面,也正是中国共产党的执政理念,即执政为民、强国富民。童兵教授曾对习近平的新闻传播理念进行这样的概括:以人民为中心,引导人民,就是将人民引导到正确的目标,全心全意地为人民的福祉服务;学习"草野",就是拜人民为师,向人民请教,以人民的利益为评判政绩、考核干部的标准。古人所云"知屋漏者在宇下,知政失者在草野",就是强调为政者应多向"草野"

① 舒咏平:《品牌:传受双方的符号之约——"狗不理"品牌符号解析》,《现代传播》(中国传媒大学学报) 2011 年第 2 期。

② 〔美〕唐·E. 舒尔茨等:《整合行销传播》,吴怡国等译,中国物价出版社,2002,第111、116 页。

③ M. Blackston, "Observations: Building Equity by Managing the Brand's Relationships," *Journal of Advertising Research* 5-6 (1992): 101-105.

④ 郭庆光:《品牌传播:理论建构与实践创新》,《青年记者》2015 年第 4 期。

学习请教。而"草野"者，就是普通老百姓、基层民众集群而居的"社区"，就是他们关心天下事议论家国情的"论坛"。① 显然，当国家的新闻传播能如此倾听民声、懂得民意，就必然有助于实现国家品牌传播层面的双赢。当然，国家品牌传播的双赢，还包括国家富强与人民福祉能很好地得到统一，中国与国际社会的互利互惠、利益共沾、共同发展。这正是习近平在联合国日内瓦总部所阐明的主张："坚持合作共赢，建设一个共同繁荣的世界"；我们要"推动建设一个开放、包容、普惠、平衡、共赢的经济全球化"②；中国"奉行互利共赢的开放战略，不断提升发展的内外联动性，在实现自身发展的同时更多惠及其他国家和人民"；"1950 年至2016 年，中国在自身长期发展水平和人民生活水平不高的情况下，累计对外提供援款 4000 多亿元人民币，实施各类援外项目 5000 多个，其中成套项目近 3000 个，举办 11000 多期培训班，为发展中国家在华培训各类人员 26 万多名。改革开放以来，中国累计吸引外资超过 1.7 万亿美元，累计对外直接投资超过 1.2 万亿美元，为世界经济发展作出了巨大贡献"。③ 显然，中国走的是一条构筑人类命运共同体、实现共赢共享的国家品牌化发展道路，而这条道路实践的本身，就需要进行国家品牌传播，习近平总书记访问联合国日内瓦总部，并发表如上重要讲话，无疑就是最富有效应的国家品牌传播。也就是说，相对于一个产品的品牌传播使品牌主与消费者双方形成价值实现的认可，那么国家品牌传播则使这个国家与国际社会实现双赢达成共识，这无疑正是品牌传播理论层面提升的鲜明体现。

（原载《学术界》2018 年第 4 期，署名舒咏平、胡靖）

---

① 童兵：《从范畴认知深化马克思主义新闻观研究——对习近平关于新闻舆论、网络传播和哲学社会科学工作讲话提出的十对范畴的思考》，《新闻大学》2016 年第 5 期。

② 《共同构建人类命运共同体》，人民网，http：//cpc.people.com.cn/n1/2017/0120/c64094-29037658.html。

③ 《在世界经济论坛 2017 年年会开幕式上的主旨演讲》，人民网，http：//cpc.people.com.cn/n1/2017/0118/c64094-29032027.html。

中国国家品牌传播的新闻自觉

——党性与人民性相统一的主体意识

2018 年 3 月 17 日，在十三届全国人大一次会议宪法宣誓仪式上，新当选的国家主席、中央军委主席习近平手按国家宪法进行宣誓：忠于中华人民共和国宪法，维护宪法权威，履行法定职责，忠于祖国、忠于人民，恪尽职守、廉洁奉公，接受人民监督，为建设富强、民主、文明、和谐、美丽的社会主义现代化强国努力奋斗！这一刻仪式符号化的意义就是："国家"统一体现了党和人民的意志。这在我们的论题中，也标志着马克思主义新闻观话语将越来越多地立足于中国共产党领导下的人民当家做主的"国家"概念。

一 无产阶级政党尚未执政时期，马克思主义新闻观核心性体现只能是"党性人民性统一"

我们知道，马克思主义新闻观诞生于共产主义思想刚刚兴起之时，共产党这一承载着人类发展厚望的先进组织刚刚登上历史舞台，资产阶级依然占据绝对统治地位。因此报刊、新闻成为被压迫的无产阶级求解放、求尊严的阶级斗争武器。马克思对此就曾旗帜鲜明地说道："正是由于报刊把物质斗争变成思想斗争，把血肉斗争变成精神斗争，把需要、欲望和经验的斗争变成理论、理智和形式的斗争，所以，报刊才成为文化和人民的精神教育的极其强大的杠杆。"① 也就是说，马克思在他所处的时代，扮演的是向统治阶级进行批判、发起斗争的角色。因为当时的国家机器为资产阶级甚至是封建统治者所用，马克思主义新闻观的角度及其相应的话语则只能是落到党性与人民性之上。

　　1841 年 4 月，马克思获得了耶拿大学哲学博士学位，按既有的职业生涯规划他是打算到波恩大学任教的，但由于普鲁士当局敌视且限制大学的进步学者，他只能放弃了纯学者之路，转而开始从事新闻政论工作。1842 年 4 月，马克思为刚刚创刊不久的由激进资产阶级人士创办的《莱茵报》撰稿，所写的第一篇评论即谴责了普鲁士当局推行的禁锢思想、钳制言论自由的书报检查制度；而他写的第二篇文章就被书报检察机关查禁。可以说，马克思在一开始从事报刊活动时，就立场鲜明地揭露了普鲁士统治当局对人民的迫害，成为一个德国封建政权批判者。而在担任《莱茵报》主编后，他又先后发表文章抨击普鲁士国家的社会政治制度。其中针对资产阶级的进步报纸《莱比锡总汇报》被查封一事，就发表文章旗帜鲜明地揭露了普鲁士反动当局压制、迫害人民报刊的罪行。他指出：报刊的人民性质就是做"人民日常思想和感情的表达者"；"它生活在人民当中，它真诚地和人民共患难、同甘苦、齐爱憎。它把它在希望与忧患之中倾听来的东西公开地报道出来"。② 马克思担任主编以后，《莱茵报》越来越鲜明地体现出革命民主主义的立场和观点，其销路及影响力迅速扩大，也引起了反动当局的害怕。1843 年 4 月，这家被称为"德国现代期刊的先声"的《莱茵报》受到查封。普鲁士国王主持的内阁会议认定："毫无疑问，该报经常蓄意攻击国家制度的基础，宣扬那些目的在于动摇君主制原则的理论，恶意诽谤政府在舆论方面的活动方式，唆使各个阶层的人民相互敌视，挑起对现行法制的不满情绪，包庇极度敌视友邦的倾向。"显然，这个以国家政府名义所做出的决定，一方面说明《莱茵报》代表人民发声的功绩，另一方面也说明反动政府与人民利益的对立、国家机器并不为人民所用。1843 年 9 月，马克思在致卢格的信中指出，

① 《马克思恩格斯全集》(第一卷)，人民出版社，1995，第 329 页。
② 《马克思恩格斯全集》(第一卷)，人民出版社，1995，第 352 页。

要对整个旧世界"现存的一切进行无情的批判","在批判旧世界中发现新世界"①。显然,那时的政权不是人民的政权,那时的国家不是人民当家做主的国家,马克思只能做一个人民的代言者、一个对旧世界的无情批判者。

1847年春,马克思与恩格斯一同参加了秘密革命团体"正义者同盟",并在第一次代表大会上建议并获通过将该同盟改为"共产主义者同盟",同盟格言"人人皆兄弟"也随之改为"全世界无产者联合起来"的口号。在该同盟第二次大会上,马克思受委托起草了《共产党宣言》。1848年6月,马克思和恩格斯创办了具有无产阶级性质的《新莱茵报》。由于该报对《共产党宣言》的宣传、对普鲁士政府当局的政治揭露,使得其报纸受到封建保皇派和自由资产阶级的攻击,并受到反动当局的查封。对此,马克思在《"新莱茵报"审判案》中更是立场坚定地指出:"报刊按其使命来说,是社会的捍卫者,是针对当权者的孜孜不倦的揭露者,是无处不在的耳目,是热情维护自己自由的人民精神的千呼万应的喉舌。"② 这是"喉舌论"最初的表达,可以肯定的是,马克思在表明报刊的人民性本质属性之时,是站在一个人民要自由、要发声,对于资产阶级当权者要进行揭露的立场与视角。在《新莱茵报》受到查封之时,马克思也遭到普鲁士法院传讯。此后,马克思、恩格斯亲身投入无产阶级政党的创建实践上,而且基于报刊的人民性,其新闻舆论工作的党性思想也得以逐渐形成。而"党性"一词的最早提出与运用,则是恩格斯在《"傅立叶论商业的片段"的前言和结束语》所言:"德国的'绝对的社会主义'真是可怜得怕人……由于自己在理论领域中没有党性,由于自己的'思想绝对平静'而丧失了最后一滴血、最后一点精神和力量。"③ 显然,这里恩格斯期待的"党性",指的是社会主义理论应该具有鲜明的政治态度、坚决的斗争性以及革命的彻底性,而不应该是思想贫瘠、精神缺失、斗争乏力、"可怜得怕人"的政治风貌。随着马克思、恩格斯越来越多、

---

① 《马克思恩格斯全集》(第四十七卷),人民出版社,2004,第63页。
② 《马克思恩格斯全集》(第六卷),人民出版社,1961,第275页。
③ 《马克思恩格斯全集》(第二卷),人民出版社,1957,第659页。

越来越深入地参与工人运动与进步党组织活动，他们对于"党性"也越来越看重。如，1853 年 3 月恩格斯致函马克思时就使用"党性"来赞赏拉萨尔在与蒲鲁东派斗争中具有共产党人特质："拉萨尔比他们所有的人都能干得多，这一点当哈茨费尔特伯爵的财产最终并入国家财产的时候，会特别明显地表现出来。他有他的怪癖，可是也有党性和抱负。"① 又如 1863 年 1 月马克思在谈及法国高涨的工人运动时也明确提到了"党性"："在巴黎，在社会党内，党性和团结精神仍然占着统治地位。"② 这强调了"党性"及其原则精神在党的组织建设，以及对敌斗争中的核心作用。列宁在创建了俄国无产阶级政党、接过马克思主义新闻观的接力棒后明确指出，对于党的出版物"写作事业不能是个人或集团的赚钱工具，而且根本不能是与无产阶级总的事业无关的个人事业。无党性的作者滚开！超人的作者滚开！写作事业应当成为无产阶级总的事业的一部分，成为由全体工人阶级的整个觉悟的先锋队所开动的一部巨大的社会民主主义机器的'齿轮和螺丝钉'。写作事业应当成为社会民主党有组织的、有计划的、统一的党的工作的一个组成部分"。③ 当时为 1905 年 11 月，列宁领导的俄国布尔什维克政党还未能推翻沙皇的反动统治，他还不可能以人民的国家取向来思维，因此他只能强调"党性"就是当时新闻写作最核心的原则。

中国共产党在领导人民推翻三座大山的斗争中，一直强调新闻舆论工作必须置于党领导之下，早在 1921 年建党之初就明确规定：一切书籍、日报、标语和传单的出版工作，均应受中央执行委员会或临时中央执行委员会的监督。"每个地方组织均有权出版地方通报、日报、周刊、传单和通告。不论中央的或地方出版的一切出版物，其出版工作均应受党员的领导。"④ 1941 年 7 月 1 日，中共中央政治局通过《中共中央关于增强党性的决定》，并对党性给出了权威阐释："全党党员和党的各个组成部分都

① 《马克思恩格斯全集》（第二十八卷），人民出版社，1973，第 229~230 页。
② 《马克思恩格斯全集》（第三十卷），人民出版社，1974，第 305 页。
③ 《列宁选集》（第一卷），人民出版社，1995，第 663 页。
④ 中国社会科学院新闻研究所编《中国共产党新闻工作文件汇编》（上），新华出版社，1980，第 1 页。

在统一意志、统一行动和统一纪律下面，团结起来，成为有组织的整体。"这是"党性"作为一个单独的概念被写入中央文件，成为党的建设的重要内容，也成为共产党领导人民取得斗争胜利的法宝。[①] 而在 1942年 3 月，毛泽东就《解放日报》的改版写信给周恩来，强调要增强党性。不久经他修改定稿的改版社论《致读者》，则更是明确强调报纸"要成为他们的反映者、喉舌，与他们共患难的朋友"；"向人民负责和向党的领导机关负责的一致性；这些就是我们的出发点"。[②] 可以说，中国共产党在争取中国人民解放的年代，对新闻舆论非常明确的要求就是坚持党性与人民群众性。1947 年 1 月 11 日，作为中国共产党创办的全国性党报，《新华日报》在其编辑部文章《检讨和勉励—读者意见总结》中，又第一次明确写道："新华日报的党性和它的人民性是一致的"；"这就是说，新华日报是一张党报，也就是一张人民的报纸，新华日报的党性，也就是它的人民性。新华日报的最高的党性，就是它应该最大限度地反映人民的生活和斗争，最大限度地反映人民的呼吸和感情、思想和行动"。[③]

由上可见，马克思主义新闻观的"人民性""党性"以及"党性人民性相统一"的基本思想是在党领导人民进行无产阶级斗争中形成的。在当时的历史环境下，共产党作为刚刚登上历史舞台的先进组织，其政治使命是唤醒无产阶级与广大劳动人民，以阶级斗争的方式来推翻旧的、反动的国家机器，以获得人民解放与国家新生，并让国家政权真正掌握在党领导的人民的手中。正如马克思、恩格斯在《共产党宣言》中指出的："工人革命的第一步就是使无产阶级上升为统治阶级，争得民主。"[④] 因此，在这个工人阶级争取成为统治阶级的"革命第一步"，"党性与人民性的统一"是最契合该历史阶段的新闻思想，同时也丰富了马克思主义新闻观的基本内涵。

---

① 陈力丹：《党性和人民性的提出、争论和归结——习近平重新并提"党性"和"人民性"的思想溯源与现实意义》，《安徽大学学报》（哲学社会科学版）2016 年第 6 期。
② 《毛泽东选集》（第三卷），人民出版社，1991，第 1094~1095 页。
③ 本报编辑部：《检讨和勉励——读者意见总结》，《新华日报》1947 年 1 月 11 日。
④ 《马克思恩格斯选集》（第一卷），人民出版社，1974，第 272 页。

二　共产党领导的人民当家做主、让国家"强起来"的新时代，"党性与人民性的统一"更典型地体现为"治国理政、定国安邦"中的国家主体

当无产阶级取得革命斗争的胜利，建立了工人阶级政党领导下的人民政权，即国家已成为人民的国家、共产党已成为国家的领导力量时，新闻舆论工作固然坚守"党性与人民性的统一"思想不变，但其所呈现的话语是否能与时俱进呢？我们的回答是肯定的！习近平曾明确指出，当前我们正进行最广泛而深刻的社会变革、最宏大而独特的实践创新，这"是一个需要理论而且一定能够产生理论的时代"；因此构建中国特色哲学社会科学领域就需要充分体现"中国特色、中国风格、中国气派"。① 这里的三个"中国"启示我们：在共产党领导的人民当家做主，让中华民族迎来从站起来、富起来到强起来的新时代，鲜明体现"党性人民性统一论"的新话语将二者的内涵统一聚集于"国家"之上。

恩格斯在《家庭、私有制和国家的起源》中分析了氏族制度由于经济活动的催生与演变，使得"社会之分裂为阶级所炸毁，它被国家代替了"，即"社会分裂为阶级时，国家就由于这种分裂而成为必要了"。由于"国家是从控制阶级对立的需要中产生的"，因此"国家的本质特征，是和人民大众分离的公共权力"；且"变成了一架庞大的复杂机器，专门用来榨取臣民的膏血"。但同时它又适合当时的社会状况，促进了"财富、商业和工业的迅速繁荣"。② 这里恩格斯指出国家是阶级的产物、是统治阶级控制"臣民"之机器，但同时又是社会发展特定阶段所需的公权力工具，有维持稳定与促进发展的社会性。因此，恩格斯又大胆预言了"无产阶级成熟到能够自己解放自己，它就作为独立的党派结合起来，选举自己的代表，而不是选举资本家的代表"的"国家最高形式"。③ 显然

---

① 《习近平谈治国理政》（第二卷），外文出版社，2017，第352页。
② 《马克思恩格斯选集》（第四卷），人民出版社，1974，第165、170、168、114、144、115页。
③ 《马克思恩格斯选集》（第四卷），人民出版社，1974，第169页。

在恩格斯的眼中，作为阶级压迫工具的低级阶段国家，是应该认清其本质并予以推翻的；而对于无产阶级选举自己代表、执掌权力的高级阶段国家，却是无产阶级乐见且要追求并为之建立的。尽管在当时恩格斯还不可能对无产阶级当家做主的新型国家进行更多的阐述，但他与马克思却在《共产党宣言》中宣告："把一切生产工具集中在国家即组织成为统治阶级的无产阶级手里，并且尽可能快地增加生产力的总量"。无产阶级"通过革命使自己成为统治阶级，并以统治阶级的资格用暴力消灭旧的生产关系，那么它在消灭这种生产关系的同时，也就消灭阶级对立和阶级本身的存在条件，从而消灭了它自己这个阶级的统治"。① 显而易见，高级的、理想的"国家"形态，在马克思、恩格斯思想中已经统一了无产阶级政党与人民的共同利益与需求，甚至不惜消灭自身作为阶级存在的条件，这无疑正是共产党所追求的。

中国革命的成功实践、中华人民共和国的成立，则无疑最典型地验证了马克思、恩格斯的预言与期待。在新中国成立前夕，中国共产党与各民主党派、人民团体以及爱国进步人士一道通过了具有临时宪法性质的《中国人民政治协商会议共同纲领》，其明确确立了中国共产党作为执政党的宪法地位，同时确立了人民掌握国家权力的社会主义国家性质。2018修正后的《中华人民共和国宪法》明确指出："以毛泽东主席为领袖的中国共产党领导中国各族人民，在经历了长期的艰难曲折的武装斗争和其他形式的斗争以后，终于推翻了帝国主义、封建主义和官僚资本主义的统治，取得了新民主主义革命的伟大胜利，建立了中华人民共和国。从此，中国人民掌握了国家的权力，成为国家的主人。"这里不仅明确强调了中国共产党作为执政党的"合宪性"，而且明确了人民成为国家主人的性质。《宪法》明确规定：国家的根本任务是，中国各族人民将在中国共产党领导下，把我国建设成为富强、民主、文明、和谐、美丽的社会主义现代化强国，实现中华民族伟大复兴。"社会主义制度是中华人民共和国的根本制度。中国共产党领导是中国特色社会主义最本质的特征。"

"中华人民共和国的一切权力属于人民。""一切国家机关和武装力

---

① 《马克思恩格斯选集》（第一卷），人民出版社，1974，第272~273页。

量、各政党和各社会团体、各企业事业组织都必须遵守宪法和法律。"显然，党的领导、人民的当家做主，均统一到国家宪法之中，体现到依法治国之中。与此同时，《中国共产党章程》中规定："党必须在宪法和法律的范围内活动。"党的十八大的主题也明示：全党要"为实现中华民族伟大复兴的中国梦不懈奋斗"。显然在依法治国中，时代的话语越来越突出中华人民共和国这个"国家"主体。周恩来在中华人民共和国成立之初的1950年曾经说道："我们已经在全国范围内建立了国家政权，而我们党在政权中又居于领导地位。所以一切号令应该经政权机构发出。……由于过去长期战争条件，使我们形成了一种习惯，常常以党的名义下达命令……。现在进入和平时期，又建立了全国政权，就应当改变这种习惯。……党的方针、政策要组织实施，必须通过政府，党组织保证贯彻。党不能向群众发命令。"① 一向严格遵行党性原则，同时担任共和国第一任总理的周恩来如此强调，显然是告诉我们：随着中华人民共和国的成立，党性与人民性的统一将更多地体现到国家主体性的话语中。也就是说国家合法运转已经体现了执政党的意志，在更多的情况下以"国家"主体呈现则更具有合法性、号召力，更能有效领导人民建设国家，也自然更能体现"党性"与"人民性"的统一。

党的十一届三中全会以来全党全国形成的共识是："一心一意搞建设"；"建设有中国特色的社会主义"②。显然，建设富强的社会主义国家就是邓小平为全党、全体中国人民凝聚的共识。而进入中华民族从站起来、富起来到强起来的新时代，我们要秉承的是习近平新时代中国特色社会主义思想。我们可以清晰地体会到自中共十八大之后，习近平全面地为实现中国梦而进行新闻舆论工作上的谋篇布局。诚然，习近平也清晰地强调"坚持党性和人民性相统一"③，但他是把"党性人民性从来都是一致的、统一的"④ 作为基本前提的，新闻舆论的具体工作落到了为实现"中国梦"而进行治国理政的方方面面。因此，2016年2月19日，习近平在

① 《周恩来统一战线文选》，人民出版社，1984，第174~175页。
② 《邓小平文选》（第三卷），人民出版社，1993，第10、62页。
③ 《习近平谈治国理政》（第二卷），外文出版社，2017，第332页。
④ 《习近平谈治国理政》，外文出版社，2014，第154页。

党的新闻舆论工作座谈会的讲话中开篇就指出："党的新闻舆论工作是党的一项重要工作，是治国理政、定国安邦的大事。"他一方面肯定了中央主要媒体的新闻舆论工作"有力激发了全党全国各族人民为实现中华民族伟大复兴的中国梦而团结奋斗的强大力量"，也寄希望新闻舆论工作"要加强国际传播能力建设，增强国际话语权，集中讲好中国故事"①。毫无疑问，习近平对于坚持以马克思主义新闻观来提高新闻舆论传播力、引导力、影响力、公信力的观点，并没有简单止于"党性人民性的统一"的字面表述，而是将其内涵上升到"中国梦"实现的国家高度；同时也就必然启示新闻舆论工作要融入全面建成社会主义现代化强国、实现中华民族伟大复兴的中国梦的进程中。

马克思与恩格斯在《共产党宣言》中明确指出，共产党人"没有任何同整个无产阶级利益不同的利益"；一方面"共产党人强调和坚持整个无产阶级的不分民族的共同利益"，另一方面"共产党人始终代表整个运动的利益"。②也就是说，共产党既代表了人民以及人民取得政权后的国家利益；同时人民当家做主的国家也鲜明体现了共产党的追求与奋斗目标。《中国共产党章程》则更清晰地规定："党除了工人阶级和最广大人民群众的利益，没有自己的特殊的利益。党在任何时候都把群众利益放在第一位。"由此可见，在新闻传播中凸显中国共产党领导人民当家做主的社会主义中国之国家主体，也必然鲜明地体现了"党性人民性的统一"。

三　党性人民性统一于特色社会主义的"中国梦"，需要"中国国家品牌传播"的新闻自觉

当中国共产党领导人民当家做主的社会主义中国之国家主体成为新闻传播的对象与坐标时，这意味着实现党性人民性相统一的特色社会主义"中国梦"即成为新闻传播的自觉意识。实现"中国梦"的伟大实践丰富

① 《习近平谈治国理政》（第二卷），外文出版社，2017，第 331~333 页。
② 《马克思恩格斯选集》（第一卷），人民出版社，1974，第 264 页。

而精彩，如《习近平谈治国理政》第一卷涉及十八个部分，第二卷则包含十七项内容。党的十九大报告指出构成新时代坚持和发展中国特色社会主义的基本方略就有十四条；贯彻新发展理念、建设现代化经济体系有六项主要工作；健全人民当家做主制度体系、发展社会主义民主政治有六项主要工作；坚定文化自信、推动社会主义文化繁荣兴盛有五项主要工作；提高保障和改善民生水平、加强和创新社会治理有七项主要工作；加快生态文明体制改革、建设美丽中国有四项主要工作。而在 2018 年国务院政府工作报告中，对政府工作的建议则共有九条。显然，以国家主体所展开的新闻传播工作需要有综合性的概念，以概括实现"中国梦"而涉及的各项工作实践。

于是，习近平所提及的"品牌"进入了我们的学术视野。早在 2004 年 12 月，习近平担任浙江省委书记时就明确指出："品牌是一个企业技术能力、管理水平和文化层次乃至整体素质的综合体现。"[①] 也就是说，习近平首次提出了品牌是一个主体素质综合体现的观点。这一观点在 2016 年国务院办公厅颁发的《关于发挥品牌引领作用　推动供需结构升级的意见》中得到了强化与提升，该文件开篇就指出："品牌是企业乃至国家竞争力的综合体现。"[②] 可以说，品牌作为国家竞争力的综合体现也正是习近平新时代中国特色社会主义思想的组成部分。

而"国家品牌"已经是学界一个相对成熟的概念，其最初来自 20 世纪对品牌来源国、国家形象的研究。1996 年，曾担任诸多政府和机构形象顾问的咨询师西蒙·安浩在其著作中写道：在某种意义上国家是一类品牌，其有助于政府为其所在城市、国家和地区用一种新的方式来考虑身份、战略、发展、竞争以及愿景，有助于在这个簇新的世界秩序下存活并繁荣。[③] 2001 年，荷兰学者彼得·范·汉姆也指出"品牌国家包含了外部

---

① 习近平：《干在实处　走在前列——推进浙江新发展的思考与实践》，中共中央党校出版社，2006，第 146~147 页。

② 《国务院办公厅关于发挥品牌引领作用　推动供需结构升级的意见》，中国政府网，2016 年 6 月 20 日，http://www.gov.cn/zhengce/content/2016-06/20/content_5083778.ht。

③ 〔美〕西蒙·安浩：《铸造国家、城市和地区的品牌：竞争优势识别系统》，葛岩、卢嘉杰、何俊涛译，上海交通大学出版社，2010，第 19 页。

世界对特定国家的信任和满意度"①。可以说，"国家品牌"具有鲜明正价值导向，既得到国内民众认同与自觉建构，又得到国际社会认可与信任，是一个国家主体处于自信且坚定发展态势的信息符号。其既彰显自身的独立性又展现了开放的合作性，既给本国人民带来获得感自豪感，又为国际社会带来互惠互利的价值。同时，"国家品牌"是一种全新的目标凝聚、舆论导向、国际合作、国际传播的话语，它超越了意识形态，也超越了阶层利益与国家利益，且表达了一种基于人类社会发展共赢的理念，即"国家品牌"的内涵胜过了"国家利益"，因为马克思主义追求的是解放全人类，是"一切人的自由发展"②；由此国家品牌不仅包含了国家利益，而且超越了国家自身，要以国际社会能接受且欢迎的姿态为人类社会发展做出贡献。而新时代的社会主义中国，正是这样的一个国家品牌："中国梦是和平、发展、合作、共赢的梦，我们追求的是中国人民的福祉，也是各国人民共同的福祉。"③ 这无疑正是中国国家品牌传播信源价值所在，也正是马克思主义新闻观强调的新闻传播的事实基石。

习近平在党的新闻舆论工作座谈会上曾指出，党的新闻舆论工作要尊重新闻传播规律，创新方法手段；要着力打造融通中外的新概念新范畴，加强对外话语体系建设，讲好中国故事。习近平在哲学社会科学工作座谈会上也强调，哲学社会科学建设需体现原创性、时代性；要"着力提出能够体现中国立场、中国智慧、中国价值的理念、主张、方案。我们不仅要让世界知道'舌尖上的中国'，还要让世界知道'学术中的中国'、'理论中的中国'、'哲学社会科学中的中国'，让世界知道'发展中的中国'、'开放中的中国'、'为人类文明作贡献的中国'"。④ 显然，习近平是寄希望新闻舆论界、哲学社会科学界要善于创新，用具有融通中外的新概念、新话语来传播中国国家品牌。由此，"中国国家品牌"以及"中国国家品牌传播"就逻辑性地成为新闻传播学界及业界的新概念、新话语、新理念。

---

① Peter Van Ham, "The Rise of the Brand State," *Foreign Affairs* 80 (2001): 2-6.
② 《马克思恩格斯选集》(第一卷)，人民出版社，1974，第273页。
③ 《习近平谈治国理政》(第二卷)，外文出版社，2017，第443~444页。
④ 《习近平谈治国理政》(第二卷)，外文出版社，2017。

新华社课题组编辑的《习近平新闻舆论思想要论》是一部全面阐释习近平新闻传播思想的著作，其对于习近平新闻舆论思想十个方面的解读与概括，一定意义上也正是中国国家品牌传播新闻自觉的要点。

职责使命论——阐述的是习近平关于新闻舆论是治国理政、定国安邦的大事，需要把握政治方向履行职责使命的思想；而中国国家品牌正是全面建成社会主义现代化强国、实现中华民族伟大复兴"中国梦"的学术化、大众化、中外通用之话语体现，是建立在道路自信、制度自信、理论自信、文化自信之"四个自信"上的综合体现，这也正是中国国家品牌传播职责使命的新闻自觉。

党性人民性统一论——这正是我们前面重点阐明的党领导下人民当家做主的国家，其实质性地实现了党性人民性的统一，并体现于中华人民共和国这一国家品牌中；因此，中国国家品牌传播无疑清晰而简要地表达了党性人民性相统一的新闻主体意识自觉。

正面宣传为主论——"坚持正面报道为主"[1] "始终坚持以正面宣传为主"[2] "团结稳定鼓劲，正面宣传为主"[3]，这是习近平在不同场合所强调的新闻舆论工作方针。我们知道，任何品牌总是经持续的正面价值传播才得以建构，因此中国国家品牌传播本身就规定了"正面宣传为主"的新闻传播基调。

创新为要论——"让创新贯穿党和国家一切工作"[4] 是习近平所强调的国家创新驱动发展的核心理念；对于新闻舆论工作他也指出，"必须创新理念、内容、体裁、形式、方法、手段、业态、体制、机制"[5]。而国家品牌传播的提出，本身就是创新的产物；同时，也超越了传统的以广告、营销为主的产品推广形式，强调围绕正向价值建构而进行双向沟通、

---

① 习近平：《干在实处 走在前列——推进浙江新发展的思考与实践》，中共中央党校出版社，2006，第308页。

② 习近平：《之江新语》，浙江人民出版社，2007，第57页。

③ 《习近平谈治国理政》（第二卷），外文出版社，2017，第333页。

④ 习近平：《十八届五中全会第二次全体会议上的讲话》，《求是》2016年第1期。

⑤ 《习近平谈治国理政》（第二卷），外文出版社，2017，第333页。

多元主体传播的方式创新①，即中国国家品牌传播就意味着新闻舆论工作的概念创新、话语创新、理念创新以及方式方法创新。

时度效标尺论——新闻传播有着特定的规律，因此习近平强调"关键是要提高质量和水平，把握好时、度、效"②；"注意舆论的社会效果"③。而现代传播学就是从受众、效果出发而诞生的。品牌专家布莱克斯顿曾指出，成功的品牌的关键是信任和满意。其中满意更是受众对品牌主动支持的体现。④诚如市场运作中的品牌传播，不可能简单依靠广告的广而告之，也不可能凭借营销推广就能建立良好的品牌声誉，而需按照品牌成长的规律，以良好的品牌产品为事实基础，审时度势、恰如其分地传播沟通，这才能把品牌真正植入消费者的心坎，并由衷获得消费者的欢迎。同理，中国国家品牌传播则是从更广泛的受众出发，从国家品牌发展进步过程中取得的实绩出发，服从人民更丰富的获得感之价值需要，从而把握时机、掌握分寸、追求实效地进行新闻传播，持之以恒地建构起国家品牌声誉。

增强国际话语权——中国的快速发展以及世界风云变幻，使中国日益走近世界舞台中央，不断为人类做出更大贡献；而首倡"一带一路"国际合作、首提"构筑人类命运共同体"、首创"国际进口商品博览会"等，均表明中国正越来越多地向人类贡献中国智慧、中国方案；以中国机遇促进全球经济增长、全力维护多边国际贸易体系、派出维和部队参与联合国维和行动、在巴黎气候大会上郑重签字等，则表明中国正在义不容辞地彰显着大国责任担当。这一切均可说明"中国"正迅速成为一个让国际社会敬重、与其他国家和平相处共同发展的国家品牌。因为，站起来、富起来、强起来的中国，正是国家品牌独特性、效率性、惠他性的典型体现。基于这样的国家品牌，习近平指出："要加强国际传播能力建设，增

---

①　舒咏平、沈正赋：《论国家品牌传播——信息社会语境下价值导向的国家传播》，《学术界》2016 年第 9 期。

②　《习近平谈治国理政》，外文出版社，2014，第 154 页。

③　习近平：《摆脱贫困》，福建人民出版社，1992，第 87 页。

④　M. Blackston, "Observations: Building Equity by Managing the Brand's Relationships," *Journal of Advertising Research* 5-6 (1992): 101-105.

强国际话语权，集中讲好中国故事。"① 习近平在这里一连用了三个"国"字，且突出"传播"，一定意义上正是为中国国家品牌的国际传播进行了基本定调，也理应成为新闻舆论工作的主体自觉。

除了如上六大思想要论，《习近平新闻舆论思想要论》一书还介绍并阐述了习近平的"网上舆论引导论""媒体融合发展论""'四向四做'人才论""善用善管媒体论"。这四部分可以说是就媒体发展与管理、新闻传播人才队伍建设而言，但也同样与国家品牌传播形成了理论同构：品牌传播本身就是随着网络发展、多种媒体融合发展而超越单纯的广告推广来到我们身边的，并成为共识性实践与成长性显学；品牌传播的基本要点之一就是要通过各种媒介"统一一致地发出品牌的个性讯息"②。而国家品牌传播，也正需要执行马克思主义新闻观所强调的"政治家办报""党管媒体"，以及习近平所强调的"做好宣传思想工作必须全党动手"，"树立大宣传的工作理念"③；如此才可能整合包括网络在内的各种媒体，集中、统一、明确、正面地发出中国国家品牌的声音，从而不断加强中国国家品牌建构。而习近平对于新闻传播工作者的"四向四做"的勉励——坚持正确政治方向、做政治坚定的新闻工作者，坚持正确舆论导向、做引领时代的新闻工作者，坚持正确新闻志向、做业务精湛的新闻工作者，坚持正确工作取向、做作风优良的新闻工作者④，在我们的论题中实际就是强调新闻传播者需要将党性和人民性统一于特色社会主义的"中国梦"，需要建立"中国国家品牌传播"的新闻自觉。

四　国家品牌传播新闻自觉与党性、人民性相统一的主体意识在新闻实践上的体现

主体意识上的自觉必然鲜明地体现到实践中。胡耀邦在担任总书记时曾经明确指出，我们党的新闻事业"用一句话来概括，我想可以说党的

---

① 《习近平谈治国理政》（第二卷），外文出版社，2017，第 333 页。
② 〔美〕唐·舒尔茨等：《整合行销传播》，吴怡国等译，中国物价出版社，2002，第 115 页。
③ 《习近平谈治国理政》，外文出版社，2014，第 156 页。
④ 习近平：《做党和人民信赖的新闻工作者》，《人民日报》2016 年 11 月 8 日。

新闻事业是党的喉舌，自然也是党所领导的人民政府的喉舌，同时也是人民自己的喉舌"。"在我们社会主义国家，党和政府同人民的利益是一致的"；"我们党中央、国务院的直接的声音并不是每天都有的"，"而新闻报道却必须每日甚至每时向人民讲话，这就要求我们的新闻工作者一定要有高度的积极性、主动性、创造性"。① 这里，他明确了党、政府、人民的一致性、统一性；也就是说，新闻传播要坚持党性与人民性统一，也鲜明体现为中国政府的喉舌。同时，他又要求新闻工作作为"喉舌"还需积极主动、创造性地进行新闻实践。在本论题中，新闻传播的主体即中国共产党领导的、人民当家做主的社会主义中国，即不断取得新成就的、令国人自豪、世人敬重的国家品牌。这样，国家品牌传播的新闻自觉与党性人民性相统一的主体意识也就必然形成同构，必然付诸新闻实践。我们知道，马克思主义哲学中的实践观点和主体性观点是融为一体的。人的主体性只有通过其实践得以证明与显现。诚如毛泽东在其《实践论》中所指出的，我们要"把理性的认识再回到社会实践中，应用理论于实践，看它是否能够达到预想的目的"。② 那么，我们则需要客观地审视我国的新闻舆论工作者是如何将这种党性、人民性统一的中国国家品牌传播新闻自觉付诸新闻实践的。

为此，我们选择近 4 年的中国新闻奖作品来进行内容分析，以期验证中国的新闻工作者一方面有着中国国家品牌传播的新闻自觉性，另一方面又必然地体现着党性人民性相统一的主体意识。中国新闻奖是经中共中央宣传部批准的全国性年度优秀新闻作品最高奖，由中华全国新闻工作者协会主办，代表中国新闻实践的最高水平，以及我国新闻舆论工作的风向标。2015—2018 年即 25 届、26 届、27 届、28 届这最近 4 届新闻奖的特别奖与一等奖作品共 226 件。其中：第 25 届特别奖 4 件、一等奖 48 件；第 26 届特别奖 3 件、一等奖 48 件；第 27 届特别奖 4 件、一等奖 52 件；第 28 届特别奖 5 件、一等奖 62 件。我们将其新闻题材分为 12 类：其中

---

① 胡耀邦：《关于党的新闻工作》，中国网，2011 年 4 月 12 日，http：//www.china. com. cn/cpc/2011-04/12/content_22343622. htm。

② 《毛泽东选集》（第一卷），人民出版社，1966，第 269 页。

标题字面明显突出党性的为"中国共产党组织建设"类；明显发出人民呼声的为"民生报道与群众呼声"类；明显归于国家品牌建设的有"经济发展""制度改革""环境保护与生态建设""精神文明与教育事业""国际交流与外事报道""科技创新与文化发展""国防与军队建设""一国两制""民族团结"9类；另外将没有清晰题材诉求的栏目归于"其他"类。对新闻形式我们分为"图文新闻""广电新闻"两大类，因为即使在互联网网页上，其新闻呈现的方式也可以很分明地体现为这两种形式。在新闻角度上，我们则分为"正面宣传""批评监督""中性呈现"3类。其内容统计分析如表1所示。

表1　2015~2018年中国新闻奖高等级奖项作品内容分析

单位：件

新闻题材	关键词	图文新闻	广电新闻	正面宣传	批评监督	中性呈现
中国共产党组织建设	巡视、鱼水情、核心意识、马克思、十九大	13	5	17	1	
民生报道与群众呼声	脱贫、扶贫、救援、不寒酸、讨薪	6	6	10	2	
经济发展	供给侧、转型、民企、智造、工匠、电商	8	12	19	1	
制度改革	改革、医改、问政、审批、"不为"	12	3	12	3	
环境保护与生态建设	生态屏障、草原、禁牧、那山那树	3	5	7	1	
精神文明与教育事业	信仰、价值、家风、学习、忠诚、诚信、求真、好人	27	14	36	5	
国际交流与外事报道	杭州峰会、和平、伙伴关系、对外传播、大外交、一带一路	13	11	24		
科技创新与文化发展	火箭、高铁、天宫、考古、舆论、文化印记	9	12	21		
国防与军队建设	强军兴军、航母、三沙、阅兵、巡航	12	9	20	1	
"一国两制"	海峡、两岸		2	2		
民族团结	藏乡、稳定	3		3		

新闻题材	关键词	图文新闻	广电新闻	正面宣传	批评监督	中性呈现
其他	头条、版面、早新闻、观察、摘要、联播、视点	25	16	9		32
合计		131	95	180	14	32
		226		226		

在表 1 中我们可以很清晰地看到：报道"中国共产党组织建设"题材的作品为 18 件，占 8%；报道"民生报道与群众呼声"题材的作品为 12 件，占比为 5.3%；而没有清晰题材诉求的"其他"类为 41 件，占比为 18.1%；其余总体属于中国国家品牌建设的各类题材总计 155 件，占比为 68.6%。这说明：其一，丰富的新闻题材反映了国家品牌建构的综合性；其二，在新闻传播工作者的新闻实践中，更直接的考虑是促进社会主义国家建设，即对中国国家品牌发展予以传播助力；其三，党性人民性的统一并不仅仅停留在"党"与"人民"的字面上，而是务实地体现于社会主义中国国家品牌的传播上。

而在"图文新闻"与"广电新闻"这两大类新闻形式中，其件数分别为 131、95，占比分别为 58.0%、42.0%；其分布也契合网络时代的媒体构成。值得注意的是，进行"正面宣传"的新闻作品为 180 件，占比为 79.6%；数量为 32 件，占比 14.2% 的"中性呈现"中，栏目设置也多是正面宣传的题材，这无疑符合马克思主义新闻观"正面宣传为主"的要求，同时也符合品牌传播需要更多正向传播才能更好地建构品牌的规律。其中，既有中共十九大胜利召开的全方位报道、对二十国集团领导人杭州峰会中国外交主场的报道、以纪念中国抗战暨世界反法西斯战争胜利 70 周年阅兵报道展示中国雄风、通过中国"一带一路"倡议与欧盟投资计划相契合的评论展示中国与国际合作的决心与行动；也有对创造港珠澳大桥的"极致"、中国反贫困斗争的伟大决战、以供给侧改革破解老工业基地"双重转型"之困、"中国标准"动车组成功通过时速 420 公里高速交会试验、从"广东制造"到"广东智造"等的报道，展示中国经济建设各方面的成就；还有对"新愚公""诚信兄弟"，大国工匠、援非勇士、舰载机飞行员等英模人物的报道，从而展示中国人的崭新形象。毫无疑问，这些占绝大多数比例的正面新闻报道，顺应了国家品牌传播对于中国国家品牌的正向价值建构。

而"批评监督"的新闻作品为 14 件，仅占 6.2%。在这些批评监督的作品中，可以很清晰地看到其"直面工作中存在的问题，直面社会丑恶现象，激浊扬清、针砭时弊"①；做"社会进步的推动者、公平正义的守望者"② 的责任担当。如：消息报道《项目审批"长征"698 天泰豪动漫变"动慢"》，直面效率极慢的行政审批流程，提出了推动行政审批制度改革的重点问题；漫画《大活人"自证活着"是何方规矩》，则以奇巧构思、深刻寓意对开具证明泛滥做了辛辣的揭露与讽刺；评论《刹"不为"之风 换"不为"之将》直面的是干部既要反腐倡廉、清白从政、干净为官，更要反庸治懒、争先干事、为官有为；评论《民生实事莫沉迷于"数字突破"》，针对家庭医生签约率、空气质量优良天数等民生数字失真失准现象，提出需要以现实为基、实干而成、经得起检验的"数字突破"。而《为什么 2 元钱的"救命药"没有人做?》《"双 11"快递分拣乱象纷呈》《食品工厂的"黑洞"》等监督性新闻报道，则反映了有关行业追逐利益、放弃社会责任、缺乏职业道德，甚至以劣充好、危及社会等负面现象，且事实准确、证据确凿、逻辑严谨、态度客观，并对相关问题的防范与改善提出了思考和建议，显示了新闻舆论的公信力和影响力。而新闻评论《宁夏封山禁牧仍需长抓不懈》针对草原偷牧严重、乱占滥开现象进行直面批评，呼唤各级领导要层层抓禁牧封育；新闻评论《漠视生命是最可怕的沉沦》则痛心地回顾了一起少年学生刺杀老师却浑然漠视的案件，对家庭、学校发出不能缺失对珍重生命的教育的呼唤。系列报道《安徽宿州宋庙小学"要求受助贫困生出钱请吃饭事件"调查》，则对普通案件背后复杂的基层政治生态进行了深刻而细致的再现与剖析，强有力地发挥了舆论监督的作用。而电视访谈节目《住在涵洞为讨薪》则记录了四川籍农民工为讨要工钱在北方深秋住在涵洞里，记者通过调查摸清

---

① 《习近平谈治国理政》(第二卷)，外文出版社，2017，第 333 页。
② 《习近平谈治国理政》(第二卷)，外文出版社，2017，第 332 页。

欠薪事件来龙去脉，通过节目分期播放及持续关注，从而引起政府和相关部门重视，督促欠薪单位发放欠薪，最终 69 位农民工成功拿到 120 万元的事件。该节目无疑显示了新闻舆论的堂堂正气，以正义的视角与镜头为弱者发声、为民请命，显示出新闻媒体人当仁不让的责任。从这些批评监督的新闻作品中，我们无疑看到背后的新闻工作者的责任感、正义感、使命感，而且这些以事实为基础的批评报道，可以说乃是正视并反思了中国国家品牌的提升空间。

对于新闻舆论工作来说，党性、人民性的统一乃是化入血液中的主体意识，在中国特色社会主义建设的新时代，凝聚党性、人民性的"中国国家品牌传播"无疑更是显性的使命与责任，是更为清晰的新闻实践自觉。习近平曾明确指出，宣传工作对内需弘扬主旋律，传播正能量；而对外则需"创新对外宣传方式，着力打造融通中外的新概念新范畴新表述，讲好中国故事，传播好中国声音"。① 而基于四个自信的"中国国家品牌传播"正是这样一个符合习近平讲话精神的新概念新范畴。从大众化、国际化角度审视，"国家品牌传播"一方面鲜明体现出以国家的正向价值为传播前提，另一方面又褪去了浓郁的意识形态话语色彩；如此更能获得国内民众、国际社会的由衷认可、认同、接受，从而在良好的新闻传播效果中，服务于实现中华民族伟大复兴的中国梦，并造福人类命运共同体的国家大业。

（原载《品牌研究》2019 年 7 期，署名舒咏平、杨柏岭、魏岚）

---

① 《习近平谈治国理政》，外文出版社，2014，第 155~156 页。

自主品牌：华夏文明的致效媒介

传播学大师麦克卢汉经典性地说道："媒介即是讯息，因为对人的组合与行动的尺度和形态，媒介正是发挥着塑造和控制的作用。"① 如果说对于品牌乃是符号的认识已经没有疑义；那么，从品牌动态地负载着产品、企业、文化、历史、时代等诸多讯息，并深刻地影响、塑造、控制着人们的行为角度审视，品牌其无疑就是媒介。

一 国际品牌：来源国文化所聚

品牌来源国效应研究认为：发达国家的产品比来自经济较不发达国家的产品更受欢迎。② 研究还发现，不受喜欢的国家形象损害了消费者对该国产品的评价，这种现象不仅是跨产品类型的，而且是跨不同文化的。③ 显然，一个国家的品牌，负载着这个国家的民族智慧、文明精神，并在造福于人类物质生活与精神生活的同时，也在细雨无声中最有效传播着这个国家的文化，体现着这个国家、这个民族最根本的民族性和文化内涵。因此，文化的民族性既规约品牌的行为方式，又规约某一社会系统认可品牌

---

① 〔加〕马歇尔·麦克卢汉：《理解媒介：论人的延伸》，何道宽译，商务印书馆，2000，第 34 页。

② R. D. Schooler, "Product Bias in Ceentral American Common Market", *Journal of Marteting Research* 2 (1965)：394-397.

③ P. Cattin, A. Jolibert, C. Lohnes, "A Cross-Cultural Study of 'Made in' Concepts", *Journal of International Business Studies*13 (1982)：131-141.

的行为方式。要言之，一个品牌总是其民族文化的对象化。品牌文化一旦确立后，同时也构筑起了其他品牌进入的壁垒，这个文化的壁垒是比技术、营销策略等更加难以超越的。而最有代表性的国际品牌无一不进行着来源国相应文化的承载。

1. 可口可乐、波音、微软、戴尔、迪士尼等品牌，承载着的是美国精神与创新文化

诞生于 1886 年的全球知名品牌可口可乐目前拥有全球 48% 的市场占有率，其品牌管理的成功世人有目共睹。可以说，可口可乐已经成为美国自由精神的文化符号，不仅给予美国人情感归属，而且将美国文化中的活力、自由、阳光、分享、自信和乐观，带到了全世界。尽管可口可乐随着业务在全球范围扩大提出了"因地制宜"的本土化品牌战略，但是品牌内涵的核心始终没有发生根本改变。可口可乐依然传承了美国文化那种巨大的包容性、强烈的扩张欲和旺盛的生命力，更强调了它与美国文化发展难以割舍的血缘关系。而波音作为全球最大的卫星和民用飞机品牌，同时也是国防和运载火箭发射等领域的领导者。波音不仅把业务做到了世界各地，还一直以大型客机为主的产品传播波音品牌的价值观即"领先，诚信，品质"。波音宣言和宗旨中提到"相互尊重、公平处理所有关系、遵守承诺、善尽责任、诚实沟通、追求智性成长、热衷学习、分享资讯，倾听他人意见，维持客观公正、适时针对结果及过程进行沟通"等要点，这些都代表美国文化自由精神和创新文化。应该说波音品牌中深深地赋有美国包容多元化、主动进取、勇于实践的文化特点。而微软，是比尔·盖茨在 1975 年创建的，在近四十年的时间里，微软从一个默默无闻的小公司成长为全球最大的软件公司以及操作系统第一品牌。破解微软的品牌基因，其最主要的就是微软公司的员工不断创新，不断更新自己产品的质量和功能。微软认为自己的价值观是"正直诚实，对待客户、合作伙伴，和新技术充满热情；直率的与人相处，尊重他人并且助人为乐；勇于迎接挑战，并且坚持不懈；严于律己，善于思考，坚持自我提高和完善；对客户、股东、合作伙伴或者其他员工而言，在承诺、结果和质量方面值得信赖"。可以说，微软品牌充分承载着美国文化中积极进取、支持冒险、激励创新的特点。迪士尼，则不仅提供给消费者高满意度的娱乐和消遣，更

是把"制造快乐"的服务理念全方位地输送给社会。在迪士尼，员工开始正式工作，就要明确迪士尼"制造快乐"的平等、幽默、快乐的独特文化，还要接受公司特殊的服务语言，如"梦想""乐趣""兴奋""欢乐""想象""魔力"等。迪士尼目前经营的范畴有电视传媒、影视制作、主题公园、多元化的迪士尼产品等，当人们从多种角度享受迪士尼的娱乐时，这一品牌价值所承载的美国精神也在不断被接受吸纳。

2. 奔驰、宝马、西门子等，负载着德国的理性精神与精细严谨

可以说，享誉全球的德国汽车品牌奔驰、宝马、保时捷、奥迪等，最能代表德国工业生产水平、科技发展水平，且也必然地成为德意志民族社会文化的载体。如，卡尔·本茨在 1886 年发明了第一辆汽车，使德国成为现代汽车的发明地。奔驰汽车其完美的技术水平、过硬的质量标准、推陈出新的创新能力，以及一系列经典轿跑车款式等令人称道。奔驰作为汽车始祖，它血统纯正、工艺精良，代表了德国文化中的高度组织、效率和高质量。就注重产品质量而言，奔驰公司认为高质量意识与员工的高素质是分不开的，因此十分注重培养具有专门技能和知识的员工队伍，千方百计提高员工的质量意识；同时，奔驰汽车所体现的精工细作、一丝不苟、严肃认真的德国制造精神，让人感叹似乎每个零部件均是给皇家使用的。同样，宝马作为由最初的一家飞机引擎生产厂，发展成为今天以高级轿车为主导的世界品牌，其彰显的是公司一贯的宗旨和目标：以最新的科学技术、最先进的观念，满足顾客的最大愿望；强调相互尊重、团队合作、尊重人权、优待员工。德国企业非常注重实际，注重执行，强烈的质量和务实的经营态度已成为企业文化的核心内容，深深植根于广大员工心中。西门子公司提倡精湛的技术、务实的态度和忠诚的敬业精神，他们以"以新取胜，以质取胜"为理念，使西门子立于不败之地。德国文化给世人的印象是规范、和谐、精致、负责的文化，对此，德国品牌无一不在点点滴滴地彰显着、体现着。

3. 欧莱雅、LV、香奈儿等，负载着法国的自由浪漫气息以及前卫时尚追求

欧莱雅作为国际最为热销的日化品牌，它不仅有着欧洲制造专注、精细的特征，更负载了法国文化中丰富的想象力和创造力。近百年以来，欧

莱雅每次都能走在时尚的前沿并能及时把握时尚动向，这无疑是法国长期以来拥有的自由文化，使员工更加具有独立主动精神的体现。在丰富灿烂的法兰西文化产物中，LV（路易威登）从最初的满足法国式宫廷的奢华需要，到不断延续其一贯的古典主义审美情趣，其即使采用现代生产方式扩大生产规模，但在工人培训管理上依然保留了师徒传承的一些作坊式做法。所以在他们手里，每一个产品都经过精雕细琢，每一件产品均领导着时尚。而香奈儿（CHANEL），被称为"法国时装之母"，她在人们心中，不仅是个优雅的品牌，更是一种自信、独立、现代的新女性标志。香奈儿女士最特别之处在于发现并表现实用的华丽，她从生活周围尤其是爱情撷取灵感，并牢牢坚守香奈儿就是表现女性美感的自主舞台之理念。正是法国品牌独立而具有特色的追求，使得法国这个浪漫而时尚的国度文化，在全球得到传播，并成为全球时尚的风向标。

4. 丰田、索尼、佳能等，体现了日本的学习精神与精益求精的作风

当 20 世纪，全世界无数的企业到日本去参观学习，并研究出日本的企业文化奥秘之时，这些参观学者从丰田、索尼、松下、佳能等品牌身上看到了挑战、持续改善、现场现物、尊重员工、团队合作，以及勇于探索，敢于挑战新事物，敏锐地发现商机，创造新的市场。他们既感到似曾相识，又感受到日本民族独有的文化。因为他们看到了日本从明治维新以来，全方位地向西方学习；看到了战后在多个产业上向欧美学习，并在模仿基础上的进一步创新；同时还看到了日本文化中的精诚团结，以及精益求精的创造精神。而体现这些日本文化的品牌，正在全世界的每一个市场、每一个角落，不仅获得了市场收益，而且散发着日本文化的精髓。正如美国专程到日本考察的学者威廉·大内所感叹的："日本人愿意接受低工资和较长的工作时间，能够轻易地提高生产率，能够从美国借来技术；日本成功地保持了工作道德，而美国人则变得娇养、懒惰。"① 可以说，日本品牌在走向全球的同时，其实也为日本民族的"企业文化""Z 理论""集体价值观""杂交文化""精益工作法"进行着无声的传播，且

① 〔美〕威廉·大内：《Z 理论：美国企业界怎样迎接日本的挑战》，孙耀君、王祖融译校，中国社会科学出版社，1984，第 10 页。

悄悄地洗刷着日本于二战中显露的军国主义恶名。

二　中国制造：亟待打造自主品牌

品牌专家凯柏夫指出，品牌包含六个层次：品牌属性、品牌利益、品牌价值、品牌文化、品牌个性和品牌使用者。[①] 而这六个层次中唯独没有品牌制造与加工。目前享誉全球的中国制造，一定意义上正是改革开放以来中国经济增长的重要领域与路径；它使得落后的中国工业生产迅速与先进国家的工业技术接轨，并进行了有限的财富积累。

但"中国制造"背后更多的是品牌危机与增长方式的隐忧。资料显示，从1998年到2007年的十年中，《商业周刊》推出的"全球100个最有价值品牌排行榜"中，竟然没有一个中国品牌的身影。中国作为出口第一大国，其出口的商品种类繁多，但却没有几个像样的品牌出口。"中国出口企业中拥有自主品牌的不到20%，自主品牌出口占全国出口总额的比重低于10%。"[②] 可以说，中国乃是最为典型的"制造大国，品牌小国"[③]。这无疑需要我们予以正视：中国制造，本质上就是替海外品牌进行加工生产，消耗的是我国的人力资源、物质资源、环境资源，所获得的收益却非常微薄。而且这种"中国制造"的国际机会时间短暂，随着我国社会经济发展，原有各项资源的成本优势已如昙花一现，不再具有国际竞争的优势。国际代工的机会已经开始向东南亚、南美、非洲转移；也就是说，代工型的中国制造已经不可能成为我国经济增长的主要方式。

在皮革箱包领域，中国制造已占据了国际市场60%的份额，却没有一个在国外亮相的自主品牌。在号称"中国皮具之都"的广州花都区狮岭镇，目前已集聚6000多家生产性企业，年产皮具5亿多只，年产值达150亿元，但其销售总值却不及一个法国的LV品牌。据测算，我国服装

---

① Jean-Noel Kapfer, *Strategic Brand Management: Mew Approaches to Creating and Evalusting Brand Equity* (London, 1992).

② 翟光红、郭云：《我国自主品牌出口的现状及对策分析》，《合肥师范学院学报》2011年第4期。

③ 方宁：《"中国品牌"，路漫漫》，《中国对外贸易》2007年第3期。

出口每下降一个百分点，全国服装生产就要下降 0.5 个百分点，全国就会有 3.6 万人失业。可以说在服装的生产和出口上我国是大国，但在纺织品服装品牌上，我国却是一个小国。一个很好的例证是，世界名牌 Hugo Boss 的精美衬衣在美国纽约第 54 大街的售价高达 120 美元，而剖析这个价格会发现，其中 60% 以上的利润给了销售渠道商，30% 归了品牌商，而中国耗费大量资源、辛苦劳作的制造商拿到的只有区区 10%。"出口 8 亿件衬衫，才能买一架 A380 空客飞机"，可以说正是缺乏自主品牌的中国服装业的真实写照。在制鞋领域，中国无疑是世界上生产制造鞋的最大国家。全球年产鞋 150 亿双，中国制造的鞋已超过 100 亿双，占全球制鞋总量的 60% 多，但大多鞋企都还是以加工贸易和贴牌生产为主，依靠价格竞争来谋求生存和发展。青岛亨达集团董事长王吉万等几位制鞋企业老总曾对我国制鞋业一直是贴牌生产（OEM），并没有培育出一个世界知名品牌的状况而感叹道：不想在中国制造中累死，就要在中国品牌中崛起！经济学教授郎咸平对此曾一针见血地指出：新帝国主义用资本、品牌掌控了产业链中产品设计、原料采购、仓储运输、制造、订单处理、批发、销售七个环节中的六个，而把七大环节构成的"微笑曲线"最底端的"制造"环节以"国际分工"的名义放到了中国，这实际是破坏我们的环境、浪费我们的资源、剥削我们的劳工，把我们中国人的骨髓都吸干了。①

更重要的是，在本文的论题中，贴牌生产式的中国制造，并不能负载中国最优秀的民族文化。因为，中国制造仅仅是为国际品牌代工，而国际品牌开拓市场、进行品牌传播中，并不会宣传代工厂商以及该厂商所在国家的文化，仅仅是在产品中打上一个产地的名称：Made in China（中国制造）。在美国人的眼里，双星公司是美国 PSS 公司的加工厂；沃尔玛的一个名牌冰箱"神奇的厨师"，由中国科龙公司生产的；全世界最大羊绒衫生产基地是中国鄂尔多斯，但其生产的出口商品无不打上英国道森的牌子；而格兰仕，在国际家电品牌眼中则是世界微波炉最大的代工企业。也就是说，就是这些在国内尚有影响力的企业，在国际分工中也仅仅是个贴牌代工的工厂；更何况中国还有更多默默无闻的代工企业，如果没有自主

---

① 郎咸平：《产业链阴谋Ⅲ》，东方出版社，2010，第 2 页。

品牌意识的觉醒，恐怕永远只能默默地、周而复始地进行代工制造。我们还要看到除了海尔集团、联想集团外，许多中国企业还披挂着外国品牌、传播着其品牌来源国的文化。如杭州的摩托罗拉、北京的现代、上海的飞利浦、广州的本田等。利用外国品牌为己牌，反映出中国企业对外资品牌的依赖性和从属性。也就是说，中国制造，只是一个为他人作嫁的加工环节，无法承载积淀深厚、丰富多彩的华夏文明。

三　自主品牌：华夏文明之所托

我国著名品牌学专家余明阳教授曾指出，品牌是国家形象和经济实力的代表，对于中国来说，培育自己的世界级的品牌，其意义超越了获取经济利益的本身，乃是一张国家名片；可以说有品牌的企业是"头脑"型的企业，赚取附加值；没品牌的企业是"肢体"型企业，赚取的是劳务值。[①] 目前，中国经济正在进行转型，其中关键就是要从中国制造走向中国创造；"形成一批拥有自主知识产权和知名品牌、国际竞争力较强的优势企业"。[②] 中国制造业该如何走出困境？2011年时任总理温家宝在与夏季达沃斯年会企业家代表对话时说道："我的愿望不仅是'中国制造'，而是'中国创造'；不仅是中国产品，而是中国的自主知识产权，是中国的品牌有质量、有效益、安全可靠的品牌。"[③] "中国创造"作为一个崭新的词汇，已经开始被世界广泛认知，它体现的不再是简单的体力劳动，而是更高层次的脑力创造活动；中国制造业想走出困境，就是要提高自主创新能力，向"中国创造"转变。而中国创造的最佳载体即自主品牌。党的十八大报告明确指出："要形成以技术、品牌、质量、服务为核心的出口竞争新优势。"[④] 李克强总理则曾先后指出："品牌是自主创新的结晶，

---

① 余明阳：《品牌传播学》，上海交通大学出版社，2005，第10页。
② 《中国共产党第十六届中央委员会第五次全体会议公报》，《党的建设》2005年第11期。
③ 《在夏季达沃斯论坛开幕式和企业家座谈会答问》，中国政府网，http://www.gov.cn/ldhd/2011-09/15/content_1947780.htm。
④ 《胡锦涛在中国共产党第十八次全国代表大会上的报告》，新华网，2012年11月17日，http://www.xinhuanet.com/18cpcnc/2012-11/17/c_113711665.htm。

是质量和信誉的载体，具有广泛的认知度和市场空间。"① 2012 年 9 月，李克强总理在达沃斯论坛上提出，在扩大内需和对外开放中，中国企业必然会形成一批源自本土的、有竞争力的品牌。可以说，中国对于"自主品牌"的认识比历史任何时候都来得清晰。

也就是说，自主品牌首先要承载自主创新，同时，也要承载我国历史悠久的华夏文明、民族文化。也就是说，一个自主品牌，从它的诞生与创立，从它的定位与诉求，从它的产品品质，从它的科技创新，从它的市场开拓，从它的被市场认可，无一不点点滴滴地体现出中华民族的优秀文化。这从表 1 "贴牌加工" 与 "自主品牌" 的经济与文化利益的比较中可以鲜明地看出。

表 1 　"贴牌加工" 与 "自主品牌" 的经济与文化利益的比较

	贴牌加工（中国制造）	自主品牌（中国创造）
经济利益	正向：简单劳动就业、赚取加工费、提升加工水平	正向：多样劳动就业、产品溢价销售、自主创新良性循环
	负面：劳动力低廉、原料就地供应、政策优惠透支、牺牲生态环境；被控制	负面：品牌风险
文化承载	无	中国信誉、中国智慧、中国文化、中国机制、中国人、中国历史、对话沟通

注：本表为笔者自制。

从表 1 我们可清晰地看到，在 "文化承载" 中，所谓 "中国制造" 的贴牌加工，没有任何的文化承载；而以中国创造为内涵的 "自主品牌" 却对于中国文化有多方面的承载。可以说，当自主品牌首先得到国内消费者的认同，再坚实地走向国际市场时，那么在海外则是一个不断得到国际消费者认同的过程，这个过程就是华夏文明不断获得致效传播的过程。这里的 "致效" 有两个层面：其一，是品牌产品功能与品质得以优秀体现与由衷的认可接受，实现其产品的市场扩散效能；其二，品牌负载的文化

---

① 李克强：《关于调整经济结构　促进持续发展的几个问题》，《经济观察报》2010 年 6 月 10 日。

得到消费者认可，得以有效传播，并建立其牢固的信誉度与文化的满足感。在这两个层面的致效传播中，自主品牌则水到渠成、细雨无声地成为华夏文明的载体与媒介。从市场竞争上审视，一个企业拥有的最有特色、最难被模仿和复制的优势就是本民族及企业自身文化；而且在产品同质化的今天，文化所带来的差异性则凝聚成为品牌的本质规定，成为品牌核心竞争力的关键因素。正如英国品牌专家斯图伯特所说："消费者进行品牌选择时依据的是一套日益复杂的价值体系。许多情况下，大部分是无形因素。"[1] 因此，我国自主品牌国际化的进程中，所要彰显与突出的就是无形的华夏文明。可以说，世界上唯一没有产生断裂与破坏的就是华夏文明，其深厚的底蕴与丰富的内涵乃是人类尚未完全开掘的宝藏，从中提炼出其不同的个性精华并融合、注入自主品牌，则不仅会使自主品牌拥有国际品牌无法比拟的特性和优势，而且将有效地对华夏文明进行传播。

如作为中国自主品牌的百年老店"同仁堂"，历经 300 多年沧桑，长盛不衰。同仁堂的价值取向源于"可以养生，可以济人者惟医药为最"的创业宗旨。它所体现的正是儒家思想的核心"仁、德、善"。因此，"患者第一，顾客至上"始终是同仁堂追求的境界。历代同仁堂人长期恪守"炮制虽繁必不敢省人工，品味虽贵必不敢减物力"的古训，树立"修合无人见，存心有天知"的自律意识，造就了制药过程中兢兢小心、精益求精的严谨精神，其产品以"配方独特、选料上乘、工艺精湛、疗效显著"而享誉海内外。这也可以说同仁堂人注重把崇高的精神、中华民族的传统文化和美德，熔铸于企业的经营管理之中，并化为员工的言行，凝聚成传统文化味浓郁的店堂，形成具有中华气派、中药行业特色的企业文化系统。显然，"同仁堂"品牌产品的出口无疑就是在全方位地传播华夏文明。

而"华为"作为中国自主品牌的优秀新生代代表，现在它的产品与解决方案已经应用于全球 150 多个国家和地区，服务全球运营商 50 强中的 45 家及全球 1/3 的人口。在美国权威商业媒体 Fast Company 日前评出的最具创新力公司中，华为紧随 Facebook、Amazon、苹果、谷歌之后位列第 5。华为的所有出口产品均为高科技产品，均为华为的自主品牌。可

---

① 〔英〕保罗·斯图伯特主编《品牌的力量》，尹英等译，中信出版社，2000，第 5 页。

以说，华为模式的成功某种程度上改变了世界对中国品牌和中国产品的看法，同样也对中华文化产生了全新的认知。在全球化运营的发展时期，华为的品牌首先以自主创新的技术与品质保障体现出"以客户为中心，以奋斗者为本"的价值追求；其次大力凸显了危机性管理的狼文化；再次则建构了具有浓郁东方特色的家文化与群体奋斗文化。正如华为品牌创始人任正非所言："企业发展就是要发展一批狼。狼有三大特征：一是敏锐的嗅觉，二是不屈不挠、奋不顾身的进取精神，三是群体奋斗的意识。"①可以说，在这个充满创新与竞争的国际市场舞台上，华为典型地展示了华夏文明奋斗进取的精神。而这一切，《华为基本法》则明确指出"爱祖国、爱人民、爱事业和爱生活是我们凝聚力的源泉"。如此，华为—中国自主品牌—中华文明，就形成了内涵一体化的逻辑串联。

又如我国的"海尔"品牌，已被认为是"在全球已经拥有相当高的知名度，并且被广泛地认可为能够代表中国的全球品牌大使"。② 目前，海尔已经在中国、亚洲、美洲、欧洲、澳洲建有全球五大研发中心，在美国、欧洲、中东等地设立了 21 个工业园，在全球建立了 61 个贸易公司、14 万个销售网点，全球员工超过 8 万人。2012 年，海尔集团全球营业额达到 1631 亿元。由此，"海尔"被英国《金融时报》两次评为"中国十大世界级品牌"。美国《新闻周刊》则报道："令人眼花缭乱的有关中国发展的神话故事缺少了中国的跨国公司。没有一个主要的中国公司已经把他们或他们的品牌，推向世界的舞台。海尔改写了这一纪录。"海尔认为自己的企业文化的核心价值观就是"敬业报国，追求卓越"，核心理念则是"真诚到永远"。而有着典型中国人脸庞的张瑞敏则是海尔的精神领袖，企业发展历程中的"砸冰箱故事""斜坡理论""走出去、走进去、走上去"的国际品牌战略等，可以说既是海尔品牌发展的历史记录、文化结晶，也是中国改革开放进程的缩影，是中华民族文化中自强不息、不断进取、以诚取信、创新发展的典型写照。

---

① 王永德：《狼性管理在华为》，武汉大学出版社，2010，第 1 页。
② 〔美〕奈杰尔·霍利斯：《全球化品牌》，谭北平等译，北京师范大学出版社，2009，第295 页。

　　此外，东风火箭、枭龙战机、联想、格力、奇瑞、吉利、海信、TCL、李宁、双星、谭木匠、东方歌舞团、方特乐园、隆平高科等自主品牌也在以各自的努力走出国门、走向世界，在国际舞台上自然而然地展现着中国创造、展现着华夏文明。可以说，比起让国际上高度警惕的媒体渗透，润物无声的自主品牌确乎是最有效的华夏文明载体与媒介之一。但目前，我国能走出国门、走向世界，并得到国际消费者、国际民众接受与欢迎的自主品牌还少之又少，因此将自主品牌创建提升到一个民族经济发展、文化振兴的高度，已经到了一个需高度重视的历史关口。品牌国际化是企业在进行跨国生产经营的活动中推出全球化品牌，并取信、取悦世界市场的过程。这个过程无疑是艰难并充满挑战的，因为没有哪个品牌强国一开始就有世界性大品牌。因此，能在国际上进行有效传播的自主品牌，需要华夏儿女从不同层面来予以关注与支持，以使中华民族的自主品牌尽早在国际舞台上熠熠生辉，在物质与精神两个层面造福于全人类。

　　　　　　（原载《现代传播》2010 年第 6 期，署名舒咏平、杨敏丽）

自主品牌故事中的中国形象

人类在其漫长的进化过程中，曾先后孕育了 26 种富有影响的文明，这是英国著名历史学家汤因比研究的结论。但只有少数的几种文明被完整保存并获得发展，其中最令人瞩目的就是中华文明。为此，2014 年 9 月 24 日，习近平在纪念孔子诞辰 2565 周年国际学术研讨会上指出："优秀传统文化是一个国家、一个民族传承和发展的根本，如果丢掉了，就割断了精神命脉。"由此，塑造中国国家形象、传播中华优秀文化，就需要讲好中国故事、传播好中国声音、阐释好中国特色。中国国家形象不是抽象的，而是具体鲜活的；而中国故事、中国声音的主体，则应是以活生生的中国人、中国组织机构为主角的。诚如全息论哲学所阐释："部分与部分、部分与整体之间包含着相同的信息，或部分包含着整体的全部信息。"① 如此，讲述中国自主品牌故事，则最能集中地展示一个个品牌所聚集的中国人是如何自强不息地奋斗、如何坚忍不拔地创新、如何向世界提供信誉产品；同时，也就自然而然地、正能量地传播了中国国家形象。

但遗憾的是，相比起可口可乐、福特、苹果、微软、波音、麦当劳、奔驰、西门子、欧莱雅、松下、索尼、丰田、现代、三星等国际品牌不仅以其指代的产品而受到市场欢迎，而且还以其故事有效地传播品牌来源国的文化与形象，我国自主品牌的传播以及对于中国国家形象的建构上还甚

---

① 王存臻、严春友：《宇宙全息统一论》，山东人民出版社，1988，第 52 页。

是令人汗颜。如，前些年我国自主品牌"华为"参加戛纳电信展，法国电视台的报道竟然是《中国居然也有 3G 技术?》，言下之意即对中国生产高科技产品充满怀疑与不屑。而 2014 年的一项调查则显示：94% 的美国人叫不出一个中国品牌。由此，中国被美国《新闻周刊》称为"没有品牌的巨人"就不足为怪了。显然，中国国家形象的塑造，不仅需要政治外交、文化交流、民间交往等途径，还需要实施自主品牌传播，讲好自主品牌故事。我们知道，在世贸协定框架下，品牌的市场是无国界的，但品牌的创始人、创始地、拥有者却有国界，负载着这个国家、民族的文化，并必然地建构着这个国家的形象。而自主品牌作为中国经济硬实力与文化软实力相统一的符号载体，具有符合国际规则、超越意识形态的话语特性，因此讲好中国自主品牌的故事，就能更全面、更有效地塑造中国国家形象。实际上，我国优秀的自主品牌故事，已经多维度地折射出中国国家形象。

一 同仁堂、阿里巴巴： 传承并传播中国信誉

1670 年，同仁堂药店由创始人乐显扬创办。实际上，乐氏祖上在明永乐年间，就来到北京行医。1702 年，乐显扬的继承人乐凤鸣将药铺迁至前门大栅栏，并于 1706 年在宫廷秘方、民间验方、祖传配方基础上编成了《乐氏世代祖传丸散膏丹下料配方》。该书不仅方便了顾客，更是让同仁堂的药方与功效获得了社会的信任。序言中，乐凤鸣写下了同仁堂三百多年谨遵的格言："汲汲济世，兢兢小心……遵肘后，辨地产，炮制虽繁必不敢省人工，品味虽贵必不敢减物力。"正是秉着严格的选方、用药、配比及工艺规范，同仁堂在社会上树立起良好信誉。1723 年，由雍正皇帝钦定同仁堂供奉清宫御药房用药，独办官药，历经 188 年之久。1955 年，同仁堂传人乐松生受到毛泽东、周恩来等国家领导人接见。1985 年，北京市政府专门召开同仁堂成立 315 周年庆祝大会。如今，同仁堂已申请国际注册商标，负载着中医药传统文化、中国品牌信誉走向世界。

如果说，同仁堂是作为历史验证版的中国信誉而得到品牌传播，那么阿里巴巴则可以说是中国信誉现实版的典型品牌。

2014年9月19日，阿里巴巴集团在美国纽交所成功上市，创下市值1680亿美元记录，书写了中国品牌自豪。上市仪式上马云将敲钟的槌子交给用户代表：总是第一时间试用阿里巴巴产品的"首席体验员"乔丽、常年做慈善的"快递哥窦逗"、利用"淘女郎"呼唤社会关注自闭症儿童的何宁宁、由奥运冠军转型为淘宝明星店主的劳丽诗、从17岁成为淘宝粉丝而今为"云客服"的"90后"黄碧姬……这些普普通通的客户见证的是阿里巴巴"诚信成就价值"的一路风尘。还在创业之初，马云就特别强调：网商的生命力就是诚信。他创造了互联网上的诚信认证与信誉评价模式。作家金庸就曾在阿里巴巴感受到扑面而来的"淘宝"诚信文化，并由衷地写下"宁可淘不到宝，也不能丢诚信"。2013年4月美国《福布斯》的封面文章是《阿里巴巴的马云如何赢回诚信》，讲述的是阿里巴巴爆出销售员纵容骗子公司存在的特大丑闻后，马云立即展开内部调查，并坦诚证实公司存在涉嫌欺诈金额200万美元、牵涉2300多个假供应商的问题存在；并壮士断腕，批准公司首席执行官等高管引咎辞职；此举表明：阿里巴巴要不惜一切代价保护诚信声誉，为维护电商诚信绝不后退半步。而阿里巴巴选择在世界上监管最严厉的美国证券市场上市，将加速实现1000万家依网而生的小企业、1000万名快递人员及1000万名网络客服人员，为10亿消费者服务的战略目标，让全世界见证并感受到"中国符号""中国品牌""中国信誉"的国家形象之魅力。就在阿里巴巴上市后的第五天，西班牙首相拉霍伊在访华期间就向阿里巴巴明确表示：希望阿里巴巴进驻西班牙"越快越好"。

在源远流长的中华文化中，早在2000多年前孔子就倡导："民无信不立"；"上好礼，则民莫敢不敬；上好义，则民莫敢不服；上好信，则民莫敢不用情。夫如是，则四方之民襁负其子而至矣。"（《论语·子路》）他还把"诚意"作为"治国""平天下"[①]不可或缺的环节。韩非子也强

---

① 《礼记·大学》。

调："小信诚则大信立。"① 荀子则说道："君子养心莫善于诚，致诚则无它事矣。"② 中国历史上著名的晋商和徽商都在经营中倡导诚实守信，梁启超曾盛赞道："独守信用、自夸于世界人之前。"③ 而今，"中国社会主义市场经济建设正引领、校正、涵养着诚信文化"④，而让失信者寸步难行，让守信者一路畅通的中国社会信用体系也正在建设与完善，并将更多地体现在自主品牌鲜活的故事之中。

二　"长征火箭""大桥局"：书写并刻录着中国志气

自强不息，乃是中国志气最佳的概括，其出自"天行健，君子以自强不息"⑤。老子曾说道："自知者明，……自胜者强。"⑥ 墨子更凝练地强调了"自强不息"的重要性，即强必治，不强必乱；强必宁，不强必危；强必富，不强必贫；强必饱，不强必饥。⑦ 著名国学家张岱年解读得更为明白："自强不息，就是坚持人格独立，肯定人格的价值。"⑧ 而孟子所说的"富贵不能淫，贫贱不能移，威武不能屈"⑨ 更是成为中国人的人生格言。正因为自强不息成为中国志气、中国人格的典型写照，无数中国故事也由此衍生，如精卫填海、夸父追日、愚公移山等神话故事；如勾践卧薪尝胆、祖逖闻鸡起舞、商鞅变法；如孙中山的"穷图之困苦所不能挠，吾志所向，一往无前，愈挫愈奋，再接再励"⑩ 也如毛泽东所指出："我们中华民族有同自己的敌人血战到底的气概，有在自力更生的基础上光复旧物的决心，有自立于世界民族之林的能力。"⑪ 而今，在改革开放

---

① 《韩非子·外储说左上》。
② 《荀子·不苟》。
③ 《山西票号史料》编写组：《山西票号史料》，山西人民出版社，1990，第590页。
④ 陈毓圭：《中国社会转型与诚信文化重建》，《财政研究》2013年第5期。
⑤ 《易传·乾·大象》。
⑥ 《老子》。
⑦ 《墨子·非命下》。
⑧ 《张岱年全集》（第六卷），河北人民出版社，1996，第227页。
⑨ 《孟子·滕文公上》。
⑩ 《中国近现代人生哲学研究》，人民出版社，2018，第84页。
⑪ 《毛泽东选集》（第一卷），人民出版社，1991，第161页。

的新时代，彰显自强不息、中国志气的故事主角轮到我们的自主品牌了。

毫无疑问，"两弹一星"是最能体现中国志气的，而从品牌的聚合性角度审视，"两弹一星"的故事更自然地融入"长征火箭"品牌旗下：怀着"中国志气"，邓稼先为着"就是为它死了也值得"的工作，隐姓埋名28年，直到因长期接触放射性元素被检查出癌症，他才得以和妻子团聚，但仅仅一年就离开了人世。郭永怀在人造卫星研发中，他所乘坐的飞机不幸失事，而他的遗体与警卫员紧紧抱在一起，两人胸前夹着的绝密资料安然无恙。"长征一号"运载火箭总工程师任新民日常衣着打扮、言行举止朴实得如同邻家老大爷，他曾前往北京某宾馆参加航天专家会议，却被服务人员挡在了门外，当任老拿出会议出席证，服务员这才深表歉意让他进去。2015年，发射能力为25吨的大火箭"长征五号"和"长征七号"在海南文昌发射，进一步展现了"长征火箭"的品牌魅力。中国航天人都知道，"长征火箭"在没有诞生时就已经起名了，因为我国航空事业起步晚、征途漫漫，于是给火箭起名为"长征"。其寓意"长征"必将胜利，而征服太空的长征将无有止境。可以说航天精神和长征精神一脉相承，红军以及中国航天人在"长征"中那种不怕困难、百折不挠的自强不息精神，就是激励中华民族复兴最昂扬的中国志气。

在2014年国家科学技术奖励大会上，"大桥局"荣获科技进步一等奖。实际上，"大桥局"已多次获此殊荣：南京长江大桥获特等奖、芜湖长江大桥获一等奖。"大桥局"品牌发展始于1953年周恩来总理的批准，目前已经是世界上设计建造桥梁最多的企业。"万里长江第一桥"武汉长江大桥、我国第一座跨海大桥东海大桥、世界海拔最高的拉萨河特大铁路桥等，均已成为向世界展示中国桥梁建设成就的丰碑。同时，"大桥局"在30多个国家和地区均有工程杰作，品牌已享誉国际桥梁建筑市场。而其所建的武汉天兴洲长江大桥，是世界上第一座按4线铁路修建的大跨度公铁两用斜拉桥，创下了跨度、荷载、速度、宽度4项世界第一。该项目因六大自主创新技术获奖，其中"钢梁采用桁段整体架设新技术"，打破了世界桁梁散拼架设的常规，化高空作业为地上作业，化水中作业为岸上作业，化工地拼装为工厂作业，化零散作业为整体作业；将长1092米、宽30米、总重量达46000余吨的主桥钢梁，分成78个节段，按照"整桁段架设"的全新技术工艺，运用自主研制的 700 吨架梁起重机，逐一成功架设，为人类的桥梁建设做出了原创性的贡献。

可以说，"长征火箭"从空间高度上书写了中国志气，"大桥局"则在山河大地的广度上刻录了中国的自强不息！

三　海尔、华为：千锤百炼证明中国品质

2014 年 5 月，李克强在出访埃塞俄比亚期间，考察了展示中国装备的亚的斯亚贝巴轻轨项目，并对施工人员说，要通过一个个合作工程打造中国装备"走出去"的"高地"。[①] 带动中国装备更多、更好地"走出去"，工程要有好的质量，才有好的中国品牌。确实，品质是品牌的基石，而中国历来就有重视产品品质的传统。《诗经·卫风》中"如切如磋，如琢如磨"，就形象地展示了工匠在对骨器、象牙、玉石进行切料、糙锉、细刻、磨光时所表现出来的认真制作、一丝不苟的精神。朱熹则从工匠道德角度，做出"言治骨角者，既切之而复磋之；治玉石者，既琢之而复磨之，治之已精，而益求其精也"的解读。孙中山将它扩展到近代工业，并提炼为"精益求精"精神。与该精神相得益彰的是中国古代技术文明，如战国编钟的细密程度可以做到"圜者中规，方者中矩，立者中悬，衡者中水，直者如生焉，继者如附焉"[②]。外国学者也曾为之感叹："在科学技术发明的许多重要方面，中国人成功地走在那些创造出著名'希腊奇迹'的传奇式人物的前面，和拥有古代西方世界全部文化财富的阿拉伯人并驾齐驱，并在 3 到 13 世纪之间保持一个西方所望尘莫及的科学知识水平。"[③] 虽然因历史的原因，中国科技与产品品质一度落后，但中国形象的再次擦亮，依然凭借的是自主品牌所展现的中国品质。

凸显中国品质的品牌故事，当数海尔的"张瑞敏带头砸 76 台不合格

---

① 《李克强拧螺丝的非洲轻轨开动！》，中国政府网，2015 年 2 月 3 日，http://www.gov.cn/xinwen/2015-02/03/content_2813640.htm。

② 《考工记》。

③ 〔英〕李约瑟：《中国科学技术史》（第一卷），《中国科学技术史》翻译小组译，科学出版社，1975，第 12 页。

冰箱!"因为它砸出了海尔人背水一战抓产品质量的勇气与自信,同样也向世界宣告了中国自主品牌将如何绝地求生、将如何以中国质量重塑形象。随后,海尔的"小小神童独创市场""文化激活'休克鱼'""赛马不相马""日清日高的 OEC""为何在美国建厂"等品牌故事,均生动形象地演绎了海尔凭借产品品质跻身世界品牌之列的历程。为此,著名导演吴天明据实拍摄了《首席执行官》,影片中以张瑞敏为原型的首席执行官铿锵有力地说道:世界版图的划分已经不再靠战争,而是靠各个民族工业的品牌多少来划分。我们的位置在哪里?国门之内无名牌!不推进国际化战略,中国品牌在国际竞争中就没有立足之地!北京电影学院教授郑洞天看了影片后感动地说:"看着看着我就流泪了。想想我为什么流泪呢?我想的是我的祖国。"

正是为了祖国,自主品牌华为的海外战略从一开始就选择了一条最艰难的道路:自主品牌出口。品牌出口的基础是品质,品质的重要支撑是技术,特别是高科技行业,没有核心技术,品牌会空壳化、没有生命力。虽然起步阶段的华为只是代理模拟交换机,根本没有自己的产品与技术,更谈不上品牌,但志存高远的华为义无反顾地把代理所获的微薄利润,都放到小型交换机的自主研发上,利用局部突破,逐渐取得技术的领先,继而带来利润;新的利润再次投入升级换代的研发中,从而为华为品牌奠定了产品品质的坚实基础。在欧洲市场,华为耕耘了 3 年才获得第一单只有 38 美金的合同。由于欧洲企业普遍反应较慢,用户的修改建议往往要一年甚至一年半才能改进;而华为,只要用户有需求,就能够加班加点、快速反应,仅需一个月就能改进。以高性价比的产品与服务品质取胜,如今华为的产品和解决方案已经应用于全球 170 多个国家和地区。曾经有位法国记者到华为的深圳总部采访后,连北京都没去就马上回国,赶写了一篇"惊世骇俗"的文章,告诫欧洲电信制造企业:你们将会受到这家中国企业的严峻挑战。

四 隆平、百度、小米:智慧产品源于中国创造

在自主品牌故事体现中国品质中,我们实际已经看到,今天的品质已

经不是单纯的认真负责，更需要技术的创新，即高品质产品离不开中国创造。如华为在全球设立了 16 个研究所，研发人员达 7 万人，截至 2013 年底，累计申请中国专利 44168 件、外国专利 18791 件，国际 PCT 专利 14555 件，共获得专利授权 36511 件。近年，中国制造向"中国创造"转变的呼声越来越强烈，但需进一步认识的是：唯有"中国创造"附着于自主品牌，中国创造才能转化为生产力，才能助推自主品牌竞争发展，反过来则能让"中国创造"形成持续升华。中国历来就富有创新传统，两千多年前强调的"周虽旧邦，其命维新"①，以及"苟日新，日日新，又日新"②，使得中华文明绵延千年、生生不息，成为世界上唯一没有中断过的文明。习近平更指出："惟创新者进，惟创新者强，惟创新者胜"③；要"以科技创新为核心，全方位推进产品创新、品牌创新、产业组织创新、商业模式创新"④。而作为时代最强音的"中国创造"，其最鲜活的体现就在一个个自主品牌故事中。

"隆平高科"——三年困难时期，袁隆平亲眼看见过的 5 个饿死的人成为他研究高产水稻的基本动力；而在 1960 年，他偶然发现一株水稻与众不同；第二年春天，他把这株稻种播到试验田里，结果表明这是一株地道的"天然杂交稻"。从此，他跳出"无性杂交"学说的束缚，开始尝试水稻的有性杂交试验。在无数个头顶烈日、脚踩烂泥、弯腰驼背的寻觅中，终于在 1964 年他发现了一株雄花花药不开裂、性状奇特的稻株，经人工授粉，结出了数百粒第一代雄性稻种。从此，袁隆平像"追赶太阳"一样进行着杂交稻的实验，其育种方法从三系向两系、再向一系超级杂交稻迈进。如今在我国，有一半的稻田里播种着"隆平高科"培育的杂交水稻，每年收获的 60% 的稻谷源自他培育的杂交水稻种子。1980 年，杂交水稻作为我国出口的第一项农业专利技术转让美国；20 世纪 90 年代初，联合国粮农组织向发展中国家推广杂交水稻。杂交水稻成果在国内获

---

① 《诗经·大雅》。

② 《大学》。

③ 习近平：《掌握工作制胜的看家本领》，《人民日报》2014 年 7 月 17 日。

④ 习近平：《坚定不移创新创新再创新 加快创新型国家建设步伐》，《人民日报》2014 年 6 月 9 日。

得第一个特等发明奖，并连续荣获国际科学大奖。国际水稻研究所所长斯瓦米纳森曾由衷称赞："我们把袁隆平先生称为'杂交水稻之父'，因为他的成就不仅是中国的骄傲，也是世界的骄傲，他的成就给人类带来了福音。"而美国汤·巴来伯格教授在其所著的《走向丰衣足食的世界》中写道：袁隆平把西方国家抛到了后面，成为世界上第一个成功利用了水稻杂交优势的伟大科学家！

百度——其品牌名称源于辛弃疾的《青玉案·元夕》词句"众里寻他千百度"，而百度商标"熊掌"图案的灵感则源于"猎人巡迹熊爪"。当然品牌故事的主角永远是人。1999 年，身在美国硅谷的李彦宏看到了中国互联网及中文搜索引擎服务的巨大发展潜力，于是他携搜索引擎专利技术毅然回国，在中关村创建了百度公司。而今，"百度"成为中国掌握世界尖端科学核心技术的自主品牌，也使中国成为全球仅有的 4 个拥有搜索引擎核心技术的国家之一，并已将品牌推向多个国家。随着百度品牌发展，曾担任微软亚洲研究院院长兼首席科学家、微软全球副总裁的张亚勤，曾在谷歌负责大脑项目的吴恩达，于 2014 年先后加盟百度。高端人才的加盟，使得百度大脑、百度筷搜、百度机器人等新业务得到快速开发。其中百度的人工智能，将更典型地展示中国智慧，并创造出比移动互联网大 10 倍的市场。毫无疑问，百度已经成为中国最具科技含量的品牌之一，英国《金融时报》甚至将百度列为"世界级品牌"。

小米——权威市场调研公司 Canalys 所发布的中国智能手机市场 2014 年第二季度出货量数据显示，小米手机出货量的市场份额达 14%，首次超越了长期保持第一的韩国品牌三星。小米手机的成功归结为技术研发和互联网营销模式的创新，并由此极大提升了效率，降低了成本，从而实现"高配低价"的竞争优势。为此，小米创始人雷军为说服高端人才加盟，曾向同一个人打过 90 多个电话。而在小米的初创期，雷军与他的伙伴都不拿工资，每天上 12—15 小时班。或许，小米的创新更体现在"为发烧而生"、消费者导向的理念上，仅 2014 年举办的小米米粉节，就有 1500 万人参与活动，共接受订货 226 万单，售出 130 万部手机。显然，让人们错愕不已的"小米"品牌，展现的正是技术、产品、品牌、商业模式一体化的中国创新驱动模式。

当这些创新型品牌故事被人们津津乐道时，我们应当记起袁隆平在国际领奖台上被授予先驱科学家称号时所说："这不是我个人的荣誉，是我们中国的荣誉，属于整个中国。"同样，创新型的自主品牌获得国际认可不正是中国创造最好的印证吗？

五　东风、奇瑞、吉利：见证中国自信

1956 年的中央政治局会议上毛泽东感慨地说："什么时候能坐上我们自己生产的小轿车来开会就好了！"1958 年，我国第一辆国产东风牌轿车诞生，在送到中南海之后，毛泽东乘车绕行了两圈，高兴地说："坐了我们自己制造的小汽车了。"这辆小汽车虽然是一汽人靠双手硬生生敲打出来的，但却让中国汽车人找到了自信。随后，在一汽绽放了"红旗""解放"等自主品牌，而"东风"品牌则在东风汽车公司结出了硕果。20 世纪 60 年代初，在十堰这个不见经传的小城，数万工人建设汽车城曾经演绎了壮观火热的场面，不久一台台"东风"商用车从这里驶向共和国的四面八方。而在改革开放年代，"东风"从大山中走出，不仅走向了九省通衢的武汉，更与世界握手，与日产公司以各拥有 50% 的股份实现战略合作，大度而自信地推进我国汽车领域规模最大、层次最高、领域最广的合资项目。如今，东风汽车公司年销售额达 1300 亿元，"东风"自主品牌汽车也实现年销售 120 万辆。

如果说"东风"品牌既体现了自力更生的自信，又体现了大度开放的自信，那么，"奇瑞""吉利"品牌则是新时期我国汽车品牌快速崛起、自信走向世界的范例。

奇瑞汽车，是 1995 年安徽芜湖市领导得知英国福特的一条发动机生产线要出售，于是抓住机会干起来的。由于国家政策对轿车项目的限制，当时还只能秘密进行。后来，"奇瑞"吸引了一大批国内外汽车界精英来创新创业，先后取得涡轮增压缸内直喷技术、双可变气门正时技术、无级变速器以及新能源等尖端核心技术上的突破，其背后一个个生动感人的故事则托举出一个在国际汽车市场上闪亮的中国品牌。2013 年，奇瑞累计销量突破 400 万辆，产品销往 80 余个国家和地区，累计出口超过 80 万

辆，连续 11 年成为中国最大的乘用车出口品牌。而在 2014 年，奇瑞巴西工厂已在圣保罗落成，代表中国汽车自主品牌实现了向海外投资输出。可以想象，当越来越多的奇瑞品牌奔驰在五大洲的道路上，这对于中国国家形象是多么富有说服力的传播。

而吉利品牌，则是中国民营企业奉献给世界的杰作。自 1997 年进入轿车领域，其凭借灵活的经营机制和持续的自主创新，不仅跻身国内汽车行业十强、进入《财富》世界 500 强企业榜单，而且留下了一个个品牌故事：请国家允许民营企业家做轿车梦的"请给我一次失败机会"之请求，亚洲飞人柯受良驾驶吉利·美日轿车在世界屋脊布达拉宫广场激情飞越，"吉利·美人豹"都市跑车被国家博物馆永久收藏、先后登陆法兰克福和底特律国际车展。更精彩的故事则是吉利公司"如同农村穷小子追求一个世界顶级明星沃尔沃"，并于 2009 年成功收购沃尔沃汽车 100% 的股权。其间，在吉利和沃尔沃公司工会代表谈判时，面对对方要求用 3 个词来说明吉利是最佳竞购者之难题，吉利创始人李书福所答"I love you"以及要以"爱"来运营沃尔沃品牌、爱护沃尔沃员工的真诚表白，赢得了掌声与赞赏。

从东风、奇瑞、吉利的品牌故事中，我们无疑见证了自主品牌汽车正承载着中国形象自信地走向世界。

接受理论中有一著名观点，即"形象大于思想"①。那么任一自主品牌故事，均不仅仅是单一地体现着中国信誉、中国志气、中国品质、中国创造、中国自信等，而是全息地透视着中国国家形象最具有价值的诸多维度。习近平明确指出："要增强对外话语的创造力、感召力、公信力，讲好中国故事，传播好中国声音，阐释好中国特色。"② 为此，工信部曾发文强调，通过"组织全国品牌故事演讲比赛等活动……塑造中国工业企

---

① 赵俊英：《从接受的视角看"形象大于思想"》，《山西大学学报》（哲学社会科学版）1989 年第 4 期。

② 习近平：《创造中华文化新的辉煌——关于建设社会主义文化强国》，《人民日报》2014年 7 月 9 日。

业质量品牌国际形象。"① 可以说，自主品牌故事生动形象地展现了中国人民要在国际舞台上为中国品牌寻梦、追梦、圆梦的历史旅程。思及至此，面对一个个正在圆梦征程上的自主品牌，我们不能不肃然起敬。

（原载《现代传播》2015 年第 3 期，署名舒咏平、赵荣水）

---

① 《工业和信息化部关于 2014 年工业质量品牌建设工作的通知》，2014 年 2 月 27 日，http：//www.miit.gov.cn。

从"价格让渡"到"价值满足"

——社会转型期自主品牌传播的取向

    经济转型，最典型的体现是自主创新，且将创新体现到自主品牌之上，并以品牌消费拉动内需，从而摆脱对以出口与投资拉动的经济增长方式的依赖。相对应的社会转型，其消费则不再是以物美价廉为取向，而是以品质增值来获得满足。与此同时，基于新媒体的品牌传播，一方面信息更为丰裕、沟通更为直接；但另一方面又在说服消费者进行消费决策时，往往面临价格的诱惑，并俨然形成了"价格让渡"的风潮。于是，"双十一"的折扣消费狂欢，电商上充斥着的"亲，折扣最低了哦"的淘宝促销，自主品牌的官方微博、微信的公众号也多是突出"价格最优"，这使得"价格让渡"成为自主品牌传播的主要取向，而这无疑潜伏着深刻的危机。

一 "价格让渡"下的品牌危机

    "让渡"，即出让、让与之义；"价格让渡"，则是将价格让与市场、让与消费者。价格优势的诉求、打折促销、赠送销售等，无疑均是我国自主品牌传播中的"价格让渡"行为。固然，低价促销、价格让渡，能快速增加产品销售量、回流现金，但这一可见的表象下，却是企业在通过让利自我降低利润、损害企业信誉、挫伤消费者感情，其导致的品牌危机往往是多层面的。

1. 企业可持续发展的危机

企业的可持续发展建立在企业的持续盈利能力之上，因此企业在保证产品富有市场价格竞争力的基础上，往往要预留足够的盈利空间，从而实现盈利与增值，保证企业的再生产与扩大再生产。也正是由于单纯的产品同质化竞争、价格的红海性拼杀，使得企业不得不走向文化个性化、认知差异化的品牌竞争，其目的正如美国营销学权威菲利普·科特勒所言："品牌是一个名称、术语、标记、符号、图案；或是这些因素的组合。用来识别产品的制造商和销售商。……由于消费者视品牌为产品的一个重要组成部分，因此建立品牌能够增加产品的价值。"[①] 美国整合营销传播学者唐·舒尔茨则更直截了当地认为，品牌不过是品牌所有者赖以赚钱的一种方式，品牌可以是一种产品或者一种服务、一个人、一件东西、一个观念、一个过程、一个国家、一个组织或者任何东西；因此，"品牌是买卖双方一致认同，并可以据此达成某种交换协议，进而为双方都创造价值的东西"，"这就是我们给出的品牌的定义：品牌是为买卖双方所识别并能够为双方带来价值的东西"。[②] 也就是说，一旦选择品牌战略，就意味着不再是低层次的价格竞争，而是价值竞争，在对消费者创造价值的同时给企业带来更大的可持续发展的空间。可见，"价格让渡"取向的品牌传播给企业带来的乃是可持续发展的深刻危机。

2. 自主品牌退化的危机

品牌是企业最宝贵的资产之一。成功的品牌不但能给顾客带来更大的价值，而且能够使企业获得更高的产品溢价和顾客忠诚度。但随着市场竞争的加剧，企业不知不觉地开始背离打造品牌的初衷，盲目地进行价格促销，往往通过传播引发一轮又一轮的"价格战"，其在帮助企业实现短期销售目标的同时，严重损害企业花大力气建立起来的品牌资产。美国学者Yoo等人从品牌资产概念模型建构角度指出，品牌资产的建构是一项系统工作，如果一项营销活动只是增加其中一维或多维数值，大大降低其他维

---

① 〔美〕菲利普·科特勒等：《市场营销导论》，俞利军译，华夏出版社，2001，第212页。
② 〔美〕唐·舒尔茨、海蒂·舒尔茨：《唐·舒尔茨论品牌》，高增安、赵红译，人民邮电出版社，2005，第8~9页。

度数值,对于品牌资产来说,其值并不一定得到提高。如通过降价销售的诉求传播,使消费者对于品牌的知晓度得到了提高,但是却使得原有忠诚顾客的质量信赖与品牌忠诚降低,这时或许销售额得到了增加,但品牌资产数值却必然会因此而降低。[①] 而对于我国自主品牌发展来说,本身就起步较迟、实力较弱,若再进行低价格的传播与发展策略,则可能进入一个不断蜕化的、危机日渐加剧的状态。相比之下,国际品牌不仅规模庞大、资金雄厚,而且持续采取品牌价值战略,在市场攫取高额利润,这样就有足够的实力长期占据品牌领袖的宝座。如苹果公司,其创始人乔布斯最后的杰作——造价 50 亿美元的、类似宇宙飞船造型的总部即将落成;其背后的高利润创造以及品牌高地建设,将给我国自主品牌带来怎样的震撼?

3. 中国国家形象建构的挑战

国务院总理李克强面对来华推销飞机的外宾,发现对方递过来的飞机模型乃是 "Made in China" 时,他不得不感叹:中国要生产多少飞机模型才能换回一架飞机啊!而这一现实在短时间内还无法得到改变。因为在国际舆论中,提及中国国家形象,首先被建立联系的是低档次产品,是个 "没有品牌的巨人"。在中国,盖洛普调查公司首次所做的中国消费者生活态度和生活方式趋势调查显示,就品牌认知率而言,排在前20 位的商品品牌,国外品牌 16 个,国内品牌只有 4 个。认知率最高的可口可乐达 85%。认知率超过 20% 的 58 个品牌中,国产品牌有 10 个,占17.24%。这表明国外品牌进入中国市场,其实就是以品牌传播作为战略先导的。相形之下,我国绝大多数的品牌尚处于本土市场中的成长阶段;而在国际市场上除了 "海尔" "联想" "格力" "华为" "同仁堂" 等品牌尚有一定的影响外,能与跨国公司相抗衡的品牌几乎没有。实际上,"国家形象"(National Image)一词在英语中往往就是指特定国家的商品品牌,如奔驰、宝马车作为德国的 "国家形象" 等。对于中国自主品牌与中国国家形象的关系,美国学者就明确说道:"中国品牌的成功和中国国

---

① B. Yoo, N. Donthu, "Developing and Validating a Multidimensional Consumer-based Brand Equity Scale," *Journal of Business Research* 1 (2001): 1-14.

家品牌的成功将是相互促进的。"① 也就是说，当我国自主品牌总是陷入低价竞争、低价诉求的传播时，则必然地将自身形象烙刻在"低价、低档"的认知之上，同时也必然地在不断建构"低档中国"的国家形象，其所带来的影响必然是多方面的。

二 "价格让渡"传播的原因解析

"价格让渡"导致自主品牌的层层危机足以引起国人警示，但产生"价格让渡"这一取向的原因何在呢？

1. 企业低价抢市场的思维惯性

尼古拉·埃尔潘在《消费社会学》中提出："在媒体大战中，所有的商品都显得难分上下。如果购买低档商品，普通消费者只是暂时牺牲了商品的品质，这无关紧要。相反，如果生产商在产品的研发方面投入了资金，他们则采取这个相对的策略，他们必须减少投入。新产品通常价格高昂，因为其品质优良。因此，品牌广告与大规模行销产生了冲突。这种状况是广告市场上一个永久的特征，尽管市场的要求越来越高，消费者面对的是一堆充满结构性矛盾的信息。如果消费者对商品质量没有信心，不管该商品的档次如何，都会对商品的销售产生不良影响。这种状况不利于消费乐趣的感知。实际上，没有什么能够使理性的消费者认为自己能够购买的商品是低档货。"② 如此，我国企业在抢占市场份额时往往采取高标价，而降价促销几乎成为天经地义的选择。如此思维惯性，是基于这样的前提：消费者唯利是图、消费者永远是贪小便宜的。这一思维惯性体现到汽车营销传播中，我们则可以看到：一方面是国际品牌不仅不降价，而且提车加价；另一方面则是自主品牌打折销售。这一局面表面是自主品牌汽车多少抢到了一定的市场份额，但其演绎的结果是什么呢？必然是：国际品牌在不断积累高利润，以及品牌价值与信誉；而自主品牌则不断重复低

---

① Nigel Hollis, *The Global Brand* (New York: Martin's Press LLC, 2008).
② 〔法〕尼古拉·埃尔潘：《消费社会学》，孙沛东译，社会科学文献出版社，2005，第76页。

价、低档的恶性循环，不仅无法完成品牌的跃升，甚至逐渐滑向毫无还手之力之状态。

2. 职业经理人急功近利

在市场营销乃至企业经营上，价格促销几乎是屡试不爽的利器。国际营销界也普遍认为：价格促销是指在进行销售活动时，针对某项产品或服务给予较低的价格，或是在相同价格下给予较多的产品或服务；把价格促销作为一种策略来取悦市场极其普遍，对市场人员来说，所有可利用的工具，没有什么比价格这种工具更有力。① 当这一营销利器与职业经理人制度相结合时，价格促销以及价格让渡的品牌传播几乎就成为职业经理人创造业绩的首选。因为，职业经理人的收入往往是以年薪加奖金或底薪加提成的方式计算的；而年薪、奖金、提成，又无一例外均是以当年的销售业绩来衡量的。由于职业经理人的考核甚至聘期均是以年度来进行，因此，一旦跨年，业绩与收入无法获得理想的预期，他随时可以离职而去。如此，职业经理人的目光以及市场操作只能是急功近利的，甚至是杀鸡取卵式的；他无须承担第二年的市场责任，更无须考虑品牌的价值与可持续发展；因为品牌价值的提升无法量化到他当年的业绩与收入之中。

3. 社会转型期的犹豫和迷茫

社会转型体现到消费转型之上，其实就是消费的升级，就是消费价值的提升，就是品牌发展的最佳时期。这一时期，人们通过消费不同品牌符码，建构出不同风格特色的生活方式，并作为彼此间的沟通工具与身份的象征。英国学者费瑟斯通指出："人们已经意识到，消费文化中的个体，不仅仅谈论他的服饰，而且还谈论他的家居，家中的陈设与装潢、汽车及其它活动，根据这些东西有无品位，人们就可以对它们的主人予以解读。"② 这种商品符号消费出现在人们的生活中，使人们很容易借助商品符号——"品牌"——在消费模式和生活方式上竞相攀比、竞争与模仿，

---

① D. Grewal, R. Krishnan, J. BAKER, et al., "The Effect of Store Name, Brand Name, and Price Discounts on Consumersp Evaluations and Purchase Intentions," *Journal of Retailing* 3 (1998): 331-352.

② 〔英〕迈克·费瑟斯通：《消费文化与后现代主义》，刘精明译，译林出版社，2000，第126页。

这就滑向了一个极端：消费主义。英国后现代主义学者鲍曼曾说道："在消费社会中，对消费品的依赖性——对购物的依赖性——是所有个体自由的必要条件；他尤其是保持不同的自由和'获得身份的前提'。"① 套用一句名言就是"我买故我在"，而一句著名的广告语则说成"我买什么，则我是什么"，即现代社会人们身份的建构严重依赖于消费。"人们是通过他们所消费的东西而被辨认，身份只能靠消费才能获得，没有消费就没有身份。"② 当然，一味以符号消费来进行炫耀且成为人们生活生存的唯一价值追求，这种消费主义我们是需要反对的。但在社会转型期，消费者彼此之间对于自身价值的展现、身份认同，其显性的体现则是借助品牌符号，当然，这也成为经济转型、品牌发展难得的机遇。可惜，对于大多数自主品牌企业来说，还没能对此产生深刻的理性认识；虽然，企业家自身已经在不自觉中身体力行了，也模糊意识到了品牌发展需对应消费转型的需要，但对于如何走出"价格让渡"的传播与竞争的泥沼，如何进行价值创造的品牌传播，还总是犹豫彷徨，无法明晰方向、痛下决心。

三 "价值满足"取向的品牌传播

在传统的认识中，市场价格的准则是"优质优价"，产品价格的高低主要取决于产品质量的高低。而在今天多元化的市场上，原有的价格准则固然还潜在地发挥作用，但已经不是如此单一了：低质肯定低价，但优质未必一定优价；同样的质量、款式、功能的商品，其价格往往相差甚远。如，我国苏杭的丝绸服装每年大量出口美国，贴上国内企业的品牌商标，每件售价仅 20 美元；但如果换用美国一家公司的品牌商标，每件售价可达 300 美元。而在我国工厂同一生产线、同一批工人、同一用料所生产的类似款式的运动鞋，用自主品牌每双的国内售价为 120 元，而"耐克"品牌则每双售价为 560 元；在国外市场，我国自主品牌很少有订货商，而

---

① 〔英〕齐格蒙特·鲍曼：《流动的现代性》，欧阳景根译，上海三联书店，2002，第 112、128 页。

② 〔英〕迈克·费瑟斯通：《消费文化与后现代主义》，刘精明译，译林出版社，2000，第 124 页。

耐克则每双售价 280 美元。显然，品牌不仅仅是对质量信誉的一种承诺与保证，而且由于品牌所倡导的独一无二的文化、带给消费者的美好联想，使品牌商品增加了文化价值的因素，其合理地进行溢价，就完全有可能比同档次的普通商品价格高出 20%~80%，甚至超出数十倍。如此，则形成了品牌给消费者带来的"价值满足"。

美国品牌专家汤姆·邓肯等人强调："很多公司眼中看到的品牌，只是印在产品包装上的名称和商标，他们忽略了以下真相：真正的品牌其实是存在于关系利益人的内心和想法中。换言之，即使公司拥有品牌名称和商标的所有权，品牌的真正拥有者却是关系利益人。"[1] 可以说，品牌的关系利益人即消费者，诚如英国品牌学家保罗·斯图伯特所说："品牌不是违背消费者意愿而强加在'品牌的忠诚信徒'头上的。品牌使消费者在日益复杂的世界上充满自信地购物。品牌为消费者提供了质量、价值和产品满意方面的保证。只要品牌保持其作用，消费者就会继续给以支持，反之，如果消费者不喜欢某个品牌，或品牌不能满足消费者的需要，或出现了另一个更好满足消费者需要的品牌，品牌的区别功能就使消费者避开不满意的品牌，另选一个替代者。"[2] 一般来说，消费者要在搜寻消费信息成本的合理阈限范围内进行消费抉择，其最为经济合理的方式，就是按照品牌在心理上留下的价值印象进行取舍。有一项调查表明：消费者在消费行为中，有对于品牌很重视、重视、一般、无所谓四种态度的选择，分别占被调查总数的 21%、58%、17%、4%；认为应该购买好品牌的占 66%，认为应该符合自己需求能力进行品牌消费的占 34%。可见，品牌在引导消费者、满足消费者方面作用明显。[3]

而品牌对于消费者的价值满足，其更集中体现于高层次的精神与社会需要之上。如汽车基本功能是代步，但在满足消费者信赖感、自尊心、荣誉感上往往相距甚远。英国经济学家马歇尔曾提出一个"消费者剩余"的概念，他说道："一个人对一物所付的价格，决不会超过，而且也很少

① 〔美〕汤姆·邓肯、桑德拉·莫里亚蒂：《品牌至尊：利用整合营销创造终极价值》，廖宜怡译，华夏出版社，2000，第 11 页。
② 〔英〕保罗·斯图伯特主编《品牌的力量》，尹英等译，中信出版社，2000，第 12 页。
③ 舒咏平：《品牌传播教程》，北京师范大学出版社，2013，第 8 页。

达到他宁愿支付而不愿得不到此物的价格。因此，他从购买此物所得到的满足，通常超过他因付出此物的代价而放弃的满足；这样，他就从这购买中得到一种满足的剩余。他宁愿付出而不愿得不到此物的价格超过他实际付出的价格的部分，是这种剩余满足的经济衡量。这个部分可称为消费者剩余。"① 这种"消费者剩余"，可以说是商品的"剩余效用"，剩余效用可能是商品本身所具备的，如有些商品确实能给人们带来超值享受，但也可能是消费者的"发现"，还可能是消费者的心理感受。但不管哪方面，一般来说"消费者剩余"所给消费者带来的价值满足，在买方市场和人们基本物质生活有保障的前提下，更多地集中在精神和社会层面。而这种"消费者剩余"，显然只能由品牌予以承载，并带来价值实现的满足。

当社会转型期消费者更多地期待品牌带来"价值满足"以创造"消费者剩余"时，品牌传播还能停留在"价格让渡"之上吗？答案是否定的！市场经济的发达和信息流动速度的加快强化了理性消费者实现效用最大化的决策能力，消费者要求品牌产品能够满足其物质需求的同时，更能满足精神价值需求，这就使得品牌传播必须超越"价格让渡"，而走向"价值满足"，以实现消费者在价值满足中心甘情愿地支付货币选票。这种消费需求的微妙变化昭示着以"认牌消费"为主要特征的"心经济"——"价值满足"时代已经来临。② 如此，企业通过品牌的"价值满足"取向的传播，不仅使得消费者认同品牌传播的产品质量、技术、商业模式，更重要的是认同品牌文化，并因此产生心理愉悦的满足。这里，我们的自主品牌传播不妨学学"谭木匠"。

总部位于重庆万州的"谭木匠"，原来拟取名"三峡"，到商标所查询竟然有了几百个类似"三峡"的商标，其创始人谭传华结合自己木匠世家的家庭背景，干脆为产品取名为"谭木匠"。确实，"谭木匠"的品牌名称具有典型的中国味，不仅传达出专门行业、专业师傅、专有技术、专项产品的信息，而且有一股浓浓的乡土情，是勤劳、智慧、亲善的象

---

① 〔英〕马歇尔：《经济学原理》，朱志泰译，商务印书馆，1991，第421页。

② K. L. Kellen, "Brand Synthesis: The Multidim Ensionality of Brand Knowledge," *Journal of Consumer Research* 29（2003）：595-600.

征。而在产品研发中,谭木匠更是全方位注入了丰富的中华文化理念,将自然、养生、情感、吉祥等元素有机地融合于木梳产品之中。其品牌传播,则更多借助开在闹市区的谭木匠专卖店:在一片霓虹灯的店头招牌中,那木质的、黑白相间、透视出古朴自然的、宛如百年老店的"谭木匠"招牌,反而显得更为显眼。店头"谭木匠"所推崇的"千年木梳,万丝情缘"之文化诉求,店内陈列柜里那一把把精巧的木质梳子、小镜子犹如精致的艺术品;而从不在价格上打折的策略,更让消费者油然起敬。其"价值满足"的品牌传播,使得"谭木匠"当仁不让地成为木梳行业第一品牌,并因此登陆香港资本市场,并把专卖店开到了国外。

提及"价值满足",就不得不提1997年Walker Chip首次使用的"品牌核心价值"这一概念。该概念指的是品牌向消费者承诺的核心利益,并代表品牌对消费者的终极意义和独特价值,是一个品牌独一无二且最有价值的精髓之所在。[①] 而所谓"品牌核心价值",就法国社会学家波德里亚看来,我们需要"从物的消费进入到符号消费的领域,建立以符号消费为主导的符号政治经济学体系",并把马克思主义对资本主义的批判从生产领域扩展到消费领域。如此,便形成一个消费符号化的"物—文化—服务"层层递进的结构,这三者的符号化无疑实现了消费者心理满足的价值。[②] 如果说,商品一旦被确立为品牌,便超越其物理的特征,而带有某种象征性,成为品牌所有者与消费者达成认同合作的"图腾"。对于消费者而言,品牌作为符号表达了商品的档次、信誉以及消费者的身份、荣耀、品位和心情,即价值的象征性满足。这时,品牌价值更多的就是信誉与文化所赋予的符号,相应的品牌传播也需以"价值满足"为取向。

我们知道,以消费者为出发点的需求经济正驱动包括全球化、网络化、定制化、数字化、互动性的社会发展,消费者的需求无疑希望能够得到迅速、个性化的满足;消费者已不再满足于企业提供的产品,他们

---

① W. CHIP, "The Perils of Popularity," *Marketing Tools* 7 (1997): 21-22.

② 孔明安:《从物的消费到符号消费——鲍德里亚的消费文化理论研究》,《哲学研究》2002年第11期。

现在需要的是服务、支持以及专门为他们定制的产品，以及凝聚这一切的品牌。① 那么，我们自主品牌期待获得市场更大的信赖、获得更加坚实的发展，其"价值满足"无疑是品牌传播唯一的取向。著名管理学家汤姆·彼得斯在其著作《重启思维》中说道："市场上的产品已经争夺得不可开交。因此，如果想要在这个拥塞得不像话，而且越来越糟的市场突显自己（即使只是略微的出头），建立品牌都比以往更为重要，而不是不重要。""在这个信息过剩的时代，世人对新品牌和积极建立新品牌的行动的需求是有增无减的，可以发挥的空间也更胜于以往。""品牌！品牌！品牌！这便是从 20 世纪 90 年代末期以来的信息。"② 而在国际品牌竞争的大潮中，中国自主品牌欲要获得一席之地，其传播取向由"价格让渡"走向"价值满足"已是不二选择，否则只能是"且行且衰落"。

（原载《现代传播》2014 年第 9 期，署名周杨、舒咏平）

---

① 〔美〕尼克·雷登：《品牌运营与企业利润》，李中等译，机械工业出版社，2007，第 11~15 页。
② 〔美〕汤姆·彼得斯：《重启思维》，顾淑馨译，中信出版社，2007，第 161~162 页。

缺憾的自主传播

—— 基于自主品牌网站英文版的实证分析

一 问题的提出

2009 年 7 月 8 日，美国《财富》杂志公布了 2009 年全球 500 强排行榜，中国共有 43 家公司入选，其中大陆企业 34 家，比上一年增加 9 家。但需看到，中国公司排名上获益，一是入选企业依然是以规模性、增长性甚好的中国本土为主要市场，二是因人民币对美元和其他主要国际货币有不同程度的升值，三是国外企业受金融危机所累而收入缩水。而最能代表中国经济全球竞争力的、以全球为市场的自主品牌，却在其榜单上缺位。更需警醒的是，作为中国为数不多的全球化运营的公司——联想集团，2008 年刚刚首次上榜，2009 年却因受到金融危机的打击出现大规模亏损，不得不从这次排名上退出。

对于品牌的重要性，CLEAN 咨询公司创始人亚当·克里斯汀做过这样的论断："在今天这个时代，如果你的企业不能出类拔萃，它将被淘汰。10 个新办企业中，有 9 个会在第一年就宣告破产。品牌可以帮助企业立足，而不是被淘汰出局。"[①] 联合国工业发展组织的统计数据显示：当今世界共有名牌商品约 8.5 万种，而其中 90% 以上的名牌所有权归属于

[①] 〔美〕迈克尔·莱文：《品牌化世界——公共关系与品牌塑造》，庄晖、时启亮译，格致出版社，2008，第 202 页。

工业发达国家。国际知名品牌在全球品牌中所占的比例不到 3%，但是市场占有率却高达 40%，销售额超过 50%。2008 年 9 月美国《商业周刊》杂志与国际品牌集团（Interbrand）共同发布"2008 全球最佳品牌排行榜"，而中国企业无一上榜。

显然，我国自主品牌在国际市场上缺乏竞争力是一个不争的事实。多年来外贸出口为我国经济发展所做贡献占到 1/3，但我国进出口企业中拥有自主商标的不到 20%，出口产品中拥有自主知识产权的品牌不到 10%，自主品牌发展滞后。大量中国产品贴牌出口，利润大部分进入了拥有这些品牌的国外企业，中国企业只获得微薄的加工费。[①] 而且，贴牌加工出口更不利于积累品牌资产，导致中国品牌在国际市场中十分罕见，不仅使我国在国际分工中处于产业链的最低端，生产者和经营者的利益受到损害，不利于中国的产业升级换代，更影响到中国国家的对外形象。

自主品牌建设是多方面的，其包含技术创新、生产管理、市场开发、品牌传播等。而在本文的视野中则主要关注的是品牌传播。如果说，在传统媒体占绝对地位的环境下，品牌传播主要采取的是大众媒体上的硬广告形式；那么随着数字媒体的迅猛发展，品牌传播越来越倚重以网络为代表的新媒体。正因为如此，企业品牌网站成了我国自主品牌进行自主传播的最佳平台。

当企业网站出现于互联网，企业的网络传播问题也就随之产生，企业的网络行为与表现日益成为影响企业品牌形象的重要因素。而面对国际市场，自主品牌网站的外文版则理所当然充当了中国自主品牌进军海外的信息窗口。目前我国媒体在国际舞台上尚缺乏足够的话语权，而自主品牌网站的外文版不仅展示了企业形象，而且更务实地起着传播自主品牌、开发海外市场的作用。为此，对自主品牌网站的外文版进行研究尤具价值。

二　相关的研究

始于 20 世纪末的信息技术革命正在促使整个社会，包括企业在内

---

① 　陈环、谢崇誉：《如何实施自主品牌的营销策略》，《江苏商论》2009 年第 1 期。

的信息传播发生重大变化。美国学者迪尔德丽·布瑞肯里奇专门就网络时代的品牌传播指出：品牌随着社会的进步和科技的飞速发展总是被赋予崭新的形式和内容，因特网深刻地改变了世界品牌格局。由此，品牌网络传播乃是大势所趋，在网络上进行品牌传播不仅仅意味着品牌品质与特征的展现，还因为网络的互动性和实时性使得品牌与消费者之间的关系与以往完全不同。品牌网络传播需要每一个信息都有意识地传达品牌的承诺。[①]

事实上，建设企业网站已成为企业推广产品和品牌的同步工程。美国公共关系学家迈克尔·莱文就说道："在1995年，为宣传品牌而开设网站是一个难以想象的事情，而如今这却是必不可少的一项措施。如果一个品牌没有网络宣传，它就不会被人认真对待，没有网络信息支持的产品或服务，根本不可能变成一个品牌。消费者也会这样认为。如果一家企业没有网站，消费者就不会认真对待它。"[②] 而詹妮弗等人的研究则发现，顾客与网站之间的关系同人与人的关系一样，用户常常把网站看作具有独特品质的交互对象，从而赋予网站不同的个性特征，如网站可被认知为高档的、值得信赖的、胜任的、正式的、智慧的等。[③] 显然，一个符合用户喜好的网站可以有效地塑造企业品牌，赢得更多的客户和潜在客户。

世界著名的跨国广告公司DDB（恒美）的网络传播部门Tribal DDB曾委托专业市场调查公司进行了中国首次大规模的企业网站效果调研。调查结果显示，企业网站作为一种新的形象传播途径，同传统媒介相比，对受众更具有亲和力与吸引力，可以帮助企业与消费者建立更亲密、更稳固的联系。同时，研究也发现以下几点。（1）大部分企业的网站形象逊色于企业自身形象，且二者的统一性和一致性也存在较大问题。以"网站

---

① 〔美〕迪尔德丽·布瑞肯里奇：《品牌的革命》，刘雅鹏译，电子工业出版社，2002，前言。

② 〔美〕迈克尔·莱文：《品牌化世界——公共关系与品牌塑造》，庄晖、时启亮译，格致出版社，2008，第139页。

③ Jennifer Chang Coup-land, "Jayesh R. Tekchandaney. Web Sites as Personalities and Playgrounds: Their Effects on Brand Image," http://www.smeal.psu.edu/cdt/ebrcpubs/res_papers/2003_02.html.

形象与企业形象的差距"这个指标为例，针对 Nokia、Motorola、Ericsson、Samsung、Epson、Sony、富士、Acer、Compaq、Dell、IBM、HP 等知名企业的调查结果均是"差距较大"。（2）许多企业网站的实用性急需提高，很多网站都存在导航指向模糊、网站架构不清晰、帮助信息不齐全等许多问题，影响了访问者对网站的使用，不利于通过网站传播企业的信息。譬如 Dell，虽然是以在线直销闻名全球，但用户对它的中国在线商店服务却评分最低。（3）中国本土品牌的企业网站明显落后于国际品牌。与国际知名企业的网站相比，无论是在"整体形象"还是在"易用性方面"，中国本土企业的网站都有待提升。被调查的几家本土企业网站如方正、康佳、长虹、TCL 等都存在类似问题。[1]

另一项对国内 11 个行业的 117 家大型消费类企业（其中 80% 为上市公司）网站进行的系统调查则显示，超过半数的企业早在 1999 年之前就已经设立了自己的网站，并且几年来未曾间断网站的内容更新。同时，在诸如家电业、航空服务业等领域整体呈现出企业网站专业性水平较高的行业特征。这表明越来越多的企业开始重视建设自己的网站，并且网站的建设水平越来越高。[2]

由于企业网站能对品牌信息进行深度传播，让品牌和产品在网上实现与消费者的有效沟通和互动，同时具有建设与维护成本低、传播便捷的特点，决定了其实质乃是企业的品牌形象塑造的自主传播媒体。正因为如此，我国一些具有国际战略眼光的企业，不仅建立了企业品牌网站，而且还设立了网站外文版；但目前尚未发现中国自主品牌网站外文版的研究成果。

三 研究方法

我国品牌企业网站外文版不一，本文就最为普遍和基础的品牌企业网站英文版展开研究。

---

① 王欢：《国内门户网站的品牌塑造及形象推广》，吉林大学硕士论文，2007。
② 宋一玮、孙淑英：《基于网络营销的企业网站建设》，《特区经济》2006 年第 6 期。

1. 抽样与样本选择

因本文所探讨的目标主要是自主品牌的英文网站建设，抽样则需考虑以下几个因素：是否自主品牌？是否有一定的品牌代表性？是否有对外贸易的需要？根据以上条件，本研究选取"2008年度影响世界的中国力量品牌500强排行榜"作为抽样标本。该榜单是由世界著名品牌大会和世界品牌组织、美中经贸投资总商会、环球城市电视台世界企业研究中心联合推选的，具有一定的权威性。

具体品牌的抽样主要针对内地入榜品牌部分，尤其是受到国家出口支持的产业类型进行抽样。行业选择中，选择汽车、新能源、电器、家电、厨卫、酒类、乳业、食品、服装、皮鞋、日化、家具等12个出口产品比较多的行业，从中分别随机选出若干品牌。共选取出如下50个知名品牌进行研究（如表1所示）。

表1　品牌抽样的行业分布

家电类	酒类	汽车类	鞋类	服装类	饮料类
联想	茅台	红旗	奥康	波司登	汇源
海尔	五粮液	哈飞	红蜻蜓	雅戈尔	王老吉
美的	青岛	奇瑞	康奈	鄂尔多斯	红牛
TCL	燕京	吉利	金猴	劲霸	娃哈哈
康佳	张裕	比亚迪		七匹狼	
长虹	长城			李宁	
	水井坊				

日化类	家具类	厨卫类	新能源类	乳业类	食品类
大宝	曲美	万和	太阳雨	蒙牛	洽洽
佰草集	美克美家	方太	四季沐歌	伊利	双汇
纳爱斯	全友	老板	清华同方	光明	今麦郎

调查的分析单元是各品牌网站英文版首页。在其选择上，首先以在百度搜索该品牌（中文/英文）出现的结果为主，其次选择各品牌首页的外文版链接。经过搜索和筛选，共取得合格样本34个，另有14个品牌网站

尚未有外文版，2 个品牌的外文版链接显示"仍在建设中"。

2. 类目构建

根据前述之研究问题，本研究特别关注的变量为"外文网站拥有率""网站内容指标""外文网站互动指标""在线推广""网站形式指标"五项，并在此基础上建构了本研究所需各变量之类目。

（1）外文网站拥有率

这是最基础的一项考察项目。是否拥有外文版可以显示该品牌是否具有对外传播的意识，是否有意识地利用自主网站这个便捷媒体进行传播。类目构建如下：该品牌是否有外文版，若有，可否链接，能否正常访问；若无，是什么情况，分为没有建设计划或是正在建设中。

（2）网站内容指标

考察内容分两个方面：信息源和辅助信息的完备程度。

信息源：丰富性，即企业概况、行业动态、行业规范、政府政策等的栏目设置状况；时效性，即新闻更新频率；针对性，即信息来源是否原创，是否对准目标人群发布信息等。

辅助信息完备程度：公共服务、联系方式、隐私与安全、使用帮助等。

（3）外文网站互动指标

该项目中设置了"互动渠道"和"结果反馈"两大指标。

互动渠道，包括互动工具如信箱、留言板、博客、分类导航、民意调查等类目。

结果反馈，即留言是否得到反馈，是否有留言回复等。

（4）在线推广

首先，考察网站推广的各种工具应用，如搜索引擎加注（排名位次）、交换链接（位置）、e-mail 注脚，行业门户网站注册（链接和论坛等）、在线广告、交互体验（例如网址出现的频率和位置等）；其次为品牌体验，即是否有在线品牌体验，电子商务等。

（5）网站形式指标

首先为网站形象与品牌形象，如品牌标识、字体与颜色等是否符合品牌特色。其次为语言的规范，如语言是否正确等。

四　研究发现

1. 外文网站拥有率

在 50 个样本中，34 个品牌的企业网站有英文版，即联想、海尔、美的、TCL、康佳、长虹、茅台、五粮液、青岛、燕京、张裕、水井坊、哈飞、吉利、比亚迪、奥康、金猴、波司登、鄂尔多斯、七匹狼、李宁、汇源、娃哈哈、蒙牛、伊利、纳爱斯、全友、太阳雨、四季沐歌、万和、方太、老板、王老吉、洽洽。

14 个品牌没有企业网站英文版，即奇瑞、红蜻蜓、康奈、劲霸、红牛、光明、双汇、今麦郎、红旗、大宝、佰草集、曲美、美克美家、清华同方。

2 个品牌显示"正在建设中"，即长城、雅戈尔。

拥有英文版的品牌中，有 4 个品牌拥有 2 种语言以上的外文版，为联想、海尔、长虹、吉利。

结果显示，在随机抽取的 50 个中国自主知名品牌中，有 70%的品牌企业拥有英文版网站；有 4%的品牌企业英文版网站页面上没有内容，显示为"建设中"；26%的品牌企业完全没有英文版网站。

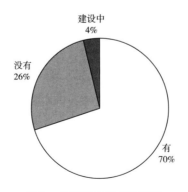

图 1　品牌英文版占比图示

出于研究的可分析性考虑，下面将研究的网站范围缩小为 34 个拥有品牌独立网站的英文版首页。

2. 网站内容指标

34 个品牌网站英文版的首页栏目设置情况如表 2 所示。

表 2　34 个品牌网站英文版的首页栏目设置情况

单位：个

品牌	导航栏目数量	子栏目数量
波司登	6	25
联想	4	24
长虹	2	9
海尔	4	N/A
康佳	5	9
美的	5	24
TCL	4	15
茅台	5	N/A
五粮液	7	14
青岛	4	10
燕京	8	20
张裕	10	27
奥康	5	5
吉利	3	N/A
鄂尔多斯	6	19
李宁	11	16
王老吉	7	22
洽洽	11	17
娃哈哈	5	9
汇源	5	21
金猴	6	13
全友	6	11
太阳雨	8	N/A
蒙牛	7	24
伊利	7	19
纳爱斯	5	15
四季沐歌	8	5

品牌	导航栏目数量	子栏目数量
老板	7	32
万和	5	8
水井坊	5	14
比亚迪	5	19
方太	7	27
七匹狼	6	13
哈飞	N/A	N/A

注："哈飞"英文版是中文版网址上一个部分，只有一页的企业介绍。但是考虑到内容详细，也将其纳入研究之中。N/A 代表数据缺失。

在对 34 个品牌网站英文版的首页栏目设置的研究中，导航栏目设置平均值为 6.0；超过平均值的品牌有栏目设置的有 17 个品牌。最常见的导航栏目设置是企业概况、新闻信息、产品信息、服务信息。企业概况中，栏目一般设置为企业历史、企业愿景、公司理念、人才培养等子栏目；产品信息是各个品牌首页中比较丰富的一个部分，各个企业均会详细介绍其产品线、主打产品和具体功能、优点等。服务信息是说明企业对待生产链环节中的生产商、经销商等所采取的政策，以及企业战略说明。以上品牌中值得说明的是，"张裕"主页上有酒庄和葡萄酒文化博物馆的 3D 动画展示，制作精良；"青岛啤酒"的主页上设有文化信息一栏，但没有任何信息。

新闻信息是品牌网站中比较重要的一部分。自主网站最重要的目的是方便快捷地传递最新信息，一个品牌网站的新闻更新和来源是衡量这个品牌网站建设好坏与否的重要因素。在以上 34 个品牌中，时至 2009 年年中，保持 2009 年新闻更新的品牌有 15 个，占 44.1%；更新停留在 2008 年的有 5 个，占 14.7%；而没有设置新闻栏目的品牌有 10 个，占 29.4%（见表3）。

内容上，新闻有具体分类的品牌有 9 个，一般分为行业新闻、企业新闻、媒体报道或是集团新闻、经销商新闻和媒体报道。新闻一般比较短，个别有图片。

表3　34个企业品牌网站英文版新闻更新和分类情况

品牌	新闻更新时间	2008年新闻数量（篇）	新闻分类	备注
波司登	2009年3月3日	0	4	无
联想	2009年5月12日	59	4	注明了消息来源
长虹	2008年9月28日	1	2	无
海尔	2009年2月	310	2	无
康佳	2009年1月	0	无	只有标题没有内容
美的	2009年3月23日	21	2	无
TCL	2009年3月31日	22	2	无
茅台	N/A	N/A	N/A	未设置新闻栏目
五粮液	2009年1月5日	9	无	2008年8月开始
青岛	2004年8月15日	0	无	无
燕京	N/A	N/A	N/A	未设置新闻栏目
张裕	2008年3月27日	10	4	无
奥康	2009年3月28日	29	无	无
吉利	2009年5月5日	0	无	无日期
鄂尔多斯	N/A	N/A	N/A	未设置新闻栏目
李宁	2008年2月	5	无	无
王老吉	2007年6月25日	0	无	只有2007年5篇
洽洽	N/A	N/A	N/A	未设置新闻栏目
娃哈哈	2009年3月10日	0	无	2009年共7条
汇源	2009年3月20日	0	无	引自《长江日报》
金猴	2008年12月10日	3	无	2004年5月起
全友	2008年1月	1	无	只有一条新闻
太阳雨	2009年5月7日	3	无	没有新闻列表
伊利	N/A	N/A	N/A	未设置新闻栏目
蒙牛	2009年1月21日	34	无	无
纳爱斯	N/A	N/A	N/A	未设置新闻栏目
四季沐歌	N/A	N/A	N/A	没有时间共5条
老板	N/A	N/A	N/A	未设置新闻栏目
万和	N/A	N/A	N/A	未设置新闻栏目
水井坊	2007年3月	0	无	无
比亚迪	2009年2月23日	24	3	无

品牌	新闻更新时间	2008 年新闻数量（篇）	新闻分类	备注
方太	2009 年 4 月 30 日	6	3	英文标题，中文内容
七匹狼	N/A	N/A	N/A	未设置新闻栏目
哈飞	N/A	N/A	N/A	未设置新闻栏目

注：统计数据截至 2009 年 5 月 17 日。N/A 代表数据缺失。

新闻来源上，几乎所有的品牌均是来源于中文报道的翻译。"联想"的新闻格式比较完整，有作者信息；"太阳雨"只把新闻罗列于页面之上，且排版杂乱、格式不一；"波司登""方太"甚至只对中文报道进行了链接，并没有英文新闻。

在网页辅助信息完备程度方面，所有的品牌网页都有公共服务、联系方式、隐私与安全、使用帮助等栏目。因此所调查的 34 个外文版均有一定的辅助信息。但是，在各网页中均存在主次栏目的分类不合理的问题。有些主要内容被缩小，辅助信息反而加大字体，不符合浏览者的一般阅读习惯，也易造成心理上的不适。

3. 英文版网站互动指标

在所调查的 34 个样本中，所有的品牌网站都拥有一个以上的互动渠道。最常见的栏目有"联系我们"，分为在线联系与经销商信息。经销商信息包括经销商地址、电话和电子邮箱；另外，较常见的互动工具则是搜索引擎和友情链接。搜索引擎方面，所有的网页都有显著的搜索框。友情链接上，部分网页链接的是母公司相关企业。因此，可以说各个品牌英文版的基础互动性建设比较完善，拥有一个以上互动工具如信箱、留言板、博客、分类导航、民意调查等工具。

根据英文版的互动指标，结合各个品牌网站现状，可以将这些研究对象分为两类：一类是反馈型的互动；另一类是销售型的互动。反馈型的互动是指将网站互动工具作为一般用途，接收消费者的信息，改进产品，增进交流和感情；销售型的互动是指将网站互动性充分利用，将网站作为全球销售的基础。如"联想""奥康"等品牌网站英文版就具有销售型性质，其在网站互动设置上，有意增加了"来宾注册""我的购物车""我的首页"等项目，并在产品介绍上更详细，图文并茂，大大方便了在线购买。

互动工具的使用情况，根据网页的情况来看，留言数量很少并且几乎没有反馈信息。

4. 在线推广

企业网站建设的目的之一是宣传企业的品牌、产品或服务，要达到这一目的，企业的网站必须利用网络互联的便利性进行网站推广。推广的各种工具的具体应用是一个网站推广的重要部分。在线推广的工具一般来说有：①搜索引擎加注（排名位次）；②交换链接（位置）；③行业门户网站注册（链接和论坛等）；④在线广告；⑤交互体验（如网址出现的频率和位置）等。在对采样的 34 个品牌进行的研究中，在线推广也是一项重要的考察项目。通过对其的考察，可以基本看出该品牌的推广力度和影响范围。

以各品牌名称（中文或英文）为关键字在百度中进行搜索，有 32 个品牌可以在第一页的结果中出现该品牌中文首页链接；其中有 2 个品牌"洽洽"和"王老吉"出现的是以公司名称为关键字的网页，也就是利用产品品牌不能直接搜出其企业网站主页。而所有的品牌网站英文版都是链接在中文网页上的，按钮为"English"或是"Global"字样。

品牌网站还具有在线营销的功能，因此在英文版中关于品牌产品的推销也是很重要的。品牌体验就是品牌推广的一部分。在所调查的 34 个英文网页中，仅有"联想""李宁""金猴"3 个品牌提到了在线购物。但是只有"联想"有完备的从产品介绍到付款等一系列页面，"李宁"只有在线购物的介绍，"金猴"没有付款方式。大多数品牌网站英文版尚没有在线体验和电子商务项目，可见，各品牌只是将英文版网站看作信息介绍的一个窗口。

5. 网站形式指标

各品牌英文版网站外观和品牌 CIS 形象均有较大的一致性。几乎所有的英文版首页顶部都是醒目的品牌标识，标准图案、标准字和标准色均保持一致，识别度很高。如"波司登"的页面下起了片片雪花，"青岛啤酒"的页面装饰着流动的波浪花纹，这些都体现了产品或行业的特点。所调查的品牌企业网站英文版中，语言运用还存在一定的问题，均存在很明显的翻译腔。如句型等是从中文直接翻译过来的，一些缩写和符号运用不符合英语语言规范。报道一般很短，二百字左右，没有图片，观感较差。

五　几点结论

根据以上分析，可以从以下三个方面对我国自主品牌网站英文版进行总结。

1. 开始重视网站英文版建设，但定位不清晰

在随机抽样的 50 个中国自主品牌中，有近七成（68%）的企业品牌已经有意识地建立英文版网站，以树立品牌的国际形象，扩大国际影响。但是网站英文版的建设中仍有不少问题是显而易见的，如导航指向模糊，网站架构不清晰，品牌信息不齐全等；可以看出大多数企业建设网站英文版只是市场国际化的一个象征，并没有清晰认识到它是一个最好的品牌对外传播的自主媒体，更没有认识到它在传播品牌形象的同时，还是一个开展电子商务的平台。缺乏如此的理性认识，无法形成清晰定位也就是必然的了。

2. 即时更新率低，缺乏媒体应有的时效性

由于没有将网站英文版视作最佳的外向性传播的媒体，大多数企业也就没有按媒体内容的时效性来进行更新，更没有发挥网站的即时性优势。多数企业只是把网站英文版作为网上的英文宣传册，网站新闻往往三四个月才更新一次；有的甚至干脆没有时效性动态栏目的设置，访问者阅读不到任何品牌动态信息。一般来说，访问者期待能够通过网站了解品牌的最新信息，形成对品牌当下的认知。但内容久不更新的网站，则势必会使访问者失去兴趣，网站自身存在生命力也就形成了疑问。

3. 内容参差不齐，甚至可能产生负面效应

有研究者指出：网站英文版的设计要尽可能让生活在不同地域、有不同文化背景和技能等级的用户，都能够方便地使用网站，以此达到企业建立网站的目的。[①] 在随机抽样的 50 个品牌中，虽然在各个品牌网站英文

---

① 潘颖：《英文网站的搜索引擎优化及其海外宣传策略》，《计算机系统应用》2004 年第 10 期。

版首要位置均有该品牌的标志，但多数没有提出鲜明的品牌主张以及相应的品牌文化信息，相对应的信息服务也显得不足。仅有 3 个品牌有部分在线购物内容，且只有"联想"一家品牌网站的在线购物比较完善。由于这些品牌网站英文版仅有企业概况、产品介绍等静态信息，缺乏时效性的新闻文本又往往机械地由中文翻译而来，显得非常粗糙，这就有可能令海外的访问者对品牌文化产生负面的联想。

可以概括地说，除了"联想""奥康"等少数品牌，我国自主品牌网站英文版，作为最能自主控制的品牌传播之媒体，其总体上是存在明显缺憾的。但我们相信，随着我国企业国际化进程的加快，我国自主品牌企业网站英文版作为外向性的自主媒体性质将越来越多地为企业决策者所重视，针对本研究所揭示出来的种种缺憾也将得到改进与补足，并将在国际品牌传播的话语权上扮演越来越重要的角色。

（原载《现代传播》2010 年第 6 期）

国外消费者的中国品牌形象认知

——基于对义乌市场外商的问卷调查

一 引言

　　培育自主品牌是我国国家战略，是中国由经济大国走向经济强国的必由之路。自主品牌是"由中国企业和中国资本控股的企业，通过自主创新和精心营销所创建的拥有知识产权的中华民族品牌"①。由于品牌营销不可避免地带上品牌来源国效应，国家形象则必然为该国度的品牌进行背书。1965 年，Schooler 的研究发现国家形象影响消费者的抉择，并首次引入了"国家形象"概念。② 由于国家形象对国际营销的重要性③，在影响国际营销诸因素中，来源国效应得到了越来越多的关注。④ 更有学者认为，国家形象就是消费者对特定国家产品的总体感知。⑤

　　国家形象固然影响消费者对该国品牌的接受与选择，而反过来，一个

---

① 乌家培：《论我国自主品牌的培育、管理和发展》，《学术研究》2007 年第 4 期。

② Robert D. Schooler， "Product Bias in the Central American Common Market," *Journal of Research in Marketing* 2 （1965）： 394-397.

③ Abhilash Ponnam， Roy Subhadip IUP， "Indian Consumers' Perception of Country of Origin on Organizational Capabilities," *Journal of Management Research* 10 （2009）： 63-72.

④ Khalid I. Al-Sulaiti， "Michael J. Baker Country of Origin Effects： A Literature Review," *Marketing Intelligence & Planning* 3 （1998）： 150-155.

⑤ M. S. Roth， J. B. Romeo， "Matching Product Category and Country Image Perceptions： A Framework for Managing Country-of-origin Effects," *Journal of International Business Studies*， 3 （1992）： 477-497.

国家的品牌也必然建构着这个国家的形象。如苹果、微软之于美国，奔驰、西门子之于德国，LV、香奈儿之于法国，其品牌文化与国家形象有着高度的同构。麦克卢汉曾说道："媒介即讯息，因为对人的组合与行动的尺度和形态，媒介正发挥着塑造和控制的作用。"[①] 如果从品牌动态地负载着产品、企业、文化、历史等诸多讯息，并深刻地影响、塑造、控制人们的行为角度来审视，品牌无疑是最具有传播效应的媒介。对于我国来说，自主品牌发展已经成为基本国策，是我国经济转型升级的必由之路。为此，把握我国品牌发展的现实状况以及国际社会对中国品牌的认知与评价，显得尤为重要。

二　文献综述与研究问题

（一）国家层面的消费者品牌形象认知

在市场全球化时代，国家是消费者认知和评价品牌的重要层面。自"国家形象"提出，人们注意到消费者对于产品及品牌来源国偏见这种无形的因素，产品原产地及品牌来源国研究得以深入展开。研究认为，原产地主要是发挥品质推断或指示作用[②]；原产地可以像产品属性那样直接对产品评价产生影响[③]；爱国、爱乡或对他国的敌视等情绪影响消费者的产品评价。[④] 随着资本扩张，加工外包日益增多，"制造国""设计国""部件供应国""品牌来源国"等概念引入原产地研究。[⑤] Phau 等提出，国际贴牌生产的普遍存在使得消费者日益接受产自不同国家的同一品牌，产地或制造国对

---

① 〔加〕马歇尔·麦克卢汉：《理解媒介：论人的延伸》，何道宽译，商务印书馆，2000，第34页。

② C. M. Han "Country Image: Halo or Summary Constructs?" *Journal of Marketing Research* 2 (1989)：222-229.

③ Hong Sung-Tai, R. S. Wyer, "Effects of Country-of-Origin and Product-Attribute Information on Product Evaluation: An Information Processing Perspective," *Journal of Consumer Research* 2 (1989)：175-187.

④ J. G. Klein, R. Ettenson, M. D. Morris, "The Animosity Model of Foreign Product Purchase: An Empirical Test in the People's Republic of China," *Journal of Marketing* 1 (1998)：89-100.

⑤ I. D. Nebenzahl, E. D. Jaffe, S. I. Lampert, "Towards A Theory of Country Image Effect on Product Evaluation," *Management International Review* 1 (1997)：27-49.

消费者评价和选择产品可能不再像以前那样具有影响力，而品牌来源国所激发的情感和联想则更为重要；品牌来源国无疑是一种更有效的认识和评价产品的工具。① 由此，品牌来源国被认为是比产品制造国更重要的概念，也自然成为研究的重心。② 研究发现，消费者认为来自经济发达国家的品牌比来自经济不发达国家的品牌好③；而发展中国家消费者对本国品牌的评价普遍要低于外国品牌，反映了他们将品牌来源国作为一种社会地位的象征。④ 本土研究也发现，我国消费者普遍相信跨国公司的品牌产品质量比国内企业品牌更好。⑤ 如此，从品牌来源国角度来审视国家形象与该国品牌形象关系，成为研究的应然路径。

（二）国家品牌形象的两个基本维度：品牌发展状况与品牌生长环境

对一国品牌发展状况的把握，可以借鉴产品和企业层面的品牌形象内涵。目前，品牌形象的认知研究相对成熟：艾克模型包括品牌知晓度、品牌忠诚、品牌联想、品牌的感知质量、品牌资产五个维度⑥；克里斯南模型则凸显联想的数量、联想偏好、联想独特性、联想来源等维度⑦；贝尔模型以公司形象、使用者形象、产品/服务形象等构成品牌形象；⑧ 英特模型主要由市场领导力、稳定性、市场、国际化能力、趋向、所获支持、

---

① I. Phau, Prendergast, "Conceptualizing the Country of Origin of Brand," *Journal of Marketing Communications* 3 (2000): 159-170.

② 吴坚、符国群：《品牌来源国和产品制造国对消费者购买行为的影响》，《管理学报》2007 年第 5 期，第 593~601 页。

③ N. Kinra, "The Effect of Country of Origin on Foreign Brand Names in the Indian Market," *Marketing Intelligence & Planning* 7 (2006): 15-30.

④ R. Batra, V. Ramaswamy, D. L. Alden, J. -B. E. M. Steenkamp, S. Ramachander, "Effects of Brand Local and Nonlocal Origin on Consumer Attitudes in Developing Countries," *Journal of Consumer Psychology* 2 (2000): 83-95.

⑤ 宋永高等：《国内消费者对本国品牌的态度及其改变的可能性研究》，《南开管理评论》2004 年第 2 期，第 41~45 页。

⑥ David A. Aaker, *Building Strong Brands* (New York: Free Press, 1995), p.17.

⑦ H. S. KRISHNAN, "Characteristics of Memory Associations: A Consumer-Based Brand Equity Perspective," *International Journal of Research in Marketing* 13 (1996): 385-409.

⑧ Alexander L. Biel, "How Brand Image Drives Brand Equity," *Journal of Advertising Research*, 11 (1993): 6-12.

品牌保护等维度构成。还有学者对品牌形象进行了五个维度划分：品牌认知、产品属性认知、品牌联想、品牌价值、品牌忠诚。① 虽然这些品牌形象评估模型各具合理性，但均"没有建立关于品牌形象构成要素及其影响因素相对完善的体系"②。既有的品牌形象评估多是就具体品牌的市场表现而言的，具体一个国家品牌发展总体状况尚未涉及，这更显其研究的必要性。

如果说国家品牌形象的品牌发展状况维度需从产品品牌角度切入，那么其品牌生长环境维度仅仅凭"品牌联想""联想来源""所获支持"便无法得到清晰审视。有专家指出：国家品牌形象的构成要素相对复杂，主要由国家地理位置、自然环境、经济、政治、文化状况等决定，也受到历史状况和发展前景的影响，一个国家特有的物（自然物、文化产物）、人（古代、现代、当代的名人）、事（著名事件）都将为该国品牌的建立奠定坚实的基础。③ 国家形象构成要素包括以下方面：国家社会制度、民族文化、综合国力、政治局势、国际关系、领袖风范、公民素质、社会文明等。④ 而自然禀赋、国家特征、文化传统、民俗民风、科技和管理水平、经济发展水平、行业的品牌集中度等，都会影响品牌来源国形象的形成。⑤ 显然，如此多样的国家形象要素，才构筑出一个国家品牌生长的环境。

在吸纳如上研究的基础上，我们认为，国家品牌形象应该包括两个基本维度：品牌发展的现实状况与品牌生长的环境。对二者的综合认知方能全面把握国家层面品牌形象的丰富内涵。本文对国外消费者心目中中国自主品牌形象的研究，亦相应地聚焦于两个层面：一是对中国品牌

---

① 罗子明：《品牌形象的构成及其测量》，《北京工商大学学报》（社会科学版）2001年第4期，第19~22页。
② 江明华等：《品牌形象模型的比较研究》，《北京大学学报》（哲学社会科学版）2003年第2期，第107~114页。
③ 曾德国等：《国家品牌塑造的难点及对策探讨》，《学术论坛》2012年第4期，第133~136页。
④ 谢晓娟：《论软权力中的国家形象及其塑造》，《理论前沿》2004年第19期，第19~21页。
⑤ 禹跃军：《品牌来源国形象与品牌形象关系探讨》，《现代商贸工业》2013年第5期，第92~93页。

发展状况的认知；二是对中国品牌生长环境的认知。前者重心在于考察中国自主品牌自身发展的现实维度，后者侧重于与品牌发展高度相关、作为中国品牌生长土壤而存在的宏观环境要素。如此，则使得我们的研究既不过于拘泥产品与品牌本身，同时又不泛化为国家形象无所不涉及的方方面面。

（三） 中国品牌的国际形象

长期以来，中国产品主要是以代工方式生产的"中国制造"，即"生产国"形象呈现于国际市场。针对美国公众的实证研究发现，中国产品的国际形象欠佳；82%的美国消费者购买中国产品时，会感到忧虑，因为"中国制造"代表了低成本和低质量；① 认为中国制造的产品质量较低，而非中国制造的产品质量要比中国制造的更有价值。② 而国际消费者如何评价中国品牌的相关研究尚未见到。但国外媒体却对中国品牌给予了评价。《纽约时报》写道："相对中国来说，美国具有一个显著优势，那就是更善于把产品品牌化。而中国企业在这一点表现得十分糟糕。每隔几年，中国官方便会表示要创建出引人注目的品牌，但结果却总是让人失望。最近一项调查显示，94%的美国人连一个中国的品牌都说不出来。"③《泰晤士报》则预言："中国品牌想与像普拉达一样的品牌展开竞争还有很长的路要走。"④《海峡时报》评论道："到目前为止，世界上还未曾出现过能媲美索尼或耐克这样真正有全球影响力的中国品牌。"⑤ 显然，在国际舆论视野中，中国品牌是令人失望的。

随着中国经济转型，中国品牌走向国际市场成为必然选择，国外媒体对此予以了关注。《澳大利亚人报》写道："联想正在成为中国走出的第

① Luo, Yadong, "A Strategic Analysis of Product Recalls: The Role of Moral Degradation and Organizational Control," *Management and Organization Review* 2 (2008): 183-96.
② M. J. Schniederjans, Q. Cao, and J. R. Olson, "Consumer's Perception of Product Quality: 'made in China'," *The Quality Management Journal* 3 (2004): 8-12.
③ "The Romantic Advantage," *New York Times*, 31 May 2013.
④ "Doyenne of China's Fashion Revolution," *The Times*, 17 Sep 2012.
⑤ "China's Top Brands-China Mobile Takes No. 1 Spot as Banking and Tech Giants Rank High," *Straits Times*, 2010-11-15.

一个世界品牌。该公司正面临着一个持久而艰巨的任务——从 IBM 这个大蓝筹品牌的影子下建立自己的专有品牌。"① 《纽约时报》则评论："你从没听说过长城、海信、康佳、夏新、熊猫这些品牌吗？在海外的确很少有人知道，不过随着一些中国公司正努力扩大海外影响力，这一现象会出现转变。"② "中国的发展是跟随着日本和韩国的步伐，即从低技术制造业到高技术、服务业，到全球性品牌的创建。"③ 从如上报道和评论中，多少可了解中国品牌形象之一二，但国外消费者心目中的中国品牌形象究竟如何，无疑仍是一个有待实证性回答的问题。基于上文提出的思路，我们拟从品牌的发展现状和生长环境两个维度，以问卷调查的方法搜集第一手数据资料，考察国外消费者对中国品牌形象的认知。本文由此提出三个具体研究问题。

Q_1：在国外消费者眼中，我国品牌发展的现状如何？

Q_2：在国外消费者眼中，我国品牌生长的环境如何？

Q_3：国外消费者对我国品牌环境的认识，是否影响到他们眼中我国品牌的发展状况？

三 研究方法

（一）量表与问卷设计

本研究拟回答的问题是国外消费者对中国品牌发展现状和环境的认知状况，以及两者之间可能的关系。根据相关文献的调研与梳理，并辅以对 7 名国内外品牌学者和业界人士的多轮访谈，我们初步形成了国外消费者对于中国品牌发展现状和生长环境的基本观念，并在此基础上设计了调查所需的中英文问卷。比如，对于中国品牌发展现状，我们搜集了 12 条关于中国品牌的项目（如表 1 所示），同时还结合访谈的结果，增加了 3 个项目。这些项目从中国品牌的优势、问题、前景等多方面进行了表述。

---

① "Chinese Tyro Looks Beyond IBM Brand," *The Australian*, 9 Nov 2006.

② "Name Goods In China But Brand X Elsewhere," *New York Times*, 29 Jun 2005.

③ "China's Industrial Ambition Soars to High-Tech," *New York Times*, 1 Aug 2008.

表1 测量题项的内容与来源

变量	因子	编号	题项内容	来源	因子荷载
品牌发展现状	品牌产品优势认知	A1	中国品牌产品有品位	笔者访谈所得	0.74
		A2	中国品牌产品享有盛誉	国家形象量表	0.70
		A3	中国品牌服务有保障	笔者访谈所得	0.69
		A4	中国品牌产品的质量好	国家形象量表	0.69
		A5	中国品牌技术含量高	国家形象测量量表	0.59
	品牌产品症结认知	A6	中国品牌产品缺乏特色	国家形象量表	0.72
		A7	中国品牌产品信誉低	国家形象测量量表	0.72
		A8	中国品牌产品的细节粗糙	国家形象量表	0.70
		A9	中国品牌产品是抄袭仿冒	国家形象测量量表	0.58
		A10	中国品牌产品缺乏创新	全球化品牌	0.50
	品牌发展信心	A11	中国品牌的发展会有光明的未来	笔者访谈所得	0.76
		A12	我愿意买中国品牌的产品	产品评价题项	0.64
		A13	中国品牌令人满意	产品评价题项	0.53
	品牌实态困境	A14	大部分中国品牌是低档次	产品评价题项	0.85
		A15	中国没有品牌，只有廉价加工品	笔者访谈所得	0.84
品牌生长环境	人文传统积极环境	B1	中国人有能力且聪明	中国大趋势	0.77
		B2	中国有着悠久的历史文化	全球化品牌	0.69
		B3	中国具有讲求忠诚信誉的文化	中国大品牌	0.67
		B4	中国有着大度包容的形象	中国超越	0.61
	实践场域有利环境	B5	中国品牌有自己的技术专利	全球化品牌	0.73
		B6	中国品牌具有明显的国际化特征	中国企业国际化战略	0.71
		B7	中国品牌的创业故事令人钦佩	中国大品牌	0.60
	——	B8	中国品牌富有社会责任*	笔者访谈所得	0.47
	社会制度优胜环境	B9	中国具有稳定的政治及社会环境	中国大趋势	0.79
		B10	中国政策制度对品牌发展有帮助	中国超越	0.75
		B11	中国经济的发展速度将会更快	中国大趋势	0.56
		B12	中国具有强大的技术实力	中国企业国际化战略	0.53
	实践场域不利环境	B13	中国品牌产品体现中国人不认真	中国大品牌	0.79
		B14	中国品牌经营体现中国人喜欢耍诡计	中国经济到了危险边缘	0.77
		B15	中国品牌体现中国人是中庸的	笔者访谈所得	0.68

续表

变量	因子	编号	题项内容	来源	因子荷载
品牌生长环境	人文传统消极环境	B16	中国人办事喜欢讲人情	中国大品牌	0.75
		B17	中国政府监管很松散	中国经济到了危险边缘	0.67
		B18	中国人不尊重知识产权	中国经济到了危险边缘	0.66
	——	B19	中国人害怕丢面子*	中国大品牌	0.45
	——	B20	中国具有平等待人的和善风气*	国家形象	0.40

注：* 此三个项目，由于因子载荷值低于 0.5 而被删除。

在形成调研问卷的初稿之后，我们邀请了 11 位品牌专家和企业管理者对问卷进行预测试。根据测试结果和他们的意见，对问卷题项的增减、措辞、顺序等进行了调整，然后邀请 3 位博士研究生对预测试的修改结果再次进行焦点小组讨论，形成问卷定稿。上述步骤确保了两个核心概念的测量量表具有较好的表面效度（face validity）。表 1 描述了问卷题项的具体内容及来源。

（二）问卷调查

本文分析的数据，来源于对第 20 届中国义乌国际小商品博览会境外客商的调查。该博览会于 2014 年 10 月召开，是商务部举办的国内最具规模和影响力的日用消费品展会。博览会期间，共有来自 200 多个国家和地区的采购商参与，累计 20 万人次，境外客商超过 2 万人次。消费者行为学认为经销商即广义消费者，更因深度了解消费者而具典型性。[①] 博览会期间，我们随机访问了 500 位外商，调查主题涵盖他们对中国品牌发展的现状、环境等议题的认知，回收了 445 份有效问卷。

在所有被访外商中，男性占总人数的 78%，女性占总人数的 22%。46.1% 的被访者年龄为 21—30 岁，24.9% 的被访者年龄为 31—40 岁，11.9% 的被访者年龄为 41—50 岁。从被访者所在地域来源看，51% 来自除中国外的亚洲各国、19.1% 为欧洲、17.1% 为非洲、5.8% 为北美、4.0% 是南美。

---

① 符国群编著《消费者行为学》，高等教育出版社，2001，第 2 页。

大多数被访外商的教育程度在本科肄业及以上（其中本科肄业占 16%、本科占 33.9%、硕士及以上占 30.1%）。从人口学变量看，样本涵盖了相当多样化的外商类型，能反映出国外消费者对我国品牌形象认知的总貌。

在下文分析中，我们首先对 445 份问卷进行基本项目分析，以考察两个量表的内部一致性。然后，为进一步分析问卷的信度和效度，将样本整体随机性地一分为二，一组用以探索性因子分析，另一组用以验证性因子分析。

（三）探索性因子分析

我们使用 SPSS for Windows17.0 对第一组随机样本进行探索性因子分析。Bartlett 球形检验的结果显示，在该样本中，构成两个量表的题项都适合进行因子分析（"中国品牌发展现状"量表，KMO = 0.77，Bartlett 球形检验显著性概率 P = 0.000；"中国品牌生长环境"量表，KMO = 0.73，Bartlett 球形检验显著性概率 P = 0.000）。采用主成分分析，以最大方差方法对因子轴心进行旋转，以特征值大于 1 和因子载荷不低于 0.5 为标准提取公共因子，并舍弃交叉落在两个或以上维度的题项——对"中国品牌发展现状"量表，得到包括 4 个维度的因子结构；对"中国品牌生长环境"量表，经两次因子分析，得到包括 5 个维度共 17 个项目的因子结构。

如图 1 所示，构成"中国品牌发展现状"的 4 个因子，我们将其分别命名为"品牌产品优势认知"（A1-A5）、"品牌产品症结认知"（A6-A10）、"品牌发展信心"（A11-A13）、"品牌实态困境"（A14-A15）。4 个因子共解释了量表整体 55.4% 的总方差。各因子量表的测量信度，分别为 0.77、0.67、0.65、0.65。根据 Kline 的建议，信度系数 Cronbach's alpha 值在 0.8 左右为"非常好"（very good），0.7 是"适中"（moderate），0.5 以上是"可以接受"（acceptable）[1]（Kline, R.B., 1998: p.27）。可见，该量表测量各因子的项目具有不错的信度。

---

[1]　Kline, R.B., *Principles and Practice of Structural Equation Modeling*, New York: Guilford Press, 1998, P.27.

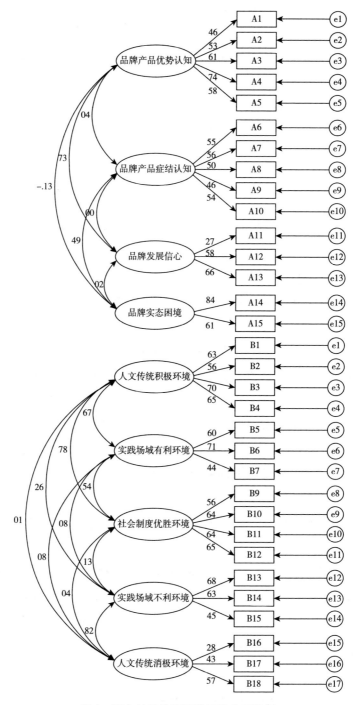

图 1　两个量表的验证性因子分析结果

"中国品牌生长环境"量表，在两次因子分析中，删除了因子荷载小于 0.5 的题项 B8、B19 和 B20，提取出 5 个因子，分别命名为"人文传统积极环境"（B1-B4）、"实践场域有利环境"（B5-B7）、"社会制度优胜环境"（B9-B12）、"实践场域不利环境"（B13-B15）、"人文传统消极环境"（B16-B18），它们分别从积极—消极和微观—宏观两个向度揭示了中国品牌生长的社会环境、制度环境、人文环境和实践环境。5 个因子共解释了量表整体 58.8% 的总方差。各因子的量表信度分别为 0.73、0.66、0.69、0.65、0.56，可见，各因子的测量项目，也具有可被接受的信度水平。

（四）验证性因子分析

为确认探索性研究所得的理论结构，我们使用 Amos18.0 软件对第二组样本进行验证性因子分析。就结构方程模型的整体拟合状况而言，对于"中国品牌生长现状"量表，模型拟合结果显示，在多数指标上能较好地拟合数据（$\chi^2 = 168.36$，$\chi^2/df = 2.004$，GFI = 0.913，AGFI = 0.876，NFI = 0.760，CFI = 0.859，SRMR = 0.066，RMSEA = 0.066）；至于"中国品牌生长环境"量表（$\chi^2 = 194.10$，$\chi^2/df = 1.781$，GFI = 0.913，AGFI = 0.878，NFI = 0.789，CFI = 0.891，SRMR = 0.072，RMSEA = 0.058），各项拟合指数也比较不错，绝大多数指标能满足拟合要求。

图 1 显示了两个结构模型的内部拟合情况。就单个项目的效度而言，许多研究者建议以标准化因子载荷 $\lambda \geqslant 0.55$ 作为标准（Tabachnick，B. G.，& Fidell，L. S.，2007：p.43）。[①] 图 1 的数据显示，少数项目的 λ 值低于这一标准。考虑到本研究用于验证性因子分析的样本较小（$N = 223$），拟合结果受此影响，因此，较低的 λ 值似应能接受。Kline 建议，若两个概念之间的相关性适中（$0.10 < r < 0.85$），则说明两者的区分效度（discriminant validity）是较好的。图 1 中两个量表任何两个因子的相关系数，基本符合上述标准，表明两个量表各自拥有较好的区分效度。

---

① Tabachnick，B. G.，& Fidell，L. S.，Using Multivariate Statistics（5th Ed），Boston，MA：Allyn & Bacon，2007，P.43.

四 研究发现

上文论述和数据表明，本研究构建的"中国品牌发展现状"和"中国品牌生长环境"认知量表，在理论和经验上具备足够的合法性与可靠性。随后，我们将通过进一步分析调研数据，以回答本文提出的三个研究问题。

（一）国外消费者眼中我国品牌的发展状况

对"中国品牌发展现状"四个因子的各自构成项目加总后取均值，发现在 5 点量表上（1 表示"非常不同意"，5 表示"非常同意"），国外消费者在 4 个因子上的评价，最高为"品牌发展信心"（M = 3.59），其次是"品牌产品症结"（M = 3.15），再次是"品牌产品优势"（M = 3.07），最后是"品牌实态困境"（M = 2.84）（见图 2）。在 4 个因子之间的 T 检验表明，被访者对中国品牌发展的信心显著高于"品牌产品症结"（$T = 9.26$，df = 444，$p = 0.000$），而后者与"品牌产品优势"之间并无显著差异（$T = -1.78$，df = 444，$p = 0.076$）；同时，被访者对中国品牌产品优势的认知，要显著高于"实态困境"（$T = 4.10$，df = 444，$p = 0.000$）。可见，国外消费者对中国品牌发展现状的认识，虽然包括积极和消极的两种倾向，但总的来说，积极认知的倾向性更高一些。

被访者对中国品牌发展的优势认知与发展信心之间，呈显著的正相关关系（r = 0.488，$p < 0.001$），也就是说，越认为中国品牌拥有优势的国外消费者，越对中国品牌的发展充满了信心。他们对中国品牌的症结认知与实态困境认知之间，也呈现显著正相关（r = 0.249，$p < 0.001$）。正如可预期的，被访者对中国品牌的发展信心与症结认知（r = -0.123，$p < 0.01$），以及优势认知与症结认知之间（r = -0.132，$p < 0.01$），都呈现为显著负相关。这表明国外消费者对中国品牌发展现状的积极和消极两种倾向的认知之间，呈现为非均衡性的特点。也就是说，越是认为中国品牌的优势明显，或者对中国品牌充满了更大信心的国外消费者，则更不可能认为中国品牌的发展处于困境之中，或者更不会认为中国品牌的发展充满了问题。

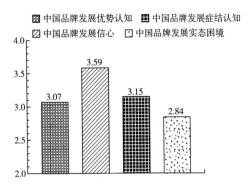

图2 被访者眼中中国品牌发展的现状

注：纵坐标表示认同度，1=非常不同意，5=非常同意。

（二）国外消费者眼中中国品牌的生长环境

构成"中国品牌生长环境"的所有项目可提取5个公因子，对各因子的构成项目加总后取均值，发现在5点量表上，被访者的评价最高为"人文传统积极环境"（M=3.79），其次是"社会制度优胜环境"（M=3.78），再次是"实践场域有利环境"（M=3.32）和"人文传统消极环境"（M=3.20），最后是"实践场域不利环境"（M=3.02）。其中，被访者在前两个维度上的评价明显更高，对最后一个维度的评价明显最低。另外，受访者对"实践场域有利环境"的评价显著高于"人文传统消极环境"（$T=2.49$，df=444，$p=0.013$）（见图3）。由此可见，国外消费者对中国品牌生长环境的认识，就总体而言，积极认知的倾向性更高一些。

进一步的分析表明，国外消费者对中国品牌生长的社会制度优胜环境认知与对人文传统积极环境（r=0.485，$p<0.001$）和实践场域有利环境（r=0.374，$p<0.001$）的认知呈显著正相关，"实践场域有利环境"与"人文传统积极环境"也呈显著的正相关（r=0.423，$p<0.001$）。另外，"实践场域不利环境"与"人文传统消极环境"也呈现显著正相关（r=0.355，$p<0.001$），说明国外消费者对中国品牌实践场域不利环境的认知度越高，则越倾向于认可人文传统的消极环境。

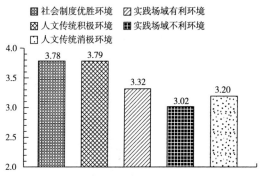

图3　被访者眼中中国品牌的生长环境

注：纵坐标表示认同度，1＝非常不同意，5＝非常同意。

（三）品牌生长环境与发展现状的关系

我们第三个研究问题是：国外消费者对中国品牌环境的认识，是否影响到他们眼中中国品牌的发展状况？文献初步表明，国外消费者对中国品牌生长环境的认识，可能会影响他们对中国品牌发展现状的判断。基于此，我们以被访者对中国品牌发展现状的四个维度为因变量，以品牌生长环境的五个因素为自变量，控制被访者的年龄、性别、教育程度等人口统计学因素，通过执行多元线性阶层回归分析，以回答该问题。回归分析的结果如表2所示。

表2　预测被访者对中国品牌发展现状认知的多元阶层线性回归

	品牌发展优势认知	中国品牌发展信心	品牌发展症结认知	品牌发展实态困境
常数	1.400***	2.255***	2.217***	1.984***
控制变量				
性别（女＝0）	0.036	0.085	0.004	0.115*
年龄	−0.080	−0.109*	−0.034	−0.078
教育程度-本科 vs 本科以下	0.054	0.030	−0.080	−0.121*
教育程度-硕士及以上 vs 本科以下	−0.041	−0.018	−0.036	−0.057
地区 亚洲-vs 发达地区	0.160**	0.003	0.034	−0.057
地区 非亚洲-vs 发达地区	0.174**	0.042	−0.031	0.031
$\Delta R^2\%$	4.6**	2.3	1.1	3.2*

	品牌发展优势认知	中国品牌发展信心	品牌发展症结认知	品牌发展实态困境
品牌生长环境				
社会制度优胜环境	0.119 *	0.225 ***	0.024	0.009
人文传统积极环境	0.142 **	0.056	-0.102	-0.016
实践场域有利环境	0.371 ***	0.216 ***	-0.006	-0.039
实践场域不利环境	-0.128 **	-0.056	0.158 **	0.203 ***
人文传统消极环境	-0.024	-0.054	0.313 ***	0.077
$\Delta R^2\%$	31.9 ***	18.0 ***	17.1 ***	9.0 ***
$Adj. R^2\%$	30.2 ***	15.9 ***	15.0 ***	6.7 ***

注：表格中回归系数为标准化 β 值；* $p < 0.05$，** $p < 0.01$，*** $p < 0.001$。

表 2 显示，被访者的四个人口学因素，对他们就中国品牌发展现状四个维度认知的影响不大。然而，他们对中国品牌生长环境认知的五个变量，却显著影响了他们眼中的中国品牌发展状况。首先，在对被访者就中国品牌发展优势认知方面，社会制度优胜环境（β = 0.119，$p < 0.05$）、实践场域有利环境（β = 0.371，$p < 0.001$）及人文传统积极环境（β = 0.142，$p < 0.01$）三个因素，展现了显著的积极影响；实践场域不利环境（β = -0.128，$p < 0.001$），则拥有显著的消极影响。人文传统消极环境则对中国品牌发展的优势评价并无显著影响。

其次，在对中国品牌发展信心的影响方面，只有社会制度优胜环境（β = 0.225，$p < 0.001$）与实践场域有利环境（β = 0.216，$p < 0.001$）两个因素展现了显著的结果，其他三个因素则没有影响被访者对中国品牌未来发展的预期。至于被访者心目中中国品牌发展的症结，两个消极的环境因素都对其拥有显著的影响。具体的影响机制是：越是认为中国品牌所处的实践场域不利（β = 0.158，$p < 0.01$），以及中国的人文传统更为消极（β = 0.313，$p < 0.001$）的国外消费者，越倾向于认为中国品牌面临着更多的症结。

最后，关于中国品牌发展的实态困境，只有一个消极因素，即实践场域不利环境对其产生了显著的影响力：越是认为中国品牌所处的实践场域不利（β = 0.203，$p < 0.001$）的被访者，越是认为中国品牌的发展面临实践层面的难题。

综合上述结果，我们可以做出这样的判断：国外消费者对中国品牌生长环境的认知，的确影响到他们对我国品牌发展现状的认知。在具体的影响机制上，为便于直观显示，我们将四个线性回归方程的结果整理于图4中。图4表明，环境因素的不同方面，对于国外消费者眼中我国品牌发展现状的不同维度，拥有特定的影响路径。

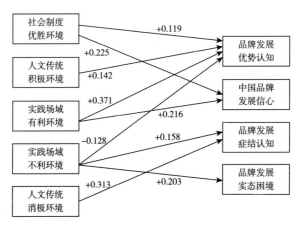

图4　品牌生长环境与发展现状的关系

五　结论与讨论

本文尝试以国家作为考察品牌形象的重要层面，并提出在国家层面考察品牌形象应从品牌发展现状与品牌生长环境两个向度出发。其中，前者从产品品牌自身的角度切入，后者侧重考察与品牌建设高度相关的宏观环境因素，包括制度、文化等方面。在发展自主品牌已成为我国基本国策的当下，本研究通过文献回顾和实地访谈，构建了中国品牌发展现状和生长环境量表，以问卷调查的方法，考察了国外消费者对中国品牌形象的认知状况。

（一）本研究的结论与贡献

对义乌市场外商问卷调查数据的分析显示，本文构建的中国品牌发展现状和生长环境量表具有足够的信度和效度。结果显示，国外消费者对中国品牌发展现实状况和生长环境的认知，都包括了积极和消极两种倾向性的判断。具体而言，被访者对我国品牌发展现状的认识，包括了对品牌发展优势、信心、症结和实态困境四个方面；对于我国品牌生长环境的理解，则体现在积极人文传统、消极人文传统、有利实践场域、不利实践场域，以及优胜的社会制度五种环境因素。进一步的数据表明，国外消费者对中国品牌形象的认知，不论在品牌发展状况还是生长环境方面，积极认知的倾向性更高一些。我们还发现，在国外消费者的认知中，我国品牌赖以成长的积极环境因素，使得他们认为我国品牌更具优势，对我国品牌的信心也更足；而消极的环境因素，则使得他们对我国品牌发展持负面的看法。

本研究实践层面的贡献有如下几个方面。（1）我们发现国外消费者眼中我国富有优胜的社会制度环境，并使得我国品牌的发展状况更佳。这启发我们应该以制度自信与优化来促进自主品牌在国际市场赢得更多尊重。诚如邓小平所言："我们评价一个国家的政治体制、政治结构和政策是否正确，关键看三条：第一是看国家的政局是否稳定；第二是看能否增进人民的团结，改善人民的生活；第三是看生产力能否得到持续发展。"[1]实际上被概括为"中国模式"的中国制度，已"实现了世界上最长时期的经济高度增长，并大大改善了大部分百姓的生活水平"[2]。近来国家领导人频频倡导制度自信，对于我国自主品牌的建设而言，无疑具有重大推动价值："坚定制度自信，不是要固步自封，而是要不断革除体制机制弊端，让我们的制度成熟而持久。"[3]（2）进一步发扬积极的人文传统和有利的实践场域因素，努力克服消极的人文传统和不利的实践场域因素，需引起我们高度重视。诸如中国人不尊重知识产权、喜欢讲人情、监管制度松散、办事不认真、喜欢要诡计等具体环境因子导致的中国品牌产品低档次、中国没有品牌只有廉价加工品等症结，都需我们对症诊治。（3）数

---

[1] 《邓小平选集》（第三卷），人民出版社，1993，第213页。

[2] 张维为：《中国超越：一个"文明型国家"的光荣与梦想》，上海人民出版社，2014，第122页。

[3] 习近平：《坚定制度自信不是要固步自封》，新华网，2014年2月17日，http：//news.xinhuanet.com/politics/2014-02/17/c_119373758.htm。

据体现出来的国际欠发达地区比发达地区对中国品牌发展的优势认知更加积极，这启发我们需把更具影响力的发达地区对于中国品牌发展优势与信心的认知作为更为关键的工作。

在理论思考上，本文确立了在国家这一宏观层面考察品牌形象的基本框架，即品牌发展状况与品牌生长环境。既往研究或侧重产品品牌自身，或偏向品牌来源国发达或不发达、正面或负面的孤立印象。[1] 而本研究在品牌发展状况与生长环境之间，建立了有机的联系，使得"国家形象"在本研究视域具体体现为品牌生长环境，并与品牌发展状况建立紧密的关联性。

（二）本研究的局限与未来方向

第一，既有的品牌来源国效应研究总体集中于品牌来源国认知会影响对于品牌形象的认知[2]，逻辑的反向则是一个国家品牌形象也必然建构在该品牌来源国国家形象之上。对此，本文实证性的研究虽然一定意义上开了先河，但需讨论的则是国家形象研究该如何引入国家品牌形象维度。本研究固然将国家形象解析为品牌生长环境诸因子，但这样的解析毕竟是从中国品牌形象角度切入的。而目前诸多的中国国家形象研究几乎没有包括自主品牌形象，如中国要建立"开放、民主、自由、进步"的国家形象[3]，国家形象包含物质要素、制度要素、精神要素三个层面[4]等学术观点，这些研究均没有将学术视角延伸到国家自主品牌层面。由此，"自主品牌形象"与"国家形象"互为研究维度，这就需要深入讨论、形成共识。

第二，从国外消费者对中国品牌发展现状的认知来看，积极认知的倾

---

[1] S. S. Liu, K. F. Johnson, "The Automatic Country-of-origin Effects on Brand Judgments," *Journal of Advertisings* 1 (2005): 87-97.

[2] Saeed Samiee, Terence A. Shimp, Subhash Sharma, "Brand Origin Recognition Accuracy: Its Antecedents and Consumers' Cognitive Limitations," *Academy of International Business Studies*, 36 (2005): 379-397.

[3] 孟建：《国家形象建构与中国政府新闻发布制度》，《国际新闻界》2008年第11期，第33~38页。

[4] 张昆：《国家形象传播》，复旦大学出版社，2005，第182页。

向性相对更高一些。这就提示我们需建立信心而不可妄自菲薄，同时更需对倾向消极认知的因子及其相关性——症结认知与实态困境之间的显著正相关、发展信心与症结认知之间的显著负相关、优势认知与症结认知之间的显著负相关等，建立中国品牌形象提升存在巨大空间的辩证认识，并在讨论中明确问题与机遇，这恰是本研究意义之所在。

本研究由舒咏平、熊文军、杨敏丽、高鹏飞等 16 位师生完成；张明新教授对研究设计与数据分析进行了全方位指导。在义乌调查期间，得到义乌小商品城管理部门支持；受访的外商对调查给予高度认可与配合，其中马来西亚义乌贸促会主任王景华先生专门为本研究题词："中国应建立自己的品牌，不要只做代工！"其情感人至深。

（原载《新闻大学》2016 年第 2 期，署名舒咏平、熊文军、杨敏丽、高鹏飞）

中国品牌与环境的海外消费者认知

一 研究缘起

对于自主品牌概念的界定，虽然不同学者有不同表述，但总体内涵却是清晰的，即"自主品牌，则是与自主创新相联系的，这里指的就是中国品牌，由中国企业和中国资本控股的企业，通过自主创新和精心营销所创建的拥有知识产权的中华民族品牌"。[①] 由于品牌营销不可避免地带上品牌来源国的效益，国家形象实际在为来自不同国度的品牌进行背书，1965 年，Schooler 在研究中美洲共同市场的贸易增长时，发现国家形象影响着消费者的偏见，并第一次正式引入了国家形象概念。[②] 由于国家形象对于国际市场营销战略的重要性[③]，在影响国际竞争的许多因素中，来源国效应吸引了越来越多的注意。[④] 学者们也通过实证指出："来源国效应的产生与来源国的国家形象有关，且品牌来源国、产品制造国、产品设计国、产品装配国等均分别对产品质量的评价产生影响。"[⑤]

① 乌家培：《论我国自主品牌的培育、管理和发展》，《学术研究》2007 年第 4 期，第 15~17 页。
② Robert D. Schooler, "Product Bias in the Central American Common Market," *Journal of Research in Marketing* 2 (1965)：394-397.
③ Abhilash Ponnam, Roy Subhadip IUP, "Indian Consumers' Perception of Country of Origin on Organizational Capabilities," *Journal of Management Research* 10 (2009)：63-72.
④ I. Khalid Al-Sulaiti, Michael J. Baker, "Country of Origin Effects：A Literature Review," *Marketing Intelligence&Planning* 3 (1998)：150-155.
⑤ 黄合水：《产品评价的来源国效应》，《心理科学进展》2003 年第 6 期，第 692~699 页。

国家形象固然影响该国品牌传播接受，而反过来，一个国家的品牌也必然在建构着这个国家的形象。如苹果、微软对于美国，奔驰、西门子对于德国，LV、香奈儿对于法国，其品牌文化与国家形象有着高度的同构性。传播学大师麦克卢汉曾经典性地说道："媒介即是讯息，因为对人的组合与行动的尺度和形态，媒介正是发挥着塑造和控制的作用。"① 如果从品牌动态地负载着产品、企业、文化、历史、时代等诸多讯息，并深刻地影响、塑造、控制着人们的行为角度审视，品牌无疑就是最具有传播效应的媒介。显然，一个国家的品牌，负载着这个国家文化的 DNA，并在造福于人类物质生活与精神生活的同时，在细雨无声中最有效传播着这个国家的文化，体现着这个国家、这个民族最根本的民族性和文化内涵。② 对于我国来说，自主品牌发展已经成为基本国策，是我国经济转型升级的必由之路。

习近平曾指出，要着力提高自主创新能力和培育自主品牌，坚定不移地走品牌发展之路。③ 为此，把握我国自主品牌及其相关国家形象的国际评价就显得尤为重要。

二　文献综述与问题提出

由于品牌的复杂性，品牌形象的评估模型多种多样。如艾克模型，其评价维度包括品牌知晓度、品牌忠诚度、品牌联想度、品牌感知质量、品牌资产五个方面。科勒模型则主要强调知晓度、联想度两个部分。在克里斯南模型中，则凸显联想数量、联想偏好、联想独特性、联想来源等维度。贝尔模型则以公司形象、使用者形象、产品/服务形象等构成品牌形象。而目前为国内所熟知的英特模型，则主要由市场领导力、稳定性、市场、国际化能力、趋向、所获支持、品牌保护等维度构成。研究者认为，

---

① 〔加〕马歇尔·麦克卢汉：《理解媒介：论人的延伸》，何道宽译，商务印书馆，2000，第 34 页。

② 舒咏平、杨敏丽：《自主品牌：华夏文明的致效媒介》，《现代传播》（中国传媒大学学报）2014 年第 1 期，第 99~103 页。

③ 缪毅容：《习近平与国企负责人座谈：使国企成自主创新主体》，《解放日报》2007 年 9 月 22 日，第 1 版。

这些品牌形象评估模型固然各有合理性，但均"没有建立关于品牌形象构成要素及其影响因素相对完善的体系"。① 还有学者对品牌形象的构成进行了五个方面的维度划分，即品牌认知、产品属性认知、品牌联想、品牌价值、品牌忠诚。② 此外，还有学者提出了品牌形象综合测评模型，将品牌形象分为四个维度：产品维度、企业维度、人性化维度和符号维度。③ 这些品牌形象维度的特点，是就产品品牌自身角度而切入的，未能从"品牌联想""所获支持""人性化"等更具有品牌背书功能的宏观背景维度来进行审视。

在 Schooler 第一次提出国家形象之后，人们对品牌形象障碍的认识开始超越有形障碍，注意到消费者对于产品及品牌来源国偏见这种无形的因素。在美国圣路易斯等地受测者对外国产品形象的调查中，Schooler 指出，在美国消费者的心目中，德国产品的国家形象显著好于亚洲、印度以及其他西欧国家的产品，东欧的产品最差，美国产品则好于西欧及印度的产品。④ 随后，产品原产地以及品牌来源国研究得以深入展开。一些学者认为，原产地主要是发挥品质推断或指示的作用；另一些研究则认为，原产地可以像产品属性那样直接对产品评价产生影响；还有研究认为原产地可以透过爱国、爱乡或对他国的敌视等情绪影响消费者的产品评价。⑤ 随着资本扩张、加工外包等形式的日益增多，不少学者则超越传统意义上的原产国视野，将"制造国""设计国""部件供应国""品牌来源国"等概念引入原产地的研究。Phau 等学者提出，国际贴牌生产的普遍存在使得消费者日益习惯和接受产自不同国家的同一品牌，甚至认为不同国家在制造和加工技术上的能力日趋接近，产地或制造国对消费者评价

① 江明华等：《品牌形象模型的比较研究》，《北京大学学报》（哲学社会科学版）2003 年第 2 期，第 107~114 页。

② 罗子明：《品牌形象的构成及其测量》，《北京工商大学学报》（社会科学版）2001 年第 4 期，第 19~22 页。

③ 范秀成等：《品牌形象综合测评模型及其应用》，《南开学报》2002 年第 3 期，第 65~71 页。

④ Robert D. Schooler, "Bias Phenomena Attendant to the Marketing of Foreign Goods in the US," *Journal of International Business Studies*1（1971）：71-80.

⑤ J. G. Klein, R. Ettenson, M. D. Morris, "The Animosity Model of Foreign Product Purchase: An Empirical Test in the People's Republic of China," *Journal of Marketing* 1（1998）：89-100.

和选择产品可能不再像以前那样具有影响力，而品牌来源国所激发的情感和联想则仍会很重要，因此对消费者来说，品牌来源国是一种更有效的认识和评价产品的工具。① 由此，品牌来源国得到明确界定，即"消费者将某一产品或品牌视为来自哪个国家，而不论产品在哪儿生产"。② 相比原产国研究，品牌来源国被认为是比产品制造国更重要的一个概念，以往侧重探索制造国影响的原产国研究，需要转移到以品牌来源国为重心的研究轨道上来。

GURHAN-CANLI 等的研究中，要求美国和日本消费者分别评价产自日本和美国的不同属性水平的山地车，以考察本国消费者在使用原产地信息时是否有所偏向，是什么原因造成这种偏向。此类研究，实际上依据的都是制造国或"made in"线索，将原产国等同于产品制造国或组装国，忽视了品牌与产品制造国分离的事实，以及在此条件下品牌背后国家信息的作用和影响。③ 已有研究发现，消费者一般会认为来自经济发达国家的产品比来自经济不发达国家的产品好。④ 而关于对发展中国家消费者的研究则发现，他们对本国产品的评价普遍要低于外国产品，这反映了发展中国家的消费者将产品的来源国作为一种社会地位的象征。⑤ 同样，我国学者在研究中也发现，中国的消费者普遍相信跨国公司的品牌产品质量比国内企业的产品质量更好，即使是国内的名牌产品，其质量总的来说也不如跨国公司。⑥ 如此，从品牌来源国角度来审视国家形象自然成为学者们的研究对象。

---

① I. Phau, Prendergast, "Conceptualizing the Country of Origin of Brand," *Journal of Market-ing Communications* 3 (2000): 159-170.

② I. D. Nebenzahl, E. D. Jaffe, S. I. Lampert, "Towards a Theory of Country Image Effect on Product Evaluation," *Management International Review* 191997: 27-49.

③ Z. Gurhan-Canli, D. Maheswaran, "Cultural Variantions in Country of Origin Effects," *Journal of Marketing Research* 3 (2000): 309-317.

④ N. Kinra, "The Effect of Country-of-origin on Foreign Brand Names in the Indian Market," *Marketing Intelligence & Planning* 7 (2006): 15-30.

⑤ R. Batra, V. Ramaswamy, D. L. Alden, J-B. E. M. Steenkamp, S. Ramachander, "Effects of Brand Local and Nonlo? Cal Origin on Consumer Attitudes in Developing Countries," *Journal of Consumer Psychology* 2 (2000): 83-95.

⑥ 宋永高、水常青：《国内消费者对本国品牌的态度及其改变的可能性研究》，《南开管理评论》2004 年第 2 期，第 41~45 页。

现有大多数研究均持这样的观点：当消费者对品牌来源的国家抱有更正面印象时，他们更容易接受该品牌。而作为品牌来源国的国家形象，一般来说，经济发展程度较高的国家给人的印象比较好。但在进一步对来源国的国家形象进行研究之后，Al-Sulaiti 和 Baker 发现来源国的政治体制、文化类型等都可能影响消费者对产品的评价。[1] 而对于国家形象维度构成的研究，目前最具有代表性的是 Roth 和 Romeo 的研究，他们在检验了国家形象研究文献的基础上，提出梳理国家形象维度的标准为：第一，在之前的研究中有一致性；第二，与来源国产品和营销强弱有关；第三，适用于广泛的产品类别。随后，他们认为国家形象有四个维度是明显的，即创新性、设计、声望和工艺。[2] 而实际上，如上四个维度却过于聚焦于产品与品牌本身，对于国家形象的复杂性却考虑不周。有专家指出：国家品牌（形象）的构成要素相对复杂，主要由当前国家的地理位置、自然环境、经济、政治、文化状况所决定，当然也要受到历史状况和发展前景的影响，一个国家特有的物（包括自然物、文化产物等），人（古代、现代、当代的名人），事（著名事件）都将为该国品牌的建立奠定坚实的基础。[3] 并认为，国家形象的构成要素大致包括以下几个方面：国家的社会制度、民族文化、综合国力、政治局势、国际关系、领袖风范、公民素质、社会文明等。[4] 而自然禀赋、国家特征、文化传统、民俗民风、科技和管理水平、经济发展水平、行业的品牌集中度等，会影响品牌来源国形象的形成。[5] 显然，这些无所不包的国家形象要素呈现泛化倾向。

在吸纳如上相关文献、理论及研究经验的基础上，我们将研究的问题

---

[1] Khalid I. Al-Sulait, Michael J. Baker, "Country of Origin Effects: A Literature Review," *Marketing Intelligence & Planning* 16 (1998): 150-199.

[2] Martin S. Roth, Jean B. Romeo, "Matching Product Category and Country Image Perceptions: A Framework for Managing Country-of-origin Effects," *Journal of International Business Studies* 3 (1992): 477-497.

[3] 曾德国、陈红梅：《国家品牌塑造的难点及对策探讨》，《学术论坛》2012 年第 4 期，第 133~136 页。

[4] 谢晓娟：《论软权力中的国家形象及其塑造》，《理论前沿》2004 年第 19 期，第 19~21 页。

[5] 禹跃军：《品牌来源国形象与品牌形象关系探讨》，《现代商贸工业》2013 年第 5 期，第 92~93 页。

整合聚集于两个层面的问题构想。

一是海外消费者对于中国品牌有着怎样的形象认知？

二是海外消费者对于中国国家形象即中国品牌发展环境如何认知？

前者重心在于研究中国自主品牌形象，后者侧重于与品牌发展高度相关的国家形象要素，这些要素是作为中国品牌发展环境而存在的。

三　研究设计与数据采集

本调查研究拟回答的问题是海外消费者对中国品牌发展现状和环境的认知状况。根据相关文献的调研与梳理，并辅以对 7 名国内外品牌学者和业界人士的多轮访谈，我们初步形成了海外消费者对于中国品牌发展现状和生长环境的基本观念，并在此基础上设计了调查所需的中英日文问卷。在形成调研问卷的初稿之后，邀请了 11 名品牌专家和企业管理者对问卷进行预测试。根据测试结果和他们的意见，对问卷题项的增减、措辞、顺序等进行了调整。

问卷调查的进行，一是通过留学生向海外消费者进行征答，严格排除海外华人及中国留学生，以保证调查数据的客观性；二是对第 20 届中国义乌国际小商品博览会境外客商的调查。消费者行为学认为经销商即广义消费者，更因深度了解消费者而具有典型性。调查问卷发放 600 份，回收有效问卷 543 份。其中，男性占 75%，女性占 25%；45% 的被访者年龄为 21—30 岁，25% 的被访者为 31—40 岁，11% 的被访者为 41—50 岁；从被访者所在地域来源看，45% 的被访者来自除中国外的亚洲各国，20% 为欧洲，15% 为非洲，13% 为北美，3% 是南美，2% 是大洋洲。大多数被访者的教育程度在本科肄业及以上（其中本科肄业 17%、本科 34%、硕士及以上 30%）。

从人口学变量看，样本涵盖了多样性的海外消费者，能较好地反映出海外消费者对我国品牌及其发展环境认知的总貌。通过 SPSS 的数据录入及对问卷信度进行分析，整份问卷的信度为 0.851，具有稳定性及可靠性。

四　海外消费者对中国品牌及产品的认知

1. 海外消费者开始对中国品牌产品形成认知

由于自主品牌在国际市场上的多年努力，一批品牌已在海外形成了一定的认知，其中，联想以 18%、阿里巴巴以 17%、海尔以 14% 的占比为海外消费者所认知，并成为在海外消费者认知度中位列前三的自主品牌。这与海尔长期在海外建厂、推广，联想并购 IBM 的个人电脑业务，阿里巴巴以电商平台在纽交所上市等国际化策略不无关系。青岛啤酒、小米、格力、奇瑞及 TCL 处于第二梯队，认知度也较高。由此可见，在消费品领域，中国品牌认知度较高的产业有电子、家电、电商、啤酒及汽车等（如图 1 所示）。需说明的是，中国高铁、长征火箭、江南造船等重工制造品牌，因专业化程度高，而未进入本调查范围。

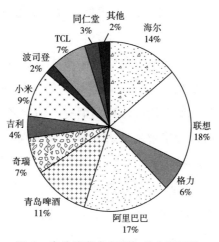

图 1　海外消费者所认知的中国品牌

2. "网络查询"已经成为海外消费者了解中国品牌的第一途径

由图 2 我们可以看出，"网络查询"已成为海外消费者了解中国最主要的渠道，其占比为 31%；随后则为广告、展会、亲友介绍，分别占比 14%、14%、13%。数据告诉我们，在网络社会，充分利用互联网来传播自主品牌乃是时代赋予我们的战略机遇；同时也启发我们，单凭任何一种途径均不足以充分地传播自主品牌,而需将多种渠道予以整合,即在整合传播中有效地传播自主品牌。

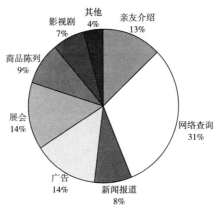

图2 海外消费者了解中国品牌的途径

3. 中国产品与中国品牌成为海外消费者了解中国的主要途径

与了解中国品牌不同,海外消费者认知中国国家形象,不仅依靠常规的媒体信息(23%)、亲友介绍(15%),而且有19%的被访者认为产品本身也同样负载着中国国家形象。尤其值得注意的是:有9%的被访者已经认识到中国品牌成为认知中国的途径,但其比例还甚低。这恰恰说明中国品牌的影响力还比较弱,中国品牌与产品之间差了10个百分点,这也说明了中国处于有产品而无品牌的尴尬境地。海外消费者了解中国的途径见图3。

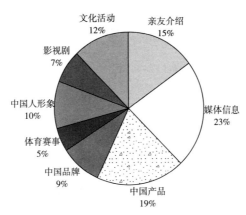

图3 海外消费者了解中国的途径

4.“中国品牌产品质量好”得到支持，但支持率不甚理想

对中国产品质量的评价，大部分海外消费者持中立态度，人数为267人，占总数的49.2%，将近一半；而其中同意及非常同意的有163人，要比持不同意态度的113人多50人；可见海外消费者对中国产品的质量总体比较认可，但其30%的支持率却不甚理想（见图4）。

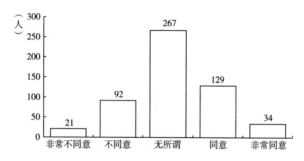

图4 “中国品牌产品质量好”的认知

5.“中国品牌产品价格低”获得了较大支持

中国品牌产品的价格低，是国际一贯的认识，本调查数据进一步予以了验证。有占比64.8%（352人）的海外消费者同意及非常同意中国品牌产品价格低（见图5）。这一方面说明中国品牌产品具有价格上的竞争力，但另一方面则容易引发海外消费者的价廉必然质劣的负面联想。

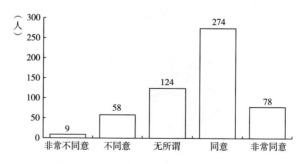

图5 “中国品牌产品价格低”的认知

6. "中国品牌产品技术含量高"已开始得到海外消费者认知

中国作为发展中国家，其品牌产品的技术含量是否能得到国际消费者认可，关系到中国品牌产品竞争力的发展预期。调查数据表明，对中国品牌产品技术含量高持同意及非常同意意见的海外消费者达201人，远多于持反对意见的106人。显然，中国品牌产品在科教兴国战略的指引下不断取得技术上的创新进步并开始得到认可。但该项调查中，却有占比43.5%的236人表达了中立态度（见图6），这说明我国品牌产品技术创新依然任重而道远。

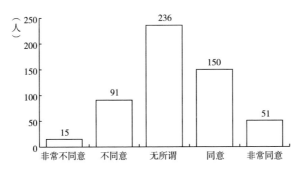

图6 "中国品牌产品技术含量高"的认知

7. "中国品牌产品的艺术品位"未能得到明确认知

对于中国品牌的品位问题有47.1%即256人持中立态度，而持总体同意态度的141人，与持不同意态度的146人，几乎各占一半（见图7）。这说明中国品牌产品在艺术品位上不乐观，还有很大的上升空间。

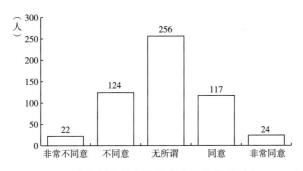

图7 "中国品牌产品的艺术品位"的认知

8. "中国品牌产品服务有保障"不被认可

要树立中国品牌形象，中国品牌产品的服务就需具备可靠的保障。对此，占比39.8%的216位海外消费者持中立态度；同时，对中国品牌产品服务有保障持不同意态度的有206人，占比37.9%，远高于持同意态度的人数比例（见图8）。这说明中国品牌在服务这一方面做得还很不够。显然，在国际市场的激烈竞争中，中国品牌产品的服务保障需要很好地加强。

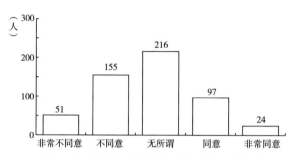

图8 "中国品牌产品服务有保障"的认知

9. "中国品牌产品缺乏特色"总体上得到支持

品牌需要个性、需要特色来支撑。对于中国品牌产品缺乏特色的判断，有47.7%的海外消费者持中立态度；同时，对中国品牌产品缺乏特色持同意态度的有165人，占比30.4%，高于持不同意态度的人数比例（见图9）。这说明中国品牌产品缺乏特色的认识在总体上得到了支持，由此，中国品牌产品在国际市场竞争中，显然需要增强特色，形成鲜明的个性。

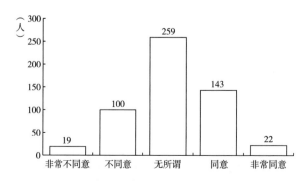

图9 "中国品牌产品缺乏特色"的认知

10."中国品牌产品细节粗糙"得到了证实

在人们的印象中，相比国际品牌，中国品牌产品往往因细节粗糙被诟病。调查数据显示，对中国品牌产品细节粗糙持同意态度的有194人，占比35.7%，高于持不同意态度的人数比例。此外，还有45.9%的海外消费者持中立态度（见图10）。这说明中国品牌产品的细节粗糙确实影响了国际消费者对于中国品牌的正向认知，需引起我国品牌企业足够的重视。

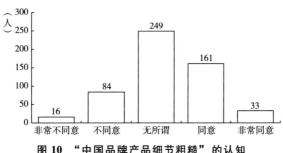

图10 "中国品牌产品细节粗糙"的认知

11."中国品牌产品是抄袭仿冒"问题已经凸显

当前消费领域流行着一种说法：C2C（copy to china），即中国品牌产品一直背负着抄袭的形象。这一方面固然与中国作为产品技术跟随者的历史角色有关，另一方面也确实反映出中国品牌产品存在抄袭仿冒的现象。对此，调查数据显示，有占比45.7%（248人）的人支持这一判断，其远高于持反对态度的人数比例。另有占比36.3%（197人）的人对此持中立态度（见图11）。这均说明，在海外消费者的眼中，中国品牌产品的抄袭仿冒问题已经甚为明显。

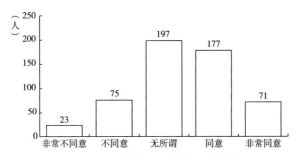

图11 "中国品牌产品是抄袭仿冒"的认知

12."中国品牌产品信誉低"的问题较为突出

信誉，是品牌的生命线。要树立中国品牌形象，中国品牌产品信誉就尤为关键。调查数据显示，占比40.9%的222位海外消费者对此持中立态度；而对中国品牌产品信誉低持同意态度的有213人，占比39.2%，远高于持反对态度的人数比例（见图12）。这说明中国品牌产品信誉方面的问题还很突出。这或许与中国品牌经常性地爆出负面信息相关，因此，只有加强制度管理、提升经营者道德水平，方可解决中国品牌产品信誉问题。

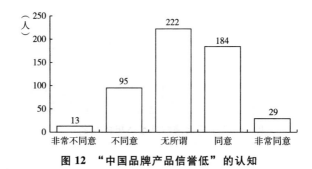

图12 "中国品牌产品信誉低"的认知

13."中国品牌产品缺乏创新"开始得到认可

创新，是品牌产品富有竞争力的前提。对于中国品牌产品缺乏创新的判断，占比33.5%的182位海外消费者持中立态度；同时，对此判断持不同意态度的有191人，占比35.2%，略高于持同意态度的人数比例（见图13）。这说明中国品牌在产品创新方面已经开始得到海外消费者的认知，但其比重不大且持中立态度的人数众多，这说明中国品牌产品的创新性需要大大加强。

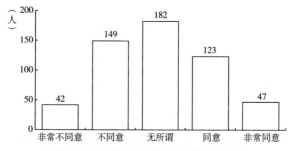

图13 "中国品牌产品缺乏创新"的认知

五 海外消费者对中国品牌生长环境的认知

品牌生长环境，即品牌发展诸多环境要素的集合，一定意义上可以说是一个国家形象的主要构成维度。由此，在我们的课题中，既调查了海外消费者对于中国品牌的认知，又调查了海外消费者对于中国品牌环境的认知。该方面的调查，合理回避了由敏感的意识形态所形成的心理阻碍，同时合理地采集到了有关国家形象要素的客观数据。这对于中国品牌发展具有宏观指导意义，对于中国国家形象的建构也具有积极的启迪性。

1. "中国的社会制度具有高效率"得到了很好的支持

中国特色社会主义制度的高效率促进生产力发展、促进社会进步，已经成为国际共识，也坚定了我们的制度自信。但具体调查数据一直未能清晰看到，而在本调查研究中，数据则显示：认为中国的社会制度具有高效率的支持率为41.8%，远高于持不同意态度的人数比例。这无疑从数据上进一步支持了我们的制度优越。但对该问项尚有35.0%的人持中立态度（见图14），这说明要让国际社会进一步认识中国特色社会主义制度优越性，还有许多工作要做。

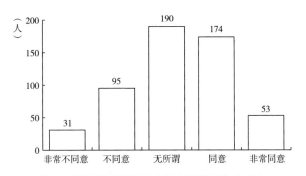

图14 "中国的社会制度具有高效率"的认知

2. "中国有着悠久的历史和文化"得到极高的认知

中国悠久的历史与文化是我国巨大的精神文化财富。对此，本调查数据显得尤其一致：认为中国有悠久历史文化的支持率高达80.7%，远高于持不同意态度的人数比例（见图15）。这无疑从数据上进一步支持了我们的文化自信。

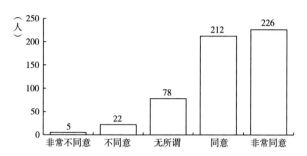

图15 "中国有着悠久的历史和文化"的认知

3. "中国人有能力且聪明"获得高认可

在品牌发展中，人是第一要素。对于中国人有能力且聪明的评价，调查数据显示：持支持态度的人数比例高达68.9%，远高于持不同意态度的人数比例（见图16）。这一数据说明"中国人有能力且聪明"获得高认可。

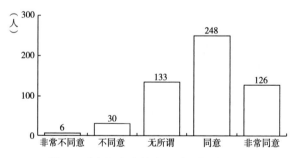

图16 "中国人有能力且聪明"的认知

4. "中国具有讲求忠诚信誉的文化"总体得到支持

对他人、对企业、对国家忠诚，并时时讲求信誉，这是品牌发展最深厚的人文保证。在中国具有讲求忠诚信誉的文化题项调查中，数据显示：持同意态度的人数比例高达57.5%，远高于持不同意态度的人数比例。这无疑从数据上坚定了对于中国忠诚信誉文化的自信。但对该问项尚有

162 人持中立态度，且有明确表示不同意的 69 人（见图 17），这说明要让国际社会进一步认同中国的忠诚信誉文化，在诸多方面还有许多工作要做。

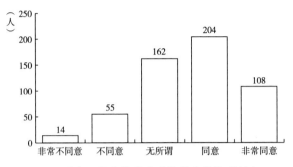

图 17 "中国具有讲求忠诚信誉文化"的认知

5. "中国具有大度包容的形象"拥有较高的支持率

中国作为负责任的大国，无疑需要建立大度包容的形象；而对于品牌的国际发展而言，只有大度包容才能虚心向国际社会学习，才能使品牌得到国际消费者的欢迎。对于中国具有大度包容的形象的问项，持支持态度的人数比例为 51.6%，远高于持不同意态度的人数比例。这无疑从数据上坚定了我们大度包容形象的建设。但对该问项尚有 180 人持中立态度（见图 18），这说明要真正树立大度包容的国际形象，既任重道远，又充满辩证的要素。

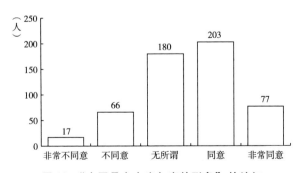

图 18 "中国具有大度包容的形象"的认知

6. "中国具有平等待人的和善风气"也得到较高支持

在国际关系建构、中国品牌向国际市场开拓中，中国具有平等待人的和善风气，因而往往能结交更多的朋友，获得更多的支持。对于该问项，数据则显示：持支持态度的人数比例为40.0%，远高于持不同意态度的人数比例。但还有高达39.8%的人持中立态度（见图19），这足以说明，我们在各个层面的国际交往中，平等、和善的优良风气还需要进一步提倡。

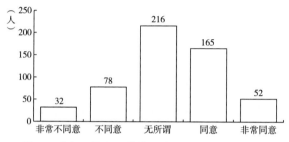

图19 "中国具有平等待人的和善风气"的认知

7. "中国政府的监管制度很松散"不受支持，但情势不容乐观

品牌是品质与信誉的产物，品牌发展离不开政府的监管。对应前面关于中国品牌产品的粗糙、创新不足、仿冒等问题，在这里我们设计了一个反面陈述的问项，即中国政府的监管制度很松散。对此调查数据显示：持不同意态度的人数比例为32%，略高于持同意态度的人数比例。这说明，我国政府的制度监管总体上得到了认可。但持两种态度的人数不相上下，且有高达39.4%的人持中立态度（见图20），这足以说明要让国际社会进一步认知中国政府有着强有力的市场监管制度与执行能力，其情势并不乐观。

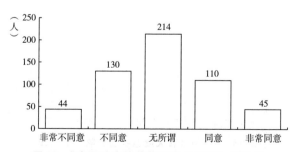

图20 "中国政府的监管制度很松散"的认知

8."中国人办事喜欢讲人情"现象客观存在

中国是个讲人情的社会，它虽然有人性化的优越性，但在办事执法方面又往往形成了阻碍。体现到品牌发展上，就可能存在不公正的现象。对此，我们设计了中国人办事喜欢讲人情的调查问项，数据显示：对此持支持态度的人数比例为44.0%，远高于持不同意态度的人数比例；对该问项尚有42.0%的人持中立态度（见图21）。这说明中国人办事喜欢讲人情，这很难形成是非分明的价值判断，但在中国社会却又是客观存在的。

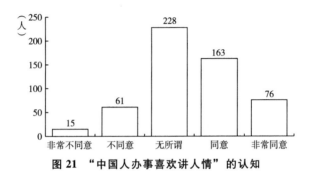

图21 "中国人办事喜欢讲人情"的认知

9."中国人不尊重知识产权"成为较高的认知

品牌需要创新，创新需要得到知识产权的保护。对应前面中国品牌产品存在抄袭仿冒现象，在这里我们设置了"中国人不尊重知识产权"的调查问项，数据显示：对此持支持态度的人数比例为47.1%，远高于持不同意态度的人数比例（见图22）。这无疑从数据上需引发我们足够的重视：中国人不尊重知识产权形成了较高的认知，这对于我国的国家形象建构、我国品牌走出国门甚为不利。

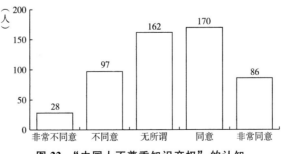

图22 "中国人不尊重知识产权"的认知

10."中国人害怕丢面子"得到证实

"面子"，既可解释为尊严、信誉，又可理解为虚荣；既是一种创建品牌的动力，同时又可能因为掩饰自身所短而成为品牌发展的阻力。为此，我们设置了"中国人害怕丢面子"的调查问项，数据显示：对该判断持支持态度的人数比例为 52.5%，远高于持不同意态度的人数比例。这无疑证实了这一判断。但对该问项尚有 28.7% 的人数比例持中立态度（见图 23），这说明"害怕丢面子"的问项本身具有辩证性，无法简单纳入价值体系来做是非解读。

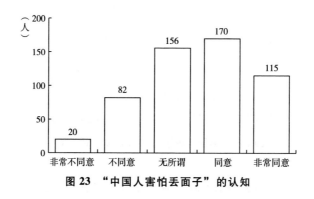

图23 "中国人害怕丢面子"的认知

11. "中国品牌体现中国人是中庸的"没有得到支持

"中庸"是一种不偏不倚、调和折中、平庸守旧的处世态度，其负面效应大过所谓"中立"的正面效应。因中国品牌需特色鲜明地亮相、立足于国际市场，故我们需要了解中国品牌与中庸态度之间的关系。对于"中国品牌体现中国人是中庸的"这一问项，数据显示：持支持态度的人数比例为 21.5%，低于持不同意态度的人数比例。这无疑从数据上否定了我们的基本判断，这从品牌发展角度上看恰是好事。对该问项有高达 50.1% 的人持中立态度（见图 24），这说明中庸的本身也充满辩证的不同价值判断。

12. "中国品牌产品体现中国人不认真"没有得到支持

品牌产品需要精益求精的作风才能得到品质上的保障，但在国际交往中，国外朋友往往以"马马虎虎"来形容中国人。故此，我们设置了"中国品牌产品体现中国人不认真"的问项，数据令我们感到十分欣慰：

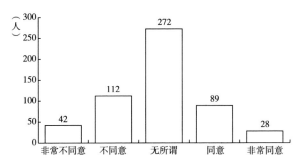

图 24 "中国品牌体现中国人是中庸的"的认知

持反对态度的人数比例为 42.2%，远高于持同意态度的人数比例。但毕竟有 23.9%的支持率以及还有 33.9%的人持中立彷徨态度（见图 25），这说明中国人的不认真态度或多或少地影响了中国品牌的发展。

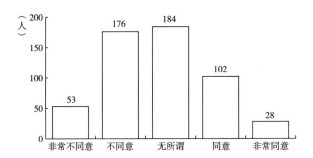

图 25 "中国品牌产品体现中国人不认真"的认知

13. "中国环境污染很严重"得到很高的支持

经济发展初期，往往会付出环境的代价。目前中国正在以代工出口转型为自主品牌出口，对于转型启动阶段的环境情况，国际消费者是如何看待的呢？在"中国环境污染很严重"的调查问项中，调查数据显示：持同意态度的人数比例高达 68.5%，其中"非常同意"的人数比例也高达 40.3%，均远高于持不同意态度的人数比例（见图 26）。显然，中国的环境污染问题，不仅关系到中国品牌产品的国际竞争力，也同样严重影响到了中国国家形象的国际建构。

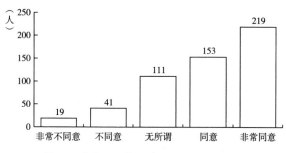

图 26 "中国环境污染很严重"的认知

六　主要结论与讨论

本研究尝试以中国品牌形象，以及作为品牌发展环境的中国国家形象来进行两个层面的考察。其中，前者从中国品牌产品自身的角度切入，后者侧重考察与品牌建设高度相关的宏观环境因素，包括制度、文化等方面。在发展自主品牌已成为我国基本国策的当下，本调查报告旨在考察海外消费者对中国品牌形象与中国国家环境（形象）的认知状况。通过调查数据的统计分析，形成了如下主要结论以及可展开相关讨论的焦点。

（一）主要结论

1. 中国优胜的社会制度环境得到了海外消费者的认可

针对中国的社会制度环境，虽然我们仅仅设置了一个调查问项，即"中国的社会制度具有高效率"；但制度的优越性最显著的表现就是效率，在问项中我们没有加入任何的修饰词，如"中国特色""社会主义制度"，而是客观地以社会制度来显示，如此就具有了一定的客观性。研究中该问项的数据显示：认为中国的社会制度具有高效率的支持率为 41.8%，远高于持不同意态度的人数比例。由于此前我们一直没有从公开的数据上来获得对我国制度优越性的认知，因此，该项数据可以说是第一次量化地支持了中国优胜的社会制度环境得到了国际社会认可。这无疑具体化地坚定了我们的制度自信。

2. 中国优秀的人文文化将继续成为中国品牌与国家形象的建设法宝

人文文化构成了中国品牌与国家形象建设的软性指标，且体现于方方面面，为此我们设置了 11 道不同的问项来进行研究。虽然"中国有着悠久的历史和文化"问项得到极高的支持率，但因其尚是一个中性判断，所以不足以支持我国文化的优秀。但如下各选项的数据却有明确显示：对于"中国人有能力且聪明"持支持态度的人数比例高达 68.9%，远高于持不同意态度的人数比例；对于"中国具有讲求忠诚信誉的文化"持同意态度的人数比例高达 57.5%，远高于持不同意态度的人数比例；对于"中国具有大度包容的形象"持支持态度的人数比例为 51.6%，也远高于持不同意态度的人数比例；而对"中国具有平等待人的和善风气"持支持态度的人数比例为 40.0%，也远高于持不同意态度的人数比例。这些数据均强有力地说明，中国优秀的人文文化已经成为且还将继续成为中国品牌发展与中国国家形象建设的精神瑰宝。

3. 中国品牌开始得到国际消费者认可，但竞争优势不甚明显

由于自主品牌在国际市场上的多年努力，一批品牌已在海外形成了一定的认知，其中，联想以 18%、阿里巴巴以 17%、海尔以 14% 的百分比为海外消费者所认知，并成为海外消费者认知度位列前三的自主品牌。此外，青岛啤酒、小米、格力、奇瑞、TCL、同仁堂、吉利、波司登等品牌也有一定比例的认知度。这说明中国品牌已经开始得到国际消费者的认可。同时，对"中国品牌产品质量好"的评价持同意态度的有 163 人，比持不同意态度的 113 人多出 50 人；对"中国品牌产品技术含量高"持同意态度的有 201 人，远多于持反对意见的 106 人；对于"中国品牌产品缺乏创新"的判断，持不同意态度的人数比例为 35.2%，略高于持同意态度的人数比例。这些具体指标数据均说明中国品牌产品开始总体上得到肯定，但肯定的数据不是很高，持中立态度的较多，且持否定性态度的比例也不低，这说明我国品牌产品的竞争优势尚不明显。

4. 中国品牌发展的宏观环境问题聚焦于"知识产权"与"环境污染"

在中国品牌发展的宏观环境问题的考察中，对"中国人不尊重知识产权"调查问项持支持态度的人数比例为 47.1%，远高于持不同意态度的人数比例；而对"中国环境污染很严重"问项持同意态度的人数比例

高达 68.5%，远高于持不同意态度的人数比例。这两组数据中的海外消费者态度，需要引起我们足够的重视，即尊重并保护知识产权、大力治理环境污染，这是我国品牌走向国际市场的需要，也是我国国家形象建构的需要。

5. 中国品牌发展的自身问题则以"抄袭仿冒"和缺乏"服务保障"尤为突出

在中国品牌自身发展的考察中，对"中国品牌产品是抄袭仿冒"的调查问项持支持态度的人数比例为 45.7%，远高于持反对态度的人数比例；对于"中国品牌产品服务有保障"的问项，持不同意态度的人数比例为 37.9%，也远高于持同意态度的人数比例。这说明中国品牌产品或多或少存在抄袭仿冒现象，而在国际市场开拓方面所提供的服务保障也做得很不够。这显然为我国品牌产品走向国际市场提供了借鉴。

6. 中国品牌承载着中国国家形象，但目前的贡献度非常有限

在既往的认知中，传播中国国家形象往往并没有与中国品牌联系起来。而在本研究中，有 9% 的被访者已经认识到中国品牌已成为认知中国的途径。但其比例还甚低，这恰恰说明中国品牌的影响力还比较弱，相比有 19% 的被访者认为中国制造的产品本身也同样负载着中国国家形象，差了 10 个百分点，这也说明了中国所面对的"有产品，无品牌"的尴尬局面。需更深层认识的是：中国制造的产品，其实多是按照国外品牌商的要求加工定制的，无法负载更多的中国文化信息；而中国品牌虽然能全方位负载中国国家形象，但目前又不尽如人意。显然，无论是从国家经济的主动性、安全性，还是从国家的软实力建设、传播方面来看，中国品牌目前的贡献还非常有限，需要引起高度的重视。

在我们的研究中，除了如上的数据显示，在开放性的题项中，很多海外消费者强调了中国品牌产品的质量问题，如有的写到"品牌应该有好的质量及独有的形象，不需要去抄袭""把产品质量提高点，价格稍微提高点"；另有海外消费者则强调了中国品牌的独特性，如"不要复制抄袭，要具有自己的特色""要有自己的构思，不要总是山寨"。更有不少海外消费者对于中国品牌发展寄予厚望，如"中国品牌发展很快，并会发展得更好""我认为中国品牌在市场上有竞争力""关注员工，我希望

中国可以成为最棒的国家""中国品牌很好，值得信赖，耐用"。一位马来西亚的外商还专门为本调查研究题词："中国应建立自己的品牌，不要只做代工！"其情感人至深。

总而言之，本认知调查研究坚定了我国的制度自信、文化自信、品牌自信，同时客观地反映了我国品牌发展与国家形象建构中的一些具体问题。

（二）不足与讨论

海外消费者是个非常庞大的群体，且国别众多，严格的样本调查应该有足够大的样本量，且应有不同区域不同层面国家的细分，然而受经费及国际性调查难度所限，本研究未能做到大样本、细分国别消费者，这是本研究存在的不足。同时，本文也没有对数据进行相关性分析，这是基于直观性地呈现调查数据能让更大范围内的读者直接把握运用，以更好地发挥本研究的社会作用。这是我们的本源性考虑，但从规范方法角度上审视则为一种不足，该不足我们将在后续研究中予以补足完善。

另需讨论的有以下几点。

1. 对产品品牌的认识越深刻，越能认识到在全社会推广品牌理念、优化品牌发展环境的普遍意义

习近平提出的"中国产品向中国品牌转变"已经成为企业界乃至全社会的共识；但在这一转变中，绝非仅仅是产品的质量、创新、服务等在品牌层面得到升华，而是包括全体企业人品牌理念的高度自觉、全社会消费者理性的品牌抉择、包含政府监管在内的品牌成长环境的全面优化、我国全社会品牌文化的全方位形成。也就是说，中国品牌要更快地走向世界，不仅仅是企业层面需要按照品牌内在规律来进行努力，更需要在全社会推广并构筑品牌理念，优化品牌发展环境。

2. 以"信誉凝结"为核心的品牌理念，能有效调动全社会人的主体能动性，促进品牌环境的优化

只有以企业为核心的各类主体均拥有品牌理念，才能引导包含每个中国人的各层面、各类型主体均投入"品牌发展"潮流中。其理念核心，就是通过务实努力形成"信誉凝结"的无数个主体品牌。可以说品牌的核心是信誉，品牌的主体是人，中国品牌需要全方位信誉文化予以支撑，

需要有"人人即品牌，人人创品牌"的理念。也就是说，品牌发展理念，是践行社会主义核心价值观的朴素体现，对于少年儿童的励志、青年人的创新创业、每位工作者的爱岗敬业、每位中国人自尊于世界，均具有广泛的适用性；其中，还包含领导干部"三严三实"作风转化为工作实绩，让个人品牌与所在单位品牌得到群众的由衷认可。如此，品牌理念将有效调动全社会人的主体能动性，促进品牌发展环境的优化。

3. 拓展品牌理论研究，形成完整的品牌发展理念

习近平 2004 年 12 月在浙江省委经济工作会议上的讲话中曾经明确指出，品牌是一个企业技术能力、管理水平和文化层次乃至整体素质的综合体现。2014 年 7 月，习近平在会见德国总理默克尔时又说道："中德务实合作是全方位的，双方步伐应更大一些，打造更响亮的合作品牌。"[①] 显然，在习近平的视野中，品牌不仅要超越产品，而且要超越企业，要包括一切具有主体性、富有信誉凝结的工作与现象。目前，主流的品牌理论依然关注的是产品品牌、企业品牌；这就需要拓展品牌理论研究，使品牌的"主体信誉建构"内涵得到认可，外延延伸至个人、组织乃至国家等主体层面。已经有学者对此提出："政府不仅要为企业品牌国际化制定相应的政策、扶持企业发展而且也要打造自身的品牌形象，提高国家在国际社会的'声誉资本'。加快国家形象的建立，重视对国家品牌形象的建设和管理，不仅对国家形象的建立，而且对企业推进品牌国际化战略也具有重要意义。"[②] 在此基础与趋势上，我们无疑需要多角度展开品牌研究，以形成完整的、可成为我国社会实践思想指针的品牌发展理念。其中一些基本内容有以下几点。

品牌，是实践主体信誉的正向性信息凝结；

品牌，是信息社会高频度使用的信息符号；

品牌，是特色创新、品质价值的认知聚合；

品牌，是每一个主体人生价值的升华体现。

品牌不仅适用于产品与企业，即商业品牌，而且适用于各类事业性组

---

① 李伟红：《习近平会见德国总理默克尔》，《人民日报》2014 年 7 月 8 日。
② 韩中和：《中国企业品牌国际化实证研究》，复旦大学出版社，2014，第 8 页。

织与服务，即事业品牌；同时，还可一方面上升为国家品牌，另一方面体现于每一个体的个人品牌中。

正是基于以上认识，"品牌发展"理应成为我国社会现阶段以及长期发展需秉持的理念。

"品牌发展理念"，将指导我国企业坚定信念，走自主创新、自主品牌道路，在提升供给侧品质、满足市场的同时，更自信地走向国际市场，为国家形象建构做出贡献；

"品牌发展理念"，将以现代语境之语言及内涵，引领每一个中国人进行思想境界的升华、行为的自律自觉，在打造个人品牌的同时，将个人价值融入自主品牌及国家品牌的建设中；

"品牌发展理念"，将以信息社会品牌需透明化的现实，接受他人评判、接受社会监督，将品牌信誉置于舆论的透明屋，以保证品牌运行的安全，制约各类可能产生的腐败；

"品牌发展理念"，对个人、组织、国家三个层面进行了命运一体化、信誉一体化的融合与引导，以引导个人品牌关乎组织与国家形象的自觉，提升商业与事业品牌造福人类、服务国家的境界，提升公务员服务民众、服务商业及事业品牌的意识；

当我们将品牌的视野进行如上开拓展开时，其品牌理论研究将得到丰富与提升，且有望形成利国、利民、利市场、利社会的品牌发展理论工具与指导思想。

本考察研究由舒咏平、戴世福、饶鉴等 16 位师生完成；海外调查问卷得到明月、陈丽娟、铁翠香、邵雪琪、隋凤芹、熊英、舒文冲、张端、宋小红等数十位海内外友人的配合支持；在此特说明致谢。

（原载《品牌研究》2016 年第 3 期，

署名舒咏平、戴世福、饶鉴）

中国本土品牌洋符化的
符号学批判

　　品牌是消费交流的符号，是企业和消费者之间达成的合作契约，代表企业的承诺。① 企业向消费者传递的价值和文化都负载于品牌，而消费者对企业、产品以及服务等所有的认知与认可也都凝结于品牌。品牌为企业累积着消费者的信任，塑造着自身的信誉。同时，一个国家的本土品牌，负载着这个国家的民族智慧、文明精神，在细雨无声中最有效传播着这个国家的文化。② 品牌是企业乃至国家竞争力的综合体现，代表着国家的信誉和形象。③ 习近平在党的十九大报告中指出：要推动构建人类命运共同体，要尊重世界文明多样性，以文明交流超越文明隔阂、文明互鉴超越文明冲突、文明共存超越文明优越。显然中国本土品牌无疑也担当着中国企业与全球消费者交流的重任，构建着二者之间的信任关系，同时也在国际上传播着中国文化，建构着中国国家形象，并为构建人类命运共同体做出贡献。但是中国诸多本土品牌却缺乏这种深层认识，一直尝试以"洋符化"品牌来冒充欧美发达国家品牌，试图以

---

① 张树庭：《论品牌作为消费交流的符号》，《现代传播》（中国传媒大学学报）2005 年第 3 期，第 78~80 页。

② 舒咏平、杨敏丽：《自主品牌：华夏文明的致效媒介》，《现代传播》（中国传媒大学学报）2014 年第 1 期，第 99~103 页。

③ 国务院办公厅：《关于发挥品牌引领作用　推动供需结构升级的意见》，http://www.gov.cn/zhengce/content/2016-06/20/content_5083778.htm。

"洋品牌"形象欺骗不明就里的消费者。为此，本文基于符号学的涵指理论对品牌"洋符化"予以解析批判，以从品牌建构角度引发我们对文化自信的自觉。

一 本土品牌洋符化的涵指表现及意义生成

"自主品牌，是与自主创新相联系的，这里指的就是中国品牌，由中国企业和中国资本控股的企业，通过自主创新和精心营销所创建的拥有知识产权的中华民族品牌。"[①] 虽然该阐释是就企业而言的，但就企业所属的国度而言，这里自主品牌的主体既是中国企业同时也是品牌来源国中国。虽然品牌的市场没有国界，但品牌的来源或归属却有国别。如此，从品牌符号构成上来审视属于中国的本土品牌势必负载着中国元素、负载着无法抹去的中国痕迹，并在品牌的国际市场拓展中也必然呈现着生于斯、成长于斯的中国国家及文化大背景。如："华为（HUAWEI）""北京同仁堂（Beijing Tong Ren Tang）""海尔（Haier）""联想（Lenovo）"等品牌，已经开始在海外市场显露头角，但其中国血统却依然鲜明可视，并在无形中传播着中国国家形象。而与之相反，也有不少本土品牌在符号运用中全面使用洋元素，且尽可能地撇清中国的背书关系，极力将自身伪装成国外品牌，误导消费者认可、相信其"洋"品牌身份；因为其并非全盘洋化，而仅仅是符号系统层面的洋化，故本研究称之为"品牌洋符化"。品牌洋符化现象一经出现就受到学术界的关注：最早涉及品牌洋符化的文章是穆扬在 1991 年发表的《商业广告中的"假洋鬼子"现象》，他注意到当时商业活动中存在许多为商品起洋名，做广告故作洋腔的奇怪现象，认为这同鲁迅笔下的"假洋鬼子"有异曲同工之妙，是想让一些消费者在似懂非懂、高深莫测的洋氛围中去购买商品[②]。而相关研究多以"假洋品牌""品牌洋化"等为主题展开，其关注的对象即品牌真身往往

---

① 乌家培：《论我国自主品牌的培育、管理和发展》，《学术研究》2007 年第 4 期，第 15~17 页。
② 穆扬：《商业广告中的"假洋鬼子"现象》，《民主》1991 年第 2 期，第 24~25 页。

是土生土长的中国本土品牌，由生产到销售全在国内完成，最后只是冠上了一个洋名字或是在国外注册一个商标，就摇身一变成了外国品牌①；它们采用仿洋名称或包装冒充国外身份，误导消费者对品牌原产地的联想，欺骗消费者购买并最终获取利益。② 还有学者从语言学角度对品牌名称洋化现象进行分析，指出品牌名称洋化实际上是在纵容文化入侵，长此以往将导致汉语语言文化自信心的丧失③；品牌洋化实际上是借洋名冒充洋货，误导、欺骗不知情的消费者，是违反言语道德与语言歧视的行为。④其实早在 1996 年，国家工商行政管理局针对这种"品牌洋符化"现象，就专门在《关于规范企业名称和商标、广告用字的通知》中强调，要"引导企业和公民在坚持对外开放、面向世界的同时，坚持中国特色，维护国家主权和民族尊严，自觉弘扬民族文化，使企业名称和商标、广告用字符合规范要求，适合国情，方便群众认识；坚决抵制不良文化的侵蚀，反对盲目崇外，滥用'洋'名称和外国文字"。可以说，"滥用'洋'名称与外国文字"正是品牌洋符化的显性表现。但这种品牌洋符化却屡禁不绝，甚至愈演愈烈；这就需要我们借助符号学的涵指理论对其予以深刻认识，并反思其存在的原因。

所谓"涵指"，符号学家罗兰·巴尔特明确说道："涵指本身是一个系统，它包含着能指、所指和把二者结合在一起的过程（意指作用），对于每个系统来说首先都需要研究这三种成分。涵指的能指被称作涵指项，它是由被直指的系统诸记号（被结合的能指与所指）所构成。"而被直指的诸记号可以结合起来形成一个单一的涵指项，但它对于直指的信息又"不可能将其吸尽"，总有些需要直指的信息被自然忽略了。也就是说，涵指中的所指，既是一般的、完整的，又可能是分散的、部分的；这就形

---

① 胡红忠、马莉：《"假洋品牌"现象分析及其转型发展探讨》，《企业经济》2011 年第 9 期，第 73~75 页。

② 袁胜军、刘蕙荟：《中国驰名商标中的假洋品牌现象研究》，《品牌研究》2017 年第 1 期，第 82~88 页。

③ 郭宁宁：《从中国服装品牌命名现象看汉语语言文字的污染》，《现代语文（语言研究版）》2007 年第 11 期，第 110~111 页。

④ 顾平：《关于国产服装品牌名称"洋化"现象的调查与思考》，《黑龙江生态工程职业学院学报》2007 年第 1 期，第 122~123 页。

成被涵指的对象单元与直指的对象单元并不是同样的幅度。① 这一涵指理论鲜明地阐释了符号意义建构中，并不是必然地穷尽符号可能被涵指的全部系统信息；这无形中就在符号的传播与解读中，为传播者与解读者留足了空间，他们可以强调什么或忽略什么。虽然中国本土品牌洋符化正是我们所需反对的，国家也有着明确的规定，但《中华人民共和国商标法》第八条规定，"任何能够将自然人、法人或者其他组织的商品与他人的商品区别开的标志，包括文字、图形、字母、数字、三维标志、颜色组合和声音等，以及上述要素的组合，均可以作为商标申请注册"，这又使得大量由纯字母构成的品牌得以注册存在。在全球市场一体化的背景下，使用国际通用的字母符号注册商标，以实施品牌国际化的战略，这本无可厚非；但是一味以洋符号来掩盖本土品牌事实，形成消费者认知上的错觉，则构成了"品牌洋符化"。为此，我们根据"申请注册和使用商标应当遵循诚实信用原则"，对以割裂与中华文化联系为目的的本土品牌洋符化现象予以解析，则可发现品牌洋符化涵指过程中有意进行错误引导的两种表现。

第一种表现为高度模仿国外知名品牌，即对国外品牌名称稍作修改，从而实现品牌符号涵指过程中以假乱真的意义漂移。如上海"善臣 Cnetirum"奶粉，模仿美国维生素品牌"善存 Centrium"，仅调换了原品牌名称中的"e"和"n"，以及"r"和"i"的顺序，而且"善臣"字形、发音均接近"善存"；浙江杭州化妆品品牌"珀莱雅 PROYA"模仿法国知名化妆品品牌"欧莱雅 L'OREAL"；福建泉州运动品牌"New Barlun 纽巴伦"中英文名称都高度模仿美国知名品牌"New Balance 新百伦"等。显然，此类品牌洋符化是利用商标符号近似于国外品牌，以实现在符号解读联想中将国外品牌之所指，转移到自身能指的记号之上。

第二种表现是以外文符号为品牌符号印记展示于各类营销终端，不标注任何中文，让消费者在对品牌符号涵指解读中将其直指为国际品牌，从而掩盖了中国本土品牌的事实。这类命名方式在时尚服饰品类中非常普遍。如 GXG（浙江宁波）、La Chapelle（上海）、Mark Fairwhale（福建厦

---

① 〔法〕罗兰·巴尔特：《符号学原理》，李幼蒸译，中国人民大学出版社，2008，第56、57页。

门)、E·P（浙江嘉兴）、Puella（上海）、Autason（上海）、Five Plus（香港）、Ochirly（香港）、UlifeStyle（上海）、SDEER（江苏南京）、I DO（北京）、Darry Ring（广东深圳）、ONE MORE（浙江宁波）、DAZZLE（上海）等。由于消费过程中商家与消费者存在信息不对称现象，这些中国本土品牌往往在销售终端以去中国元素的方式刻意掩饰了品牌本土属性的信息，而在涵指中突出外文符号，将符号所指引导为国外品牌。

从以上两种中国本土品牌洋符化的涵指过程我们可以看到，洋符化品牌的符号构建首先是极力模仿或使用欧美等发达国家的文字元素及记号，即形成洋符化品牌涵指的能指项；继而将这些文字与记号的所指引导向相似的或可能存在的国外品牌，却全面回避可能涵指指向的中国元素，从而极力促成品牌所指从"中国品牌"向"国外品牌"漂移。这个过程包括名称、标志、产品、包装、广告、门店、官方网站等符号涵指所涉及的一切能指系统的全面洋符化。如品牌标志符号多为手书或复古风格的外文字体；官方网站和广告宣传中，存在大量诸如"属于某某集团的中国子公司""某年开始登陆中国市场""来自欧洲的时尚魅力"等模糊性文字信息；同时还以洋代言人来扮演品牌的"洋创始人""洋设计师"，以渲染品牌的"洋血统"；门店海报和包装外观则多为洋人图像构成的欧美"洋场景"。罗兰·巴尔特曾指出，意义不是从一个物体而是从诸多物体的一个可理解的集合中产生的，物体的意指性集合是极其大量的，意指性物体结合起来传达的是一个独一无二的完整意义。[1] 也就是说，这些洋符化品牌在确定了品牌的洋名称、洋能指之后，为进一步塑造完整的"国外品牌"形象，还借助各种洋元素、洋印记系统性地构筑起一个洋符化体系，从而使消费者跟随着进入品牌洋符化的涵指过程，并建构出洋品牌的意义。

二 品牌洋符化意义构成的造假本质

中国本土品牌洋符化，是在商标合法注册、符号印记的细微差异、文字去本土化、所指意义选择性突出诸方面进行的，从法律层面上看并没有

---

[1] 〔法〕罗兰·巴尔特：《符号学原理》，李幼蒸译，中国人民大学出版社，2008，第157页。

构成明显的违法。但从符号涵指的技术层面审视，则可透视出其品牌符号意义造假的本质。

德国美学家马克斯·本泽曾经说道："符号作为媒介是在一定关联中起作用的。"① 而品牌就是企业与消费者沟通交流、建立关系的媒介。现代语言学家索绪尔指出：符号的"能指和所指的联系是任意性的，或者因为我们所说的符号是指能指和所指的联结所产生的整体，我们可以更简单地说：'语言符号是任意的'"。符号的"任意性这个词还要加上一个注解，它不应该使人想起能指完全取决于说话者的自由选项中。我们的意思是说，它是不可论证的，即对现实中跟它没有任何自然联系的所指来说是任意的"。②这就是说符号能指与意义所指之间并无唯一性的逻辑关系，却可以通过二者关联性的传播意指而建构。以法国符号学家罗兰·巴尔特的涵指理论来看，符号涵指系统中的"意指作用，可以被看成是一个过程，它是一种把能指和所指结成一体的行为，这个行为的结果就是记号"；"记号就是由一个能指和一个所指组成的。能指面构成表达面，所指面则构成内容面"。"记号一旦形成，社会就可以使其具有功能，把它当成一种使用的对象。"③也就是说，任何符号的能指与所指，或表达面与内容面结合为一体，是在任意性的前提下，由使用者进行意指性的关联建立而形成。如此，一个能指或表达面为什么指向特定所指或内容面，显然全部的奥秘就在"意指"或"涵指"上。巴尔特还进一步将涵指理论运用到广告分析上，认为：广告的涵指语言把美好梦境导入购买者，将扩大的人类梦幻主题通过口号"引诱"行为实现购买；其中，广告语的双重性或多重性越多，就越能实现其涵指信息构成。④ 或许广告是有着艺术夸张的涵指特性，但就品牌取信消费者的角度而言，品牌洋符化将涵指过程偏离中国本土品牌的本源事

① 〔德〕马克斯·本泽、伊丽莎白·瓦尔特：《广义符号学及其在设计中的应用》，徐恒醇编译，中国社会科学出版社，1992，第21页。
② 〔瑞士〕费尔迪南·德·索绪尔：《普通语言学教程》，高名凯等译，商务印书馆，1980，第102、103页。
③ 〔法〕罗兰·巴尔特：《符号学原理》，李幼蒸译，中国人民大学出版社，2008，第14页、27页。
④ 〔法〕罗兰·巴尔特：《符号学原理》，李幼蒸译，中国人民大学出版社，2008，第149~150页。

实，而构建出洋品牌的意义联想，显然这就是一种本质上的信息造假，只不过其造假的伎俩显示出符号涵指方面的高技巧化。

以众多消费者都相信其"洋品牌"身份的福建运动品牌"New Barlun 纽巴伦"为例，我们可以很清晰地认识到该品牌洋符化确实实现了以假乱真：由于该洋化品牌名称高度类似美国著名运动品牌"New Balance 新百伦"，记者曾就这两个品牌的辨识问题随机采访 10 位市民，结果 10 位受访者均将二者当成同一品牌"New Balance 新百伦"。① 这种完美的变身效果无疑来自品牌各意指性成分的"精致"组合。品牌名称"New Barlun 纽巴伦"与美国著名运动品牌"New Balance 新百伦"中英文名字的字形和发音都十分相似，很难区分。品牌标志都为大写字母"N"，仅有"纽巴伦"的"N"比"新百伦"的"N"略宽的细微差别。"纽巴伦"的产品设计风格与"新百伦"如出一辙，同样的版型与色彩拼接样式、相似的色彩搭配元素等。"纽巴伦"的包装设计和门店设计所用符号与整体风格也同"新百伦"相差无几。如此，"纽巴伦"品牌符号涵指过程中将意义成功地向"新百伦"摄取漂移，成了足以乱真的"假洋品牌"；而消费者在全面洋符化的品牌形象中产生了虚假联想，自动读解"国外大牌"的所指。

又如在电商平台销售得很火的品牌"GXG"，其官方网站对品牌介绍为："GXG 融合法式设计格调进入市场。GXG 的 logo 由英文单词 go-getter mix glitterati 中的字母组合而成，即'志在必得的时髦一族'，时尚的弧度'G'及线条伶俐的'X'象征它简练优雅的独特 style。"② 在信息查询中，可以发现该品牌拥有者为宁波中哲慕尚控股有限公司，其于 2015 年 12 月在宁波市鄞州区市场监督管理局登记成立。显然这是属于本土企业拥有的品牌；但在模棱两可的品牌介绍中，该品牌是法国品牌让消费者既无法证实又无法证伪。而在品牌消费具体情境下，消费者由于符号解读的涵指过程的复杂性、艰难性而更无意进行品牌背景求证，只是就"GXG"的洋符化来相信其是国外品牌并进而产生消费。

---

① 《都用"N"做标志 纽巴伦、新百伦市民直呼分不清》，山东网，2015 年 5 月 18 日，http://qingdao.sdchina.com/show/3334553.html。

② 《关于 GXG》，GXG 中哲慕尚官网，http://www.gxg1978.com/gxg/cn/about.php。

"New Barlun 纽巴伦"与"GXG"品牌的符号运作轨迹代表了多数品牌洋符化的涵指活动。其符号"个性"经由社会性意义"结构"来产生更为丰富的"意蕴"①，这就使得这些中国品牌弃本土符号不用而纯选"洋符号"，并因此涵指生成了"国外大牌""国际风格"的意义内涵。而"洋符号"可生成"洋品牌"意义的深层机制无疑就在于：品牌符号乃是规约符号。美国符号学家皮尔斯认为，根据与对象的关系，符号可以分成三种：像似符号（icon）、指示符号（index）、规约符号（symbol）。对于规约符号，皮尔斯的定义是："规约符号是这样一种符号，它借助法则——常常是一种一般观念的联想——去指涉它的对象，而这种法则使得这个规约符号被解释为它可以去指涉的那个对象。"② 不同民族创造出自身独特的规约符号系统，包括语言、文字、图像、服饰、建筑、节日等。长期集体的社会性应用使之成为一套具有自主性的较为稳定的符号编码解码系统，任何熟悉了解这个符号系统的人都会自发做出相应的意义解释。因此，本土符号总在无言地指涉本民族文化。如汉语、汉字、故宫、华服等符号指涉中国文化；日语、樱花、富士山、和服等符号指涉日本文化；英语、白宫、橄榄球、牛仔等符号指涉美国文化。品牌市场没有国界，但品牌的缔造者、来源地却有国别。因此品牌符号不是无源之水，它必然地从本民族规约符号系统中汲取营养、获得生命力，并顽强地携带着本民族文化的基因。因此，品牌符号抽象凝缩为一国的形象和文化特征，成为一个国家的个性表征。关于对品牌来源国的研究曾经指出：发达国家给人的印象比较好，而发展中国家给人的印象就相对较差③；而被试者对来自美国与欧洲的品牌质量和价值评价都高于其他国家。④ 正是

---

① 周宪：《视觉文化的转向》，北京大学出版社，2008，第 306 页。
② 彭佳、李跃平：《论规约符及其连续性——皮尔斯符号理论中的重要概念》，《中国外语》2016 年第 2 期，34~40 页。
③ C. W. Lee, Y. G. Suh, B. J. Moon, "Product Country Images: The Roles of Country-of-origin and Country-of-target in Consumers' Prototype Product Evaluations," *Journal of International Consumer Marketing* 3 (2001): 47-62.
④ Gopalkrishnan R. Iyer, Jukti K. Kalita, "The Impact of Country-of-Origin and Country-of-Manufacture Cues on Consumer Perceptions of Quality and Value," *Journal of Global Marketing* 1 (1997): 7-28.

基于这种品牌来源国效应，中国一些本土品牌对于身处发展中的祖国缺乏自信，又希望攀附欧美发达国家所拥有的品牌，由此通过符号涵指过程中富有的弹性空间而让自身品牌"洋符化"，以在营销传播中窃用强势地位的欧美文化元素、借势品牌来源国所形成的文化规约系统，从而造假性填充"假洋品牌"的意义内涵，以形成误导性、欺骗性的品牌消费。

三　本土品牌洋符化的造假风险

1. 消费者主动解读促使洋符化品牌回归本土内涵

品牌符号是一种人为设计符号，该能指与所对应的品牌个性、品牌内涵等所指并无本质上的逻辑关系。在洋符化品牌进行符号造假阶段，品牌主一定意义上是主角，占据传播上的主动，为品牌符号赋予他所选择的内涵。但在品牌传播过程中，随着与品牌接触的深入，逐渐角色易位，消费者成为品牌传播的互动者、监督发起的主动者、品牌所指的追索者、品牌符号的解读者。罗兰·巴尔特曾强调，"物体的所指相当大程度上不是依赖于信息发出者，而是依赖于信息接受者，即物体的读解者"[1]。不同于索绪尔的二元模式，皮尔斯提出了符号三元素模式：符号的可感知部分——"再现体"（representamen）；符号所代替的——"对象"（object）；符号引发的思想——"解释项"（interpretant）。[2] 皮尔斯的三分模式不仅比索绪尔理论多了"解释项"这一元，更主要是强调了符号表意展开延续的潜力。"对象"比较固定，在符号的文本表意过程中就确定了，不太容易随解释而变动；而"解释项"只有完全依靠接受者的主观努力才能产生。这也就是罗兰·巴尔特在其涵指理论中所强调的信息接受者在意义读解中主体的重要性。

以皮尔斯的符号三分法来解析品牌符号的构成，那么可以表示为：

---

① 〔法〕罗兰·巴尔特：《符号学历险》，李幼蒸译，中国人民大学出版社，2008，第158页。
② Charles Sanders Peirce，"The Idea to Which the Sign Give Rise"，*Collected Papers*（Cambridge Mass：Harvard University Press，1931–1958），p. 228.

$$
\text{品牌符号}\begin{cases} \text{再现体:名称、标志、包装、门店、广告、官网等} \\ \text{对\quad象:企业、历史、产品、服务等} \\ \text{解释项:品质、风格、情感、文化、品位、信誉、来源地等} \end{cases}
$$

其中,解释项是消费者及社会大众根据自我元语言集合,包括知识、感情、经验、教育背景等,从品牌符号再现体中解释出的意义。诚如伯格所说,"我们观看事物的方式受到我们所知或所信仰的东西之影响"①。消费者解读的意义可以沿着品牌主所期待的意指方向进行正向解读,也可以是偏离其"意图定点"②的负向解读。洋符化品牌的能指实际上并没有指向它本源的、真实的所指——中国本土企业及其产品,而仅仅是窃用了一整套能指的表层洋元素,其面对消费者及大众的解读也就存在先天不足。消费者通过信息搜寻、产品服务体验、口碑传播等渠道不断补充扩展元语言集合,必然将会对品牌符号进行更为理性准确的解读,破解洋符化品牌的符号神话,使其回归真实本土内涵。如曾宣称是"1993年进入中国的意大利知名品牌"的"卡尔丹顿"男装,经记者调查后被证实只是在2001年注册了意大利商标,完全由中国人操作经营。"洋品牌"假象被识破后,企业只得回归本土品牌真实内涵:"卡尔丹顿服饰成立于1993年(前身为深圳市兴亿实业有限公司),旨在将中国精神、世界品味融入品牌文化内涵中,打造具有国际化形象的中国名牌。"③

2. "洋品牌"符号假象曝光引发品牌信誉危机

"品牌的真正生命力取决于信任主体是否能够对品牌施以信任,并达成品牌信誉建构。品牌本质即信誉主体与信任主体的关系符号达成。"④英国品牌学家斯图伯特曾说道:"品牌代表了品牌拥有者与消费者之间的'协议'。因此,品牌不是违背消费者意愿而强加在'品牌的忠诚信徒'头上的。品牌使消费者在日益复杂的世界上充满自信地购物。品牌为消费

---

① John Berger, *Ways of Seeing* (Middlesex: Penguin Books, 1972), p. 8.
② "意图定点"是赵毅衡先生在著作《符号学原理与推演》中提出的一个概念,指的是"发出者意图中期盼解释的理想暂止点","是符号发出者可以用各种手段达到的一个效果"。
③ 卡尔丹顿简介,卡尔丹顿官网,http://www.guanfang123.com/website/kaltendin.html。
④ 舒咏平:《品牌即信誉主体与信任主体的关系符号》,《品牌研究》2016年第1期,第20~25页。

者提供了质量、价值和产品满意方面的保证。"① 由此，独特的品牌符号在实现基本的区分功能之外，还成为品牌拥有者专属的信誉认证标识，传达着品牌正面可靠的形象。品牌洋符化意在让顾客以"国外大牌""国际品牌"的意义来解读并接受它。这些本土品牌的品牌主，寄希望以此举提高品牌在消费者心中的地位，从而顺理成章地构成自身的高身价，赚取高利润。但是这类品牌往往只是在符号表现上模仿成国际大牌，实际上则存在根基不明、品质欠佳、售后投诉无门等问题。因此，洋符化品牌一旦被曝光符号造假真相，品牌信誉也就轰然倒塌。比如，"欧典"地板曾宣称是"创建于 1903 年的德国品牌"，在市场上卖出了 2008 元/平方米的天价，许多消费者因相信欧典是大牌子而选择了它。但不少消费者向央视"3·15"投诉欧典地板存在质量问题，经央视调查曝光其"假洋品牌"真相后，欧典的信誉跌入谷底，失去了消费者的信任。"善臣"奶粉曾宣称是美国"GPERS"的旗下品牌，在被曝光其并未在美注册商标，也没有取得在美生产资格后，信誉大受损失，陷入难以自圆其说的尴尬境地，渐渐被市场淘汰。显然，品牌洋符化本质上就是品牌造假，一个因造假失去了信誉的品牌注定要受到市场的惩罚。

3. 洋符化品牌维护需符号持续造假，构成难以回归真实所指的尴尬

在索绪尔的理论中，语言符号的产生、运用是约定俗成的；其在于"言语活动有个人的一面，又有社会的一面；没有这一面就无从设想另一面"②。如果说，本土品牌洋符化运作伊始尚属企业的言语活动，属于个人或个别企业的一面；那么，品牌一旦进入市场且进行品牌传播活动后，一定意义上就进入了社会面，它就"会凭借集体习惯的约束而强加于个人"而具有了社会性。此时，"假洋品牌"这样"一个符号在语言集体中确立后，个人是不能对它有任何改变的"③；也就意味着洋符化品牌一旦塑造了"假洋品牌"形象，该品牌符号的意义也就受到固化，且不再以品牌主的意志而随意转移了。这就是说，符号具有相对的独立性，符号一

---

① 〔英〕保罗·斯图伯特主编《品牌的力量》，尹英等译，中信出版社，2001，第 12 页。
② 〔瑞士〕F. D. 索绪尔：《普通语言学教程》，高名凯等译，商务印书馆，1980，第 29 页。
③ 〔瑞士〕F. D. 索绪尔：《普通语言学教程》，高名凯等译，商务印书馆，1980，第 134 页。

旦被创造出来，就不会依赖传播主体和接受主体而存在，就具有了自己独特的价值与生命。同理，品牌一旦洋符化，就很难再改变其在消费者心中的形象定位。为维护已塑造成型的品牌形象，其中国本土的品牌持有人也很难光明正大地亮相，洋符化品牌只能进行持续不断的、系统化的洋符号造假活动，继续进行假化、洋化，停留在浅层次的品牌符号维护阶段中，而无法进行深层次的创新，为品牌注入真正有生命力的内涵。于是，千篇一律的洋模特广告、层出不穷的洋品牌系列、亦步亦趋的仿欧美设计等成为不少家具、服装、化妆品等洋符化品牌维护操作的常规动作。如此，洋符化品牌也就极易被钉在造假的耻辱柱上，越陷越深，难回真实所指。面临真正的国外品牌大举进驻中国的市场竞争局面，洋符化品牌在品牌深层内涵塑造上明显招架无力，逐渐走向不归路。

4. 中华崛起的新时代语境下洋符化品牌逐渐失落

品牌传播总存在各种具体的言说语境。品牌传播目标受众的群体认知是一种极其重要的传播背景，品牌符号学者胡易容等将之称为"品牌符号势能"：品牌势能不是人为附加于产品之上的事物，而是一种存在于消费者集体意识中的先验性认知。这种认知来源于一个民族的文化传统，并作为一个历时开放系统不断变化。① 经过长期奋斗，中国特色社会主义进入了新时代，中国有了全新的历史方位：成为世界第二大经济体；"构建人类命运共同体""一带一路"等中国方案受到全球关注；"天宫""蛟龙""天眼""悟空""墨子""大飞机"等重大科技成果相继问世；中国桥、中国路、中国车、中国港、中国网等已达全球领先水平；移动支付、共享单车、智能制造等创新成果影响全球生活方式。随着中华全面崛起，中国逐渐展现出大国自信，正重新发现中华民族自我，发现民族精神的源头活水，这是自我文化觉醒的表征。② 国人这种内在的精神面貌势必会转化为现实的市场需求，从而深刻影响本土品牌的发展方向。在这种新语境下，中国本土品牌建设提升至国家层面：2016 年，国务院办公厅《关于

---

① 胡易容、黄军：《品牌设计与符号资源势能理论》，《包装工程》2011 年第 16 期，第 15~18 页。

② 杜羿纬：《改革开放以来中国形象元素在自主品牌形象设计中的审美演变》，《艺海》 2016 年第 8 期，第 92~95 页。

发挥品牌引领作用 推动供需结构升级的意见》发布；2017年，国务院批准将每年的5月10日设立为"中国品牌日"。而在企业层面，负载着自主创新、中华文化的本土品牌近年来愈加受到国人和全球市场的欢迎，如"中国高铁""华为""联想""中兴""小米""红旗""例外""佰草集"等。国人开始为"中国创造""中国智造""中国品牌"感到自豪，以使用、消费本土品牌产品为荣。而洋符化品牌则是建立在对我国民族文化与社会发展不自信的语境基础之上的，处于现今已发生巨变的文化语境之下，洋符化品牌很难再获取品牌符号势能，其市场定位与品牌诉求势必陷入十分尴尬的境地：原以为"只有假冒欧美才是出路"，但眼见自豪地负载中华文化的本土品牌地位日益提升，而自身又不能承载中华文化深刻内涵，且只能存活于国内却无法显露于国际市场，而且已经被越来越多的见多识广的国内消费者识破品牌"假洋鬼子"身份，那么逐渐失落、日渐被边缘化将是其必然的命运归宿。

批判是为了重生。这些选择洋符化策略的本土品牌倘若能反思符号涵指上的造假，审时度势，早日脱离品牌洋符化泥淖，走向新时代语境下基于文化自信的符号重构之路，那么就可以获得新生，并与更多的中国本土品牌一样堂堂正正地指代中国产品，在造福人类的同时，更好构筑中国精神、中国价值、中国力量！

（原载《新闻大学》2018年第2期，署名舒咏平、祝晓彤）

从大禹治水看个人品牌的建构

"个人品牌建构从大禹开始！"或许这一判断、这一联想猛然间让人深感突兀，但冷静一思又必然让人内心产生认同。为此，本文从个人品牌构建角度来审视大禹治水，并从中揭示出若干启迪。

一　个人品牌建构的时代意义

个人品牌是一种客观存在，但却是一个新颖的概念。美国的戴维·麦克纳利等人在《个人品牌》一书中写道："你的品牌是他人持有的一种印象或情感，描述了与你建立某种关系时的全部体验。"[①] 而劳拉·雷克则在他的文章中说道："个人品牌是指个人拥有的外在形象和内在涵养所传递的独特、鲜明、确定、易被感知的信息集合体，能够展现足以引起群体消费认知或消费模式改变的力量，具有整体性、长期性、稳定性的特性。"[②] 而在美国休斯敦专门为企业家提供辅导培训的希勒公司，其总裁乔·希勒曾说道："个人品牌向他人传达一种积极的期望，他是对别人的承诺，是你在受众中的首要形象。个人品牌的效用非常强大，一旦形成，很难形成挑战与竞争。"[③] 显然，这正是我们所主张的：品牌背后是主体的人，因此品

---

① 〔美〕戴维·麦克纳利、卡尔·D. 斯皮克：《个人品牌》，赵恒译，中信出版社，2003，第 2 页。

② 〔美〕劳拉·雷克：《创建和提升个人品牌之七要素》，孙美玲译，《品牌》2013 年第 2 期，第 6~7 页。

③ 〔美〕埃尔弗·努锡法拉：《个人品牌的力量》，吴威译，《中国企业家》2002 年第 11 期，第 105 页。

牌首先应具有信誉主体性，由此品牌即是信誉主体与信任主体的关系符号，其既指狭义的产品品牌，又指广义的各类主体品牌，当然也指个人品牌。[①]

个人品牌一旦形成，则可望"以个人为传播载体、具有鲜明的个性和情感特征，符合大众的消费心理或审美需求，能被社会广泛接受并长期认同，可转化为商业价值的一种社会注意力资源"。[②] 不仅如此，个人品牌还是一个由技能、经历、业绩、诚信、个性、品德、知名度等聚合而成的综合体，有公认的无形价值，有公众肯定倾向的客观依据，其标志着身份、体现着实力。[③] 一定意义上可以说，任何个人均在通过自身不同方式的努力，在自我实现的过程中，打造自身的个人品牌。如果说，在农业社会个人品牌由于家庭为主的生产限制了人们的活动方式与范围，绝大多数的个人品牌往往拘束于村落、乡间等狭小的空间，仅有少数政治人物在实现自身的政治抱负中才可能进行较大范围的个人品牌建构；那么在工业社会，人们的生产方式与生活形态呈多样化趋势，且人们的交往范围相对扩大，这也使得个人品牌发展的范围更加广阔、数量也相应增多，如企业家、营销员、技工师傅等均已成为个人品牌诞生的大户。毋庸讳言，在作为工业社会标志的生产流水线上，人数更为庞大的工人失去了个性化存在，甚至比不上农业社会个人品牌在村落中的顽强体现。当社会进入信息时代，一方面，信息社会需要通过各类社会组织主体信誉建构来产生信息价值，这就形成了品牌化的社会大趋势；另一方面，品牌尤其是典型的产品品牌，是以无数个体人的劳动为结晶、以无数的个体品牌为集合的，且在信息社会的个体劳动者或生产者均可通过社会化媒体个性鲜明地进行个人品牌的建构；为此，个人品牌的建构在信息社会不仅成为产品品牌或组织品牌的微观支撑，同时也成为信息时代最活跃的媒体存在。

既然信息社会为个人品牌建构提供了广袤的沃土，如此我们就需要对

---

① 舒咏平：《品牌即信誉主体与信任主体的关系符号》，《品牌研究》2016年第1期，第20~25页。

② 徐浩然：《个人品牌——学会自我经营生存的生存法则》，机械工业出版社，2007，第29页。

③ 许敏等：《公众人物个人品牌塑造与形象公关研究》，《西安社会科学》2009年第9期，第131~133页。

中国历史上最早的个人品牌大禹如何在"大禹治水"中得以建构予以深度解读。

二 大禹治水：个人品牌建构的历史标杆

在大禹之前，虽然黄帝、炎帝、尧、舜均获得了很高的历史评价，但其功德与业绩却因缺乏历史记录而语焉不详；唯有大禹，在其具体的治水历程记载中，再现了一个生动具体、活生生的治水领袖形象，并成为历史上第一个具有卓越政治业绩、崇高个人品行记载的品牌人物。正因为如此，"绝大多数中国学者确信，大禹是中国文明起源与国家形成过程中颇具重要作用的'信史'人物"。① 司马迁的《史记·夏本纪》中，系统地叙述了由大禹到夏桀约四百年间的历史，其中大部分记载的是与大禹有关的"史事"：出自黄帝的显赫"世系"；禹的父亲鲧被推举治水却遭失败；舜举禹继鲧后继续治水；大禹以疏导为治水理念，聚集队伍、带头示范、三过家门而不入，终于治水成功；此后开九州、定贡物、制五服、成氏族联盟首领继承人；后即天子位，开启夏王朝。在司马迁笔下，一个功绩卓著的远古部落首领和中国首个朝代"夏"的开创者大禹的形象跃然纸上。

在大禹个人品牌建构中，治水功绩首屈一指。尧舜时代"洪水滔滔，浩浩怀山襄陵，下民其忧"，禹父鲧奉命治理洪水，然而治水不力，由大禹接替其父。《庄子·天下篇》曰："昔者禹之湮洪水、决江河而通四夷九州也，名山三百。"《淮南子·齐俗训》中写道："禹之时，天下大雨，禹令民聚土积薪，择丘陵而处之。"《尚书》中则述说道：禹娶涂山氏之女为妻，新婚仅三四天，便出发治水，儿子夏启呱呱坠地，他没有见过一面。孟子为此称道："禹八年于外，三过其门而不入。"《史记》中所记载的则是"居外十三年，过家门不敢入"。这些文献都记载了大禹在治水中表现出的艰苦卓绝的作风，以及无暇顾及家庭、顾及儿女私情的奉献精神。大禹又划分九州，实行地缘为主的政治治理与经济发展，即所谓"入于渤海九川既疏，九泽既洒，诸夏艾安，功施于三代"。大禹治水的

---

① 周书灿：《大禹传说的兴起与丰富扩大》，《吕梁学院学报》2011 年第 2 期，第 27~34 页。

成功，可以说是为华夏文明奠定了环境基础，也为中华民族开启了以功德建国，法治、德治兼容的治国模式。[1]

当然，以大禹治水为主而支撑建构的大禹个人品牌，无疑具有浓郁的神话与传说色彩。但在远古时代，这往往是不可避免的。有专家对此撰文写道："农耕时代的君主形象有相当程度的距离感、神秘感、庄严感，因而具备了半人半神的属性。在农耕时代，时空辽阔，传播速度慢、成本高，社会动员不易。由于权力与传播的高度一体化，政治家与臣民间的信息不对称：权力越大，掌握的信息资源越多，而孤陋寡闻的人，则处于权力的边缘；统治者不仅消息灵通，而且直接控制着信息扩散的范围与节奏。民众获取的政治信息少，清晰度低，统治者与臣民距离遥远，以至存在认知的空白，增强了想象的空间。于是统治者在人民心目中，形成了带有距离感、神秘感、庄严感和敬畏感的政治形象。"[2] 而大禹时代，尚为人类早期，农耕生产方式也才刚刚起步，传播手段也极为原始，因此大禹个人品牌的建构则必然有着后人想象虚构，甚至夸张神化的成分。即便如此，大禹的个人品牌也几乎毫无争议地建构起来了。如毛泽东从小对大禹就很崇拜，熟悉其人其事，在领导中国革命和建设事业的过程中，只要踏足有关大禹传说之处，他都必定亲自拜谒。基于大禹的功德，毛泽东曾数次借大禹来论人说事，1949 年 10 月 24 日，毛泽东曾对湖南有关负责人说，要像大禹治水那样，采取切实可行的办法做好当地 10 万群众的安置和管理工作，由此向社会各界和国际社会展示中国共产党人的正义形象，证明中国共产党有能力解决失业军政人员和广大孤寡群体生计等民生问题。在 1958 年成都会议上，毛泽东又说道："禹王惜寸阴，我们爱每一分钟。我们领导广大人民群众改变国家的贫穷落后面貌，就要像大禹一样珍惜每一寸光阴，以时不我待的精神状态投入社会主义建设中去建功立业。"[3] 毛泽东无疑是中国

---

① 李殿元：《论司马迁对大禹形象的提升》，《成都大学学报》（社会科学版）2014 年第 1 期，第 1~6 页。

② 张昆：《历史视野中的政治家形象》，《现代传播》（中国传媒大学学报）2015 年第 9 期，第 83~84 页。

③ 贺永泰、赵芝瑞：《功德无量：毛泽东眼中的大禹形象》，《上海党史与党建》2009 年第 7 期，第 20~21 页。

历史上功勋卓著的领袖，本身就是中国最伟大的个人品牌，他也从内心高度认可大禹的品牌形象，显然大禹治水完全可成为中国历史上个人品牌建构的第一个标杆。

三　个人品牌建构的基本要素

大禹治水以及历史、现实中的诸多品牌人物，实际上向我们昭示了个人品牌建构的如下基本要素。

1. 人物实绩的他者认同

如果说大禹治水开启了华夏文明①、秦始皇统一了中国、唐太宗开辟了大唐盛世、毛泽东领导中国人民站起来、邓小平引领中国走向富裕道路等，验证的是中国政治人物个人品牌的政治实绩；那么在更广阔的领域，其个人品牌则总是在其优胜方面颇有实绩建树。如历史上的孔子创儒学且弟子"三千"，司马迁著《史记》，李白、杜甫的不朽诗篇，曹雪芹写下《红楼梦》，张骞通西域，张衡提出浑天说，毕昇发明活字印刷术；现实中的钱学森为"两弹一星"做出贡献，袁隆平研发"杂交稻"，张瑞敏把"海尔"做进国际市场，马云开创了阿里巴巴模式，任正非带领华为进行技术创新，姚明、李娜让世人重新审视中国体育等。

关于人物实绩，中国文化中又简明地化为立德、立功、立言的"三不朽"之说。《左传·襄公二十四年》中记载道："豹闻之，'太上有立德，其次有立功，其次有立言'，虽久不废，此之谓三不朽。"所谓"立德"，即自身成为道德化身，垂范世人；而"立功"乃是为国为民建立功绩；"立言"则是提出真知灼见。如对于大禹，司马迁在《史记·五帝本纪》写道："禹为人敏给克勤；其德不违，其仁可亲，其言可信；声为律，身为度，称以出；亹亹穆穆，为纲为纪。"其"德不违、仁可亲、言可信、身为度"指的就是大禹遵循道德、仁慈可亲、言诚信、行为范，即从道德上来审视，大禹也是可万世崇敬的个人品牌。在《史记·夏本

---

① 吴宗越：《华夏文明始于治水》，《华北水利水电学院学报》（社会科学版）2001 年第 3 期，第 59~62 页。

纪》中，司马迁则记载，大禹治水成功后，"于是九州攸同，四奥既居，九山刊旅，九川涤原，九泽既陂，四海会同。六府甚修，众土交正，致慎财赋，咸则三壤成赋"。显然，大禹治水、大禹分九州等卓著功绩也足以让其个人品牌青史留名。由于当时的文明程度及其传播媒介所限，大禹所言无法以"立言"方式转化为不朽，但大禹的立德、立功已经富有说服力地告知我们：个人品牌建构需以个人实绩来获得无数他者认同。这无疑是个人品牌建构的核心元素。

2. 人物创建实绩可回溯的故事

女娲造人、黄帝统海内、神农尝百草、仓颉造文字、尧舜扶民生等诸多古代神话人物，似乎也富有出色的功绩，却由于缺乏创建其业绩的历程，而未能形成具有人性的故事，终归被看作神话传说中的英雄人物，而非具有鲜活人生气息的个人品牌。但大禹却不同，他的治水业绩及治水过程，有着人性化的记载，有着付出艰辛、做出牺牲才创建实绩的品牌故事。如《孟子·滕文公上》写道："禹八年于外，三过其门而不入。"《吕氏春秋》则曰："禹娶涂山氏女，不以私害公，自辛至甲四日，复往治水。"《华阳国志·巴志》写得更是活灵活现："禹娶于涂山，辛壬癸甲而去，生子启，呱呱啼，不及视，三过其门而不入室，务在救时，今江州涂山是也，帝禹之庙铭存焉。"可以说，任何个人品牌的实绩总是与对应的、可回溯的人生故事联系在一起的。这也正是英雄、模范、标兵、企业家、科学家、艺术家得到社会厚爱、成为个人品牌的原因。如，"隆平高科"虽然是个企业品牌，但其基石却是"袁隆平"个人品牌。在创建其品牌的过程中，其故事是如此鲜活：三年困难时期，袁隆平亲眼看见过的5个饿殍成为他研究高产水稻的基本动力；1960年，他偶然发现一株水稻与众不同；第二年春天，他把这株稻种播到试验田里，结果表明这是一株地道的"天然杂交稻"。从此，他跳出"无性杂交"学说的束缚，开始进行水稻的有性杂交试验。在无数个头顶烈日、脚踩烂泥、驼背弯腰的寻觅中，终于在1964年发现了一株雄花花药不开裂、性状奇特的稻株。经人工授粉，结出了数百粒第一代雄性稻种。从此，袁隆平像"追赶太阳"一样在湖南与海南之间赶场以进行杂交稻的实验，其育种方法从三系向两系、再向一系超级杂交稻迈进。如今在我国，有一半的稻田里播种着

"隆平高科"培育的杂交水稻，每年收获的稻谷有60%源自他培育的杂交水稻种子。1980年，杂交水稻作为我国出口的第一项农业专利技术转让美国；20世纪90年代初，联合国粮农组织向发展中国家推广杂交水稻。杂交水稻成果在国内获得第一个特等发明奖，并连续荣获国际科学大奖。国际水稻研究所所长斯瓦米纳森曾由衷称赞："我们把袁隆平先生称为'杂交水稻之父'，因为他的成就不仅是中国的骄傲，也是世界的骄傲，他的成就给人类带来了福音。"美国唐·帕尔伯格教授在著作《走向丰衣足食的世界》中写道：袁隆平把西方国家抛到了后面，成为世界上第一个成功地利用了水稻杂交优势的伟大科学家。

3. 人物实绩与故事的物化文本

大禹之所以成为个人品牌建构的第一人，其重要原因是大禹的实绩与故事，已经转化为大量的物化文本。所谓文本，"是指任何一种可供考察和读解的人造物"。① 记载大禹实绩的文本丰富多样：在河南登封，有禹都阳城古遗址、记载大禹治水三过家门而不入的嵩山启母阙；在河南，更有大禹受封地，亦称"夏邑"的华夏第一都禹州；在浙江绍兴，有大禹东巡狩时崩于会稽而落葬的大禹陵；此外多地还有以记载、传诵大禹治水之功德而得名的禹功矶、大禹庙、禹王碑等。当然记录承载信息最丰富的还是各种各样的语言文本，如《尚书·洪范》《尚书·禹贡》《尚书·虞书·益稷》《山海经·海内经》《孟子·滕文公上》《吕氏春秋》《史记·五帝本纪》《史记·夏本纪》《华阳国志·巴志》《水经注》等均有大禹治水及道德功绩的具体叙述与记载。在媒体越来越发达的今天，个人品牌的人物实绩与故事已经更为便利地在各种文本载体上存在与传播。如乔布斯对于社会贡献的实绩随着苹果一代代的产品及纸质或电子介质的媒体而化为文本；在阿里巴巴平台上总是第一时间试用阿里巴巴产品的"首席体验员"乔丽、常年做慈善的"快递哥窦逗"、利用"淘女郎"呼唤社会关注自闭症儿童的何宁宁、由奥运冠军转型为淘宝明星店主的劳丽诗、从17岁成为淘宝粉丝而今成为"云客服"的"90后"黄碧姬，他们以其业

---

① 〔美〕斯蒂芬·李特约翰：《人类传播理论》，史安斌译，清华大学出版社，2004，第221页。

绩及在阿里巴巴上市仪式上作为用户代表敲钟而转化为个人品牌的文本。可以说，目前我国正兴起的"大众创业、万众创新"，其实更可以看作顺应现代社会"万众创品牌"的趋势与潮流，在这期间必然会形成诸多信息文本，这不仅会使我国成为孵化无数个人品牌的最佳沃土，而且将聚合性地催生更多产品品牌以及组织品牌，最终更集群性地让中国这个伟大的国家品牌熠熠生辉！

（原载《湖南行政学院学报》2017年第1期，

署名舒咏平、邓国芬）

意见博弈：传播的内在图景

一　问题的提出

传统的传播学理论存在一个尖锐的矛盾纽结。

矛盾的正向："传播就是人与人之间信息（消息、思想等）的传递与分享"，"人们把新的观念，新的想法拿来共享，就是传播学要研究的一个主要问题"①。这种信息的传播扩散，将极大地推进社会的进步。同时，传播所具有的双向互动的性质，无疑加强了传受双方的沟通与了解，其又将为社会的和谐提供理论指导与操作的方法。这就形成了人们对于传播极为乐观的看法。

矛盾的反向：传播媒介成为"把关人"，其职能是从社会上一切可以取得消息的地方，选出它们愿意发播的信息，"'创作'出新闻稿件"。②而"那些代表大众传媒的人，因掌控着成千上万大众的信息扩散而具有显要的政治权力"。③ 媒介的功能化为力量，"就可以把它用来为特殊的利益或一般的利益服务"。④ 在传播效果研究中，从"枪弹论"到"类型说"，到"两级传播论"，再到"多级传播论"，我们看到了受众对于信息传播的"中弹"、"皮下注射"、"信息选择"，或者"再扩散"，却很少看

---

① 周致：《西方传播学的产生及其与新闻学的关系》，载《传播学》，人民日报出版社，1983，第 127 页。
② 张国良主编《20 世纪传播学经典文本》，复旦大学出版社，2003，第 558 页。
③ 张国良主编《20 世纪传播学经典文本》，复旦大学出版社，2003，第 560 页。
④ 〔美〕拉扎斯菲尔德：《大众传播的社会作用》，载《传播学》，人民日报出版社，1983，第 169 页。

到受众对于传者的"反馈"研究与"互动"研究。这样，我们所见到的传播只是一种处处充满利益、权力、单向度、矛盾的景象。也就是说，"传播"又教会我们从一个新角度看到社会令人悲观的一面。

在乐观与悲观的矛盾中，一种"传播即意见的博弈"的观点便自然被提出。博弈论最初的提出者约翰·冯·诺伊曼认为，在更广阔的人类行为互动的范围内，"博弈"成为一个科学的隐喻。在人类的互动行为中，结局依赖于两个或更多人所采取的交互式的战略，这些人们具有相反的动机或者最好的组合动机。在这些严肃的互动行为中，就像在游戏中一样，个体的选择实质上是战略选择，行为互动的结局依赖于每个参与人所选择的战略。通过这样的阐释，研究"博弈"可以真正告诉我们关于严肃的互动行为的一些事情，"博弈合作"则是一种建立在信息完全不完全、充分不充分基础上随处可见的现象。如此，我们的问题得到了进一步强化：人们分歧的动机是如何在进行意见的博弈中，促成行为之间合作或不合作均衡的呢？在经济学界所揭示的"纳什均衡"也叫非合作博弈均衡中，每一方在选择策略时都没有"共谋"，他们只是选择对自己最有利的策略，而不考虑社会福利或任何其他对手的利益。在传播学角度看来，这种非合作的博弈，乃是以信息沟通为内涵的传播不足所致，这致使局中人无法达成合作，使本来应为合作者的同一方，分裂成互为博弈对手的双方。因此，当"纳什均衡"挑战了亚当·斯密的"看不见的手"的原理，"成为现代经济学各个分支领域最基本的分析方法和研究工具"[①]，乃至整个社会科学界重要的理论时，也就向传播学提出了一个重大的课题：传播的局中人对意见的"传——受"是否就是一场博弈？如果是，那么意见博弈是否可称为传播内在图景？

这无疑促使我们对"意见博弈"这一传播奥秘予以追索。

二 "互动场"中意见博弈的体现形式

传播学的奠基人韦尔伯·施拉姆曾经说道："大多数传播是双向的。"

---

① 谢识予：《纳什均衡论》，上海财经大学出版社，1999。

"最典型的和最频繁的传播格局是一种扩大了的双向关系"，"这种关系的结果是，随着交流的继续进行，理解很可能变得越来越接近"。① 确实，在典型的传播活动中，虽然互动反馈的形式多种多样，但互动关系却总是存在的，因此，才有了双向互动传播模式的提出，如纽科姆所提出的"人类之间互动"的对称模式②、卡特李普等人提出的"双向对称"传播模式。③

而在博弈论中，我们同样可以很分明地看到，博弈的双方是处于一种典型的行为互动关系之中，并由意见交互传播能否实现而决定合作与否。这种由双方构成的互动关系，我们可称为"互动场"。但是当我们进入双向传播得以进行的互动场时，我们发现在这一互动场内，意见的博弈表现得非常复杂，我们不得不在对其进行细分后再进行分别认识。

由于在信息的传播中，由各种因素决定的传受双方意见总存在对等或不对等之分，又由于双方意见的互动博弈有着直接与间接之分，因此，在"互动场"中便形成四种意见博弈的类型，如表1所示。

表1　四种意见博弈类型

序号	意见博弈类型	互动场	传播形式	反馈方式
1	意见对等、直接互动	夫妻、亲友、同事、谈判、讨论、游戏、邮件、博客论坛	人际传播	面对面回应、一对一回应
2	意见非对等、直接互动	指示、授课、报告、演讲	组织传播群体传播	现场附和、提问、质疑、建议
3	意见对等、间接互动	报刊争鸣、书籍出版、广播电视连线	大众传播	媒体即时回应、媒体延时回应
4	意见非对等、间接互动	新闻发布、电视讲话、广告、公告+延时反馈	大众传播	媒体延时回应、受众调查

---

① 〔美〕韦尔伯·施拉姆、威廉·波特：《传播学概论》，陈亮等译，新华出版社，1984，第48、49页。

② 〔美〕沃纳·赛佛林、小詹姆斯·坦卡德：《传播理论：起源、方法与应用》，郭镇之等译，华夏出版社，2000，第57~58页。

③ 王乐夫：《公共关系学概论》，高等教育出版社，1993，第43页。

在第 1 种"意见对等、直接互动"的意见博弈中，虽然夫妻、亲友间的情感沟通、行为合作远远优于谈判、讨论、游戏竞赛中对弈程度格外明显的意见博弈，但意见博弈的本质却是毫无二致的。如博弈论中有一个"性别战博弈"的经典例子：一对具有爱情关系的青年男女准备安排一个晚上的娱乐内容，其中男友克里斯希望能去看职业拳击，女友帕特则希望去欣赏歌剧，但两个人共同有个基本前提，那就是无论安排什么娱乐内容，都必须两人在一起共度夜晚。如此，意见的博弈便产生了：一起看职业拳击或一起欣赏歌剧，两种意见将难分伯仲。其最后的选择，只能通过意见博弈中加入其他因素，如该日是帕特的生日，或该日克里斯在工作中获得奖励等来做出。① 类似这种夫妻之间意见的博弈、朋友间对假日聚餐的议论、同事间对工作方式的讨论，无疑均具有意见直接交互博弈的性质。而在各种合作谈判中，无论谈判当事者背后所代表的是什么样的组织，以及这个组织的实力是强还是弱，体现到谈判的具体场景中，依然是意见对等的直接博弈互动。显然，在这样一种"意见对等、直接交互"的互动场中，谈判博弈的当局人最能通过意见的直面博弈，达到沟通，形成合作。随着各种传播技术的问世应用，人与人之间面对面的传播通过书信、电话、网络、短信等形式得到延伸，形成了今天称之为"一对一"的传播。但"一对一"传播中互动双方之间并没有加入中介因素，其心理感受也不会发生根本变化，即均没有与"面对面"传播形成本质上的差别，因此它还是属于意见对等、直接交互的意见博弈。

对第 2 种"意见非对等、直接互动"的意见博弈的认识，我们首先需明确"意见非对等"的含义。应该承认，传播的传受双方即意见博弈的当局人，其中诸如长幼、强弱的差异永远是存在的，而这种差异带入意见博弈中，形成绝对的意见对等是不存在的；只有在意见对弈的双方的地位以及拥有的知识信息大体接近，并在意见博弈中构成相对平等的关系时，我们才称之为"意见对等"。如此，我们对"意见非对等"的认识，就需引入意见博弈当局人地位的高低、拥有知识信息量的大小等因素与

---

① 〔美〕罗伯特·吉本斯：《博弈论基础》，高峰译，中国社会科学出版社，1999，第 8~9 页。

"意见"本身建立联系，意见的非对等现象便自然地在现实中存在。如在政治系统分析中，美国的政治学家伊斯顿就认为："政治系统输出的两种性质就是权威输出和相关性输出。权威性输出就是具有法定约束力的输出，它们仅仅包括当局的决议和行动。相关性输出就是那些以某种方式与权威输出有关的输出，如意识形态。"① 如果说这里以意识形态为代表的"有关输出"，因为传受双方可以平等讨论、意见对等博弈，那么政治"当局"由于具有政治权力而形成的"权威性输出"及其接受中，当局与民众之间必然就形成了非对等的意见。此外，"知沟"理论的提出者蒂奇纳等人曾说道："随着大众传媒向社会传播的信息日益增多，社会经济状况较好的人将比社会经济状况较差的人以更快的速度获取这类信息。因此，这两类人之间的知识沟将呈扩大而非缩小之势。"② 这种"知沟"现象，以及行业、学科、岗位细分，使得"专家性权力"形成，并形成人们"工作目标的实现越来越依赖专家"。③ 如此，一般人群面对专家的直接互动，其意见博弈本身就具有非对等的特性。这种意见非对等却又能形成直接互动的意见博弈，通常体现在领导与下属、教师与学生、专家与非专家之间，其具体的互动场多为具有优势意见一方进行指示、报告、授课、演讲之时，处于劣势意见一方直接进行意见博弈的互动形式则多为现场附和、提问、质疑、建议、讨论等。在这种"意见非对等、直接互动"的意见博弈中，其博弈的结局往往存在以下三种可能。其一，优势意见在博弈中得到全面胜利，并被完全接受；如下级接受并执行上级指示，学生接受教师讲授的内容，病人接受医生的健康指导。其二，优势意见在博弈中得到修正与完善，博弈双方的意见得到你中有我、我中有你的融合；如上级倾听并吸纳下级建议，专家在演讲后的提问中受到启发。其三，优势意见在博弈中遭到失败，却催生了全新意见、全新决策的诞生；如春秋战国时期，各国君侯接受说客们类似"唇寒齿亡""伯乐相马""一鸣惊

---

① 〔美〕戴维·伊斯顿：《政治生活的系统分析》，芝加哥大学出版社，1979，第347页。
② 〔美〕沃纳·赛佛林、小詹姆斯·坦卡德：《传播理论：起源、方法与应用》，郭镇之等译，华夏出版社，2000，第274页。
③ 〔美〕斯蒂芬·P.罗宾斯：《组织行为学》，孙健敏、李原译，中国人民大学出版社，1997，第358页。

人""远交近攻"的游说而改变决策初衷；又如二战时期，美国总统罗斯福在听了科学家关于抢在德国纳粹前面研究核武器的游说后，改变了自己原先不准备启动核研究的意见。

第3种"意见对等、间接互动"与第4种"意见非对等、间接互动"的意见博弈，其之所以称为"间接互动"，乃在于意见博弈双方并不在一个单纯的互动场，而是依靠大众传播媒介，以及现代回馈技术进行意见的博弈。这里首先就需要对"媒介"本质进行辨析与认识。对于媒介，已有众多的观点提出，概括地说主要有以米尔顿等为代表的独立表达思想的"自由观"，以奥斯楚尔为代表的媒体为掌握政治、经济权力者代言人的"代言观"，以及以马克思为代表的媒介既是党和政府又是人民喉舌的"喉舌观"。对于"喉舌观"，我国学者尹韵公写道："'喉舌'观念具有这样几层意思。(1)它具有说即发表看法的功能；(2)它是代表一定阶级，或一定社会集团，或一定社会势力，或一定社会群体，或一定社会组织，或一定政党，或一国政府机构等对社会诸问题的反映；(3)它是社情民意的重要窗口；(4)它应当具有相当或一定的权威度和公信力；(5)它是意见领袖的承担者；(6)它是社会各阶层各种意见的吸收者。"① 尹韵公的这一阐释，实际上是把媒介的"喉舌"本质，以及利用"喉舌"的各种传播主体做了统一的提炼与概括。从媒介服务于意见博弈的角度上看，这一"喉舌"的本质我们则又可以认识为"媒介乃是各类意见博弈者发表意见、放大声音的喉舌"。但是，各类意见博弈者通过大众媒介进行意见博弈时，"传—受"双方的角色总是不断进行转换的，即没有绝对的传者，也没有绝对的受众。恰是双方角色的不断转换，不仅形成了互动传播，而且形成了意见的博弈。不过所谓的媒介，只是一个非常笼统、抽象的概念；而"互动"也只是一种理论上的模式。当我们具体深入博弈者利用媒介"喉舌"进行意见博弈时，可以很分明地看到，他们意见的发出以及所构成的意见互动反馈均是间接的，因为中间多出了"大众媒介"这个各种声音、各种意见均可发表的"喉舌式平台"。媒介作为"喉舌式平

---

① 尹韵公：《"喉舌"追考——〈文心雕龙〉之传播思想探讨》，《新闻与传播研究》2003年第3期。

台"，因本论题所限我们无法展开来认识，但这里我们还得强调：媒介由于本身需要生存，需要自主的经营与管理，便有了自身的主体性。"媒介"这个中介主体的存在，使得意见博弈者之间的意见博弈均具有了间接性。

于是，"意见对等、间接互动"的意见博弈中，其常见的"互动场"便有报刊文章、书籍出版、广播电视连线、网络 BBS 等大众传播媒介上常见的观点发表、观点质疑、新主张的跟进、众人参与、百家争鸣等现象。由于现代媒体在时效性上有分野与差异，相对应于最初意见的发表，随后意见的发表即意见博弈的展开，便有了体现于广播电视连线与网络上的即时回应，以及体现于报纸杂志、编辑出版上的延时回应。在这种"意见对等、间接互动"的意见博弈中，承担中介作用的媒体，其作为"把关人"的主体性往往体现得非常鲜明。如在广播电视连线节目或网络的 BBS 讨论中，导播、网管人员最主要的责任就是根据媒体既定的原则，对不适宜的意见进行剪辑与删除。在报刊、出版中，编辑人员则会根据媒体的编辑方针来选择意见与观点。如此，"意见对等、间接互动"的意见博弈便往往呈现这样的状况，即不同的意见多在不同的媒体上发表，其博弈互动不仅是间接的，而且意见博弈的全貌只有纵览展开意见博弈的所有媒体，才能看清楚。同时，不同意见附着不同的媒体，媒体实力及传播面的大小，在一定程度上决定了意见影响力。如，西方国家媒体实力强大，并构成了"媒体霸权"，体现西方价值观的意见便每每在博弈中获得强势传播，并又因此而形成了西方"文化霸权"。诚如埃利奥特和戈尔丁所指出："国际媒体系统实际上就是将发展中国家纳入西方资本主义文化霸权下的一种机制。"①

而"意见非对等、间接互动"的意见博弈，博弈的双方往往是政府、组织、企业的当局者与普通的、散布的受众。前者由于政治体制、经济实力以及意见的一致性、主动性而成为强势意见者；而后者则因为分散、不一致、被动接受，往往成为弱势意见者。当然，这种意见的非对等或强弱之分，具有一定的相对性，随着时间与空间上的变化，其意见强弱就有可能发生转化。尤其是在民主社会中或成熟的市场上，民众

① 〔美〕罗伯特·福特纳：《国际传播》，刘利群译，华夏出版社，2000，第198页。

与消费者每每均在以最贴近实践的标准来审视、衡量、监控强势意见，并随时发出不同声音，且可能蕴积而成统一的、强势的民众意见。而这种意见非对等的"间接互动"博弈，其表层的表现为：强势意见一方以新闻发布、电视讲话、权威报道、广告、公告等大众传播的形式发布意见；弱势意见一方则往往通过评论、实践报道、调查报告、消费行为等形式进行延时性回馈。深层的表现则需将表层的"互动场"予以前伸，即将表层"强势意见"的形成过程，通过调查研究的形式伸展至民众、消费者意见收集之中，将所调查获得的民众、消费者意见——民心、民意——视为深层的"强势意见"；表层的"强势意见"则是民心、民意的代表话语。为人们所熟知的"脑白金"广告，从最初的明星版本，到如今依然在热播的动画版本，其间演绎了一个"广告发布"与"效果调查"的互动博弈过程，以及意见博弈后新的"强势意见"再发布、再反馈之过程。

"互动场"中所形成的如上四种意见博弈类型的存在，无疑使我们从一个崭新的角度来审视传播的真谛，并以更加理性的眼光来揭示互动关系中意见博弈的规律。

三　线性传播中意见博弈的内在显现

博弈，是双方或双方以上人们互动行为最真实的写照；因此，我们将其置于"互动场"中剖析了意见博弈的不同类型体现。而"传播"体现在理论的理想模式上同样也是一种信息互动分享。然而，在理论研究的实践中，虽然传播学者的视野多在大众传播之上，却依然演绎的是拉斯韦尔的信息线性传播模式，即互动传播的研究是被忽略的，主流的传播理论关注的总在具有线性特征的信息的传递与分享之上。这里我们且不说线性传播链上的大众媒介研究、信息议程研究、传播符号研究、受众研究，仅从最能体现互动特性的效果研究上看，不论是子弹理论、有限效果模式，还是沉默的螺旋、第三者效果、社会学习理论、强大效果模式，均是就受众作为传播的终端来研究传播效果的，总没有将受众同时作为转化了的传播者（反馈传播者）来研究效果的。如此，使得互动场上的传播研究仍未得到实质性的展开。

虽然我们前面论述到博弈主要是在互动传播场中进行的，但我们迄今所触及的传播理论，大多数的传播学学者们所关注的，依然是或至少是表面上并未形成互动的线性传播。而在这种线性传播中，我们该如何进行"意见博弈"的认识呢？这显然是我们的研究所面临的一个绕不过去的难题。因此，我们必须在对互动场中的意见博弈进行认识后，再对线性传播中的意见博弈进行审视，并对这些非互动的传播如何印证"意见博弈观"提出合理的阐述。

人们从接受"传播"概念之始，其理解总是或多或少地偏向于信息线性扩散之内涵，其包括新闻的报道、知识的传输、观点的宣传等。而当我们提出"传播即意见的博弈"之观点时，人们自然要问：在这些信息线性扩散的传播中，意见的博弈存在吗？我们的回答是：意见的博弈依然存在，只不过其博弈不是一种外在的显露，而是一种内在的显现。随着现代心理学的发展，人们认识到对一个信息的接受与理解不但是一个相当复杂的过程，而且充满信息接受者的主体色彩，即接受者总是对信息的诸多含义进行选择性理解。而所谓"选择性理解"，"是指人们的理解容易受愿望、需要、态度及其他心理因素的影响。选择性理解在任何方式的传播中均扮演着非常重要的角色。选择性理解意味着，不同的人对相同的消息可以产生非常不同反应"①。而这种对信息含义的选择性理解，其实质就是接受者内心深处关于信息的各种意见博弈的结果。现代解释学的诞生与存在，其实就基于对属于人文精神结晶的信息——"文本"进行不同的理解，或基于解释者内心进行意见博弈的真相之上。如果说线性传播中传播者的意见确实体现到了文本上，但文本一旦形成，传播者的意见"不限制文本可能被解释为何种意义"，"文本会被任何有阅读能力的人利用，提供多种可能性"②。在多种可能意见内涵的选择中，接受者、理解者就必然会掺入个人因素。因此，对文本或对信息的理解永

---

① 〔美〕沃纳·赛佛林、小詹姆斯·坦卡德：《传播理论：起源、方法与应用》，郭镇之等译，华夏出版社，2000，第71页。

② 〔美〕斯蒂文·小约翰：《传播理论》，陈德民、叶晓辉译，中国社会科学出版社，1999，第378页。

远是个人的理解，理解者在意见博弈中追寻信息文本的"原意"，而得到的总是不同于"原意"的新的意义、新的意见，致使理解成为流动的、当下的、非确定的意见博弈过程。解释学家伽达默尔认为：人类实践的社会性与历史性，构成了超越客观立场的"前见"，而"前见"不是必须被消除的，也不是可有可无的，而是它必然地发生着作用，参与着我们理解的过程，并决定我们对世界敞开的倾向性。① 也就是说人们在理解活动或意见的内在博弈中，总是或多或少倾向于对应个性偏向或"前见"的意见选择。

美国传播学家埃弗雷特·M. 罗杰斯在他所著的《创新的扩散》中，开篇便介绍了一桩"失败的传播"：秘鲁的公众健康组织花了两年时间向一个沿海村庄的 200 多户村民传播"饮用开水"来防止疾病的信息，但仅有 11 户接受了建议。拒绝接受建议的代表人 C 太太认为：水里的微生物怎么能在会淹死人的水里生存呢？如果细菌小到看不见、摸不着，它们怎么会伤害一个大活人？而接受当地医生尼丽达劝告饮用开水的 B 太太，则因为其是一个从山区迁来的村民，她一方面原先就为村里的低地怪病而担忧，另一方面她在交往上处在村子的边缘状态，对村里的观念接受不深，因此便接受了饮用开水的建议。显然，在 C 太太对饮用开水利于健康的传播接受中，她的内心是经过意见博弈的：水里有细菌还是水里不可能有活细菌？人被伤害总要有个有形的敌人，而细菌即使在水中存活，也是微不足道的，怎能伤害人呢？如此，她的经验"偏见"便在这场意见博弈中决定了拒绝新知识的倾向。而 B 太太由于她的经验成分中具有怀疑怪病并对村民共同的偏见存在游离倾向，因此便在尼丽达医生的新知识传播下，经过意见的内心博弈，让新意见获得了胜利。由此案例为发端，罗杰斯提出了"创新扩散"的概念，并认为"扩散中含着某种程度上的不确定因素"。② "个人对创新（传播）做出决策并不是一个瞬间的行为。相反，这个过程是需要时间的，它包括一系列的行为和

---

① H. G. Gadamer, *Truth and Method* (New York: Seabury Press, 1975), p. 744.

② 〔美〕埃弗雷特·M. 罗杰斯：《创新的扩散》，辛欣译，中央编译出版社，2002，第 2~5 页。

决策。"在这个决策过程中包括五个阶段，即认知、说服、决策、实施、确认。其中，"个人（或其他决策单位）对创新形成赞成或者反对的态度，即是说服阶段"。"个人（或决策单位）忙于对创新做出采纳或者拒绝的选择行为，即是决策阶段。"① 而这种"赞成或者反对""采纳或者拒绝"，无疑便是不同意见的博弈，并且它们总是在创新传播的接受者的内心进行的。

对于这个内在的意见博弈并使得创新得以扩散的过程，罗杰斯又概括为"一项创新经过一段时间，通过特定的渠道，在某一社会系统的成员中传播"。② 由此又提出了创新扩散四要素，即创新、传播渠道、一段时间、一个社会系统。也就是说，这四个要素总是在人们接受创新的意见博弈中起作用。罗杰斯写道："个体越容易观察到一项创新的结果，他们越容易采用它。"③ 如此，该个体内心的活动则是：创新意见越具有说服力，在对保守意见的博弈中越容易获胜。罗杰斯又写道："在自由选择条件下，如果个体能够与许多人相互影响，那么他一定会选择与他最接近的一个。"④ 这一论断表示的则是在内心的意见博弈中，人际间的信任将作用于他博弈的结果。相类似，四要素中的"一段时间""一个社会系统"的诸多微妙因素，也将影响人们对创新接受、采纳与否的意见博弈。而实际上，该创新四要素的提出，又可理解为个体的内在意见博弈与社会"互动场"中外在的意见博弈结合扭结到了一起。

如此，传播接受中内在意见的博弈，一定意义上又可以从意见作用接受者是否产生说服效能的角度得到说明。"说服"，即"通过接受他人的信息产生态度的改变"，是人们的社会生活中普遍存在的传播现象。⑤ 在

---

① 〔美〕埃弗雷特·M. 罗杰斯：《创新的扩散》，辛欣译，中央编译出版社，2002，第146页。

② 〔美〕埃弗雷特·M. 罗杰斯：《创新的扩散》，辛欣译，中央编译出版社，2002，第10页。

③ 〔美〕埃弗雷特·M. 罗杰斯：《创新的扩散》，辛欣译，中央编译出版社，2002，第2~5页。

④ 〔美〕埃弗雷特·M. 罗杰斯：《创新的扩散》，辛欣译，中央编译出版社，2002，第17页。

⑤ 〔美〕沃纳·赛佛林、小詹姆斯·坦卡德：《传播理论：起源、方法与应用》，郭镇之等译，华夏出版社，2000，第175页。

"说服理论"中，著名的耶鲁大学教授霍夫兰曾经通过实验证明"高可信度来源的确导致意见更多改变"①。显然，在接受者的内心深处对意见的阐释中，无疑会对所传播的意见的可信度的高低进行博弈与判断，从而又影响他对意见是否进行改变式接受的博弈。如此，又一需要进行博弈解答的问题旋即被提出："如果高可信度来源对于态度改变是有效的，那么，如果它与一些消息相结合，是否会减少或增加它的有效性呢?"② 于是，由特里普等人进行的一项对名人广告效果的研究证明："当一个名人为超过4种产品做广告后，较之仅为一两种产品做广告，他就被认为不那么可信了……观众对这4种广告的态度也变得更消极了。所以，有证据说明，支持过多的东西会降低高可信度来源的有效性。"③ 这又说明，在作为消费者的广告受众那里，其内心深处对信息可信度的博弈，除了对名人自身可信的审视之外，还加入了名人与广告传播的商品之间关系微妙变化所带来的博弈选择。在说服理论中，学者们还证实了在传播中，意见诉诸恐惧、采用图像、诉诸幽默、诉诸性感、进行反复等，均会影响说服的效果，即导致受众接受中内心意见博弈天平的不同倾斜。如此，则又有了信息组织理论中的观点："所有信息都有足以影响一个人态度的潜力，但这种影响力的大小要取决于两个变量"，这两个变量，一个是指"某个信息被看作支持或不支持"的信仰与方向，另一个是指"可信度的权重"。④当说服或不被说服的信仰、态度及方向确立，"当越来越多的信息对形成某个态度的各种信念起作用的时候，态度可能而且确实会发生变化"。⑤如果说，越来越多的信息积累，将改变态度、达成说服，那么"态度的获得就是一个人概念形成过程的一部分。在人的一生中，当新的学习不断

---

① 〔美〕沃纳·赛佛林、小詹姆斯·坦卡德:《传播理论：起源、方法与应用》，郭镇之等译，华夏出版社，2000，第182页。

② 〔美〕沃纳·赛佛林、小詹姆斯·坦卡德:《传播理论：起源、方法与应用》，郭镇之等译，华夏出版社，2000，第184页。

③ 〔美〕沃纳·赛佛林、小詹姆斯·坦卡德:《传播理论：起源、方法与应用》，郭镇之等译，华夏出版社，2000，第184页。

④ 〔美〕斯蒂文·小约翰:《传播理论》，陈德民、叶晓辉译，中国社会科学出版社，1999，第243页。

⑤ 〔美〕斯蒂文·小约翰:《传播理论》，陈德民、叶晓辉译，中国社会科学出版社，1999，第244页。

进行时，态度也会发生变化"。① 因此，我们可以说，既有信息与知识的形成其实就是接受者内心意见博弈的结果，而新的意见是否被接受，即既有意见是否被说服并改变，则形成了一轮新的博弈，其意见博弈的偏向不论如何，博弈的真相总是在新意见的接受者或态度的被说服者的内心中生生不息地进行着。

四 结语

我国学者张维迎曾经说道："社会由不同的人群的集合体所构成。不同的人群集合体形成不同的结构，一个结构中的群体之间的相互作用（interactions）就构成一个博弈。"② 既如此，从如上传播博弈"互动场"及线性传播接受的分析中，我们均已看到：意见的博弈，确实可以被称为传播的内在图景。在人们言语、行为以及借助媒体与调查所形成的互动场中，尽管意见博弈的形式多样，但传受双方意见的博弈却是公开的、透明的且互动进行着的。而在信息线性传播中，由于所传播的信息多集中在知识性、创新性、报道性、宣传性的信息线性扩散之上，其传播的功用取向重点便不在互动反馈，而是受众的顺向接受；其意见的博弈便体现为接受者内心既有的意见观点与正面对的意见信息之间的博弈；此种内心的意见博弈是潜在的、意识化的。如此，我们便揭示了一个人们在触目可及的传播世界中可以分明感受到，却一直没有得到如此严酷认识的本质现象：传播即意见的博弈。

"传播作为意见博弈"，其观点的提出，我们认为具有如下的意义。

其一，传播作为意见博弈对双方而言均是存在收益考虑的。在一次单向的意见博弈中，其可以建立的模型为：博弈双方为观念传播者和观念接受者。传播者有两种策略：传播观念与不传播观念。观念接受者有两种策略：接受观念与不接受观念。收益矩阵可按情况而定。譬如销售者向消费

---

① 〔美〕斯蒂文·小约翰：《传播理论》，陈德民、叶晓辉译，中国社会科学出版社，1999，第 245 页。
② 张维迎等：《博弈论能解释所有的社会学现象吗？》，《中华读书报》2002 年 8 月 29 日。

者推销产品的过程就是一个观念博弈模型。销售者为观念传播者，他通过努力（劝说）让消费者购买他的产品。他有两种策略，一是努力进行推销，二是不进行推销。假定推销需要 2 单位成本（如广告、时间等），销售成功后他获得 7 单位的利润，消费者购买产品获得 3 单位的效用。那么收益矩阵就可写成如下形式（见表 2）。

在这样的一个收益矩阵中，意见博弈的任何一方实际均在进行无形收益的计算，从而决定在意见博弈中进行如何决策。

表 2 收益矩阵

意见传播者	意见接受者		
		接受意见	不接受意见
	传播意见	5，3	-2，0
	不传播意见	7，3	0，0

其二，对传播作为意见博弈的认识，有助于对传受双方即博弈双方的主体性予以肯定，进而认识到意见博弈的本身将有助于激发或整合双方博弈者的主体性，促成双方最优策略的组合。

其三，对意见博弈开展的"互动场"提出了关注并予以研究的呼唤，有助于"互动场"的优化以及意见博弈的充分展开，进而有助于社会民主、政治文明、科学管理、市场规范等现代社会重大实践的进行。

其四，意见博弈的内在进行，则启发了知识扩散、教育学习理论，即可揭示由内在意见博弈而导致改变态度、积累知识的规律，从而促进知识传播的科学调整，提高学习的效率。

其五，为传播学的研究提供了一个意见博弈的研究角度，在借鉴博弈论如何把握"完美信息"及"完全信息"中，指导博弈双方通过意见博弈沟通，在合作或非合作中，获取均衡的结局。

（原载《现代传播》2006 年第 4 期）

广义灵感论：自我传播效应[*]

"灵感"，作为人类思维的璀璨花朵，千百年来，由于人们对心理世界认识的有限性，它的界定始终囿于不可知的阈限之内，似乎只是天才们的专利、上帝偶尔赐下的恩物，与平凡人决然无缘。近代科学尤其是心理学与脑科学的发展，使灵感的神秘面纱正逐层揭去，并酝酿着灵感理论研究的新突破。值此，本文特提出一个"广义灵感"概念，并对其本质、特点及研究的意义加以论述，以望给人们提供一个审视灵感与思维的全新视野，促进对人类思维之谜认识的深化。

一 "广义灵感论"的提出

（一）传统灵感理论的质疑

从西方古希腊"灵气"概念的产生以及我国古代运用"灵""神""巫"等词以来，人类就始终高度关注灵感现象，并对其进行持续不断的探讨。

如古希腊哲学家德谟克利特就曾说道："没有心灵的火焰，没有一种疯狂式的灵感，就不能成为大诗人。""一位诗人以热情并在神圣的灵感之下所作的一切诗句，当然是美的。"[①]

---

[*] 该文发表于《中国社会科学》1997 年第 1 期，原名为"广义灵感论"，本书主要从传播学方面进行编辑，故在原题后加上"自我传播效应"。

[①] 伍蠡甫主编《西方文论选》上卷，上海译文出版社，1979，第 4 页。

苏格拉底也说道："我知道了诗人写诗并不是凭智慧，而是凭一种天才和灵感；他们就象那种占卦或卜课的人似的，说了很多很好的东西，但并不懂得究竟是什么意思。"

柏拉图则说："科里班科巫师们在跳舞蹈时，心理都受到一种迷狂支配，抒情诗人们在作诗时也是如此。……不得到灵感，不失去平常理智而陷入迷狂，就没有能力创造，就不能做诗或代神说话。"①

……

古希腊哲学家们将"灵感"与创造（尽管只是诗歌的创造）相联系，这就足以肯定灵感的巨大价值了。但他们在那个特定的时代，又不可避免地将"灵感"与"迷狂""天才""神""巫"相联系，因而，这一阶段人们对灵感的认识可以归为"神赐天启论"。

以柏拉图为代表的"神赐天启论"在漫长的、以神学为主流的中世纪一直有着广泛的影响。从文艺复兴到 18 世纪，由于古典主义、启蒙主义对理性主义的张扬，灵感一度被摒弃。但在浪漫主义兴起之后，人们发现光靠理性主义之光并不能照亮人们的整个创造过程，于是"灵感"自然又得到重视。但这时"神"的因素退位了，取而代之的是"天才"。"天才论"的代表是德国哲学家康德。他认为："结合起来构成天才的各种心灵的能力，是想象力和理解力。如果说，想象力在认识活动中，要受到理解力的束缚，要受到概念的限制，那么，在审美的活动中，它却是自由的，它超出概念之外，给理解力提供丰富的未经过开拓过的材料。……天才是处于这样一种幸福的关系之中，他能够把某一概念转变成审美的意象，并把审美的意象准确地表现出来。……要把心灵中不可言说的、与特殊的形象显现结合在一起的东西，表现出来，并普遍地传达给旁人，不管是通过语言、绘画或雕刻来表现，都需要有一种才能，它既能把握住想象力瞬息万变的活动，而又能够在不受任何规矩的束缚下传达出某种概念，与某种概念相契合。正是在这个意义上，它是有创造性的，不依任何人的规矩而能够提供出新的规矩。"② 理

① 《柏拉图文艺对话集·斐德若篇》，朱光潜译，人民文学出版社，1983，第 118 页。
② 〔德〕康德：《判断力批判》，载《西方文论选》上卷，伍蠡甫主编，上海译文出版社，1979，第 565 页。

解力和想象力的统一，必然和自由的统一，概念和意象的统一，这就是天才的独创力，这就是灵感发生的心理机制。由于康德总是进行唯心的推导，其离开了社会实践这一客观基础，就无法对创造性的统一过程"科学地加以说明"，其结论自然只能是作唯心的解释：天才"直接受命于天"。①

在 21 世纪，随着心理学中"精神分析法"学说的提出，以弗洛伊德、荣格为代表的精神分析学派建立出"潜意识"理论，"灵感"理论得到了新的阐发，把潜意识作为灵感研究的切入点，已得到人们的共识。

正是在此基础上，当代的英国美学家 H. 奥斯本就专门著写了《论灵感》一文，他认为："在（灵感）这个术语的一般运用上，我们常常指的是一个人（在他自己或者别人看来）仿佛从他自身之外的一个源泉中感受到一种助力和引导，尤其是明显地提高了效能或增进了成就，这时候我们势必会说这个人获得灵感了。"文中，他第一次概括、论述了灵感概念在西方产生和嬗变的三个阶段：（1）原始宗教意义上的神赐天启论；（2）灵感与天才概念相结合；（3）灵感与潜意识的心理学相结合。

而在我国，人们对灵感的认识，大体也经历了类似的过程。从我国相关术语的演变中，如"神赐天启""神巫交感"，到"应感""神思""兴会""灵机"，再到"灵感""灵感思维"，便见出我国历代学者对"灵感"认识的轨迹。

20 世纪 80 年代，由于著名科学家钱学森倡导思维科学的研究，提出"形象思维""逻辑思维""灵感思维"的三分法，并倡议建立一门"灵感学"来研究"灵感思维"；② 一时间，数以千计的文章，以现代心理学、生理学为武器，对灵感做了多方探究。确实，人们对灵感的认识得到了深入，但灵感研究却未得到根本性的突破，其集中表现是：流行的灵感研究仍认为"灵感"是个稀罕之物，它来之倏倏、去之忽忽，百般求索激发，也仅得偶尔的光顾。一句话，"灵感"不在我们身边，只在某个神秘之

① 〔德〕康德：《判断力批判》，载《西方文论选》上卷，伍蠡甫主编，上海译文出版社，1979，第 412 页。

② 钱学森：《灵感之谜》，北京师范学院出版社，1986，第 441 页。

所。对象的神秘导致研究失去了科学、可靠的前提，所引发出的理论自然带上了玄虚的色彩；而玄虚的理论势必脱离社会实践。这正是进入 90 年代以后，"灵感热"复归冷却的原因。于是，我们理应对这种人们所认定的神秘、稀罕的"灵感"以及相应的、流行的灵感理论做一番反思了。

那么，造成"灵感"稀罕、神秘的原因何在呢？

我们且从流行的灵感理论所认定的灵感的特性来略做察究。

"创造性"，一般被推为灵感的首要特征。然而，"创造性"乃是一个活性的标准，它仅是一种模糊的定性，却难做量的把握。灵感与一切思维成果一样，其创造性均是相对的，既因人而异，又因情境而异。俄国诗人马雅可夫斯基在睡梦中得到的表现孤独男子疼爱其妻的诗句灵感——"就像一个在战争中残废的士兵爱护他唯一的一条腿"，与某幼儿园的小朋友在江边脱口而出的句子——"远处码头上的大吊车就像长颈鹿一样"，其间的创造性该如何测定衡量呢？爱因斯坦是在 1895 年他 16 岁正上中学时想到"以光追光会是怎么样"这一问题的；为回答这一问题，即建立狭义相对论，他进行了长达十年的研究；那么，问题的突然产生与十年间思维的每一步递进，其创造性的大小又该如何衡量呢？显然，"创造性"不是灵感独有的特性。

古往今来，人们对灵感的"突发性"，曾以绚丽的文字进行描绘，流行的灵感理论也认定：灵感在潜意识中核裂变般地形成，突发性地呈现于意识层。这种"突发性"之所以能让人们自我察觉到，就在灵感的创造性内容与灵感产生当时头脑中既有的思想意识有着差异；因为这种差异，灵感才为主体所惊异，才让主体感觉出灵感的"突发性"。所需质疑的是：主体既有的意识与即时出现的灵感，其间的差异性有何标准呢？众所周知，詹姆士的意识流理论认为："在每一人格意识里，状态一直在那里变。""我所看重的，乃在心灵状态的一去不复回，不能和先前相同。""意识性质随时发生变迁，出来不会绝对中止。"① 也就是说，人的意识流动是不可重复的。照此推理，此一瞬与彼一瞬的意识之间既然不为重复，其间就必然有差异性；如此，后继意识的产生在某种意义上均有"突发

---

① 〔美〕詹姆士：《心理学简编》，伍况甫译，商务印书馆，1933，第 85、93 页。

性"。也就是说，意识间的差异性所导致的"突发性"，同样不为灵感所独有。

"偶然性"也常被视作灵感的特征。但"偶然性"总是由因果律支配而成为必然性的一种表现形式。恩格斯说道："被断定为必然的东西，是由纯粹的偶然性构成的；而所谓偶然的东西，是一种必然性隐藏在里面的形式。"① 在科学实验中，一种种方法的更迭、一样样材料的替换，实验者头脑中相继产生这一想法或彼一想法均有偶然性。艺术创作中，此一联想的发生与彼一想象的构成，对艺术家来说，则更有偶然性。爱迪生在研究电灯灯丝时，先后试验了6000多种不同的材料，才找到最恰当的钨丝。显然，6000多种材料中任何一种材料的选用，对爱迪生当时的思维来说，均有偶然性。托尔斯泰也曾深有体会地感叹：创作的每一步都存在几百万种可能，而要选择最恰当的那百万分之一，是多么艰难。然而，作家又总是在短暂的时间中对几百万种可能选择出一种写入作品，无疑，这又是具有偶然性的。因此，在思维某个瞬间，某一即时性思维成果的出现，"偶然性"几乎是普遍存在的，同样也不独属于灵感。

当我们对流行的灵感理论认定的灵感之"创造性""突发性""偶然性"予以如上追思，流行灵感的理论大厦必然归于倾塌。因为，我们曾千百年津津乐道的"灵感"，已无法从即时性的思维成果中区分出来。

（二）"广义灵感"及理论的提出

流行的"灵感"被质疑后，其理论上的危机将迫使我们对灵感的研究面临以下两种选择。

其一，置危机若罔闻，继续把研究对象囿限在无法界定的神秘的"灵感"之上。然而，对神秘的"灵感"进行研究，已经出现对象材料贫乏的困窘。因为，神秘的灵感目前只能由灵感产生的主体内省之后进行追忆并记录，尚无法进行试验观察、无法用仪器进行精密记录。所以，曾经热闹一时的"灵感研究"，其对象材料便显得非常有限，几乎均集中在一

---

① 恩格斯：《德维希·费尔巴哈和德国古典哲学的终结》，载《马克思恩格斯选集》（第四卷），人民出版社，1995，第244页。

些艺术家、科学家的内省的记录上：托尔斯泰创作《安娜·卡列尼娜》开头写法的灵感；大仲马在海上看到一座美丽的断崖而产生《基督山伯爵》书名的灵感；罗曼·罗兰在姜尼克仑山头仿佛看到约翰·克利斯朵夫形象的灵感；舒伯特在小酒店中突然得到乐曲旋律的灵感；达尔文在沙发上因读马尔萨斯的《人口论》而产生的生物进化论的灵感；哈格里沃斯因碰倒纺车而产生珍妮纺纱机的灵感；数学家哈密顿在散步时突然得到四元素基本方程的灵感；门捷列夫在玩纸牌中产生"化学元素表"排列的灵感。这些例子人们早已耳熟能详，但流行灵感理论的研究者却依然反复进行引证、运用，无疑，这就显示出对象材料的贫乏。但就是这些例子也是其本人内省的产物，其可靠程度依然需要进行证明。显然，对神秘灵感的研究，必须要开发新的对象材料，以保证灵感思维研究材料的需要。对此，钱学森曾经指出："目前，我们只能收集资料，但灵感的描述有时色彩很浓厚，添油加醋的，所以收集资料时千万注意，要真实。"① 显然，钱学森作为严谨的科学家，已经注意到流行灵感理论研究对象的不可靠。

其二，既然"灵感"与"即时性思维成果"无法鲜明地区分，那么，我们就有必要把"灵感"与思维结合起来加以研究，从而开辟出一条广义的"灵感"（或曰"即时性思维成果"）产生规律的研究之路。我们知道，由于流行的灵感研究只能关注神秘灵感的文本记录，而这些文本记录只能由部分的事业成功者内省后留下，因此它们是非常有限的，如：政治家们一些重大决策思维中的灵感就难以记录留下；军事家们在战场上的一些指挥命令的产生心理也难以留下；企业家们在风险莫测的市场上进行卓有成效的经营决策，其周密思考的心理同样难以详细记录；而科学家、艺术家们的灵感创造，留有文本记录的同样也是极其有限的；至于人民群众的创造灵感，就更不可能留有文本记载了。因此，我们就必须根据创造者们的思维结晶——物化的思维成品，即文章、科学成果、艺术品、产品、历史的演绎等，根据有关创造思维的记载，进行即时思维成果产生的研究，从而推导"广义灵感"的心理奥秘。

---

① 钱学森：《关于思维科学》，上海人民出版社，1986，第 142 页。

前者是欲对玄虚说玄虚，自然不是我们的选择。我们的选择是后者，即"广义灵感"现象及理论的提出，并由此导出灵感思维的学说。

钱学森曾说道："把一个人的思维分成三种，抽象（逻辑）思维、形象（直感）思维和灵感（顿悟）思维，这只是从思维规律的角度来说，有这么三种。但是，第一，不排除将来进一步的研究会发现这样的划分不合适，或还有其他类型的、具有不同规律的思维。第二，虽然划分为三种思维，但实际上人的每一个思维活动过程都不会是单纯的一种思维在起作用，往往是两种甚至是三种先后交错在起作用。……所以三种思维的划分是为了科学研究的需要，不是指人的哪一类具体思维过程。"① 实际上，三种思维的划分，也确实缺乏科学统一的标准，即抽象思维与形象思维是从思维所加工的内容对象的抽象度或形象度来区分的，而灵感思维则是从思维成果角度来看待思维。因此，灵感思维的研究，完全可以看作一种兼容抽象思维与形象思维的人类思维研究的新角度。

人类思维过程是流动不息的，我们的研究该如何切入呢？列宁在《哲学笔记》中，曾摘录了黑格尔的一段话："造成困难的从来就是思维，因为思维把一个对象的实际联结在一起的各个环节彼此分开来。"并加旁注："对！""如果不把不间断的东西割断，不使活生生的东西简单化、粗陋化，不加以划分，不使之僵化，那么我们就不能想象、表达、测量、描述运动。"② 思维对"不间断"的对象要"彼此分开"来考察，而思维自身也是连接不断的，同样也需要"分开""割断"来"描述"与考察。如此，我们所提出的"广义灵感"就把流动的思维隔成一个个环节，某一个思维环节的成果，就是"广义灵感"。而对"广义灵感"的本质、特点等进行探讨，逆推其产生的规律与方法，并以此观照、探视人类思维的奥秘，也就构成了"广义灵感论"。一定意义上，"广义灵感论"的探讨，正是钱学森所倡导的把"灵感"与"思维"联系起来进行考察的"灵感思维"研究；只不过建立在"广义灵感"之上的"广义灵感论"——灵

---

① 钱学森：《关于思维科学》，上海人民出版社，1986，第129、130页。
② 列宁：《黑格尔〈哲学史讲演录〉一书摘要》，载《列宁全集》（第五十五卷），人民出版社，1990，第219页。

感思维学，已不是与抽象思维、形象思维并列的关系，而是对它们构成一种包容关系，这在我们后面的阐述中可以得到说明。

二　广义灵感的本质

我国灵感研究方面，刘奎林的论文《灵感发生新探》、陶伯华与朱亚燕合著的《灵感学引论》、朱存明的《灵感思维与原始文化》等，代表了最新的成果。在对灵感的本质阐释上，刘奎林的观点最有代表性，他认为："灵感的蕴育也有一个过程，只不过不在意识（显意识）范围之内，而在意识范围之外，在潜意识；潜意识蕴育灵感时，除靠潜意识推论，还常有显意识功能通融合作，当孕育成熟，即突然涌现于显意识，成为灵感思维。"[①] 对于他的观点，钱学森曾明确表示赞同。然而，由于刘奎林所说的"意识（显意识）"与"潜意识"，只是就人脑对客观世界反映的总体状况而言，并未对"灵感"产生瞬间的意识活动状态做出更为准确的描述；同时，他的研究对象始终先验地胶结在神秘的"灵感"现象之上；因而，也就未能与一般思维中的意识活动加以比较，也就未能将他所阐述的"灵感"本质与一般思维建立起联系。

故而，我们在赞同刘奎林对"灵感"本质总体概括的前提下，还将把这一概括推延到"广义灵感"——即时性思维成果之上。为此，我们便需要首先对意识（显意识）与潜意识做出新的认识，继而揭示出"广义灵感"的本质。

潜意识从意识中分离出来，始于精神分析心理学派的鼻祖弗洛伊德。他曾说："潜意识的系统可以比作一个大前房，在这个前房内，各种精神兴奋象许多个体，互相拥挤在一起；和前房相比连的，有一小的房间，象一个接待室，意识就停留于此。"[②] 他的这个"接待室"之比，非常形象地描述了思维活动中意识转换的微观图景。然而弗洛伊德作为一个精神病学专家，不可能对思维中的意识活动奥秘进行深入研究，他只关注引起精

---

① 刘奎林：《灵感发生新探》，《中国社会科学》1986 年第 4 期。
② 〔奥〕弗洛伊德：《精神分析引论》，高觉敷译，商务印书馆，1981，第 318 页。

神障碍的那部分潜意识能否被回忆出来，得到"接待"宣泄。故而，我们探究思维中意识活动的奥秘，还得回到"接待室"之比喻上来。此"接待室"，心理学上有一个术语，叫"意识域"，《辞海》解释为："在短时间内对客观事物所能觉察到的范围。任何一瞬间所能明显意识到的事物，只限于注意所集中的部分，其他都是较模糊地被意识到的，但依次加以注意，则能对周围事物形成较完备、有意识的图景。"德国心理学家赫尔巴特也曾说过，人们只能意识一定的对象或注意有限的范围，"一个观念若要由一个完全抑制状态进入一个现实观念的状态，便须跨过一道界限，这道界限便为意识阈"。① 也就是说，意识阈限以上才是"意识域"，它是外部信息与内部潜意识短暂地沐浴意识之光的栖留地或"接待室"。以"意识域"为逻辑起点，我们必然地演绎出如下结果。

1. 显意识：即时性存在，却不停地流动变化的意识

思维科学的研究者们一般均认为：显意识，即可以被主体控制的意识，只是便于对思维中意识转换进行描述才称之为"显意识"。而当我们引入"意识域"概念及意识流理论，对"显意识"自然就会产生这样的新认识：意识之所以感觉到在流动、在常变常新，乃是主体的需要以及源源不断地出入"意识域"的缘故；由"意识域"瞬间只能注意有限的范围所决定，它所截取、光照的意识流中的那个"点"才是严格意义上的"显意识"。

2. 潜意识：人脑中未进入意识域的潜藏着的知识记忆之（名词性）意识与潜在进行着的（动词性）意识加工活动的总和

根据"意识域"在某个瞬间拥有的"显意识"极其有限的这一特性进行推理，我们得出的是一个颇难接受的论断：在某一瞬间，主体对客观世界反映的意识，除去意识域中那极其有限的一点，几乎全处于潜在状态，即为"潜意识"。这里，我们无疑已对弗洛伊德所提出的"潜意识"——人们心理深处很难回忆起来的意识做了重大修正与改造，已对心理学上所认可的"潜意识"——没有意识到的心理活动做了修正与补充。在科学发展史上，概念内涵往往伴随人们认识的深化而变化。美国哲

---

① 〔美〕波林：《实验心理学史》，商务印书馆，高觉敷译，1981，第318页。

学家瓦托夫斯基曾说道："科学家时常用较新的概念倒替我们较旧的概念，或者根本上修正这些旧概念，因此常识便受到科学的改造。"① 列宁也曾指出："主观地运用的这种灵活性＝折中主义与诡辩。客观地运用的灵活性，即反映物质过程的全面性及其统一性的灵活性，就是辩证法，就是世界的永恒发展的正确反映。"② 因此，当我们对思维奥秘进行认识时，也就无可回避地对"潜意识"做了修正与改造，并"客观地""灵活性地"应用。其实，对意识的潜藏，马克思说得很明白："意识的存在方式以及对意识说来某个东西的存在方式，这就是知识。知识是意识的唯一的行动。因此，只要意识知道某个东西，那么这个东西就成为意识的对象了。知识是意识的唯一的、对象性的关系。"③ 而我们知道，在某个瞬间，绝大多数的知识只是作为经营储存在主体头脑中的，并不为"意识域"所光照；因此，我们完全可以这样理解：意识的存在方式就是知识记忆正处于潜藏状态，即名词性潜意识。

名词性的潜意识一定意义上可看作心理学上的"记忆"，但是"记忆"作为对经验过的事物的记住与再现，总拘泥于事物本身，能动性却相对缺乏。而在心理学家那里，"潜意识"不仅是储存的知识，更多地还被理解为潜在的、不为主体察觉的意识活动，即动词性的潜意识，亦称"无意识""下意识"。我国心理学家车文博对此说得很明确："无意识是未被意识到的认识，或意识阈限下的认识。"④ 结合"意识域"的功能特点，这种意识阈限下的潜意识活动可以这样描述：意识域中的显意识源源不断地流出转为潜意识，也就源源不断地带入了主体正关注、思维着的或经一定加工的种种新信息；当它们成为潜意识后，一方面作为知识信息得到潜藏储存，另一方面则在潜意识世界中得到加工组合，即引起潜意识能动的认识活动。

---

① 〔美〕M.W. 瓦托夫斯基：《科学思想的概念基础——科学哲学导论》，林夏水等译，求实出版社，1989，第 16 页。

② 列宁：《黑格尔〈逻辑学〉一书摘要》，载《列宁全集》（第四十二卷），人民出版社，1975，第 91 页。

③ 马克思：《1844 年经济学哲学手稿》，载《马克思恩格斯全集》（第四十二卷），人民出版社，1979，第 170 页。

④ 车文博：《意识与无意识》，辽宁人民出版社，1987，第 41 页。

由于名词性的潜意识与动词性的潜意识活动往往相辅相成，且均有不为主体觉察的共性，因此，二者的总和才构成完整的潜意识。

须指明的是，这里经修正、改造过的"潜意识"，总不断地受到"显意识"的制约与作用，即总体上在接受主体的控制，其实质也就是人的微观意识活动的一部分。因此，它便具有了既神秘又不神秘的特点。

3. 广义灵感：显意识与潜意识通力合作，由相关知识信息组合而成的、某一环节的思维成果在意识域中的即时突现

意识总在流动着，显意识与潜意识也在不停地转化；由于我们求索的是某一环节思维结果之"显意识"，即"广义灵感"产生的心理奥秘，因此，我们就有必要就显意识、潜意识的转化建成一个模式，即意识域中的显意识，带着主体所关切的问题、所欲认识的对象、已思维加工过的半成品等具有理性特点的信息转化为潜意识：这一鲜活的信息在潜意识活动中与相关的知识信息相组合，就会增加内涵，产生变异；而变异了的新信息又会为主体所需而由潜意识进入意识域成为显意识。此时的显意识与先前的显意识相比，已有了差异，这正是我们所称的"广义灵感"。如此，……显意识—潜意识—显意识（广义灵感）—潜意识—显意识（广义灵感）……，便构成了显意识、潜意识转化，即"广义灵感"生成的基本模式，这也是对人们思维中完整的意识活动的基本描述。

这个基本模式仅仅是就意识域中的显意识毫无保留地转化为潜意识，或主体的意识乃以封闭的系统为条件而建立的。在实际思维中，这两个条件未必能得到满足，因此，它也就还存在以下两种变式。

变式一。其条件是意识域具有保留既有的显意识，又兼容并组合其他相关知识信息的功能。

美国著名信息加工心理学家司马贺在北京讲学时，曾举了人们计算一道竖式加法题时意识组合信息的例子。他说：4+7+3+8+2＝24 这道题，我们在具体计算时，是先读 4，将 4 保持在短时记忆中，再读 7；4 和 7 相加组合得 11；又将 11 保持在短时记忆中，再读 3；11 和 3 相加组合得 14；……在这个解题过程中，每一步脑子里只保持一个数并和另一个数组合。① 这个

① 〔美〕司马贺：《人类的认知：思维的信息加工理论》，科学出版社，1986，第 39 页。

短时记忆所保持的数，便是意识域所保留的显意识。如此，意识流经意识域，并不是如过闸之水，一泻无余，而是有选择地得到保留，并等待潜意识呈递来与相关信息进行新的组合。如果意识域中保留的是一个悬而未决的难题，突然从潜意识输来解决的方法，使其迎刃而解，便成为人们常津津乐道的"顿悟"；若这种意识域中信息组合是持续渐进的，便被称为"思维取得一步步进展"。而就一个"顿悟"或某一步"思维进展"而言，其在意识域中组合成新的显意识、成为某一个环节即时性的思维成果的本质又是共同的，我们便仍然称之为"广义灵感"。

变式二。其条件是主体的意识是个开放的系统。

作为开放系统，意识要对客观事物进行认识反映，包括对物理世界的最初认识和对人类所创造的已客观存在的文明信息进行再认识。用英国哲学家波普尔的理论来解说，即以"世界 2"——主体的意识世界，来与"世界 1"——物理世界、"世界 3"——客观知识世界相互发生作用，以此来促进知识的增长。从微观意识流动、转化上来描述，意识对客观事物的反映，即意识域接收到感官传递来的客观事物信息，便立即调动潜意识中相关的知识信息来进行组合，从而在意识域中实现对这一事物的感知、判断、推理等，形成新的显意识。由于感官传输来的客观信息有"世界1"与"世界 3"之分，所形成的显意识又有不同的认识效果，意识对事物的反映便有了复杂的体现。

其一，感官传输到意识域的是活生生的客观物理世界信息，主体调用相关的知识信息与之组合，便形成感觉、知觉、表象，认识论上称为"感性认识"。感性认识不属于思维的范畴，而我们所探索的广义灵感乃是即时性思维成果，属于思维学研究。因此，感性认识我们不视作广义灵感。这样，也避免了广义灵感泛化之虞。

其二，感官传输到意识域中的固然是客观世界信息，但主体调用知识信息与之组合中，却一下跨越了感性认识阶段洞察了该事物的本质，形成理性认识，认识论上称作"直觉"。"直觉"这一认识形式确实富有非理性色彩，但直觉认识的结果，却往往为主体理性所需，因此，"直觉"自然便归属于广义灵感。

其三，感官输送到意识域中的是客观知识信息，那么调用潜意识中的相关知识信息与之组合，其实质已属于理性认识，或曰事物了。其进行的方式，从逻辑思维上看主要为判断、推理，从形象思维上看主要为联想、想象。但各种方式均有一个共性，即信息组合。如：判断是事物的特性与其属类知识的组合；推理是大前提与小前提的组合；联想与想象是相近、相似形象间的组合。列宁曾经说道："人的实践经过亿万次的重复，在人的意识中以"逻辑式"固定下来。这些式正是（而且只是）由于亿万次的重复才有着先入之见的巩固性和公理的性质。"① 正是"逻辑式"的形成，使人们实际上的思维简化成以"逻辑式"来组合并认识各种事物，并使这种组合认识有着逻辑性。另外，由于信息间的组合总存在一定的随机性与偶然性，如此，现代心理学家们又渐渐趋于这样的认识："越来越多的证据表明人们的推理及思维在很大程度上是非逻辑性的。"② 如此一来，思维的真相便成为既合"逻辑式"，又具有"非逻辑"特性的知识信息之组合。其组合出的即时性思维成果，无疑便是既有必然性又有偶然性的"广义灵感"了。

三　广义灵感的特点

在对广义灵感本质的揭示中，我们已把一定瞬间突现的即时性思维成果与灵感等同起来，人们会为此惊讶不已：思维成果竟为灵感？

他们会反诘：广义灵感的提出使神秘的灵感与普通的思维成果失去了差别，使思维带上了非理性色彩和偶然的因素，也使灵感涂上了理性色彩和必然性背景；如此，灵感还成其为灵感吗？思维成果还可靠吗？

我们的回答是：灵感的神秘化，无助于人们的思维实践；其神秘色彩的消除，正是灵感理论助益人类发展的必由之路。而"广义灵感"的提出，让思维即时性成果与灵感取得同一，正是对思维的有序与无序、确定与随机、线性与非线性相统一的真实图景所做的客观描绘。

---

① 列宁：《黑格尔〈逻辑学〉一书摘要》，载《列宁全集》（第五十五卷），人民出版社，1975，第186页。

② 汪安圣：《思维心理学》，华东师范大学出版社，1992，第113页。

为了对"广义灵感"有进一步的认识，我们尚需对其主要特点予以揭示。

1. 相对的创造性

"创造性"是一个相对的标准，意识域于瞬间组合成的广义灵感，无论其创造价值量的大小，总具有创造性。但狭义灵感理论只关注那些创造者内省的、自我感觉有较大创造性的灵感。如托尔斯泰受普希金作品启发而产生《安娜·卡列尼娜》精彩开头的灵感；门捷列夫从梦中获得化学元素周期表排列次序的灵感；达尔文因偶读马尔萨斯的《人口论》而产生自然选择思想的灵感。然而，托尔斯泰创作中一系列情节细节的生成、门捷列夫让一个个化学元素的正确归位、达尔文航海考察中对无数物种的观察研究所得等，虽然均有着创造性，但狭义灵感理论却将它们拒之门外。至于千百万劳动群众在实践中的创造思维所得，由于几乎没有创造者内省的文本记载，更为狭义灵感理论忽略不计了。

而广义灵感论却将狭义灵感理论重视的灵感与所忽略的大小即时性思维成果统统包揽过来，并指出它们均具有"相对的创造性"。与相对论、量子力学相提并论的，二十世纪物理科学中的第三次大革命的"浑沌"理论，就特别注重重大的成果起始于微小的局部的创造性变化，认为"在科学里，如同在生活里，人们知道一串事件往往具有一个临界点，那里小小的变化也会放大。然而混沌却意味着这种临界点比比皆是，它们无孔不入、无时不在"。① 也就是说，事物的倾向总能在事物微小的变化中预兆出来。同样，微小的即时性思维成果，其相对的创造性经过演绎、发挥、放大，就完全可能膨胀出一项重大创造成果，乃至一场划时代的革命。如瓦特对蒸汽机的改进，历经23年，在这期间他的思维中萌生过多少即时性思维成果，恐怕谁也不知道；但又有谁能否认其中每一步微小的成果均在通向蒸汽机时代的路途中又前进了一步？安徽凤阳小岗村的农民秘密酝酿的联产承包，则开创了一个中国农村改革的大时代；在秘密酝酿期间，他们七嘴八舌的议论反映了一个个即时性的思维成果，正是这些即时性的思

① 〔美〕詹姆斯·格莱克：《混沌·开创新科学》，张淑誉译，上海译文出版社，1990，第25页。

维成果，才导出了一个划时代的创造性成果。在当今时代，各行各业的人们均在进行着创造性思维，他们任何的一项创造性成果，都记录了思维历程中大大小小的广义灵感。即使是各企业中职工们的合理化建议，无数中小学生的小发明、小创造，其创造性思维成果无疑均建立在无数即时性思维成果之上，同时又烘托出了一个全民创造的大时代。因而，广义灵感作为思维进程中即时性思维成果，也就拥有了"相对的创造性"的特点。

2. 存在的暂时性

狭义灵感理论认定神秘的灵感突发之后，其存在是暂时的，如陆机所形容"来不可遏，去不可止"。其实，人们思维的即时性成果出现并保持在意识域中，也是暂时的。而即时性思维成果即广义灵感存在的暂时性，归根结底是意识历时性地流经意识域而产生的。马克思曾说道"语言是思想的直接现实"，那么，意识的流动物化为"直接现实"，就成为历时性的言语流。结构主义语言学者认为，言语"它的表现是个人和暂时性的"，"不要把语言视为死的产品，而应视为创造的，在语言的现实里，语言在每一时刻都是某种继续的、暂时性的东西"。① 挪入我们的论题中，"个人的""创造的"语言或言语（切合具体语境的语言），便是物化了的显意识，它的"继续的、暂时性"，旁证了广义灵感出现的历时性，并必然地表现出"存在暂时性"的特点。

俄国作家陀思妥耶夫斯基在日记中曾经记载，他有一次从人群中发现孤独的父子俩，思维就连贯性地想了下去：这是鳏夫孤儿—他们住在地下室—现在正去亡妻的姐妹家—这位亲戚也是住地下室—做客的时候众人都很忧郁—小孩盼着吃面包……就作家的这一段思维、一段意识流动而言，其中每一环节中所出现的思维结果即广义灵感，总是由上一环节的广义灵感引发的，又很快引发出下一环节的广义灵感。而每一环节的广义灵感自身的存在均是很短暂的。虽然广义灵感存在总是暂时性的，并很快转入潜意识之中，但它就在意识域中存在的瞬间，得到主体理性的控制：或作为

① 〔德〕威廉·冯·洪堡特：《论人类语言结构的差异及其对人类精神发展的影响》，姚小平译，商务印书馆，1999；〔意〕贝尼季托·克罗齐：《作为表现的科学和一般语言学的美学的历史》，王天清译，中国社会科学出版社，1984，第168页。

主体的经验知识存储在潜意识中；或作为待进一步认识解决的问题交付潜意识活动；或作为新的信息保持在意识域中与即将来"赴约"的潜意识或外部信息组合。广义灵感的这种"存在的暂时性"告诉人们：广义灵感产生的当时，也就已成为对下一环节思维进行理性控制的起点；因此，应予以及时把握控制，且放到思维流程中以发挥它的作用。

3. 连绵的突发性

"突发性"来自主体的自我感觉，这种感觉是由意识域中先后呈现的显意识存在差异而产生的。由于瞬间中的显意识是多种相关信息组合的产物；因此，此一刻的意识域永远不知道下一刻的意识域中将会出现什么样的显意识，其间的差异派生出的"突发性"也就显而易见了。由于我们已阐明广义灵感乃是思维过程中某瞬间出现在意识域中的显意识，那么自然就要关注意识流流经意识域时，给广义灵感带来连绵不断的突发性。

承认意识的流动，一定意义上就是承认广义灵感的连绵突发。不仅"意识流"的提出者、机能心理学派的詹姆斯说过意识"一直在那里变""是连续的"；法国哲学家柏格森也曾经做过类似的比喻，并以"绵延"称之。虽然柏格森是从唯心主义的本体论上称"绵延""意识流""生命流"是宇宙的本质，但移至认识论上，意识流动的绵延进行，不断突发性地产生新内容，就不能不说是意识流动的真实描述。可惜，柏格森开出的认识"绵延"、认识"生命流"的方子，却是"我们只能在直觉中，直接地把握绵延"[①] 的神秘主义的直觉主义。其实，马克思主义认识论已经阐明：世界是物质的，一切事物均处于永恒的运动中。人类对这运动的世界的认识，同样也是一个永恒的运动过程。毛泽东曾经精辟地概括道："通过实践而发现真理，又通过实践而证实真理和发展真理。从感性认识而能动地发展到理性认识，又从理性认识而能动地指导革命实践，改造主观世界和客观世界。实践、认识、再实践、再认识，这种形式，循环往复以至无穷，而实践和认识之每一循环的内容，都比较地进到了高一级的程度。"[②] 毛泽东阐明的是辩证唯物主义认识论的基本观点，而我们

---

① 〔法〕柏格森：《形而上学导言》，刘放桐译，商务印书馆，1963，第71页。
② 《毛泽东选集》（第一卷），人民出版社，1965，第273页。

对广义灵感的研究，正是在此前提下对认识过程中的微观景象予以探讨。恩格斯曾强调研究微观细节的重要性："而我们要是不知道这些细节，就看不清总画面。为了认识这些细节，我们不得不把它们从自然的或历史的联系中抽出来，从它们的特性、它们的特殊的原因和结果等等方面来逐个地加以研究。"① 前面我们已经说到，广义灵感是从思维过程中"分开"或"割断"出一个环节来进行细节认识的，其目的是"看清"思维的"总画面"。而现在，当我们把已从细节上或环节上有所认识的广义灵感放回到思维的整个流程中，我们就必然可发现广义灵感"连绵突发"的特性。广义灵感的连绵突发，即无数思维成果系统性地产生，如无数纱线的经纬组合织出了一个完整的思维成果。这恰是我们曾经转述过的"意识域"的职能：由瞬间的觉察与意识，依次形成对事物较完备、有意识的图景。

至此，我们可以来比较一下狭义灵感与广义灵感的异同之处。作为意识域中新组合成的显意识，二者共同之处是均有着创造性、突发性、偶然性、暂时性的特点，因而均以"灵感"称之。二者的不同之处为狭义灵感稀罕少见，而作为即时性思维成果的广义灵感则普遍广泛。稀罕的狭义灵感总在神秘中产生，而如何必然地产生却缺乏逻辑的支持，其理论色彩便显得模糊；广义灵感论由于认定广义灵感是由相关知识信息组合而成的，相关的知识信息如何组合成一定的广义灵感有着相应的规律，其理论色彩便显得相对清晰。狭义灵感由于仅是少数名人内省出的稀罕特例，其理论又比较模糊，也就显得不可把握；而广义灵感作为普遍存在的即时思维成果，理论相对清晰，则易于为人们所把握运用。

四 "广义灵感论"提出的意义

当我们已提出"广义灵感"这种人们思维中原本存在的，却第一次以全新角度来看待的心理现象，我们当然还需要明确它提出的现实意义。其意义主要有以下几个方面。

---

① 《马克思恩格斯全集》（第二十卷），人民出版社，1979，第23页。

1. 有助于科学思维的进行

"广义灵感论"的核心是强调人们通过知识信息的组合，不断催生即时性思维成果，从而提高思维效率。这既符合现代社会对知识信息空前重视的时代大潮，又是对人们的思维真实、简明的描述。现代心理学就认为："不论有方向或无方向的思维过程，常常包括着意象和别的符号元素的处理和相互作用这样一种连续流程。在思维中，这些元素以不寻常和意想不到的方式组合和再组合。"① 爱因斯坦在谈到自己思维过程时也说道："在我的思维机构中，书面的或口头的文字似乎不起任何作用，作为思维元素的心理的东西是一些记号和有一定明晰程度的意象，它们可以由我'随意地'再生和组合。……这种组合活动似乎是创造性思维的主要形式。"② 广义灵感论则进一步突出了如上"组合说"，并认为：凡知识信息在总体上符合"逻辑式"、具体表现又往往为"非逻辑"的组合，都必然导致广义灵感源源不断地产生，使主体的思维在有序与随机的颠簸中通向预期的结果。这一简便的思维武器，可望启发所有的思维者，重视众多信息的组合，重视信息多途径的组合，重视每一组合的成果——广义灵感，重视将广义灵感又投入新的组合……，从而提高思维效率。

2. 激发全民的创造热情

列宁曾经指出："千百万创造者的智慧却会创造出一种比最伟大的天才预见还要高明得多的东西。"③ "群众生气勃勃的创造力正是新的社会生活的基本因素"，"生气勃勃的创造性的社会主义是由人民群众自己创立的"④。也就是说，社会进步的伟力蕴藏在千百万人民群众的创造智慧之中。然而，既有的思维理论已越来越倾向于艰涩，很难为普通群众所把握运用；狭义的灵感理论则更是有意无意地把"灵感"与普通群众划上了鸿沟。但"广义灵感论"却看重每一位创造者，包括任何一位平凡大众的"知识信息的组合"，肯定其所组合成的广义灵感的创造性。这就从理论上肯定了平凡大众思维的价值，加之"广义灵感论"的通俗简明，便

① 〔美〕克雷奇等：《心理学纲要》（上），周先庚等译，文化教育出版社，1980，第210页。
② 〔美〕克雷奇等：《心理学纲要》（上），周先庚等译，文化教育出版社，1980，第210页。
③ 《列宁全集》（第三十三卷），人民出版社，1985，第281页。
④ 《列宁全集》（第三十三卷），人民出版社，1985，第52、53页。

可望增强全体民众创造的自信心，激发起全民的创造热情。综观发达国家科学技术的进步，无一不是建立在深厚的全民创造的基础之上的。而我国近代史上的衰败，除却政治因素，全民族创造力的窒息导致从重大科学发明到一般工农业技术几乎没有一项对人类文明的贡献，也是重要的原因。因此，民族的振兴，除了依赖国家大政方针的正确，还需调动"群众生气勃勃的创造力"。目前，随着社会主义市场经济的发展，我国民众开展"技术革新""发明创造""提合理化建议"的高潮已经到来；而"广义灵感论"的适时提出，必然在这一全民创造高潮中起着积极作用。

3. 促使思维科学形成自洽性理论体系

就思维理论而言，人们虽然已基本认可了逻辑思维、形象思维为两种不同的思维方式，但对思维活动中两种思维方式彼此交叉运用的现象仍未有完满的理论阐释。虽然钱学森又提出了"灵感思维"，但人们一直把神秘的"灵感"与思维相割裂，从未真正进行灵感思维的研究，自然也更无法统一各种思维方式的关系，建立起科学的思维理论体系。而本文提出的作为即时性思维成果的广义灵感，则从动态思维阶段性成果产生的角度，包容了逻辑思维与形象思维，为思维科学研究开辟了一条新途径。这样，我们就理顺了三种思维之间的关系：抽象（逻辑）思维与形象思维的共同本质均为知识信息的组合，由于知识信息在"抽象—形象"之间有着量与质的区别，即抽象度大则定性为"概念"或"观念"，形象度大则定性为"表象"或"形象"，这才有了相对的两种思维。在每一次知识信息有机组合之后，思维成果即时性地产生，便表现为"广义灵感"。广义灵感的产生是必然性与偶然性的统一；抽象性的广义灵感或形象性的广义灵感、抑或中间状态的广义灵感往往间或出现，以致产生两种思维难以清晰分野的现象。因此，"广义灵感论"描绘出的"（广义的）灵感思维"，一定意义上乃是对抽象思维与形象思维的包容，只不过是从它们的结果来进行逆推式的审视与研究。如果说，以上三种思维之间关系的总体描述得以成立，那么，对"广义灵感论"的深入研究，就可望促使思维科学形成自洽性的科学理论体系。

4. 启发新一代人工智能机的研制

钱学森曾经预言："思维科学的研究将孕育一场新的科学革命。另一方面，思维科学的研究又会推动智能机的发展，把人的知识、智力提高到前所未有的高度，这肯定又将是一场技术革命。"① 所谓"智能机"，就是在电子计算机既有的信息处理系统基础上，又增加了多种人类思维的智能因素，如模式识别、设计辅助、口语理解、机器翻译、问题求解等。众所周知，电子计算机对信息的处理，其工作原理可以说就是特定语言系统的信息与所输入的信息相互不断组合，从而源源不断地产生、显示、存储新信息。这恰是广义灵感论对人脑思维最基本的描述。也就是说，广义灵感论与计算机工作原理具有极大的同构性。然而，现代计算机包括已具有一定人工智能的计算机，迄今对信息的处理仍然必须将问题形式化，且局限在一定的复杂度内。如专家系统也只是纳入专家经验，使其程序化，它所处理的信息必须符合经验程序才能正确处理。而面对任何一种新质信息，专家系统也将无能为力。伴随大范围的计算机联网，任何网络终端，都将面临难以胜计的新信息。对如此众多信息的处理、运用，并组合成新的信息，显然还得依靠人脑的思维。那么，如何使新一代智能机更多地代替人脑思维，只有通过思维科学的研究，在人脑思维奥秘中去寻找启发。比如说：人脑是如何在潜意识中检索、提取知识信息的？人脑如何让相关的知识信息组合成即时的思维成果？这一思维成果又如何进一步与其他知识信息组合？人脑组合成的数种思维成果又如何与特定的标准信息组合得到进一步的优选？……凡此种种，恰是"广义灵感论"欲做揭示的疑案；倘若疑案释解，新一代智能机的开发者也就必然得到启发。

未来学家阿尔文·托夫勒在评论诺贝尔化学奖获得者普里戈金的"耗散结构"时曾经说道："普里戈金的范式之所以令人感兴趣，就在于它把注意力转向了现实世界的那些方面：无序、不稳定、多样性、不平衡、非线性关系（其中小的输入可以引起大的结果）以及暂时性——对时间流的高度敏感性。"② 如果这一段话未指明是就"现实世界"而言，那么完全可以用来诠释本文所提出的"广义灵感"，人们的思维总是反映

① 钱学森：《关于思维科学》，上海人民出版社，1986，第 163 页。

② 〔美〕阿尔文·托夫勒：《从混沌到有序》前言，载《从混沌到有序——人与自然的新对话》，〔比〕伊·普里戈金、〔法〕伊·斯唐热，曾庆宏、沈小峰译，上海译文出版社，1987，第 10 页。

客观现实，现实的特性必然在思维中得到相应的体现。就现实而言的"耗散结构"理论与描述思维真相的"广义灵感论"，产生如此同构对应，显然有着必然性，即人类认识发展到一定阶段在不同领域中的体现。近年，继"耗散结构"理论之后，自然科学界又兴起了专门研究"混沌与有序""线性与非线性"现象的"混沌学""分形论"，这一切均像许多科学家所预言的那样，在酝酿着、代表着"下一次的科学革命"。而"广义灵感论"则可望成为这场科学革命在人类思维科学领域中的反映。因而本文提出"广义灵感"，并对其进行多方面的揭示，就在于告诉人们一个人人皆有体会却尚未清晰认识的事实，即思维总在必然与偶然之间运行，总体上是沿着必然、有序、线性的路向行进，但在各环节中，则更多地体现为一种偶然、随机、无序、非线性的形式。而狭义灵感只是广义灵感的一些特例，是人们在对自身迅捷的神经活动、心理活动缺乏细致、科学了解的背景下，对这些特例进行模糊认识的产物。因此，狭义灵感理论的研究已到了终结的时候。本文将抛砖引玉式地启发人们对有序与无序，确定与随机相辩证统一的、非线性思维加以科学的追索，给人们破译自身的思维奥秘提供新思路。一定意义上，这是一种"非线性思维观"。它的提出意义，乃在于提高人类对思维的正确认识，助益人类的思维实践及社会发展。

（原载《中国社会科学》1997 年第 1 期）

广告传播演进变革

论广告生存的变革

　　市场竞争与技术的进步，使大众传播媒介自身不断分化，相应地，受众也在不断细分。其结果，便是小众传播时代的到来。如果说小众传播时代的出现源于大众传播内部自身的分化，而网络传播则从外部更加速了这一分化与裂变。网络传播虽然兼跨了数种传播形式，但它既尊崇目标受众的主体性，又让受众随时可转换为传播者的特性，使得它本质上可被看作小众传播。显然，小众传播时代乃是媒介环境变化所铸就的。而依赖媒介环境生存的广告，其变革就成为必然的选择。美国《广告时代》的副总裁 Joc Cappo 曾经在一篇题为《广告公司：不变则亡》（"Agencies：Change or Die"）的文章中写道："现在广告业发生了一场规模巨大的革命，这场革命发生在美国，但影响了许多其他广告和媒体较发达的国家。"① 美国传播学家沃纳·赛佛林等人也认为："目前，广告业正处于一个变化阶段，其主要原因是媒介环境发生了巨大变化。传统上针对广大不知姓名观众的大众媒介广告是一种行将消亡的传播形式。"② 虽然对"大众媒介广告行将消亡"的预言过于绝对，但对惯于依赖大众媒介生存的广告公司以及依赖大众媒介广告来促进营销的广告主来说，却不能不说是一个预警。也就是说，广告公司所服务的广告主本来就对大

---

① 〔美〕乔治·E. 贝尔齐、麦克尔·A. 贝尔齐：《广告与促销：整合营销传播展望》（上），张红霞、李志宏译，东北财经大学出版社，2000，第 2 页。

② 〔美〕沃纳·赛佛林、小詹姆斯·坦卡德：《传播理论：起源、方法与应用》，郭镇之等译，华夏出版社，2000，第 11 页。

众传播时代"有一半广告费被浪费"心存不满，如今既然针对目标受众而诞生的小众传播已经出现，那么，对于广告生存来说其变革已经无可回避。

这场正在发生的广告生存变革，其集中体现在如下三个方面。

一 广告信息的互动性服务

对目前主要依赖传统媒介生存的广告来说，广告信息的互动性服务似乎只是一种可望不可即的理想。毕竟，传统媒介单向传播（broadcasting）的事实并未改变；而网络传播目前限于带宽，所刊播的广告尚未能完全展现多媒体优势，受众统计也欠科学与权威，且强迫受众消耗时间与上网费用，因此，其互动性特点并未得到凸显。如此一来，虽然"新媒体"与"网络广告"声势甚高，却未对现有的广告生存构成威胁。

然而，温水中的"青蛙"应该意识到：水温正在逐渐加热，沸点迟早就要到来。也就是说，我们应该面对的是：网络技术正在酝酿革命性的突破，一种建立在宽带基础之上的多媒体动态传输（流媒体）技术正在走向平常百姓家。它一旦投入规模性的使用，将锁定明确的目标受众，主动播放多媒体广告且供自由下载，并接受广告信息定制与反馈，自动进行数据统计、分析与管理。如 E·G 软件公司开发的"网络追踪"（Webtrends）软件，能对服务器建立的日志文件进行分析，统计出许多信息；而"网络引力"（Net Gravity）公司也开发了"广告服务"（Ad-server）软件；这些工具可用来跟踪网民的上网行踪以及时间，从而为网络广告提供依据。[1] 在美国，Thomas Novak 教授和他的同事拟定了名为 Project 2000D 的网络媒体分析报告标准，越来越多的网络监看团体已在采用该标准。而对网络广告点击者付费、点击开奖等对浏览广告的网民进行补偿的广告互动服务，也已在一些网站实行；如以开发网络广告系统为基础的网站 ban-ners-net.com，就曾对阅读网络广告的网民退还服务费。[2] 显

---

① 〔美〕Jim Sterne：《WEB 广告指南》，谢建军等译，浙江科学技术出版社，1999，第 92 页。
② 徐红、马波：《网络广告文化探讨》，《新闻与传播研究》2000 年第 4 期。

然，如上网络广告技术一旦全面实行，广告的互动性服务也就立即摆在我们面前。

与互动性网络广告趋势相呼应，电视媒体也将引入更实用的数字化与互动性。美国传播学家托马斯·鲍德温等人就曾对一些电视广告新形式做了如下介绍：信息提供（information offer）——虽然是电视插播广告，却可鼓励收视者利用家中的终端机键入要求，以获得更多的信息，犹如将信息"邀请"进入家中；直接回应电视（direct response television）：广告具有交互性设计，观众可自由进入，且可配合个人需求；节目长度广告（program-length commmercials）：广告与娱乐节目以及直销手法融为一体；咨询积费广告（per inquiry advertising）：媒体出售的不再是广告时段，而是按用户进行咨询的次数与时间，向广告主计次收取费用。① 显然，这是一幅非常诱人的互动性数字电视生活图景。这幅图景在美国约在2005年实现，在我国省会城市将在2010年实现。显然，这幅图景在对消费者提供互动性节目及广告服务的同时，对广告主无疑是一大福音，因为广告主的商业信息更多地转换为收费的、受众更为明确的数字电视互动节目传播技术。而对广告公司生存来说却是一个全新的挑战，届时，电视台广告所占的收入将由目前的65%下降为10%左右。

我们知道，电视目前是最具有影响力的媒体，但是据 Myers Group 调查公司发布的一项调查报告认为，2005年美国的网络广告将首次超过电视广告。② 这预示着网络广告将与电视广告并肩成为广告发布的主流媒体。显而易见，当如上互动性的网络广告与电视广告互为犄角，则势必为广告信息的互动性服务打造出一个呈主流的媒体环境，广告生存也将因此发生根本性的变革。而这种互动性广告形式，则第一次与广告内容本质——互动性营销形成统一。

关于"市场营销"，现代营销学之父科特勒第一次提出了以"交换"为核心概念的定义，即"个人和群体通过创造产品和价值，并同他人进

---

① 〔美〕托马斯·鲍德温、史蒂文森·麦克沃依、查尔斯·斯坦菲尔德：《大汇流：整合媒介信息与传播》，官希明等译，华夏出版社，2000，第197~199页。

② 张漫序：《互联网广告及其在中国的发展前景》，《中国广告》2001年第7期。

行交换以获得所需所欲的一种社会及管理过程"。而"交换是指通过提供某种东西作回报，从别人那里取得所需物品的行为"。① 无疑，交换必须在双方平等、乐意的基础上互动式进行。这就需要进行传播、沟通，需要互动性的广告服务。因为，广告作为"广告主将商品、劳务或特定的观念，为了使其对广告主采取有利的行为，所做的非个人的有费的传播"②，其本质便是追求广告主与消费者之间的沟通互动。因此，当市场营销的媒介环境进入"小众传播时代"，敏感的营销界立即予以反应，于是旨在"与消费者更好地沟通"的"整合营销传播"（Integrated Marketing Communication，IMC）便应运而生。1993年美国西北大学 D. E. 舒尔茨教授等人出版了重要的著作——《整合行销传播》；该书强调由生产导向转入消费者导向后，过去的"消费者请注意"现已被"请注意消费者"取代。因此，从消费者出发，IMC 就应该成为营销的新趋势，即强调从消费者需求出发，从互动、沟通、传播意义上展开营销活动。但是，在"市场调查—广告发布—效果调查"这一传统的广告活动模式中，虽然也构成了一种互动，但由于"广告发布"所依赖的传统媒体单向传播形式的囿限，这种单向的广告发布拉大了互动的时间与空间，使得纯粹以调查实现的"互动"周期绵长、成本高昂、信息走样，造成广告费浪费却不知如何浪费的后果。而建立在真正实现互动媒体基础上的广告信息互动性服务，则使广告主及其产品与消费者直接进行对话，进行实时性的话语沟通，营销沟通之内容本质也就广告形式实现了统一。

虽然，网络广告与电视广告构成了互动性媒体环境的中坚，但是，全面的广告信息互动性服务，不可能仅仅依靠这两种未来时的主流媒体，还需在互动性的前提下对多种媒体中的更加多样的载具进行整合。

二 广告载具的精细化整合

广告的媒体投放，一般占据广告预算的 80% 左右；因此，媒体的选

---

① 〔美〕菲利普·科特勒：《市场营销导论》，俞利军译，华夏出版社，2001，第6、14页。
② 樊志育：《广告学原理》，上海人民出版社，1994，第2页。

择与组合，便构成广告赖以生存的主要服务内容。然而在小众传播时代，不仅互动性媒体将占据主流，而且媒体的多样性与复杂性也空前突出，这使得依赖一两种强势媒体进行粗放性的广告投放战略风光不再，广告生存便面临相应的变革。美国广告专家乔治·E. 贝尔齐等人曾指出："媒体市场的细分化降低了对大众媒体的重视，而集中精力于小型、目标性的媒体选择。"① 小众媒体之所以受欢迎，乃是因为它们均有着明确的目标受众指向。诚如杰克·Z. 西瑟斯等人所言："媒体必须经过精心挑选才能到达产品的最佳目标受众群。媒介企划者们对传统媒介不满因为它们是大众传播媒介，而且在文化变迁的年代，这种大众传播媒介正在被细分了。因此，与过去相比，我们必须更加精确地定义市场。"② 在这么短短的一段话中，"精心""细分""精确"等均被提到，无疑是清晰地表达了媒体的选择与组合精细化的趋向。如此，"媒体"细分之下的"媒体载具（media vehicle）"——特定的报纸、电视节目、网站栏目等具体的媒体细分单位，乃至直邮、POP、车体、包装物、充气模、海报、传单、优惠券、发票、登机牌、厕所隔板等广告载具，便成为广告媒体战略中的基本概念。因此，"选择哪个媒体载具来投放广告，每个载具投放广告的数量，每个广告的数量，每个广告的规模，在每个广告所占的具体位置，则都必须进行精细化的整合"。③

"载具"相对于媒体，无疑更为复杂，对其进行选择整合的科学性依据也要求更高。评估特定载具的基本参照系至少有两个：一是载具"量"的评估，包括覆盖面、接触率、毛评点、到达率、暴露频次、有效到达率、最佳频次、千人成本等；二是载具"质"的评估，即在定量评估基础上的定性分析，包括权威性、可信度、互动效率等。而根据营销活动的目的，对经过评估后的载具，进行科学的、精细化的选择与整合，则更是一个艰

① 〔美〕乔治·E. 贝尔齐、麦克尔·A. 贝尔齐：《广告与促销：整合营销传播展望》（上），张红霞、李志宏译，东北财经大学出版社，2000，第15页。
② 〔美〕杰克·Z. 西瑟斯等：《广告媒体企划》，贾丽军主译，企业管理出版社，2000，第5页。
③ 〔美〕杰克·Z. 西瑟斯等：《广告媒体企划》，贾丽军主译，企业管理出版社，2000，第18页。

难的挑战，一些软件设计专家正在开发相关软件，试图能为载具的精细化整合提供若干模型。如"Adpus 可用于媒体计划、到达率和接触率分析、媒体组合信息、预算等。Sware 可提供 Arbitron 和尼尔森信息，可计算媒体成本、节目的 GTP 等。IMS 可提供一套完整的软件，这套软件可执行市场分析、目标对象识别、印刷和电波媒体策划等。它还能提供六百多个数据库，包括联播和独家播映、媒体和营销、消费者、贸易、国内及国际数据"。而"评价模型——是在概率理论上估算媒体载具到达率和接触率的展露分布模型。分配模型——是用于使广告预算分配最优化的综合模型。交互模型——考虑在预测广告效果时，文案和媒体选择之间的交互影响"。[①] 但是，类似的软件所起的只是辅助作用，广告载具精细化整合更关键的依然是广告公司中的媒体策划人员。其因：一是载具的数据采集分析与目标消费者只能构成部分交合；二是载具推出了多样性服务使得购买相当复杂（如央视"幸运 52""开心辞典"栏目就有多个购买点）；三是载具的排期往往需根据市场动态随机整合。如此，便促使广告媒体策划人员需在大量数据及多种载具组合模型的基础上对广告载具进行辩证性的精细化整合。

此外，载具的整合还具有诸多变数，如广告主广告战略中的"全球化思考，本土化行动"思想，就会因不同市场媒体环境的差异而有不同的载具精细化整合；而广告创意的优秀与否，它的接触频次与广告信息的记忆度之间将产生变化，这又将影响载具的选择与决策；在整合营销传播中，非广告的传播方式的投资力度以及仅能大致预测的效应，也影响着广告载具的抉择与整合。或许"微软·视窗 95"的整合营销传播大行动能典型地说明广告载具整合精细化的特点：该活动耗资 7 亿美元，于 1995 年 8 月 24 日在全球 22 个国家同步启动。其广告信息不仅在这 22 个国家的电视台，以及《今日美国》《华尔街日报》《时代周刊》《电脑迷》等隶属大众传媒的广告载具上发布，而且纽约帝国大厦的楼体、洛杉矶软件商店内的免费比萨饼、美国航空公司的优惠卡、澳大利亚当日出生婴儿的奖品、波兰潜水艇的水下"窗户"等均成为"微软·视窗 95"的广告载

---

① 〔美〕乔治·E. 贝尔齐、麦克尔·A. 贝尔齐：《广告与促销：整合营销传播展望》（上），张红霞、李志宏译，东北财经大学出版社，2000，第 462～463 页。

具。据统计，该活动仅获得的免费新闻宣传，就有标题 3000 多条、报道 6528 篇、评述 30 多万字。而活动开展后的三周，全球的消费者就购买了 500 多万份的"视窗 95"。[①] 可以想见，在具有无数变数的偌大范围内进行如此巨大却步调一致的广告活动，其广告载具的精细化整合，是一个多么复杂的系统工程。显然，各种变数的存在，使得广告载具的选择与整合，一方面更加需要精细化，另一方面则又使这种精细化永远是相对性的。也就是说，广告载具的精细化整合，既是科学性的精细又是艺术性的精细，既是确定性的精细又是非确定性的精细；但这种"精细"基础上的"整合"，却是广告生存在媒体投放服务中必然的选择。

三　广告创意的延伸性升级

整合营销传播的实质是"多种渠道，一个声音"，即将有关的信息统一口径地传播，"用同一声音去说"（Speak with one voice）。变革二中，我们之所以提载具的"整合"而未顺应习惯提"组合"，乃是因为"整合"是以整合营销传播的系统质——"一个声音"为核心的。而"一个声音"的体现，往往是广告创意。如，丰田公司在 1997 年在美国市场上所发动的一次整合营销传播战役，虽然动用了包括电视、报纸、杂志、网站、广播、海报、展览、折扣券、宣传手册、各种体育比赛等传播渠道，但广告运动的核心创意——"丰田/每一天"，却作为各类广告创意而在所整合的各种载具上异口同声地发出，其传播结果非常理想，并成为整合营销传播的典型案例。[②] 也就是说，在广告生存的变革中，"创意至上"的原则依然未变，广告生存的核心竞争力——创意思维依然未变，只是需伴随媒体环境的变化而进行延伸性升级。

纵观广告史，广告创意从来都是建立在媒介形态基础之上的，并伴随媒介形态的发展而相应升级。在印刷媒体时代，广告创意主要体现在文案与平面设计创作领域，如美国广告业之父本杰明·富兰克林在《宾夕法

---

① 〔美〕威廉·阿伦斯：《当代广告学》，丁俊杰译，华夏出版社，2000，第 243~244 页。
② 〔美〕威廉·阿伦斯：《当代广告学》，丁俊杰译，华夏出版社，2000，第 560~569 页。

尼亚日报》头版所做的推销肥皂的广告创意，可口可乐公司以健康、美丽、快乐为主题的系列广告创意，还有该时代所诞生的 D. 奥格威、W. 伯恩巴克等平面广告创意大师。在广播媒介时代，与无线广播媒介形态相适应，音乐、音响效果、歌唱、戏剧等成为广播广告创意的主要形式，以至于"广告歌""肥皂剧"大为流行。而当画面、字幕、画外音、音响效果集于一身的电视媒体诞生，并占据主流地位时，广告创意便自然延伸到了电视广告的创作之上，不仅《格列佛游记》里的小人国、蓝精灵、米老鼠、外星人、卓别林等形象进入了电视广告，而且可以说电视广告给广告创意思维提供了一个更加广袤的空间。

但是，当电视媒体与卫星技术相结合使频道空前增多时，自身又派生出遥控器技术，这就意味着电视广告的黄金时代即将过去，因为电视受众可以自由自在地游弋在电视的小众或分众传播之中，随心所欲地操纵遥控器，逃离广告，选择频道，切取节目。而且，如本文在"变革一"中所言，电视媒体已开始往数字化、互动性发展，同时，本身以互动性、多媒体亮相的网络广告也越来越多地占据广告市场的份额。这就意味着广告创意又一次面临巨大的延伸性提升，也意味着再一次验证麦克卢汉的名言即"媒介即是讯息"。这种广告创意上的变革主要体现在两个方面的"结合"之上。

（一）艺术创意与技术创意相结合

虽然对广告创意的评判，历来有"艺术"与"市场"孰轻孰重之争，但是人们包括广告专家在内，一旦面对具体广告作品，就情不自禁地运用艺术的标准来进行评判。如克里奥广告奖、莫比广告奖、戛纳广告奖、亚太广告奖，其获奖与否只能是以评审专家对广告作品的艺术情趣为主导。但是，在小众传播时代，广告创意却不可逆转地在艺术性的基础上增加了技术性的含量。如，美国 Yahoo!、AOL、Excite@ home、Double Click 等互联网公司已联手研制出了新型的广告模式"摩天大楼""矩形"等。前者呈长方形，纵向立在网页一侧；后者则在面积上比标准的横幅广告大得多。而在我国，全球最大的中文互联网公司之一"新浪"，则于 2001 年 3 月在北京举行的"网络广告新产品推介"新闻发布会上，向业界和广告客户推

出了包括全屏广告、通栏广告、画中画广告、弹出广告、声音广告、全流
量广告等多种形式。这些全新的广告形式完全打破了传统的网络广告
Banner、Button、文字链接等一成不变的模式，对网络广告的产品形式进行
了突破性的革新。以全屏广告为例，此种广告形式是在用户打开浏览页面
时，广告以全屏方式出现 3~5 秒，然后，全屏广告逐渐缩成 Banner 尺寸，
进入正常阅读页面。而实际上，类似的"弹出窗口""长方形广告""长纵
式广告"等网络广告新形式，目前已普遍得到应用。这些网络广告形式的
创新同样是广告创意的一种体现，但这一创意却是以网络技术实现的。在
互动性电视中，"广告客户也可以利用未来电缆系统中的反馈频道，其中包
括简单的、交互式的反应形式，来使观众直接订购产品、注册竞赛或索取
额外信息，以此作为对观众的额外的刺激以不要去消灭他们的广告"。① 显
然，为了广告在电视媒体中生存而不至于被"消灭"，广告主（客户）对
广告创意的技术层面要求将超过艺术层面要求。如此，当具体品牌或产品
的信息通过网络或电视进行广告发布时，传统广告创意的艺术性便需更多
地考虑媒介的技术因素，二者结合才可望产生后现代意义上的广告创意。

（二）作品创意与战略创意相结合

各项广告节的评委们在面对一只只广告作品的创意时，每每是振振有
词的，但是面对一个系统的整合营销传播（IMC）方案，他们或许就会无
所适从。因为除了实际营销绩效，现有的广告理论，尚无法衡量 IMC 的
战略创意。IMC 追求的是在实现与消费者沟通中建立长期的、双向的、和
谐的关系。这其实也正是企业广告战略所追求的目标。因此，美国著名的
广告与营销专家乔治·E. 贝尔齐等人便写道："厂商既然接纳了整合营销
传播的观念，就要求广告代理商综合运用各种促销工具，来取代以往主要
依赖的媒体广告，一些公司还开始越过传统广告代理商，启用其他类型的
促销人员策划和实施促销计划。"② 相应地，不少广告公司纷纷将自己的

---

① 〔美〕罗杰·菲德勒：《媒介形态变化》，明安香译，华夏出版社，2000，第180页。
② 〔美〕乔治·E. 贝尔齐、麦克尔·A. 贝尔齐：《广告与促销：整合营销传播展望》
（上），张红霞、李志宏译，东北财经大学出版社，2000，第12页。

主导业务从纯粹广告的大众传播代理转向提供 IMC 服务。如美国《广告时代》曾经介绍过 Fallon McElligott 广告代理公司，其理由就是"该公司所运用的整合营销方法使客户排名靠前，保持创新优势"。正因为该公司将业务扩展到了公共关系、直销、零售促销和交互式媒体等领域，因此才获得《广告周刊》最热门新业务广告代理公司称号，并使著名的企业如联合航空、宝马、假日酒店集团、美国网络等成为其新客户名单。而智威汤逊、DDBO、盛世等著名的跨国广告公司也顺应生存需要，成立了专门的整合传播业务部门。奥美广告公司则干脆成立了整合传播集团，其大中华区总裁宋轶铭就曾说道："整合营销传播比较偏向广告、公共关系、促销、直效营销四个方面，……而直效营销绝对是未来的关键。"[1] 我国也有许多的广告公司将其广告服务的内容，在单纯的广告代理基础上朝营销全程进行了延伸，如上海焦点广告公司、复星信息产业发展公司、深圳国际企业服务公司等，其广告创意不仅涵盖了 IMC，而且延伸到市场调研与分析、产品概念、功能设计等管理开发的内容之上。可见，IMC 的盛行，使得广告公司一定程度上易帜成为营销服务公司。这对于广告学来说，似乎既可说是一种内涵的丰富，又可说是一种本体的丧失；但是对广告公司的生存来说却无疑是一大幸事。毕竟在小众传播时代，大众媒体代理以及相应的以广告作品创意打天下的日子一去不复返了；而适应小众传播的媒体环境，就必须是以营销战略创意来整合各种各样、大大小小的传播创意，包含产品概念创意、广告作品创意、公共关系活动创意、促销策略创意等，从而在立体化、全方位的创意集合中获得广告生存空间。

（原载《新闻大学》2002 年秋季号）

---

① 宋轶铭：《立品牌的十大步骤》，《中国广告》2001 年第 11 期。

广告接受心理的微观发生

——兼论马克斯·萨瑟兰的"羽毛效应说"

广告传播的效果历来为广告主所关注，但又总是让广告主存在困惑，正如利佛·休姆勋爵所言："我知道在我所做的全部广告中有一半是没用的，但我不知道没用的到底是哪一半！"① 我们知道，广告的有效或"没用"，取决于消费者是否对广告传播在接受心理上发生了效应。而大多数情况下，这种心理效应的发生是如此微不足道，以致受众往往浑然不觉。因此，澳大利亚的心理学家马克斯·萨瑟兰教授在对大量的广告传播效果进行跟踪调查后，提出了广告传播的接受心理微妙发生的"羽毛效应说"。本文则在对"羽毛效应说"进行述评的基础上，进一步对广告传播接受心理的深层次发生进行探讨，揭示出若干规律以反馈于广告传播主体。

一 "羽毛效应说"的要点及其缺憾

马克斯·萨瑟兰（Max Sutherland）是澳大利亚蒙纳士大学教授，曾在美国肯特州立大学取得心理学博士学位。他是一位注册心理学家，同时还是澳大利亚一家著名市场调查公司的负责人。1993 年，他在跟踪上

---

① 〔澳〕马克斯·萨瑟兰：《广告与消费者心理》，瞿秀芹、鹿建光译，世界知识出版社，2002，第 3 页。

千个广告活动效果与诸多论文基础上出版了著作《广告与消费者心理》（*Advertising and the Mind of the Consumer*）。该书出版后，在澳大利亚的广告界、商界好评如潮，并迅速在欧美得到传播；我国也在 2002 年予以引进。斯坦·格拉教授就说道："该书是心理学与实践的完美结合。它破译了广告'巫术'之谜，浅显易懂，是应用心理学的杰出案例。"而 UNSW 大学的约翰·罗斯特教授则认为："此书使经理及商业人士更深层地思考广告与消费者的关系，并为广告发布商提供行之有效的建议。"[①] 其实，该书最成功之处，在于把人们关注广告整体效果的眼光，引导向人们通常忽略的单次广告暴露在消费者心理所引发的"羽毛效应"；并且结合实践案例对"羽毛效应"的发生进行了揭示——这就是"羽毛效应说"。其观点主要有以下几个方面。

（一）广告效果重在微小效应

马克斯·萨瑟兰认为：广告的大多数效应并不总是有着非常明显的体现，就如一个小孩很难衡量在 24 小时内长高了多少一样，而是非常细微的，以致无法引起我们的注意。但是，"广告产生的即使很小的效应对我们选择商品品牌也会产生影响，特别是在所有其它的因素相同，以及所选择的品牌相差无几时"。此时，"在天平的一端加上一根很轻的羽毛即可使天平发生倾斜"。因此"我们在探究广告效应时，更加看重的是羽毛，而不是沉重的砝码"。[②] "应该探究那些微小的效应，亦即羽毛效应"。[③] 正是基于广告效果重在微小效应这一认识并探讨这一类似羽毛式的微小效应如何发生，便形成了萨瑟兰的"羽毛效应说"。

（二）羽毛效应基于消费者微妙心理

消费者消费行为的发生，是一种品牌选择与购买决策心理产生的结果。

---

① 〔澳〕马克斯·萨瑟兰：《广告与消费者心理》，瞿秀芹、鹿建光译，世界知识出版社，2002。
② 〔澳〕马克斯·萨瑟兰：《广告与消费者心理》，瞿秀芹、鹿建光译，世界知识出版社，2002，第 7 页。
③ 〔澳〕马克斯·萨瑟兰：《广告与消费者心理》，瞿秀芹、鹿建光译，世界知识出版社，2002，第 12 页。

因此，消费者既有的微妙心理，就成为接受广告传播、发生羽毛效应的前提。这种诱发羽毛效应的微妙心理，在不同的场合情境是多种多样的。如，"心理排序"，萨瑟兰认为消费者在面临多种消费选择时，其心理"会有两个相互分离的过程，一个是浮现出选择，另一个是对这些选择进行评估"，并对"那些候选品牌进行排列顺序"，此时，广告的羽毛效应因此而得到显示。[①] 萨瑟兰认为"从众心理""就是避免使自己鹤立鸡群，……避免因'不同'或许会带来的后果"，这种从众心理体现在对广告接受之瞬间，就成为羽毛效应，"就是那根使天平倾斜的羽毛"[②]。而"移情心理"，类似于对电视剧角色的感情投入，虽然"广告剧中对角色的认同感要比在电影中表现得更为肤浅，通常是一闪而过"，但久而久之却可以使"收看者把对剧中角色的认同感与广告品牌有效结合起来，并引发他们效仿的兴趣"；即使不能做到融入角色，也可使观看者的感情出现转移，从对剧中角色的关注转移到品牌上来。[③] 总之，萨瑟兰正是基于对消费者各种微妙心理的具体分析，而得出广告传播接受心理中羽毛效应发生之结论的。

（三） 弱势媒体广告能促发羽毛效应

与"羽毛效应"相对立的，应该是炫人耳目、效应明显的"光环效应"，而"光环效应"的发生，往往借助的是强势媒体的运用，如电视的黄金段位、大报整版、名人、大型赞助、大型标牌等。强势媒体的高端传播，所产生的广告传播接受上的"光环效应"以及明显的广告效果，这是任何人均能认识到的。相对而言，萨瑟兰所关注的"羽毛效应"，却更多的是探讨小众传播时代呈相对弱势的媒体广告传播效果，解析各媒体广告是如何通过各种元素作用于消费者心理的。这无疑更具有启发性。如，他剖析了并不属强势媒体的售点广告媒体的重要性，认为售点广告所产生

---

① 〔澳〕马克斯·萨瑟兰：《广告与消费者心理》，瞿秀芹、鹿建光译，世界知识出版社，2002，第14页。

② 〔澳〕马克斯·萨瑟兰：《广告与消费者心理》，瞿秀芹、鹿建光译，世界知识出版社，2002，第68、47页。

③ 〔澳〕马克斯·萨瑟兰：《广告与消费者心理》，瞿秀芹、鹿建光译，世界知识出版社，2002，第79页。

的羽毛效应，使"那些竞争品牌总是试图通过'加塞儿'的方式在产品销售地点引诱消费者，并搅乱他们头脑中的系列表"。① 在对电视广告的解析中，他又分别对其中的元素——口号、动作或手势、音乐、音响、色彩、画外音等一一进行了分析，认为它们构成了广告的风格，成为促成效应发生的"一根羽毛"。

（四） 高介入程度的消费更需求广告信息

萨瑟兰认为，广告所宣传的商品具有消费者介入程度高低之分。低介入程度指的是差异不大、价位较低的商品，对它们的消费无须更多的信息，消费者只需低程度地介入了解信息即可。而消费者准备花大价钱消费的商品，如房屋、汽车、度假、家电，就会尽可能多地了解信息，必须高程度地介入。因此，广告就成为"影响高介入程度购买决策的一个因素"，使消费者"考虑是否将广告中介绍的品牌列入购买的候选单中"；其心理的微小变化即"羽毛效应"，则如"增加了些许重力的东西会影响权衡选择的过程"。②

（五） 羽毛效应影响品牌的心理排序

消费者的脑海中存储着相关品牌的心理议程表，在消费行为发生之际，哪一种品牌会比其他品牌更快捷地从记忆中被抽取出来，取决于头脑中的品牌排序。"在头脑中的排序越靠前，被引起注意的机会就越大，继而，被购买的机会也就越大。"③ 这就是心理学中的凸显原理。萨瑟兰认为，凸显的定义是"某些事情在任一特定时间内存在于清醒头脑中的一种可能性，而广告通过重复播出可以增加这种可能性"。也就是说，广告任何一次的羽毛效应，皆在积累"羽毛"重量，在影响消费者心理中的

---

① 〔澳〕马克斯·萨瑟兰：《广告与消费者心理》，瞿秀芹、鹿建光译，世界知识出版社，2002，第19页。
② 〔澳〕马克斯·萨瑟兰：《广告与消费者心理》，瞿秀芹、鹿建光译，世界知识出版社，2002，第11~12页。
③ 〔澳〕马克斯·萨瑟兰：《广告与消费者心理》，瞿秀芹、鹿建光译，世界知识出版社，2002，第16页。

品牌排序，即广告"环境的提示可以影响哪些东西将进入涌动，以及该涌动取何方向流动"；起着"广告在提高品牌在人们头脑中排序和凸显方面所起的作用"。①

（六）羽毛效应并不拒绝广告创意与投放

虽然在理论上，任何的广告传播均可能引发消费者接受心理上的"羽毛效应"，但是"一个出色的、富有创意的广告制作能以最小的媒体权重很快占领人们的头脑阵地，而那些缺乏创作质量的广告就需更多的时间和媒体去适应新的环境"。也就是说，羽毛效应也有轻重之分，优秀的广告创意所产生的羽毛效应重于创意平淡的广告。由于"富有创意性的大手笔广告制作屈指可数，多数广告都平淡无奇和缺乏想象力，它们在相当长的一段时间里依赖媒体的密集播放，以此来占领消费者头脑中的阵地"。②这里，萨瑟兰实际上是强调了优秀的广告创意所导致的羽毛效应，是可与大量资金投放、广告密集刊播所带来无数羽毛效应累积的效果相媲美的。

从如上要点，我们可以看到萨瑟兰所论述的"羽毛效应说"的合理性，以及其实践应用的广阔前景。当然，萨瑟兰所阐述的"羽毛效应说"也有其不足，主要表现就是过于沉湎于实践案例分析，没有进行更明晰的理论概括，显得观点琐碎而不成系统；这固然是由注重微观、立足实践的研究风格所致，但毕竟影响了读者对其"羽毛效应说"的系统把握。这就需要我们进行理论的上升。

二　广告传播接受微观发生——心理效应的机制

笔者曾经针对创造性思维成果发生的微观心理状态，提出了"广义灵感"概念，认为传统的灵感理论所关注的神秘、稀罕的灵感，其实"无法从一般即时性的思维成果中区分出来"，因此就"有必要把'灵感'

---

① 〔澳〕马克斯·萨瑟兰：《广告与消费者心理》，瞿秀芹、鹿建光译，世界知识出版社，2002，第16~19页。
② 〔澳〕马克斯·萨瑟兰：《广告与消费者心理》，瞿秀芹、鹿建光译，世界知识出版社，2002，第222页。

与思维结合起来研究，从而开辟出一条广义化的'灵感'（或曰即时性思维成果）产生规律的研究之路"；而所谓的"广义灵感"，即"显意识与潜意识通力合作，由相关知识信息组合而成的、由某一环节的思维成果在意识域中的即时突现"。① 也就是说，不论是人们公认创造性很明显的灵感，还是一般创造性思维的成果，其实均是创造思维主体微观心理上产生了相应的思维效应。广告接受心理产生的羽毛效应，颇有点类似于"广义灵感"发生；但由于广告受众没有像创造主体那样具有自觉意识，只是被动地、无意识地接受广告传播，其微观心理上所发生的羽毛效应，其实更多的是一种无意识的知觉。正如著名的传播学者麦克卢汉所说："广告不是供人们有意识消费的。它们是作为无意识的药丸设计的，目的是造成催眠术的魔力。"②

除非广告的研究者或少数高介入程度的消费者，会主动地、有意识地去寻求广告信息，大多数的广告受众总是在观看电视节目、阅读报刊文章、观赏路边景物、浏览商场货物时，被动地、无意识地接受广告信息，并在毫无觉察中产生羽毛效应。我们知道，当今社会是一个传播过度的社会。据统计，每个美国人每天要通过各种媒介途径被迫接触2000多条广告信息。显然，这些广告信息只有少数引发了受众心理上的羽毛效应，这些羽毛效应只有随机地、不断地积累才可能进入或改变受众心理上的品牌排序表。那么，受者心理上的羽毛效应及其累积，在心理机制上该如何对其进行认识呢？

心理学告诉我们，知觉效应的产生是刺激作用于知觉心理定式的结果；而知觉定式"是一种准备状态"，"倾向于看见我们以前看过的东西，以及看见最适合于我们当前对于世界所全神贯注的和定向的东西"。③ 如此，我们可以知道，知觉效应的产生取决于两个方面的因素：一是主体心理中已经有一定指向的知觉定式；二是引发知觉效应发生的信息刺激。在广告接受中，受众的知觉定式是相当复杂微妙的，因为没有哪个兼为消费

---

① 舒咏平：《广义灵感论》，《中国社会科学》1997年第1期。
② 〔加〕马歇尔·麦克卢汉：《理解媒介——论人的延伸》，何道宽译，商务印书馆，2000，第283页。
③ 〔美〕克雷奇：《心理学纲要》（下册），周先庚等译，文化教育出版社，1981，第78页。

者的受众是将知觉定式指向了广告。他的心理定式总是指向电视节目、报刊文章、路旁景物等信息，而可以对应于广告信息刺激的心理准备，只是在心理定式结构的深层潜藏着，需在特定对应信息的刺激下，才可能短暂地浮到心理结构的表层，产生无意注意以及无意识的知觉效应。如青年消费群体在观看电视节目时接触到广告暴露，他们需将指向电视节目的心理指向短暂地移向广告刺激，而对广告刺激又总是在老年补钙产品与青年运动产品之间更倾向于接收后者；女性消费者自然倾向接收化妆品广告，而不是白酒的广告。显然，消费者在接受广告刺激时，不仅需要调节心理定式的指向，而且不同消费群体对广告接受的知觉定式也迥然有别。

美国斯坦福调查所曾经进行过一次消费大众的研究，研究认为"消费者基本上可以分为两种形态，一种叫作外导型（outer directed），一种被称为内导型（inner directed）。外导型的人较易接受他人影响，他们关心大众事物，比如流行趋势，爱自我表现，成就欲望高。内导型的人正好相反，他们不太理会社会大众，一向较注意自己内心的事物，固执个人生活方式"。"每一种类型的消费者都有他自己的价值判断及生活喜好，因此，对广告内容的设计必须投其所好，才能引起他们的共鸣。"[1] 对消费者不仅有如上两种形态的区分，在营销学上更有年龄、性别、职业、收入、教育等多角度的细分。正是针对细分后不同消费群体心理中知觉定式的差异，或存在"价值喜好"，便有了里斯与特劳特的"定位论"。因为"定位就是帮助在人们的大脑中找到窗口的一个有组织的体系，它的基本概念是，传播只有在合适的环境中和合适的时间里才能实现"[2]，即针对目标消费者可能产生羽毛效应的知觉定式，相对性地给产品及其广告确定位置，以使消费者能在无意识中接收广告信息，产生羽毛效应。这里，我们运用的是"接收"，是因为"接收"只是指广告信息以其原始状态被输入接收，而非注意后经辨认的"接受"。学者杨中芳对此曾经介绍："现在，有学者正在研究人的'注意前'的分析能力，想探讨人是否对已接收的、但没有得到注意的信息也进行处理，只是接收者并未感觉到罢了。"他还指

---

① 樊志育：《广告效果测定技术》，上海人民出版社，2000，第28~29页。
② 〔美〕里斯、特劳特：《定位》，王恩冕等译，中国财政经济出版社，2002，第21页。

出消费者对广告信息解码的过程，在"暴露""接收"之后，尚需经过"注意""了解""接受及反驳""记忆""信息统合""态度""决定"等环节。① 这些经解析后的环节，在消费者心理结构与广告信息刺激不同的遇合场景下，其表现并不一样，有时可能在消费者浑然不觉的短暂瞬间便完成了知觉效应，并成为影响其消费行为的"羽毛"；有时可能在知觉效应发生的无意识接收之后，又转化为理性的、有意识的辨认，从而得到接受与强化。如此，广告接受心理的微观发生就有了如下模型（见图1）。

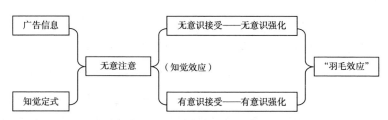

图1　广告接受心理的微观发生模型

这一广告接受心理的微观发生模型，可启发我们产生对广告传播羽毛效应的认识。其主要有以下几点。

（1）能否针对具体消费者的知觉定式给以特定的广告信息刺激，从而引起知觉效应，即无意注意，显得尤为关键。因为人们的广告知觉效应往往是"一种不是有意进行的不随意识记"，其所"记住的东西，是与活动的目的、它的基本内容相联系的"②，即广告的无意注意（不随意注意）与广告活动的针对性、广告信息刺激的内容相关联。

（2）无意注意将累积成为无意记忆，也就造成消费者对广告信息的无意识接受与无意识强化。对此，麦克卢汉的观点最为典型："广告把借助鼓噪确立自身形象的原理推向极端，使之提升到有说服力的高度。广告的作用与洗脑程序完全一致。洗脑这种猛攻无意识的深刻原理，大概就是广告能起作用的原因。"③ 正因为这种无意识积淀广告接受上羽毛效应现

① 杨中芳：《广告的心理原理》，中国轻工业出版社，1999，第46~49页。
② 〔苏联〕B. B. 波果斯洛夫斯基：《普通心理学》，人民教育出版社，1981，第228页。
③ 〔加〕马歇尔·麦克卢汉：《理解媒介——论人的延伸》，何道宽译，商务印书馆，2000，第282页。

象的存在，才派生出广告效果研究上的"隐秘的操纵"与"无意识效果"之说。

（3）无意注意可能转化为有意注意及理解，也就促使消费者形成对广告信息的有意识接受与有意识强化。广告心理学认为："优秀的广告作品不仅能引起消费者注意、理解和使消费者产生肯定的情感和态度，而且还应当使消费者'过目不忘'；能将宣传的商品牌子和商标牢牢记在心上。"① 这里，实际上指出了一个消费者对广告由无意注意转为有意注意的前提，即广告作品的"优秀"。而有意注意的记忆保持效率胜过无意注意，则是心理学早就揭示的规律。

（4）对广告信息无论是无意识强化还是有意识强化，均在消费者心理上产生羽毛效应，影响他的消费行为。萨瑟兰曾经进行换位思考："作为消费者，我们运用广告、自身经历或别人处获得的许许多多的点滴信息，经过汇总，就会变为信息、观点、判断、立场或结论。在将它们贮存到各自的记忆'狭缝'中后，就可以随时调出，并影响与之相关的决策制定。"② 实际上，他在这里是将羽毛效应从广告接受扩展到了一切相关信息的接受之上，而这是完全符合消费者的真实心理历程的；同时也更强调了广告接受的羽毛效应发生与积累的重要性。

三 "羽毛效应"对广告传播者思维的调节

传播效果的研究，其意义在于反馈给传播者，以调节传播，获得更佳的效果。同样，萨瑟兰提出广告传播的"羽毛效应"，以及我们对"羽毛效应"背后广告接受微观心理发生的探讨，也是为了调节广告传播者的思维及其行为。其调节主要可在以下五个方面得以体现。

（一）广告的再定位

由于广告接受的知觉效应发生，广告信息的暴露能有效地刺激消费者

---

① 欧阳康：《广告与推销心理》，中国社会出版社，2000，第75页。
② 〔澳〕马克斯·萨瑟兰：《广告与消费者心理》，瞿秀芹、鹿建光译，世界知识出版社，2002，第65~66页。

特定的知觉心理结构；因此，面对目标消费者，广告信息是否具有很强的针对性就显得尤为重要，这就是"定位"。广告与营销界的专家认为，"定位论"自1981年提出，便继"USP时代""形象时代"之后，开创了"定位时代"。在2001年，"定位论"还被评为有史以来对营销影响最大的观念。而在世纪之交，"定位论"的提出者之一特劳特，又领衔出版了《新定位》。专家评价道："《新定位》的贡献在于，正确强调并深入地挖掘凸现了基于消费者角度的定位，将'消费者请注意'的当然立场来个180度的大转弯，扭转到'请注意消费者'的新视角。"[1] 确实，《新定位》正是从现代社会"传播过度"的现状开始，剖析了消费者的兴趣、情感、经历、记忆等有关心理因素，从而提出了广告主需"重新定位"以适应竞争和变化的策略。而重新定位最重要的无非有两点。一是"凝练定位"，从"眼皮底下""生意的一部分"着手，"思路放窄"。[2] 如"联想"分离出"神州数码"所指代的其他品牌经营业务，就是将定位凝练至自有品牌电脑的开发经营上来。二是"调整定位"，即"寻找新的焦点，以更好地适应未来的变化"[3]。如当"健力宝"原有的"运动饮料"定位已不足以囊括各类果汁饮料时，其延伸出的"第五季"品牌的"青春饮料"定位不仅指代了各种新型饮料，而且以不拘常规的内涵指向了青年一代的消费群。如此的再定位，其广告信息引发的羽毛效应显然会效率大增。

（二）创意的重申

定位论的主张者曾经说道："创意已经寿终正寝，麦迪逊大街上现在玩的游戏名称叫定位。"但他们很快就后悔了："我们说错了，创意并没有寿终正寝，它还在麦迪逊大街上四下滋生蔓延。"[4] 确实，定位仅是为创意提供方向，却并不能代替创意。而优秀的广告创意，本质上恰是对消

---

[1] 卢泰宏：《〈新定位〉中文版序言》，中国财政经济出版社，2002。
[2] 〔美〕特劳特、瑞维金：《新定位》，李正栓、贾纪芳译，中国财政经济出版社，2002。
[3] 〔美〕特劳特、瑞维金：《新定位》，李正栓、贾纪芳译，中国财政经济出版社，2002，第78页。
[4] 〔美〕里斯、特劳特：《定位》，王恩冕等译，中国财政经济出版社，2002，第252页。

费者的尊重，以正中其心坎、引发其心灵上的羽毛效应。我国对广告心理学深有研究的马谋超就指出："一个成功的广告创意，必须符合给定的广告主题和消费者的心理特点。"① 美国广告学家阿伦斯也曾经说道："广告是否完成告之、劝服和提示这些基本任务，创意在其中起着重要作用，但广告的轰动因素起着更为至关重要的作用。"他又说："产生轰动的因素很多，但都需要运用'创造性'。"② 因此，以"符合消费者心理特点"、"引发注意"、产生心理"轰动"为首要追求的广告创意，依然是刺激产生羽毛效应的广告信息因素。于是，在广告创作上，便有许多经典的大创意留了下来，如："我们更加努力"，该广告将 Avis 定位为出租汽车第二，但能够比排名第一的 Hertz 提供更好的服务；"品味最佳，却不胀肚（针对啤酒肚）"已被米勒淡啤酒用了二十几年；"百事一代"口号和接下来的各种广告如"新一代口味"和"新生代"（Generation Next）；宝马公司的"极品驾驶工具"；英特尔公司的"Intel inside"广告运动；耐克公司的"行动起来吧"。③

（三）载具的精细组合

有了准确定位与可望产生消费者心理"轰动"的广告创意，广告信息还需媒体负载着送达消费者的跟前，否则"羽毛效应"还是无法发生。而今天的媒体选择，在由大众媒介走向小众媒介之后，又开始落到更为精细的"媒体载具"（Media Vehicle）之上，如报刊位次、电视节目、网站栏目等。美国的广告媒介专家杰克·Z. 西瑟斯等人曾说道："选择哪个媒体载具来投放广告，每个载具投放广告的数量，每个广告的规模，在每个载具广告所占的位置"，均"必须精心挑选才能到达产品的最佳目标受众群"。④ 载具的精细组合，除了种类的"精心挑选"，还有着时间频次的最佳化组合。"羽毛效应说"提出者萨瑟兰就说道："'速度杀人'广告宣传

---

① 马谋超：《广告心理学》，中国物价出版社，1997，第 158 页。
② 〔美〕威廉·阿伦斯：《当代广告学》，丁俊杰译，华夏出版社，2000，第 349、351 页。
③ 〔美〕乔治·E. 贝尔齐、麦克尔·A. 贝尔齐：《广告与促销：整合营销传播展望》（上），张红霞、李志宏译，东北财经大学出版社，2000，第 360 页。
④ 〔美〕杰克·Z. 西瑟斯等：《广告媒体企划》，贾丽军主译，企业管理出版社，2000。

活动在传统意义上是季节性的。但现在不同了，它们常年见诸媒体，并取得了明显的效果。"① 他还举了一个例子，一家自认为广告刊播失败的公司，将原广告"变换了播出的时段"之后，"那个品牌又活过来了，今天仍健在于市场上，而且还是该类产品在市场上的领头羊"②。有了广告载具需精细组合的认识，那么对广告媒介企划人为什么对广告暴露的频次、广告的到达率、接触频率、广告的好感度、记忆度等进行那么复杂的统计、分析也就可以理解了。因为，那些复杂的图表与数据的背后，记录的是千百万消费者曾经或可能发生的羽毛效应。

（四）记忆的不断唤醒

心理学阐明：注意及识记过的对象构成了记忆，而记忆总存在遗忘现象。艾宾浩斯遗忘曲线则更明确地告诉我们：遗忘的进程是不均衡的，在识记后的短时期内遗忘得很快，以后逐步缓慢。如此，根据遗忘规律，降低消费者对广告信息的遗忘速度，更多地保留消费者对广告的记忆，培育消费者对品牌的熟知度和忠诚性，就成为广告传播者面临的难题。其解决的途径唯有继续通过广告传播，不断引发羽毛效应，既唤醒原有的广告记忆，同时又强化对品牌的记忆。而在操作中，就需有具体对策。如，新的广告传播，就既不能是老面孔、旧创意的重播，否则会导致消费者心理的厌恶；又不能全盘改弦更张，否则会与旧广告残留记忆产生"打斗"，增加广告费用。因此，最好的办法，就是萨瑟兰所主张的推出新旧广告之间有着延续性的"续集性广告"。因为"巧妙地利用续集战略，广告就不必象新鞋与脚需要磨合一样去适应环境，更不用替代那些现成的东西，它能够很快就抓住人们的记忆，无需等待，也不会耽搁"。③ 究其实质，这种"续集性广告"，正是建立在消费者心理倾向于对熟知事物的认同，又倾

---

① 〔澳〕马克斯·萨瑟兰：《广告与消费者心理》，瞿秀芹、鹿建光译，世界知识出版社，2002，第182页。

② 〔澳〕马克斯·萨瑟兰：《广告与消费者心理》，瞿秀芹、鹿建光译，世界知识出版社，2002，第187页。

③ 〔澳〕马克斯·萨瑟兰：《广告与消费者心理》，瞿秀芹、鹿建光译，世界知识出版社，2002，第225页。

向于接受新事物刺激的基础之上的。其引发的羽毛效应则不仅加强了消费者对广告信息的记忆，而且累加了消费者对品牌的忠诚度。当然，这种"续集性广告"并不仅仅是一种如电视剧情节延续的模式，而是可以在品牌、广告主题语、广告风格延续一致前提下的多元化的创新。

（五）行为的即时触发

消费者对广告产生无意注意之后，无论他的心理是转向无意接受还是有意接受，他均是在心理上累积了诸多羽毛效应，并带着品牌心理排序走进商场的。这时，各品牌信息之间又在他的心理上展开一场引发"羽毛效应"的较量。因为，售场的广告，或者商品的摆放与包装，均在非常现实、直接、即时性地作用于消费者的心理定式。而且这一轮的知觉效应与以前接受广告信息刺激不同，消费者是带上消费的定式指向走进商场的。因此，售场广告信息或商品包装上的类广告信息，均可能在引起消费者的无意注意后，很快导向有意识接受与强化，而且作为短时记忆还未开始遗忘，便即时性地以一根羽毛般的心理砝码，影响着品牌序列的心理排次，影响着消费行为。这种售场广告所引发的即时效应，不仅有效地触发即时的消费行为，而且可类推于其他可产生消费行为的环境，如互联网上可进行电子商务的广告界面，就将广告信息引发的羽毛效应即时性地转化为消费行为，"立即点击""立即注册""立即下载"之类的话语就成为二者转化的符号桥梁。恰如美国的广告营销专家所说："有关广告中的品牌的一些东西，如品牌名称、广告主题或广告口号……，当消费者进入一个购买情境时，这些信息就足以触发一次购买行为。"[1]

（原载《国际新闻界》2003 年第 1 期）

---

[1] 〔美〕乔治·E.贝尔齐、麦克尔·A.贝尔齐：《广告与促销：整合营销传播展望》（上），张红霞、李志宏译，东北财经大学出版社，2000，第 212 页。

广告互动传播的实现

一　广告互动传播观的提出

　　从"广告"的最初本义上看，中文词义是"广而告之"，是单向度的，全然没有双向互动传播的意味；而广告的英文单词"advertising"，则同样由单向性、动词性的登广告、发布公告——"advertise"而来，同样不具有互动传播的性质。也确实如此，早期的广告，追求的就是对产品的推销，其典型的话语就是约翰·肯尼迪所言"广告是印在纸上的推销术"。美国著名的广告人霍普金斯就曾说道："广告是推销术的一种，它的基本原则就是推销术的基本原则。"[①] 而提出著名的"独特销售主张"理论的罗瑟·瑞夫斯也同样说道："广告只不过是个人推销的一种替代方式——是大声吆喝自己商品的商人的延伸，它能把先前需要用嘴说的话快速印出"，"广告的真正作用恰恰正是第一位制造商雇佣的首位推销员的作用"。[②] 这种单纯起着推销作用的广告观，其出发点是产品，与早期的市场学理论偏重生产者是一脉相承的。

　　如果说早期广告所偏重的是推销功能，其本质还是单向性的商业宣传；那么今天我们所认识的广告传播，它所追求的双向互动性，却是一个渐进的过程。如在 20 世纪中叶，活跃在世界广告顶尖舞台——美国纽约麦迪逊

---

① 〔美〕克劳德·霍普金斯：《我的广告生涯·科学的广告》，邱凯生译，新华出版社，1998，第 180 页。
② 〔美〕罗瑟·瑞夫斯：《实效的广告》，张冰梅译，内蒙古人民出版社，1996，第 3 页。

大街上的一批广告巨擘，就在追求创意性广告的同时，开始对进入广告互动的境界进行了尝试。如著名的广告大师大卫·奥格威就认为："我得到了一个相当好而清楚的创意哲学，它大部分来自调查研究。""我对什么事物能构成好的文案构想，几乎全部都从调查研究得来而非个人的主见。"① 作为奥美广告公司的创始人，奥格威在其漫长的广告生涯中，总是将广告创意思维建立在市场调查的基础之上。在奥格威开始为海伦娜·鲁宾斯坦公司服务之前，海伦娜公司25年里换了17家广告公司。奥格威便率人对海伦娜公司的市场进行了调查，其数据有力地说明海伦娜公司以往的广告没有效率。于是，他拿出在调查研究基础上的广告创意，结果，海伦娜公司表示出极大的兴趣，并毫不犹豫地将公司的广告业务给了奥格威。显然，奥格威将广告创意建立在市场调查基础之上，无疑就是对广告活动提供了消费者即广告受众的前提，使之透射出一种由产品转向消费者的互动追求。

在奥格威之后，更显示出这种由单向往双向转化的广告理论，则是艾·里斯和杰克·特劳特所提出的"定位论"与唐·舒尔茨所主张的"整合营销传播"。"定位论"认为"定位是你对预期客户要做的事。换句话说，你要在预期客户的头脑里给产品定位"。"定位就是帮助在人们的大脑中找到窗口的一个有组织的体系。"② 现代营销学之父科特勒则从营销学角度对"定位"进行阐释："定位起始于产品……然而，定位并非对产品本身做什么行动。定位是指要针对潜在顾客的心理采取行动。即要将产品在潜在顾客的心目中定一个适当的位置。"③ 他们所言，无疑是异口同声地将营销以及为营销服务的广告进一步拉转向了消费者心理深处那特定的位置，并同时昭示了针对这一心理位置所做的具有双向性的沟通式努力。而唐·舒尔茨在"整合营销传播"论中，不仅大声疾呼"请注意消费者"，而且还第一次全面地将营销、广告、传播进行了捆绑式整合。他说道："我们现在进入一个广告的新纪元：广告是受人尊重而不是施恩于人

---

① 〔美〕大卫·奥格威：《一个广告人的自白》，林桦译，中国友谊出版公司，1991，第78页。

② 〔美〕里斯、特劳特：《定位》，王恩冕等译，中国财政经济出版社，2002。

③ 〔美〕菲利普·科特勒：《营销管理：分析、计划、执行和控制》，梅汝和译，上海人民出版社，1999，第275页。

的；是寻求对话而非独白；是能引发回应但不是刻意安排的。它谈的是共同利益的最高点。广告已不再是我们所认识的'广而告之'。"① 显然，唐·舒尔茨教授的整合营销传播理论，强调的便是从消费者需求出发，从沟通、传播意义上展开营销活动，即进行广告互动传播。

我们知道，对于网络媒体，其"信息交流系统的交互性"乃是最主要的特征。而所谓"交互性"，则是"指人们在信息交流系统中对各种多媒体信息的发送、传播和接收表现为实时交互操作方式"。② 正是网络媒体的这种交互性，在广告主与消费者之间进行互动的代理商应运而生。美国的《广告周刊》还每年对互动式广告代理商进行排名。如 Agency. com、Avalanche Systems、CKS Group、Dahlin Smith White 等便都是排名常在前 10 的互动广告代理商。③ 因为这种以网络为主的媒介环境中"互动性"的比重越来越大，所以我们自然就需要专门提出"广告互动传播"之概念来进行探讨。

二　广告互动传播的实现形式

通过面对面地营销、沟通来实现广告传播的互动，其实历来均是广告主最大的期望。但对主要依赖传统媒介生存的广告来说，广告信息的互动性服务还只是一种间接的延时性实现，尚未能成为可实实在在把握的现实。由于时代的急剧变迁，尤其是新媒体的迅速崛起，广告传播的互动性追求则越来越多地转换为现实存在。如美国传播学家沃纳·赛佛林等人就认为："目前，广告业正处于一个变化阶段，其主要原因是媒介环境发生了巨大变化。传统上针对广大不知姓名观众的大众媒介广告是一种行将消亡的传播形式。"④ 其实，依赖传统大众媒介生存的广告短时间并不可能消亡，而立足于新媒体的广告发展也还有个探究成熟的过程，但广告传播总趋向却是肯定的，那就是针对目标消费者进行传播互动。

---

① 〔美〕唐·E. 舒尔茨等：《整合行销传播》，吴怡国等译，中国物价出版社，2002，第 21 页。
② 吴廷俊：《科技发展与传播革命》，华中科技大学出版社，2001，第 300 页。
③ 马文良：《网络广告经营技巧》，中国国际广播出版社，2001，第 30、31 页。
④ 〔美〕沃纳·赛佛林、小詹姆斯·坦卡德：《传播理论：起源、方法与应用》，郭镇之等译，华夏出版社，2000，第 11 页。

从现实角度来看，广告互动传播的实现主要有两类形式。

（一）广告互动传播的延时实现

这一延时实现的形式，其实就是从 R. 瑞夫斯与 D. 奥格威就开始倡导的科学广告说，即在"市场调查—广告发布—效果调查"这一传统的广告活动模式中，构成了一种消费者与广告主之间的互动。由于在此模式中，"广告发布"所依赖的传统媒体单向传播形式的囿限，也就不可能像与消费者面对面那样即时产生互动，它只能依靠广告发布前的市场调查以及发布后的效果调查来实现互动沟通。这种单向度的广告发布以及前后纯粹以调查实现的"互动"，无疑拉大了互动的时间与空间，使得周期绵长、成本高昂、信息走样，造成广告费的浪费却不知如何浪费的事实。但我们又必须肯定，正是这种广告互动传播的延时性模式的存在，才使得我们所有的广告传播互动置入了一个互动场，树立了一个互动的目标，使我们且行且近。

（二）广告互动传播的即时实现

当网络媒体获得异军突起般的发展，其实时交互的特性无疑便构成了互动性媒体环境的中坚。而建立在可即时实现互动媒体基础上的广告互动性服务，则使广告主及其产品与消费者实现了直接对话，获得实时性的话语沟通，营销沟通也就与广告形式实现了统一。这种即时性的广告互动传播，其渠道有三。

1. 网络广告传播的即时互动

中国互联网络信息中心（CNNIC）《第十三次中国互联网络发展状况统计报告》公布的统计数据显示，截至 2003 年 12 月 31 日，我国的互联网用户已经达到 7950 万，是仅次于美国的全球第二大互联网市场。艾瑞（iResearch）预测，随着互联网的日益普及以及中国经济的强劲增长，未来几年里中国上网人口数仍将保持 26% 以上的快速增长。到 2005 年，预计中国上网人口将达到 1.23 亿，将接近美国的上网人口总数。据艾瑞统计，2003 年中国网络广告市场规模达到 10.8 亿元，比 2002 年的 4.9 亿元增长 120%。其中三大门户网站的广告收入占 56.48%，相较于 2002 年的 67% 有所下降，网络广告不再完全是门户网站的天下，各种专业网络媒体也在抓紧时机，迅速成长起来。如 IT 类垂直媒体，占 13.5%；房产类网站位列第三，占 4.9%。艾瑞同时预测 2004 年、2005 年、2006 年中国网络广告市场规模将达到 18 亿元、27 亿元和 40 亿元（见图 1）。① 无疑，网络广告市场将越来越广阔，这已是不争的事实。

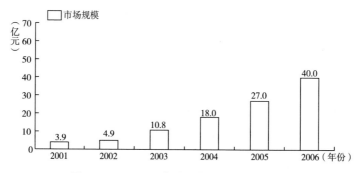

图 1　2001—2006 年中国网络广告市场规模

　　在网络媒体上发布广告之所以受到广告主的欢迎，乃是因为网络广告"不是像传统的广告形式那样仅是面对大众进行单向的信息传输，而是着眼于众多单个的受众进行交流互动的沟通与传播"。② 网络广告的这种互动特性，使消费者面对各种形式的网络广告时，无论是旗帜广告、按钮广告、弹出广告、游动广告，还是软文广告、邮件广告，均可能在受到吸引之后，进行点击，进入广告主网站，并一层层地对广告产品、广告主产生认知，最后通过回馈按钮的点击而与广告主的网上代表进行即时的咨询互动。CNNIC 最新调查结果显示，在用户对网络广告的看法方面，选择经常和有时浏览网络广告的上网用户比例分别是 12.4%、46.9%，合计是 59.3%，相对应进行点击行为的网民也达到 54.3%；在回答"是否经常以网络广告作为自己选择物品或服务的参考"时，选择"经常"的用户比例为 9.8%，选择"偶尔"的用户占 68.7%，比前几次调查、都有小幅度上涨。还值得注意的是，调查发现，网络广告（18.1%）仅次于电视广

---

① 《iResearch-2003 年中国网络广告年度报告》，2003 年 12 月 30 日，http：//www. ireserch. com. cn。

② 舒咏平：《广告创意思维》，安徽人民出版社，2004，第 275 页。

告（56.1%），成为对用户选购物品或服务最有影响的广告类别，排在报纸广告（12.3%）和杂志广告之前。① 显然，网络广告的便捷性、互动性特点，已越来越多地受到网民受众的欢迎。

2. 数字电视广告的互动形式

与互动性网络广告趋势相呼应，电视媒体也将引入更实用的数字化、互动性。2003 年 6 月，广电总局为我国的数字电视发展制定了时间表，并将 2004 年确定为 "数字发展年"，要求全国大力推进广播影视的数字化。数字电视的迅猛发展，意味着强制性的电视广告经营模式受到了致命的挑战。因为，数字电视是由大量的内容提供，并由受众付费主动邀请节目来观看的，既有的电视广告自然不会在被电视受众的邀请之列。因此，数字化的电视广告就不得不变换形式，其出路则只能是 "互动性"。美国传播学家托马斯·鲍德温等人就曾对一些数字电视广告新形式做了如下介绍。信息提供（information offer）：属电视插播广告，可鼓励收视者利用家中的终端机键入要求，犹如将信息 "邀请" 进入家中；直接回应电视（direct response television）：广告具有交互性设计，观众可自由进入，且可配合个人需求；节目长度广告（program-length commercials）：广告与娱乐节目以及直销手法融为一体；咨询积费广告（per inquiry advertising）：媒体出售的不再是广告时段，而是按用户进行咨询的次数与时间，向广告主计次收取费用。② 显然，这是一幅非常诱人的互动性数字电视生活图景。这幅图景在美国约在 2005 年实现，在我国省会城市将在 2010 年实现。而这幅图景在对消费者提供互动性节目及广告服务的同时，对广告主无疑是一大福音，因为广告主的商业信息更多地转换为收费的、受众更为明确的数字电视互动节目，即广告融入了节目，且增加了可控性与互动性。广告主长期存在的广告刊播费被浪费之担忧，无疑会在互动信息的掌控中得到释解。

3. 手机广告传播的即时互动

据统计，我国目前有手机 3 亿多部（含 "小灵通"），年传播各类短

---

① 中国互联网络信息中心（CNNIC）：《中国互联网发展状况统计报告》，2004 年 4 月 28 日，http：//www.cnnic.com.cn。

② 〔美〕托马斯·鲍德温、史蒂文森·麦克沃依、查尔斯·斯坦菲尔德：《大汇流：整合媒介信息与传播》，官希明等译，华夏出版社，2000，第 197~199 页。

信息 2000 多亿条。这个数字还在以每月 10% 的速度上升。近年内随着 3G 技术的应用，手机的网络化、宽带化已经来到我们的身边。手机，已实实在在成为"第五媒体"。如此潜力巨大的新媒体，机敏的经营者与精打细算的广告主没有理由不对它的广告服务形式进行开发。实际上，以短信、语音为形式的多种手机广告服务项目已经得到开发与应用。具体的广告内容多为送虚拟优惠券、有奖应答、图片性广告、冠名短信广告、短信附带广告、屏幕保护（企业标识）广告等。手机广告由于手机的便携性，其具备送达率高、人性化等优势，但最关键的是在于手机媒体首先还是一个通信工具，它可以随时随地地提供手机机主即手机广告接受者进行广告接受后的反馈互动。如，2002 年 10 月北京开通了手机求职招聘的短信业务，求职者信息与用人单位的招聘信息可以在数秒中达成互通。该业务推出后，每天在线人数 2000 多人。随后，深圳、上海、武汉等均激活了此项本质上乃为互动广告的业务。[①] 2004 年春节，上海、成都、武汉等大城市的市民的手机均曾收到这样的短信广告"低于火车的票价飞往深圳"，这使得众多欲乘火车往深圳过春节的旅客即时性地改乘飞机。

三　广告互动传播的未来走向

我们知道，电视目前是最具有影响力的媒体，但是据 Myers Group 调查公司发布的一项调查报告，预计 2005 年美国的网络广告将首次超过电视广告。[②] 这预示着网络广告将与电视广告并肩成为广告发布的主流媒体，又由于手机广告的异军突起，如此便构成"金三角"式的、以互动为共同本质的新媒体环境。而且，这三大均具有互动功能的新媒体，越来越明显地呈现出整合的趋势。

其一，手机短信中大比重的方式，就是互联网向手机发送；而且正是这一对手机媒体的整合，使得我国的新浪、搜狐、网易等网络公司一举改变了颓势，其在纳斯达克股市上的价格得到了猛涨。可以预料，随着 3G

---

① 匡文波：《论手机媒体》，《国际新闻界》2003 年第 3 期。

② 张漫序：《互联网广告及其在中国的发展前景》，《中国广告》2001 年第 7 期。

技术的普及，手机与网络无缝衔接，手机与网络一定意义上是实现一体化了。

其二，数字电视向手机延伸，"手机电视"已经得到开发。据报道，2004年6月6日，上海文广集团已与上海移动、江苏移动共同签署了合作协议，联手开发流媒体业务：手机电视。其专门为手机电视设立的运营与服务品牌"东方龙"，已经可以发送至东方卫视、新闻综合、体育、文艺、第一财经、生活时尚等6个电视频道，还可以收听3个电台。① 虽然，播放速度、电池寿命、资费价格等因素还在制约着手机电视的发展，但仅在我国就有3亿手机用户，这一庞大的市场潜力，也足以吸引开发商来克服技术瓶颈。

显然，这三大新媒体得到有机整合，将会为互动广告传播带来极大的实现空间。此外，当我们带着广告互动传播的理念来审视广告运动的走向时，还可以发现如下的三个"一体化"。

（一）宏观互动与微观互动一体化

实现广告互动传播乃是广告主、广告公司共同的理想追求，其实也是消费者或广告受众直面商品提供商的愿望，因此宏观互动其实就是广告传播理想的境界。但它的实现却需要建立在广告传播微观互动的基础之上，当各种微观层面的广告传播互动形式得以确立与实践，且不断得到新的开发时，理想层与实践层的广告互动传播则一体化地成为现实。

（二）传统媒体与新媒体互动一体化

传统媒体通过市场与广告效果调查，以及捆绑现代通信工具而使广告互动传播得到了延时性实现；而三大新媒体的强力发展与有机整合，则使即时互动空间广阔；如此双方必然的选择是"竞合"——竞争中合作，而非"隔膜"。其实，精明的广告主以及为广告主提供专业服务的广告公司，为迎合消费者心理、捕捉广告受众眼球，早就有了整合营销传播的理念与对策；因此，无论是传统媒体还是新媒体，一体化地提供互动整合传

---

① 胡天舒：《上海文广"播放"手机电视》，《南方周末》2004年6月17日。

播服务，已经不是一个愿意不愿意的问题，而是一个互动一体化做得质量高低的问题。反映到媒体经营上，就是涵盖新老多种媒体的风起云涌的集团化浪潮。

（三）互动广告与商业服务一体化

从表层看，广告所具有的只是一个了解消费者，并向消费者传播商业信息的使命；但究其实质，广告传播的深层意义则是促成市场经济中购销两方面主体的沟通与商业合作，即其本质是现代商业活动的延伸。因为互动广告传播就是为了最大限度地促进购销双方的沟通，并使双方的心灵走到购销达成的临界点，所以之后的成交就是自然而然的结果了。正由于这个广告的终极目的，广告传播互动成分的增加与实现购销成交的概率总是相应提高的；而且互动广告传播也将越来越多地追求与商业服务的一体化。最典型的形式，一是终端连锁经营，二是电子商务的开展。前者，将连锁店标准化的品牌形象传播，与商品、服务集于一身，其广告效能与商业效益合为一体。而电子商务，则将网络广告、企业形象网站、产品虚拟展示、网上商品订购融为一体。可以预料，随着媒介技术的发展，社会配套服务的完备，以及消费者素质的提高，互动广告与商业服务一体化将越来越多地呈现于我们的身边。

（原载《国际新闻界》2004 年第 5 期）

广告传播公信力的缺失与导入

广告传播的效果，究其本质是建立在公信力基础上的。所谓公信力，即公众的信任度。公信力是广告最有价值的内在品质，是广告服务于商品营销以在市场竞争中制胜的关键性因素。但长期以来"公信力"并没有被视作广告乃至整个传媒业的评价标准，这使得公信力缺失已成为一种客观事实。如此，本文则在对广告传播公信力缺失问题提出的基础上，对其原因进行深层分析，并对公信力向广告传播导入的对策进行探讨。

一 广告公信力缺失的提出

"广告公信力"是就广告效果所提出的评价概念。而广告效果一直是令广告主、广告公司备感伤神却又无奈的问题。如约翰·沃纳梅克的那句"我知道我用在广告上的钱有半数是浪费掉了，但是我从来不知道到底是哪一半"，就道出了广告主们普遍的心声。而对广告公司而言，正是出于对广告效果的不自信，便层出不穷地提出了各种广告创意的理论。

如"独特销售主张"（USP）的提出者罗瑟·瑞夫斯就曾说道："广告确实很重要。但总是以销售论广告的成败可能会铸下大错。""一个车轮有很多辐条，谁能说出哪一根在支撑车轮呢？"[1] 也就是说产品的销售是建立在诸多因素之上的，而作为因素之一的广告，既不能大包大揽，又

---

① 〔美〕罗瑟·瑞夫斯：《实效的广告》，张冰梅译，内蒙古人民出版社，1996，第4~5页。

不能全盘自我否定。既然销售业绩不足以体现广告效果，那么以广告的"吸引力"来衡量呢？瑞夫斯又分析道："一家广告词精彩的公司其广告或许只印在一部分人脑海里，该公司就发了财。相反，广告词蹩脚的公司或许让所有人都记住了他的广告，但却倒闭了。广告吸引力就是衡量这一差别的，这和广告说服效果的好坏没有多大关系。"① 如此，广告吸引力又无法与广告效果构成必然关系。正因为如此，他才提出了"独特销售主张"（USP），以强化消费者对此独特销售主张的印象与记忆，在使广告具有吸引力的同时又具有说服力。

如果今天有人批评 20 世纪 50 年代提出的 USP 理论是从产品出发，而没有从消费者、从受众出发，那么 20 世纪 80 年代所提出的"定位论"，则无疑是从消费者的心灵出发的。而且这一出发点，依然是对广告效果的不满。定位论的提出者说道："在我们这个传播过度的社会里，如果说你的广告如何有影响，那等于在过分夸大你提供的信息的潜在效力。"因为，"人们头脑是阻隔当今过度传播的屏障，把其中的大部分内容拒之门外"。那么，"在这个传播过度的丛林里，获得大成功的唯一希望是要有选择性，缩小目标，分门别类。简言之，就是'定位'"。② 实际上，定位论者是绕开了在社会学统计范畴内"广告效果不可测"的难题，而进入个体心理，以消费者对广告的接受心理角度阐释"心理定位"，从而与从产品出发的 USP 构成了一种遥相呼应的互补。

无疑，USP 与定位论有个共同的基础，那就是认定广告效果的不可测是因为人们关注、认可的阈限有限，因此必须高度凝聚广告传播点。但是，社会的复杂性，以及市场细分化的趋向，又使得企业的广告传播战略，由简单走向复杂、单一走向整合。其代表性的观点就是"品牌形象说"与"整合营销传播"（IMC）主张。品牌形象提出者大卫·奥格威曾经指出："根据调查显示，观众记得广告的比例惊人的高，但却忘了品牌名字。你的片子所表现的，却往往被认为是竞争者的品牌。"面对如此尴尬的广告效果，那么只有在"广告新产品时，你必须在电视广告上教人

① 〔美〕罗瑟·瑞夫斯：《实效的广告》，张冰梅译，内蒙古人民出版社，1996，第 29 页。
② 〔美〕里斯、特劳特：《定位》，王恩冕等译，中国财政经济出版社，2002，第 6 页。

记住你的牌子"。① 他继而说明道："企业（品牌形象）广告不愧是一项
报酬极高的投资。美国民意调查公司发现，一个了解公司的人，他对公司
的好感至少是五倍以上。"② 这里，他一方面强调了广告对具有整合性的
品牌形象传播的重要性，同时又将广告对"品牌形象"的传播引向类似
于广告公信力的"好感"追求。而 IMC 的提出者唐·E. 舒尔茨则进一步
强调："我们现在进入一个广告的新纪元：广告是受人尊敬而不是施恩于
人的；是寻求对话而非独白的；是能引发回应但不是刻意安排的。"③ 显
然他强调的不仅仅是广告传播渠道或媒介的简单整合，而是追求与消费者
形成传播"对话"的本质性整合。因此，学者们对 IMC 评价道："事实
上，所谓'整合营销传播'的新观念与古典的推销员概念十分近似，只
是由于现代科技的进步，使得大规模的一对一双向沟通变得极为可行。"④
我们可以发现，当"消费者倾向于把所有具有的说服性讯息都称为'广
告'"，那么"整合营销传播"也就是广义的"广告"，而广义的广告在
现代媒体技术支持下，其"整合性讯息，就仿佛与消费者进行一对一的
沟通，因此更能打动消费者"。⑤ 如此，则可以进行这样的理解：整合营
销传播实际上追求的就是广告传播在消费者心目中的公信力，只不过没有
将"公信力"概念予以直接表述罢了。

其实，面对广告效果如何测评，已有诸多的学者进行了专门化的、
更深刻的反思与探讨。如迈克尔·舒德森教授就曾经鲜明地表达了自己
的观点："广告的威力比广告人和广告批评家所声称的要小得多"，但
广告由于能引起投资者、推销员、经销商的兴奋，"即使广告从来不能
对消费者起任何说服作用"，也能显示出"广告在商业界可能是一个重

① 〔美〕大卫·奥格威：《奥格威谈广告》，庄淑芬、高岚译，内蒙古人民出版社，2000，
第 161 页。
② 〔美〕大卫·奥格威：《奥格威谈广告》，庄淑芬、高岚译，内蒙古人民出版社，2000，
第 169 页。
③ 〔美〕唐·E. 舒尔茨等：《整合行销传播》，吴怡国等译，中国物价出版社，2002，第
21 页。
④ 吴怡国等：《整合营销传播译序》，中国物价出版社，2002。
⑤ 〔美〕唐·E. 舒尔茨等：《整合行销传播》，吴怡国等译，中国物价出版社，2002，第
35、89 页。

要的信号系统"。因此，"以现有的证据，我们无法计算出广告对销售的独立影响力"。"我们不应该问广告是否有效，而应该问广告在什么条件下最可能生效。"① 舒德森教授的观点与瑞夫斯等广告人对广告效果的观点，无疑已经指向了一个判断：以销售业绩是无法衡量广告效果的，如此广告效果就具有不可测性。即便如此，广告人还是努力寻求广告效果评价相对条件下的最佳。这样，就有了大量专门探讨广告效果论著的问世。如美国学者菲利普·琼斯所著的《广告何时有效》、我国学者樊志育所著的《广告效果测定技术》等著作，便对广告效果评价与测定的操作提出了系统的思考。但是，由于广告效果的评价与测定观念要么侧重在吸引力之上，要么侧重于销售行为之上，而将广告首先视作"传播"现象的评价标准总未得到显现与突出，因此作为传播效果所直接形成的"公信力"，则未能引入评价观念之中，从而造成广告传播公信力的缺失。

广告传播公信力的缺失，已经引起国际广告界的注意，如美国著名的广告学者阿尔·赖斯等人在最近出版的《广告的衰落与公关的崛起》中就指出：广告业的衰落已经是不争的事实；传播环境和市场环境的巨大变化，使得广告这种大众消费时代充分利用大众传播的优势劝服和告知消费者的形式面临重大挑战；同时更深层的原因是广告公信力的下降。根据近期盖洛普公司对美国32项主要职位的公信度调查，广告和广告人的公信度仅为10%，排在倒数第二位。对此，作者强调："夸张的承诺和过度的投放是广告效果下降的重要原因，但是，公信度的影响是最根本的原因。"② 而从我国现实中广告传播实践上看，赖斯所指出的广告公信力缺失之现象同样严重存在。如，广告传播力度曾经为最强的一些"标王"如"秦池""爱多"等的销声匿迹，警示的就是强势广告背后公信力的缺失。而广告专业媒体上绝大多数的文章，多是广告"创意至上"的呐喊与媒体经营的思索，很少有关于受众心坎如何产生出公信力的探讨。而在广告运作活动中，虽然效果评估是策划案的组成部分，但广告主为了压缩

---

① 〔美〕迈克尔·舒德森：《广告：艰难的说服》，陈安全译，华夏出版社，2003。
② AI Ries, Laura Ries, *The Fall of Advertising and the Rise of PR* (New York Harper Collins Publisher Inc., 2002), p. 73.

广告费支出，普遍重视前端的市场调查而忽略后期的效果调查，因此广告效果的评估流于形式化与简单化，公信力的评估也就一直得不到应有的正视。

因此，当市场经济舞台发出"呼唤诚信"的强音，当世界广告界以整合营销传播为契机开始注重与消费者的沟通回应，当我国传播媒介开始进行"公信力"的自我反思时，广告传播"公信力"缺失的事实自然需要得到正视与提出。

二　广告公信力缺失的原因

在现代传播学理论中，传播效果的研究是最引人瞩目的。而且可以肯定地说，传播效果的产生是非常复杂的。如受众知识沟的存在、受众对信息的阐释与理解、传播的制码与解码、媒介的力量与霸权、"有限的效果"与"沉默的螺旋"等传播学所揭示的现象，均在制约着传播效果。仅在说服理论的"信息来源可信度"研究中，就有一项直接关于广告信息来源的实验，其研究告诉我们："一个名人为超过4种产品作广告后，较之仅为一两种产品做广告，他就被认为不那么可信了"；"有证据说明，支持过多的东西会降低高可信度来源的有效性"。[①] 显然，广告公信力的形成具有极其复杂的成因，同样它的缺失原因也是复杂而多样的。这里，我们则将广告公信力缺失的主要原因进行以下揭示。

（一）"信息不对称"使得广告传播公信力天然缺失

在市场交易中，买卖双方对商品信息的知晓程度是严重不对称的。卖方为了获取高利润，总是千方百计地掩藏真实的成本信息，而对商品的质量性能之高、其价位之低，总存在一种夸大溢美的心理趋向。买方则总是试图将出价逼近最低，尽可能地获得更多的商品信息，但真实的商品信息的获得却是需要成本的；如此，便产生为降低购价却又需支出获取信息成

---

① 〔美〕沃纳·赛佛林、小詹姆斯·坦卡德：《传播理论：起源、方法与运用》，郭镇之等译，华夏出版社，2000，第184页。

本的矛盾，这就使得买方只能在信息不完备的状况下进行购买。这种"信息不对称"现象的揭示以及理论的探讨，使得其理论的提出者获得了诺贝尔经济学奖。① 广告传播一定意义上正是为买方的信息获得提供了方便，并为买卖双方的信息不对称进行一些弥补，而事实上也确实提供了商品选择的信息。但是，由于广告本身就是广告主授权广告公司、媒体发布的，而且广告传播本身对商品信息一方面具有高选择性，另一方面又对更多的商品信息具有高掩盖性，这就形成了更大程度上广告传者与受者之间信息的不对称，即广告传播向受众告知的只是极为有限的信息，而仅获得这样有限信息的受众则不可能对广告产生绝对的信赖。如此，广告传播的公信力就在这种信息不对称中必然地缺失了。

（二）"公信力"科学评价难度的制约

随着全社会对"诚信"的探讨与呼唤，诚信执政、诚信经商、诚信为人等价值追求，成为社会的强音。这一强劲的"诚信"热潮波及传媒界，则是近年骤然兴起的关于"公信力"的讨论。学者们强调："公信力，作为传播媒介的信誉竞争力，已经超越了所有技术层面的竞争要素，成为媒介生存发展和获得社会效益经济效益的前提。"② "媒体作为政府与民众之间的桥梁，应该是双向的，既要做到上情下达，也要做到下情上达，使政府与民众之间形成一种良性沟通，由此树立媒体的公信力。""公信力是每一个严肃媒体的不懈追求。公信力的树立更是一个艰难的过程。"③ 但传媒公信力的科学构成却莫衷一是，以至于 2003 年国家拨出高额课题费，招标进行研究。由于广告传播建立在媒介的基础之上，又由于"广告"本身只是商品中介性的符号，具有虚拟性，其公信力的科学评价体系更难以建构。尽管广告学学者对此进行了探讨与思考，但广告公信力概念与意识的缺失，使得广告效果评价总未将重点落到公信力上。如美国广告学者威廉·阿伦斯在著作《当代广告学》中虽然引用了

---

① 仵志忠：《信息不对称理论及其经济学意义》，《经济学动态》1997 年第 1 期。

② 李忠昌：《试论大众传媒的公信力》，《西安建筑科技大学学报》（社会科学版）2003 年第 1 期。

③ 丁恕：《公信力是媒体的宝贵财富》，《新加坡联合早报》2003 年 3 月 15 日。

暴露频次、到达率、讯息力度、广告反应曲线、广告印象等评价广告效果的概念①，但针对受众心灵信服的指标与概念却不明确，在此之上的"公信力"评价标准则难以建立。此外，即使具有了"广告公信力"的评价标准，而执行这一科学标准评价的难度，又使得具有权威的第三方调查评估机构难产与缺位。如此，则必然制约了广告公信力概念与意识的导入。

（三）"注意力"秀出对"公信力"的盖压

当我们对"广告公信力缺失"予以关注之时，就不得不对另一个概念进行认识。这就是"注意力"。20世纪80年代，注意力稀缺现象引起了人们的关注。1990年，一位名叫桑盖特的心理学家发表文章，对注意力经济和心理学的发展做了专门的探讨，首次提出了"注意力经济"概念。② 1994年美国研究图书馆协会的第124届年会上，加州洛杉矶大学的理查德·莱汉姆发表了《注意力经济学》一文。他在会上提出注意力经济的观点是希望与会者能就他即将出版的《电子世界》一书的观点展开讨论。他认为：根据常识，经济学"研究人类如何分配稀缺资源以生产各种商品和如何分配这种商品……"如此，我们的社会正从物质经济走向信息经济。而经济学研究的稀缺资源分配则是指信息。但在信息经济时代，信息传播过剩，又导致人们的注意力稀缺——人类利用数据信息行为的稀缺。如此，便呼唤一种新的经济理论来对这种"注意力"资源及其经营实践进行指导。③ 1997年，米切尔·高德哈伯则专门对注意力经济进行了探讨，其论文《注意力经济：网络的自然经济》一文在在线杂志《第一个星期天》上发表。文章认为"信息时代""第三次浪潮""走向电脑空间"等观点均不能清楚表明我们这个时代的特征，它们太模糊，无法促使我们去思考是否改变自身的经济思想。因此，他得出结论："我

① 〔美〕威廉·阿伦斯：《当代广告学》，丁俊杰译，华夏出版社，2000，第 255~260 页。

② W. Thorgate, "The Economy of Attention and the Development of Psychology," *Canadia Psychology/Psychologie*31（1990）：262-271.

③ Richard A. Lanham, "The Economics of Attention," in *Proceedings of the 24th Annual Meeting of the Association of Research Libraries*（1994）, http：//sunsite. herkeley. edu/ARL/ Proceedings/124/ps2econ. html.

们已经进入注意力经济。"高德哈伯认为注意力是双向流动的，人们可以制造"虚假的注意力"以保持双方注意力的平衡。当你拥有一个人的注意力时，你就可以拥有更多人的注意力，这是一种注意力的传递现象。以此来构筑经济，就可以把注意力资源变为经济资源。注意力资源使得人们备感忙碌。因为物质需要在人类舒适水平上已经得到较好的满足，产业经济所建立起来的自由越来越趋向直接获取注意力，这导致注意力竞争的加剧，并促使注意力资源更加短缺。

"注意力经济"的提出，使得广告界诸多人士在内心产生狂欢，因为，广告一直以来就被认为是最直接地开发注意力的传播行为，"注意力经济"则无疑是加强了"广告重在开发注意力"的理论支撑。当然，广告的本质功用绝不仅仅是追求高注意力，而是在注意力的基础之上，获得公众尽可能多的信任度，即对"公信力"的追求。一定意义上，"注意力"仅是广告传播的表层指标，而"公信力"才是广告深层的目标。对此，广告主出于其商业利益的考虑，自然有着确切的期盼与深切的体会，而广告公司同样也存在最优化服务广告主的动机。问题是，由于"公信力"一直在广告理论中处于缺失状态，而"公信力"相对"注意力"又存在更难测量的瓶颈；于是，相对可测的"注意力"便更容易成为广告传播效果的指标，成为所有广告创意理论热衷追求的境界，广告传播"注意力"自然就受到全方位的重视，而且这种重视本身孤立地看又并无错处。其结果，广告传播效果"注意力"的备受关注，必然盖压了"公信力"。

（四） 感性诉求压制了理性诉求

在广告传播中，广告内容的诉求历来有两种，即感性诉求与理性诉求。从"公信力"建立的逻辑前提来说，其更应该是倚重理性诉求。但事实上，由于商品消费中消费者介入程度具有高低之分，而低介入商品如饮料、食品、服装、化妆品等往往更需要借助广告的传播，其广告的受众多为女性，广告更偏向感性诉求；如此，便形成了感性诉求充斥广告传播绝大部分空间的现象。这一现象所导致的"沉默的螺旋"，又影响了需要消费者高介入的商品如住房、汽车、旅行等，其广告也不由自主地走上了感性诉求之路。著名的传播学家麦克卢汉曾经指出："广告把借助鼓噪确立自身形象的原理推向极端，使之提升到有说服力的高度。""广告不是供人们有意识消费的。它们是作为无意识的药丸设计的，目的是造成催眠术的魔力。"① 如此，感性诉求，加上鼓噪式"催眠"效果，使得广告传播理性诉求相形见绌，与此相统一的公信力则相应缺失。当然，我们无意否定感性诉求的作用，因为感性诉求的广告传播之所以有效，肯定是具有导向公信力的因素；但问题在于：感性诉求背后的理性成分以至"公信力"如何体现与建立不清晰，其对理性诉求就产生了无形的压制，公信力也就相应缺失了。

三 广告传播公信力的导入

"公信力"在广告传播中的缺失，一定意义是对"广告学"自身科学性的讽刺。因为我们知道，"广告"作为一种传播实务，其效果必须在传播受众那里得到科学的评估，而不应是与营销业绩混为一谈。而要科学地评估广告传播，其"公信力"的导入就显得尤为重要。其一定意义上是对既有广告理论的一个全新的超越，因为它将引导广告传播走出重在关注"吸引力"或"注意力"的阴影，同时又区别于营销学以销售业绩的"实效"来评价广告传播之效果。从现实出发，广告传播公信力的导入需从以下方面着手。

（一）以网络媒体崛起为广告公信力导入契机

广告传播是建立在媒体基础之上的，对于媒体的广告经营，罗以澄教授指出："广告经营的简单、粗放，不注重广告内容的投入。而一味依赖涨价，甚至不惜采取其他耗尽经营资源的方式，以求广告经营额的增长"；"广告内容制作的粗糙、低劣，难以吸引读者的'眼球'，已成为当前报业广告经营业务扩展上的一大瓶颈"。② "广告内容"的不足，不仅

① 〔加〕马歇尔·麦克卢汉：《理解媒介——论人的延伸》，何道宽译，商务印书馆，2000，第 282~283 页。
② 罗以澄：《当前我国报业集团经营管理中的问题与对策》，《新闻大学》2003 年第 1 期。

使报业、电视台的广告经营后劲乏力，而且还影响了广告公信力的建立。因为在信息时代，一方面是信息过剩，另一方面则是注意力稀缺；广告为了能在巨量的信息海洋中崭露头角，就需要追求注意力，而追求注意力则必须简化信息、扩大传播媒体时间与空间的购买，这就使得广告所借重的大众媒体越来越显昂贵。其结果，不仅使得广告传播的信息简单化日趋严重，而且在此信息日趋不足的趋势中使得公信力更难以建立。

但是网络媒体的崛起却为改变广告传播信息不足，以及广告公信力的导入带来了契机。可以说，具有受众明确、信息详备、接受便利、成本低廉、便于互动等优势的网络广告一登上广告传播舞台，"传统上针对广大不知姓名观众的大众媒介广告"便成为"一种行将消亡的传播形式"。①目前，在美国广告主的广告支出增长中，"并非投向大众媒体，因为广告客户认为直销或促销在确定目标客户方面更为有效，因此他们多转向这两种营销形式"。同时，"近年来，美国网络广告发展一直呈现良好的态势"。②而在我国，随着网络经济泡沫的挤出，网络广告也传来利好的消息：新浪、搜狐等门户网站因广告收入增加已扭亏为盈、获利持续增长；2003年网络广告营业额突破10亿元。而实际上，企业自身的网站其实也扮演着广告传播的角色，不仅网络广告往往与企业网站建立链接，而且企业网站往往在目标客户群享有广泛的认知度，受众可以直接进行访问。相比传统的大众媒介广告，网络广告具有更好地提供企业、品牌、商品信息的优势，这样就可以更有效地建立公信力。因此，网络媒体的迅速崛起无疑就为"广告传播公信力"的导入提供了契机。

（二）在广告传播互动实现中渗入公信力意识

在传媒研究中，人们已经认识到"公信力已越来越成为传媒在市场竞争中取胜的关键因素。触及率（发行量、收视率、收听率）虽然也

---

① 〔美〕沃纳·赛佛林、小詹姆斯·坦卡德：《传播理论：起源、方法与应用》，郭镇之等译，华夏出版社，2000，第11页。
② 刘娟：《美国广告现状》，《国际新闻界》2003年第5期。

是反映传媒竞争力的一种指数，但它仅反映出数量的特征，并不是传媒竞争力的本质内涵"。只有"建立在良好公信力基础上的触及率才是稳健的触及率"。① 对传媒公信力的建立，则有学者从受众角度认识到"公众已经厌烦了过去那种对媒体顶礼膜拜和被动接受的格局，他们希望传媒能真实地报道新闻，建立一个自然、直接、质朴的自由空间来表达自己对公共事务的看法"。② 公众这种对"被动"的不甘、对"自由"的渴望，无疑只有通过互动传播才能实现。而且，一定意义上，只有互动传播的实现才可能从根本上树立公信力意识。因为，没有"互动"的传播是一种自以为是的宣传，其必然导致对公众信任的漠视。所以，当我们以具有"互动"功能的网络广告作为导入公信力的契机，不断强化广告传播的信息互动功能时，就可望在这一互动进程中注入公信力意识，建构起广告传播公信力的评价取向。

如此，广告传播公信力的导入无形中又引入了一个"互动"的前提。这不仅有必要，而且在现代媒体技术日益发展的今天也完全具有可能。网络广告是实现广告传播互动的主力媒体自不用说，目前占据广告发布大份额的电视广告，同样也可望在模拟信号向数字信号的升级中实现互动功能。如美国传播学家托马斯·鲍德温等人就曾对一些数字电视广告新形式做了如下介绍：信息提供（information offer）：属电视插播广告，可鼓励收视者利用家中的终端机键入要求，以获得更多的信息，犹如将信息"邀请"进入家中；直接回应电视（direct response television）：广告具有交互性设计，观众可自由进入，且可配合个人需求；节目长度广告（program-length commercials）：广告与娱乐节目以及直销手法融为一体；咨询积费广告（per inquiry advertising）：媒体出售的不再是广告时段，而是按用户进行咨询的次数与时间，向广告主计次收取费用。③ 显然，这是一幅非常诱人的互动性数字电视生活图景。这幅图景在美国约在 2005 年实现，在我国省会城市将在 2010 年实现。显然，这幅图景在对消费者提供

---

① 佘文斌：《公信力——传媒竞争的重要砝码》，《新闻战线》2002 年第 5 期。

② 彭伟步：《中美传媒公信力比较》，《新闻记者》2002 年第 7 期。

③ 〔美〕托马斯·鲍德温、史蒂文森·麦克沃依、查尔斯·斯坦菲尔德：《大汇流：整合媒介信息与传播》，官希明等译，华夏出版社，2000，第 197~199 页。

互动性节目及广告服务的同时，对广告主无疑是一大福音，因为广告主的商业信息更多地转换为收费的、受众更为明确的数字电视互动节目传播。此外，目前日益成熟的 CDMA 技术使得第三代移动通信技术正在全球推进，其高速度、大容量的特性，使手机"从传统的通话工具向功能丰富的现代传媒方式演进，成为继网络之后的第五种媒体。目前，全球的 CDMA 用户已达 1.8 亿"，且增长速度惊人。① 显然，作为"第五媒体"的手机，将为广告传播提供更加便捷、有效的互动服务空间。"互动"，如此大踏步地进入公众的社会生活，广告传播的公信力意识再也无法不向广告界登堂入室了。

（三）以整合营销传播优化受众的接受心理

在信息空前充裕乃至相对过剩的今天，由于人们接收信息的渠道、方式、节奏、密度等均大大相异于纸质媒体为主的时代，他们坐在拥有数十个频道的电视机前，或坐在与世界千万个网站、亿万名网民相连通的网络终端前，其每个个体无疑面对的是海量且彼此无必然关联的信息，虽然强烈的主体意识尚不至于被淹没，但思维上容易产生的随波逐流、浅尝辄止，必然造成受众思维的"平面化"。缺乏深度、缺乏个性、缺乏创见，成为受众思维的真实写照。而这种受众思维的平面化必然导致对广告认识的片面性。阐释学认为："在典型的理解过程中，一个刺激会在信息不充分的基础上被归入特定的类别，结果，这些推理并非总是站得住脚。"② 显然，广告受众在对某一品牌信息毫无所知的情况下，乍然接受非常有限的广告信息刺激，必然会将此刺激归入自己既有经验之中，产生迥别于广告诉求的效应，而广告传播公信力的实现则更显困难。以致广告学专家感叹："在某一既定媒体发布的广告越多，每个单独的广告的传播效果也就越差。"③

---

① 陆彩荣：《从通话工具向第五种媒体演变》，《光明日报》2003 年 10 月 31 日。
② 〔美〕沃纳·赛佛林、小詹姆斯·坦卡德：《传播理论：起源、方法与应用》，郭镇之等译，华夏出版社，2000，第 72 页。
③ AI Ries, Laura Ries, *The Fall of Advertising and the Rise of PR* (New York Harper Collins Publisher Inc., 2002), p. 6.

　　"整合营销传播"的提出，一改广告传播信息的简单化，使品牌的各种信息在"一个声音"的整合下，丰富而有序地优化了受众的接受心理，使受众所产生的心理效应更接近广告诉求，产生对广告的信任。而且，整合营销传播不仅使品牌信息传播得到了丰富基础上的整合优化，而且其"请注意消费者"的内核，还是一个视角与态度的转变，是一个向消费者进行"信息服务"观念的树立。美国学者唐·E. 舒尔茨曾分析，消费者是"在这片资讯汪洋中只蜻蜓点水式地获取零星的资讯，再把获取的碎片整合起来，组织成某种知识，并据以行事"。[①] 既如此，整合营销传播则可以直接为消费者提供整合过的资讯，请消费者这位上帝在充分的信息获得中兼听则明，成为"明君"，"对品牌萌生信任，并且维系这种信任，使其长久存在消费者心中"。[②] 显然，整合营销传播是一种对消费者所进行的信息服务，旨在帮助消费者优化广告的接受心理，以自然地生发出对广告的信任。

（四）建立公信力科学评价体系及评估机构

　　美国广告专家罗伯特·J. 拉里奇等人曾经就广告效果建立了一个评估模型，此模型将消费者从最初的广告接触向最终购买移动的动态过程，分解成六个步骤，即知晓、了解、喜爱、偏好、信服、购买；然后将与此六个步骤对应的广告与促销形式、广告效果调查方法进行了解析与建构，并指出："在这种模型中，广告被比喻为一种力量，这种力量将把消费者在购买阶梯上朝向最终购买推进。对广告效果的评估应该包括对消费者在全部购买过程的各步骤中态度变化的测定，而不仅仅是对产品的开发、产品特色的认知和刺激实际购买阶段消费者态度的变化的测定。"[③] 在这个评估模型中，"信服"乃是从前四个步骤走向"购买"的关键台阶，显然

[①] 〔美〕唐·E. 舒尔茨等：《整合行销传播》，吴怡国等译，中国物价出版社，2002，第36页。

[②] 〔美〕唐·E. 舒尔茨等：《整合行销传播》，吴怡国等译，中国物价出版社，2002，第116页。

[③] 〔美〕罗伯特·J. 拉里奇：《一种广告效果的评估模型》，载《营销学经典权威论文集》，东北财经大学出版社，2000，第618~624页。

广告传播公信力的科学评价，也就应该从"信服"层面切入，在兼及各步骤的关联与走向中，建立更为细致却可操作的评价体系。该体系侧重对广告传播公信力的评价，不同于传统的立足于广告吸引力的评价，也不同于广告与销售额涨落关系的评价，而应该是基于单一受众对广告的信任度、具有受众代表性的"公众"群体的信任度的科学评价，其内容包括：广告传播中的互动渠道、互动满意度、互动信任度；广告受众个体信任度的产生、细分、强度；广告受众某一群体信任度的产生、细分、差异、强度；广告受众共同体信任度的产生、细分、差异、强度、分布、舆论等。如用一个公式来表达，则为：互动渠道+个体信任的深度+群体信任的广度=广告传播公信力。虽然，此公式显得简单化，但却简明地概括了建立广告传播公信力科学评价体系的核心思路。

由于公信力科学评价体系的细致与规范，任何简单化的期盼与粗放性的操作也就需要予以摒弃。为了这种科学的评价能得以规范进行，又为了避免私于自爱因素的介入，这就需要让独立于广告主、媒体以及广告公司的，具有中立性、权威性的专业评估机构进入，从而保证广告公信力评估的客观与公正。同时，还需建立权威的广告传播公信力科学评价的权威发布机制，并以此为广告传播公信力的号角与令旗；如此，则可望有效地向整个广告界导入"公信力"的价值观念，使广告因此而获得社会美誉。

（原载《新闻大学》2004 年秋季号）

广告公信力评估模型的建构与操作

由于在医疗、药品、保健品等一些类别的广告中确实存在虚假、低俗现象，国家有关部委必然地采取了整治措施，如此一来，舆论界又使"'虚假'几乎成为广告代名词"，对广告的"负面评价远胜于肯定"[①]。但有关调查表明，虽然有 37.7% 的被访者对接触到的广告持不信任态度，但却有高达 96.6% 的被访者表示愿意购买广告宣传的产品。[②] 这说明，广告的正面实际效果依然是主流。但奇怪的是，对于这种一边倒的舆论指责，无论是广告主、广告媒体抑或广告公司选择的都是沉默，虽然广告继续在进行着制作与刊播，却无心理直气壮地为广告进行"再正名"。而理应保持独立精神的广告学界，更多的是从批判的角度来附和舆论，而在广告业总体价值科学评估的理论探讨上却总体失语。如此，寻求一种各方价值博弈后获得平衡的理论视角就显得非常重要。

而"广告公信力"，就是可为由广告主、广告媒体、广告公司构成的产业链，以及消费者、社会、政府所共同接纳的广告业健康发展的视角。该视角不仅是理论的，更应是实践的。而要进行由理论支撑的实践，建构能为各方所认可的广告公信力评估模型就尤为重要。本文就是试图在既有研究基础上来进行该评估模型的建构，并指出其操作的动态流程。

---

① 丁俊杰、黄河：《为广告重新正名——从主流媒体的广告观开始》，《国际新闻界》2007年第 9 期。

② 华中科技大学科技与传播研究中心课题组：《广告公信力调查报告》，《现代广告》2007年第 4 期。

一 广告公信力评估的理论探索

美国广告学者阿尔·里斯等人指出：传播环境和市场环境的巨大变化，使广告这种大众消费时代充分利用大众传播的优势劝服和告知消费者的形式面临重大挑战；同时更深层的原因是广告公信力的下降。根据近期盖洛普公司对美国 32 项主要职位的公信度调查，广告和广告人的公信力仅为 10%，排在倒数第二位。其"夸张的承诺和过度的投放是广告效果下降的重要原因，但是，公信力的影响是最根本的原因"[①]。而公信力（credibility）乃是一种群体的信任程度，或者有制度保障的信任程度。吉登斯将信任区分为对个人的信任和对社会系统的信任，认为信任是对一个人或一个系统的可依赖性所持有的信心。[②] 公信力作为一种系统信任运用于广告之中，其性质并不会因为主体的确定而有所改变。因此，"广告公信力"可被认为是作为广告受众互不相识的目标对象对广告所传达信息的一种信任的集合。广告信息传受的不对称性，即受众对信息内容的不了解和传者对信息的了如指掌，以及受众又是一种复杂的集合，使得广告公信力的评估既重要，又困难重重。

广告公信力作为一种系统信任，在评价时对"信任"的重视毋庸置疑，但广告作为一种传播活动，在具体探讨时也不能忽略传播过程中的众多因素对受众态度的影响。如广告一般借由传播媒体与载具将信息传递到目标人群之中，这就意味着系统信任中"人群"的选择并非随机的或者广泛的，而是具有一定选择和目标性的，而这些都将直接影响信任的评价过程。因此，"广告公信力"不能仅仅只在信任的社会学范畴内来探讨，还必须要从广告的传播学属性来研究。

1961 年，考利（Russet H. Colley）提出 DAGMAR 理论（Defining Advertising Goals for Measured Advertising Results），其理论依据为传播理论，

---

① Al Ries, Laura Rtes, *The Fall of Advertising and the Rise of PR* （New York Harper Collins Publisher Inc., 2002）, p. 73.

② 〔英〕安东尼·吉登斯：《现代性的后果》，田禾译，译林出版社，2000，第 30 页。

消费者对广告的反应是从未名（unawareness）、知名（awareness）、理解（comprehension）、确信（conviction）、购买行为（action）的连锁反应，其中就谈到了广告信任的问题。但当时并没有把其作为独立的广告传播的问题进行研究。1977 年，《评价广告公信力》一文于加拿大渥太华发表。该文对当时加拿大广告的公信力做了一个评价，认为当时的广告业存在信任缺失，尽管如此，对于广告的需求却依然不会减少，会随着行业的发展得到有效控制。其中的调查还显示 78% 的受访者认为广告主较其提供的服务而言更在意利益，同时也有 17% 的受访者认为广告主履行不了其承诺。[①] 1991《美国广告》杂志发表的《不可相信的广告公信力危机》，也对广告公信力当时存在的问题进行了分析并提出了相应的解决问题的策略。[②] 之后1994 年麦罗尼和约翰在《广告的信度真的很重要？》一文中也阐述了广告公信力的重要性，并认为广告公信力是广告读者、观众、听众内心的一种整体反应，是建立在广告与受众互动及以往体验基础之上的；文章还认为受众以往的信念很重要，如要改变很困难。[③]

就国内而言，关于"公信力"的研究主要集中在媒体和政府上，而对于在国内才发展 20 余年的广告业而言，对其"公信力"的关注还少有人问津。但近年已有学者提出了广告公信力问题，指出我国广告公信力的缺失事实并就其原因进行了分析，并呼唤要进行广告公信力的导入。[④]

广告公信力概念一经提出，其评估模型就理所当然成为研究的必然指向。美国广告专家罗伯特·J. 拉里奇等人曾经就广告效果建立了一个评估模型，此模型将消费者从最初的广告接触向最终购买移动的动态过程分解成六个步骤，即知晓、了解、喜爱、偏好、信服、购买；然后将与此六个步骤对应的广告与促销形式、广告效果调查方法进行了解析与建构，并指出："在这种模型中，广告被比喻为一种力量，这种力量将把消费者在

---

① "Assessing the Credibility of Advertising," (Ottawa：Jun., 1977)，p. 2.
② "Advertising's Incredible Credibility Crisis Bergerson, Steve. American Advertising," Washington：Winter 4（1991–1992）：2, 20.
③ John C. Maloney，"Is Advertising Believability Really Important?"，*Journal of Marketing*1（1994）：47.
④ 舒咏平：《广告传播公信力的缺失与导入》，《新闻大学》2004 年第 3 期。

购买阶梯上朝向最终购买推进。对广告效果的评估应该包括对消费者在全部购买过程的各步骤中态度变化的测定，而不仅仅是对产品的开发、产品特色的认知和刺激实际购买阶段消费者态度的变化的测定。"① 在该评估模型中，广告的信服程度是作为整个广告效果达成的阶段之一出现的。此时，广告的信服只是作为广告效果的一部分予以评估，其模型的最终作用是评估广告促进购买的效果。

广告公信力评估属于广告效果研究，而广告效果测评研究一直以受众为研究主体。DAGMAR 测定方法认为广告的目标实际上是沟通目标，只有在沟通上取得了效果才能说明广告达到了目的。DAGMAR 方法强调的并非传播效果（广告展露）或行动效果（销量），而是对受众各层次心理状态产生的影响。它认为广告的功能是把营销信息传达给受众，其直接的结果，即使没有产生购买行为，也会在认知或态度上发生变化。根据卢曼的生存简化机制——信任将周围复杂的环境和千差万别的人的性格简化为"二元预限"，即"可以相信"和"不可以相信"的理论，态度的变化无非就是从不相信到相信或者逆反。从这个角度而言，该测定方法中实际上是对广告信任与否的一种测试。当然公信力评估从结构上而言与沟通功能的测评还是有所差距的，但是对广告认知的过程却是很好的借鉴。在该过程中，每一阶段都涉及了"相信"的问题，只有从"不相信"变为"相信"，才能进入下一环节。② DAGMAR 中广告认知/态度改变过程见图 1。

图 1　DAGMAR 中广告认知/态度改变过程

此外，AC 尼尔森的广告效果测试方法、日本电通公司广告测试系统及日本博报堂广告公司的广告测试系统等广告效果测评模型中都有对广告认知的测评环节，具体包括了可信程度、说服能力、感染水平等，这些都涉及了广告的信任问题。由此可见，在以往的广告效果评测中，广告公信

① 〔美〕罗伯特·J. 拉里奇：《一种广告效果的评估模型》，载《营销学经典权威论文集》，本·M. 恩尼斯，东北财经大学出版社，2000，第 618~624 页。
② 郑也夫：《中国的信任危机》，《新闻周刊》2002 年第 20 期。

力已得到运用，但并未受到足够重视，而往往只作为广告效果的一部分进行测评，忽略了其在广告测评中的核心位次。也正由于此，对于公信力问题的测评一直未形成公认、独立的体系，只是与其他指标一起服务于"广告效果"这一目的。

当代媒体公信力研究，学者大多认为公信力不仅仅是媒介的一种属性，更多的是媒介与受众之间的一种关系。这样就将媒介公信力视为一种传播过程的产物，其研究重心便开始由媒介自身转向对受众的研究[①]。在关系论背景下，依托于媒体生存的广告公信力与媒体公信力走到了一起，一并作为与受众的关系，将同样强调受众的重要性及传播过程的研究，而这正是广告公信力测评研究需要借鉴的。

综合上述研究，可知广告公信力是公众对于广告信任的集合，是广告经济效应与社会效应融合的系统性指标，也是广告效果测评的核心内容。其以广告信息的信任、信服为主要指标，兼及所发布媒体的信度影响，是在社会传播学框架中由量化测评的综合性指标体系构成的。

二　广告公信力的指标模块与评估模型

任何评估模型的建构，均应能通过数学模型得以合理统计。这里，我们介绍的是"层次分析法"（Analytic Hierarchy Process，AHP）。AHP 是美国运筹学家 T. L. Saaty 教授于 20 世纪 70 年代初期提出的，AHP 是对定性问题进行定量分析的一种简便、灵活而又实用的多准则决策方法。[②] 它的特点是把复杂问题中的各种因素通过划分为相互联系的有序层次，使之条理化，根据对一定客观现实的主观判断结构把专家意见和分析者的客观判断结果直接而有效地结合起来，将一层次元素比较的重要性进行定量描述。而后，利用数学方法计算反映每一层次元素的相对重要性次序的权值，通过所有层次之间的总排序计算所有元素的相对权重并进行排序。首

---

① H. K. Jacobson, "Mass Media Believability, a Study of Receiver Judgments," *Journalism Quarterly*, 1 (1969): 20–28.

② T. L. Saaty, "The Analytic Hierarchy Process," *New York*, *Mc Graw Hil* 1 (1980).

先对细化指标进行权数的确定，其往往需要根据实际情况，就明确的评估对象进行计算，并在征求行业内专家意见的基础上得出具体的权数。其次将细化指标权数凝聚为二级指标，又由二级指标之权数的递进计算，从而得到最终一级指标结果。

按 AHP 的层次分析，广告公信力评估无疑需要建构符合逻辑的指标体系，这种符合逻辑的指标体系应该是既直接关联广告公信力，又是简明扼要的。其最基础的一级指标便是由相关二级指标聚合而成的三大信息模块。

（一）广告对象信息模块

广告传播的对象，包括产品、服务、品牌、广告主等客观信息。应该说该信息模块，乃是客观事实的反映，也是整个广告传播活动的信源基础，由此也必然成为广告公信力评估最基本的维度。《中华人民共和国广告法》明确规定：广告应当真实、合法；广告不得含有虚假内容，不得欺骗和误导消费者；而且对产品性能、产地、质量、生产者等均做出了明确规定。而虚假失信广告，如药品、医疗器械、丰胸、减肥、增高产品广告，其产品信息就多有不实。实际上，消费者也是对此最为关切，调查数据显示：有高达 81.3% 的被访者认同"广告存在过多的虚假信息，不敢相信"这一看法；其中表示"完全同意""比较同意""基本同意"的被访者比例分别为 27.0%、27.1%、27.2%。①

（二）创意表现信息模块

固然广告对象信息需要进行客观的传播，但由于广告在大多数情况下因空间时间的限制往往以艺术的形式进行表现，艺术的加工表现必然浸染着主观色彩。但艺术创意的加工与表现，并不是对客观事实的背离，而应是在忠诚客观事实的基础上进行艺术提炼，并进行合理、恰当的联想、想象，从而实现艺术真实，并获得受众的信任。正如文艺理论家以群所说："客观存在的现实生活，经过艺术家的分析、选择、集中、概括，塑造成

---

① 华中科技大学科技与传播研究中心课题组：《广告公信力调查报告》，《现代广告》2007年第 4 期。

艺术的形象，往往具有更鲜明、更广泛、更深远的意义。这就是艺术的真实与实际生活的差别所在。"① 在广告艺术的创意表现信息模块中所需评估的维度主要有：观念诉求——产品定位后的观念诉求，如"诺基亚，科技以人为本"就比"巴黎豪廷，皇家气派"更具信度；创意元素——与广告创意联想中所借用的事物元素，如人物、动物、环境、情节等；艺术真实——则为恰当地运用艺术想象与夸张等手法，自然地衬托产品客观事实；表现质地——则是广告创意表现总体上所展现出来的内容品位、制作质量等。

（三）媒体载具信息模块

"媒体是作为广告信息通向特殊受众的渠道而存在的——媒体负责为广告主集合受众。"② 其自身也需要追求公信力，而媒体公信力的发生学原理的学理依据由传者提供资讯的根本出发点与受众在资讯的熏陶下培植起来的对媒体的诚信度和向心力共同构成。③ 其实，在广告学视野中，媒体是个泛概念：其可以是指媒体的类别，如报纸媒体、电视媒体、户外媒体、网络媒体；也可以是具体的经营单位，如"CCTV"、《南方都市报》、"新浪"、"分众"；还可以是具体的售卖单位，如某报某日的报眼、某电台某节目某时段。因此在广告媒体信息评估中，应将它们区分，前者为媒体类别、中间为媒体、后者为载具。目前，媒体公信力已经是传媒界关心的热门话题，如喻国明教授领衔的重大项目开展及大量的研究成果，均可转化为本模块评估的参数。需特别指出的是，随着新媒体的运用、受众主体意识的觉醒，在广告传播中互动性越来越突出。互动的本身则是一个信息透明化、信息对称化的过程，同时也是增加信度的过程，因此载具的互动性也就必然成为该模块的重要评价维度。

如此，由上述三大模块 12 个维度构成了广告公信力评估的基本指标体系（见图 2）。

---

① 以群：《文学的基本原理》，上海文艺出版社，1980，第 192 页。
② 克力福德·G. 克里斯蒂安：《媒体伦理学》，张晓辉译，华夏出版社，2000，第 191 页。
③ 何国平：《论媒介公信力的生成与维系》，《新闻与传播研究》2004 年第 2 期。

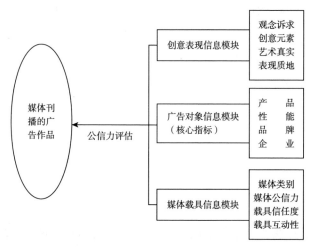

图 2　广告公信力评估基本指标体系

该评估指标体系由三大模块 12 个维度组成，但在具体评估操作中，还需进行可直接进入选项操作的三级指标之细化，使之成为广告公信力评估的具体指标。由此则形成如下的指标量化表（见表 1）。

表 1　广告公信力评估模型指标的量化

一级指标 （信息模块）	二级指标 （评估维度）	三级指标 （具体指标）	数据来源
广告对象 信息	产品信息	广告宣传的产品原料你信任吗	受众调查
		广告宣传的产品工艺流程值得信赖吗	
		广告宣传的产品科技含量你认为是否真实	
	服务信息	广告中的服务承诺是否具有诚意	
		广告宣传的服务保障可靠吗	
	品牌信息	广告宣传的品牌能引起我的好感	
		广告宣传的品牌文化理念境界高而且得体	
	企业信息	广告宣传的企业地址地域很真实	
		广告宣传的企业历史荣誉值得信赖	
		广告宣传的企业综合实力数据可靠	

一级指标 （信息模块）	二级指标 （评估维度）	三级指标 （具体指标）	数据来源
创意表现 信息	观念诉求	广告诉求与消费者需求是吻合的	受众调查
		广告诉求的品牌个性富有文化品位	
	创意元素	广告创意借助的元素（如代言）自身值得信赖	
		广告诉求与品牌产品关联很紧密	
	艺术真实	广告作品中的夸张想象显得合理	
		广告作品中的环境设计是贴切的	
	表现质地	广告创意内容总体上富有品位	专家
		广告表现形式的制作质量很高	
媒体载具 信息	媒体类别	广告发布的媒体类别信任度较高	数据库
	媒体公信力	广告发布的媒体公信力评价数据较理想	
	载具信任度	刊载广告的这一载具接触受众较多	受众调查
		刊载广告的这一载具让人一直信任	
	载具互动性	刊载广告的这一载具可以方便地咨询问题	
		借助这一载具我可以与服务人员深入交谈	

如表 1 显示了可直接进行操作的 24 个三级指标。需要说明的是，对于广告公信力的评估要获得广告产业链各环节博弈的平衡点，且要获得社会与政府的认可，因此如上评估指标所遵循的指导思想是"超越法规，符合伦理"，即高于对广告行为进行基本约束的法规，同时要从广告传播服务经济发展的性质出发，其不可能扮演伦理教父、完全以公益为取向，而是在服务经济发展的基础上尽可能进行道德上的升华追求。此外，对于媒体类别、媒体公信力的测量，可以依托媒体公信力研究的数据库，进行数据的采集。

三　广告公信力评估模型的操作

"广告公信力评估模型"根据 AHP 的层次分析，对广告公信力评估指标进行了静态模型的建构，但其投入操作尚需进入动态的流程。为此，我们在评估指标调查分析最基本的环节上，进行实践考量，扩展形成了评估操作流程图（见图3）。

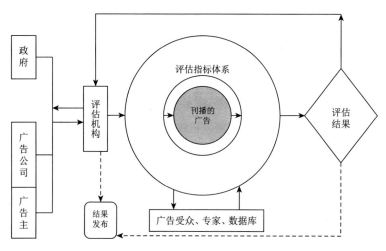

图3　广告公信力评估操作流程

在图3所示评估流程中，广告主与广告代理公司一方面出于各自利益考虑会产生对广告效果判断的分歧，另一方面又可能面对政府监管而形成利益统一体，因此二者是既独立又统一的。当代表公众意志的政府部门与广告主及代理方需要对所刊播的广告进行评估时，应该委托独立的评估机构来实施科学的评估。

独立的评估机构将根据所评估的具体对象——"媒体刊播的广告"，按照"广告公信力评估指标体系"来进行针对性、指标细化的问卷设计，并以科学的抽样来向广告受众进行调查；而对相关的评估项目——广告表现制作技术、媒体公信力的既有评价，则可借助专家咨询与数据库。从而在对所获得的数据进行分析中，得出广告公信力的评估结果。其评估结果，首先是根据委托方的需要，进行如实反馈。其次，可以根据社会需要与共同约定，进行公开发布；并坚决杜绝因利益集团的胁迫而篡改数据的情况，以防对公信力的评估也缺乏公信力。

（原载《现代传播》2009年第3期）

数字传播环境下广告观念的变革

生存无忧，变革从来不会无缘由产生；而一旦遭遇生存挑战，变革就是无可回避的了。当前的广告界，由于数字传播技术的冲击引发媒体的"碎片化"，以至于美国传播学家沃纳·赛佛林等人为之惊叹："传统上针对广大不知姓名观众的大众媒介广告是一种行将消亡的传播形式。"① 如此，认清传统广告形式何以消亡，面对这一趋势如何进行广告观念的变革，恰是广告学界的使命。

一　数字传播技术挑战传统广告形式

所谓传统广告是相对于数字化传媒环境刷新出的全新广告而言的。目前学界对"广告"的权威定义为："广告是由可识别的出资人通过各种媒介进行的有关产品（商品、服务和观点）的、有偿的、有组织的、综合的、劝服的非人员的信息传播活动。"② 这种定义建立在传统媒体基础之上。传统广告存在以下特性。第一，广告传播可以分明地识别出资人，既在广告所占有的时间与空间内，人们可以一目了然地识别出资人的传播内容与目的。第二，广告是一种付费行为，在媒体方面，广告需要占据媒体的一定时间和空间，而这种时间和空间正是最终由广告主购买的，而广告从策划、创意、制作到媒体运用，都在很大程度上代表广告主的意志，广

---

① 〔美〕沃纳·赛佛林、小詹姆斯·坦卡德：《传播理论：起源、方法与应用》，郭镇之等译，华夏出版社，2000，第11页。
② 〔美〕威廉·阿伦斯：《当代广告学》，丁俊杰等译，华夏出版社，2000，第7页。

告主对媒体传播有一定的控制作用。第三，广告接受具有"强迫性"，虽然广告受众受到重视的程度越来越高，各个媒体开始强调传受双方的互动性，并且广告受众对传播者的实际影响力也逐步开始增强；但传统媒体单向性的特点，使得广告的"传""受"双方仍然处于不平等的位置，缺乏互动话语权的广告受众在接受广告时必然处于一种"被迫接受"的地位。第四，广告是通过大众媒介"广而告之"的行为，目前的广告主要利用大众传媒进行广而告之，无论什么样的细分受众，传统媒体利润获得所需要的规模性，均使大众传媒所发布的广告受众细分有限、范围泛化；如此，大量接触到广告信息的受众必然不会是精准的目标消费群，于是，美国商人约翰·沃纳梅克的一句名言"我知道我的一半广告费是浪费的，问题是我不知道哪一部分被浪费了"便盛行广告界。

虽然，具有如上特性的传统广告还在大行其道，但它的生存却已不可逆地面临巨大的传播数字化的挑战。

过去不久的 20 世纪，传播技术已经发生了翻天覆地的变化，但是真正对广告生存形成挑战的变革性技术变化却是近年兴起的"数字化"浪潮。数字技术标志着一场真正的变革，其意义远远超过了单纯技术的巨变。[1]"数字传播就是将图画、文本等转化为计算机可读的形式，即变成一组组'0'和'1'的字符，将信息以编码形式加载其中。采用数字系统可以带来几个显著优点：提高媒体信息传播质量，丰富频道，实现用户控制。电话、印刷媒体、电影、录音、计算机、有线和卫星电视、广播都开始走向数字化。"[2] 就电视的数字化而言，世界各国都已经制定了完成"模拟信号"电视到"数字信号"电视的时间表。我国自 2003 年开始，大力推进有线电视数字化，并制定了"三步走"战略，在数字化有线电视基础上，逐步实现卫星电视、无线电视的数字化，到 2015 年停止地面模拟电视发射转播。[3] 网络媒体本就建立在数字化基础之

---

① 〔法〕洛特非·马赫兹：《世界传播概览——媒体与新技术的挑战》，师淑云等译，中国对外翻译出版公司，1999，第 27、31 页。

② 〔美〕约瑟夫·斯特劳巴哈、罗伯特·拉罗斯：《今日媒介：信息时代的传播媒介》，熊澄宇等译，清华大学出版社，2002，第 17~21 页。

③ 徐国旺：《走进数字电视》，《有线电视技术》2004 年第 11 期，第 62~63 页。

上，3G 及时的运用，使手机数字传播升级，成为移动的数字接收终端。

发展到成熟阶段的数字化传播技术将使电视与网络和通信设备完美结合，极大提高人们的生活质量，改变生活方式。人们可以在交互电视中享受清晰逼真的视听节目，遥控器可以模仿电脑的鼠标和键盘功能，任意选择自己喜欢的节目，对其中的片段任意加工储存。在电视机甚至手机上就可以享受网络游戏的刺激。远程购物成为人们日常生活的习惯，电子商务实现真正普及。新闻、影视、游戏、通信等，均将融合于数字媒体。

从某种意义上讲，数字传播技术意味着"受者中心"时代的真正来临。从目前来看，网络广告、手机短信广告、数字化过程中的电视广告是当今广告传播技术数字化的代表。由目前的数字化进程规划可以推测，未来人们享受高品质的媒体服务，大部分是需要付费的，媒体的生存资本提供者将由广告主向传播受众发生转移。受众对媒体的控制作用将远远超过目前水平。数字媒体传播对象在享受高质量服务的同时，不希望再像以前那样时时刻刻被广告"骚扰"。传播对象不再是广告强迫的接受者，相反，受众拥有了高度自主权。如近年搜索引擎的异军突起，就使"用户可以根据自己的需要搜索自己想要的东西"①。而且随着数字媒体越来越普及，"消费者原有的媒介接触时间、接触习惯完全打破，这就是媒介'碎片化'"②。不同类型媒体的竞争在数字化时代的持续进行，将在数字化基础上走向融合。这就导致一种媒体若排斥广告，或说是硬性广告，那么也必然导致其他竞争媒体排斥。因此，面临数字传播技术的挑战，传统媒体广告形式受到冲击已是必然趋势。如，2005 年以来，我国报业媒体增速全线下降，排名第一的《广州日报》甚至出现负增长。相反，2006年以来，在纳斯达克上市的中国网络概念股普遍上涨，其中第九城市上涨了近 90%，前程无忧上涨近 65%，搜狐和网易各上涨了 50% 以上，TOM在线也上涨了 40%。③ 这种变化对于媒介、广告主、广告人而言，顺应新

---

① 张远昌：《搜索引擎遭遇战：搜索门户 VS 门户搜索》，《现代广告》2007 年第 7 期。
② 黄升民、杨雪睿：《碎片化背景下消费行为的新变化与发展趋势》，《广告研究》（理论版）2006 年第 2 期。
③ 中国广告协会：《网络广告需求提升，华尔街中国网络股暴涨》，《国内广告信息》2006年第 15 期。

媒体的发展趋势进行广告观念的变革，已不是未雨绸缪，而是迫在眉睫了。

二　广告观念变革的体现

广告由媒体承载，当数字媒体不断挑战传统广告形式，那么预警性地反映到广告人的意识上，就是从对广告媒体、广告形式直至广告活动认识观念上悄然进行变革。其具体体现为以下几个方面。

（一）广告媒体由分立到融合

传统的广告媒体是各自为战的，然而，数字传播技术却从技术上开始改变这一现状，促进了广告媒体的融合。因为，数字技术为不同传媒提供了符号转换、资源整合的平台和基础，也为不同传媒形态或业态的聚集，如广播、电视、互联网、短信、数据库、报纸、刊物等，提供了新的基础，提供了分享资源和影响力空间的内在机制与条件。[1] 以前因专门技术、立法和分配模式各自分立的电信、计算机和视听技术开始融合。如果说，数字电视本身就是网络的一个变形，那么，通过短信群发的手机广告，其基本就是互联网向手机发送的；而且网络正是对这一手机媒体的整合，使得我国的新浪、搜狐、网易等网络公司一举改变了颓势；可以预料，随着3G技术的普及，手机与网络无缝衔接，手机与网络一定意义上将融为一体。由于手机等通信设备作为"第五媒体"已逐渐融入媒体阵营，相应地，"手机电视"则必然得到开发。据报道，上海文广集团已与上海移动、江苏移动共同签署了合作协议，联手开发流媒体业务：手机电视。其专门为手机电视而设立的运营与服务品牌"东方龙"，已经可以发送至东方卫视、新闻综合、体育、文艺、第一财经、生活时尚等6个电视频道，还可以收听3个电台。[2] 而报刊、电视广播通过其网络版被数字媒体整合，则早已是既定的事实。如2006年德国世界杯，绝大多数的大学

---

① 陆小华：《数字媒体观与传媒运行模式变革》，《新闻记者》2004年第2期。
② 胡天舒：《上海文广"播放"手机电视》，《南方周末》2004年6月17日。

生就是在网上进行收看的。

显然，在数字媒体一体化的趋势下，单个的媒体虽然还保留自身的特色优势，但是却兼有了其他媒体的特征，并尝试在数字化基础上实现系统性的融合。这样的一个数字媒体融合体，必然获得广告主的青睐。根据SEMPO 的调查，在北美地区，已有许多大型企业"降低在传统广告方面的投入，而把这些资金用于（具有多种媒体数字资源搜索功能的）搜索引擎营销。在这些预算中，分配比例大致为：购物搜索列表获得最大预算份额，占 13%；其他如电子邮件营销、网上展示广告、印刷杂志广告和报纸广告等，各约占 9%"。① 美国制药巨头辉瑞委托全球著名调查机构Millward Brown 进行了一项 MSN 视频平台广告效果的调查，结果令辉瑞公司欢欣鼓舞，并决定将收视日渐不稳定的电视广告转投向具有视频的网络，计划在 MSN 全年投放广告。

（二）广告对象由大众到小众

信息的供给与各种商品的供给一样，当供大于求，针对消费者的细分以及相应的个性化定制就成为必然。如此，媒体经营便演绎了由大众到小众的定位转化。美国广告专家乔治·E. 贝尔齐等人曾指出："媒体市场的细分化降低了对大众媒体的重视，而集中精力于小型、目标性的媒体选择。"② 而小众媒体之所以受欢迎，乃是因为它们均有着明确的目标受众指向。如此，广告传播也同样有了"小众化"了的、对象明确的受众。诚如美国广告媒体专家杰克·Z. 西瑟斯所言："媒体必须经过精心挑选才能到达产品的最佳目标受众群。媒介企划者们对传统媒介不满因为它们是大众传播媒介，而且在文化变迁的年代，这种大众传播媒介正在被细分了。因此，与过去相比，我们必须更加精确地定义市场。"③ 应该说，传统媒体已经有了小众传播的表现，如我国在电视方面，专业化频道内容已经趋向于"窄化"，收视对象的定位也更为明确化，频道开始以"风格"

---

① 张远昌：《发掘搜索引擎营销的新价值》，《现代广告》2007 年第 7 期。

② 〔美〕乔治·E. 贝尔齐、麦克尔·A. 贝尔齐：《广告与促销：整合营销传播展望》（上），张红霞、李志宏主译，东北财经大学出版社，2000，第 15 页。

③ 〔美〕杰克·Z. 西瑟斯等：《广告媒体企划》，贾丽军主译，企业管理出版社，2000，第 5 页。

和"个性"来取胜，而不再是人云亦云似的"跟风"①。传统媒体尚且如此，数字传媒由于所具有的传播与接受的便利性，小众传播的特性就更显分明。据统计，截至 2005 年 12 月 31 日，我国上网用户总数突破 1 亿，为 1.11 亿人；网站数达到 69.4 万个。② 显然，我国过亿的网民，在近 70 万个网站下的频道、栏目各自定位细分下，已小众化为"碎片"，平均每个网站指向的目标受众仅为 143 人左右。

媒体传播的小众化，使得广告告知的对象更为明确，一定意义上数字广告已是由"广而告之"转变为"针对告之"了。如此，量身定制的广告将取代以往的统一模式广告，一对多的传播模式开始向一对少和一对一的方向发展。针对明确具体的受众所传播的广告将更加有效，避免了广告费用在大众传播时代的浪费。数字电视中，不同频道所播放的同一企业的广告也会在内容形式上有所区别，以适应个性化群体或个体。手机短信广告在手机用户"自由选择"的基础之上，则可以接收符合其自身兴趣、职业、年龄等受众特征的广告。

（三）广告形式（时空）由明确到消融

在数字传播环境下，广告主和媒体受众都向媒体付费。广告主付费是为了在媒体适当的时间和空间传播自身关于产品和服务的信息，这一点与传统广告没有区别。受众向媒体付费，将对媒体更加苛刻，就要求媒体保证受众在享受服务时的基本权益。一般的媒体受众在享受服务时是不想被"广告"骚扰的，这一点从目前有线电视的发展趋势得以证明。在高度排斥广告的付费媒体中，受众拥有权利利用数字技术轻而易举地屏蔽或绕过广告。广告主与受众在付费方面存在这样一对矛盾，其博弈的结果则随着双方"付费"比例的发展变化而产生变化。在很长一段时间内，某些不愿意付费的消费者仍然是保护传统媒体的存在。但是随着社会整体生活水平和受众文化水平的提高，总体上媒体经营收入

---

① 孙卫华：《频道专业化时代的广告营销策略》，2004 年 5 月 25 日，中国传媒网，http：//academic. mediachina. net/xsjd_view. jsp？id＝1684。
② 中国互联网络信息中心（CNNIC）：《第十七次中国互联网络发展状况统计报告》，中国网信网，http：//www. cnnic. net. cn/html/Dir/2006/01/17/3508. htm。

中的受众付费的比例将逐渐提高，传统的广告形式——单独占有媒体时间和空间的广告必然受到抵触。这一抵触的结果，首先就是在数字媒体上，广告所体现在时间和空间上的形式不再明晰可辨，而是消融近无。即，数字广告很难再有明确形式，其几乎等同于电子商务、数字传播所有形式。在这种广告形式趋于消融中，广告信息则从两个方面进行变形：一方面，数字传播的广告形式变形为信息专栏，其简洁、个性化标题的背后，链接的是一个个虚拟商品展厅及电子商务全套事项；另一方面，则是硬性的或显性的广告变身为软性广告、隐性广告，或曰植入广告，如将广告信息嵌入影视节目或者电子游戏中，电影《手机》中主人公所使用的摩托罗拉手机，《天下无贼》中的宝马汽车，《反恐精英》游戏的"可口可乐"炸弹，《飙车》游戏中的"米其林轮胎"等，均可被视为隐蔽性的广告信息。

（四）广告效果由到达到互动

广告的主要功能是促进销售，但其效果与销售没有完全对应的关系，USP 主张的提出者罗瑟·瑞夫斯就曾说道："广告确实很重要。但总是以销售论广告的成败可能会铸下大错。""一个车轮有很多辐条，谁能说出哪一根在支撑车轮呢?"[1] 因此，传统的广告效果便落到了广告对受众的到达率或接触率之上。应该说，此评价广告效果的主要标准，是符合传统广告单向度传播实际的。但是，凸显"互动性"的数字传播技术将一改传统传播模式中的"单向传播"，并转化为广告主与广告受众之间相互作用、相互影响的"双向互动"。已有学者对此阐述道："网络媒体的出现，实现了'即时性互动'，使广告主及其产品与消费者实现了直接对话，获得实时性的话语沟通，营销沟通也就与广告形式实现了统一。"[2] 而网络媒体所带来的"即时性互动"正代表了数字化媒体在提高"互动性"方面的发展结合了网络的诸多优点，更突出了互动的优势。如，直接回应电视（direct response television）节目，具有广告性质的栏目观众可自由进

① 〔美〕罗瑟·瑞夫斯:《实效的广告》，张冰梅译，内蒙古人民出版社，1996，第4~5页。
② 舒咏平:《广告互动传播的实现》，《国际新闻界》2004年第5期，第62页。

入，输入个人需求，交互性设计得到了凸显。① 而在手机媒体上，由于其首先就是通信工具，其即时互动则演绎得更为充分。更值得重视的是，搜索引擎不仅成为数字广告的主要形式之一，而且更充分体现了与受众互动的功能。据美国交互广告署（IAB）发布的统计数字，从 2003 年到 2005年，以关键词广告为代表的搜索引擎营销市场从 2002 年占网络广告市场的 4% 猛增到 2003 年的 30% 和 2004 年的 40%，2005 年占美国网络广告支出的 48%。② 其原因是受众乐于互动性地点选关键词，而广告主也自然非常乐意支付广告费。③

数字传播使得广告传播走向互动性，让本来分离的广告接受过程和实际咨询消费过程合二为一，这无疑为广告效果的评价提供了新的参照系。在单向传播模式中，受众只能够在接触广告时接受广告信息，而不能够直接对广告产生反应。而广告受众在广告刺激的一瞬间，是有可能产生购买欲望的。但是这个广告产生效果的过程与实际消费的过程却是脱节的，而在这两个过程的时间差内，消费者的心理存在相当大的变数；如此，广告到达率与接触率的衡量对广告效果的评估便必然存有误差。而数字媒体所提供的传受互动性，不仅可以让消费者对广告产生反应，而且能将这种反应立即转化为现实的影响，大大降低了广告过程与消费过程之间的不确定性。同时，数字广告的互动性将在传播者一方留下记录，成为广告主潜在顾客管理的数据，这无疑极大地降低了广告效果测量的不可确定因素，也将从根本上改变以往人们对广告效果的看法。

（五）广告核心由创意到策划

广告界至今盛行"创意至上"，人们一想到广告，就只想到广告作品、想到广告作品的核心——创意。就连国际上各项著名广告节的评委们也往往忽略广告的实际促销力而单纯地强调广告创意水平。但在数字传播技术环境中，广告与其相应营销系统融合为一，人们很难将单纯的广告宣

---

① 〔美〕托马斯·鲍德温、史蒂文森·麦克沃依、查尔斯·斯坦菲尔德：《大汇流：整合媒介信息与传播》，官希明等译，华夏出版社，2000，第 197~199 页。
② IAB：《美国网络广告收入报告》，2005 年 4 月，美国互动广告局，http：//www.iab.net。
③ 《2005 年线上广告市场复苏　Google 营收排第一》，《现代广告》2005 年第 6 期。

传、产品体验、电子商务区分开来，即我们前面所指出的传统的广告形式趋于消融。如此，"创意至上"必将让位于"策划至上"。策划，是对整合营销传播的系统谋划。整合营销传播思想认为，企业营销是一个系统工程，广告只是这个大系统中的一个子系统，忽视营销的系统性，把广告这个单一元素看作营销的唯一手段，有可能给企业带来灾难。[①] 整合营销传播思想从横向方面强调各类媒体的优化组合，从纵向方面强调广告与其他促销、公关、CI、包装等的"整合"，以统一的声音向消费者传播信息。而趋于融合的数字媒体正对应整合营销传播思想，因为数字媒体从技术上实现了广告环节与其他营销环节的整合，实现了电视、通信与网络以及其他媒体的融合，使整合营销传播在数字传播环境中真正得以实现。整合营销传播思想强调的"整合"思想，决定了数字媒体传播的广告核心扩大化，即由传统广告的"强调创意"转为强调"整体策划"。对此，我国的广告专家也已经敏感性地认为："我国的策划人员是从创意转过来的。虽然他们的思维跳跃，但是缺乏系统的整合营销的理念。策划更重要的不是一种创意，而是要把多种要素有机地、科学地、艺术地整合在一起。"[②] 如此，科学预见性地把握数字传播技术环境下的广告变迁，为实现整合营销传播效果的最大化，广告人自身的核心素质由创意能力拓展为策划能力，已然成为时代的必然选择。

（原载《新闻大学》2007年第1期）

① 夏晓鸣：《用系统观探讨广告与营销》，《系统辩证学学报》2000年第3期。
② 乔均：《中国广告策划批判》，《中国广告》2004年第10期。

碎片化趋势与"广告载具"的微观承接

　　"碎片化"（fragmentation）在 20 世纪 80 年代由后现代主义研究者提出的，指的是后现代文化视野中真实的实在转化为各种影像；时间碎化为一系列永恒的当下片段。① 至 90 年代，"碎片化"之说延展到社会学、广告学，如美国传播学者约瑟夫·塔洛就在其 1997 年出版的著作中写道："一种共识就很快取得影响，即因为美国社会比以往任何时候都更为支离破碎，广告主需要各种视听形态以吸引比以往更狭窄和更确定的受众。"② 近年，我国社会学学者李强、广告学学者黄升民等撰文指出，"碎片化"已经成为一个社会学、消费行为学、传播学界的热门概念，指的是社会阶层的多元裂化，并导致消费者细分、媒介小众化。③ 面对这种碎片化趋势，我们无疑需要进行相应的理论建构，本文所提出的"广告载具"，则是对碎片化微观承接的一个对应概念，对广告营销、媒体经营均具有实践指导意义。

---

① 〔英〕迈克·费瑟斯通：《消费文化与后现代主义》，刘精明译，译林出版社，2005，第 7 页。
② 〔美〕约瑟夫·塔洛：《分割美国：广告与新媒体世界》，洪兵译，华夏出版社，2003，第 33 页。
③ 黄升民、杨雪睿：《碎片化背景下消费行为的新变化与发展趋势》，《广告研究》（理论版）2006 年第 2 期。

一 "碎片化"的显性表现

(一)社会阶层碎片化

社会经济的发展为人们的消费及生活方式选择提供了多样化的可能，并推进了社会转型。中国社会科学院社会学研究所于 2004 年提交的《当代中国社会阶层研究报告》中，就指出了当代中国存在十个社会阶层，即国家与社会管理者阶层、经理人员阶层、私营企业主阶层、专业技术人员阶层、办事人员阶层、个体工商户阶层、商业服务业员工阶层、产业工人阶层、农业劳动者阶层和城乡无业失业半失业者阶层。值得注意的是，被各发达国家视为消费中坚的中产阶层，在我国由于低附加值性的产业过于庞大，其增长一直比较缓慢，目前仅占总人口的 15%—17%，与发达国家的 60%以上的比例相差甚远。即便如此，学界在对我国中产阶层细化分析后也指出了其碎片化趋势，如社会学家李强就认为："中国中产阶层不是一个统一的群体，而是分成了不同的利益群体。其实，中国不仅是中产阶层，社会其他阶层也出现了利益分割甚至利益碎片化的趋势。"① 也就是说，由利益群体构成的各社会阶层，又在不同的分化坐标上相互交叉，又被裂化为更多的小群体，即碎片化。这种社会阶层的碎片化，在我国表现尤为明显。因为曾经整齐划一的计划经济下的中国社会，在市场经济的力量下被迅速解构，即整个社会迅速碎片化。不同地域、不同职业的群体在不同的经济力量下消解成一个个碎片状态。

(二)消费需求碎片化

随着社会阶层的碎片化，曾经消费行为有着惊人一致性的中国消费者，自然也被不同的经济力量消解成"碎片"，即消费者"碎片化"。以消费者所属阶层碎片化为基础，由于人们的观念、个性的差异，在同一细分阶层中也会因为态度观念、生活方式而导致社会形态的差异。中国传媒

---

① 李强：《当前我国社会分层结构变化的新趋势》，《江苏社会科学》2004 年第 6 期。

大学广告学院 IMI 市场信息研究所，从 1995 年开始对中国城市居民的消费行为与生活形态进行调查，其数据跟踪研究表明，中国城市消费正处于一个"裂变"的过程，发达国家所经历的"集中—分化—断裂"的数十年漫长过程，浓缩在中国就是短短十年。其中物质消费形态的裂变则主要体现在消费者的品牌消费上，如消费者的"品牌形象"因素相比产品功能开始降低、消费者的"理想品牌"与"实际购买品牌"差别开始拉大等。①

消费者生活形态细化，更显性的体现是其消费行为态度的变化，如崇尚物质、注重享受生活、注重个人偏好和自我个性的展现、求新求变、注重购物环境的舒适度等。由此，美国学者里斯指出："个人在每一方面的需要，往往被弄得支离破碎，成为日益增多的更小的组成体……这样一来，如果有人想要将这些碎片整合起来，组成一个连贯的、关于需要的集合体，或是形成一个有机的人格机构，都将会越来越困难。"② 而传播学学者苏特·杰哈利则说道："堆积如山的商品，是分别为一些假相中的特定目的而生产的，也就很可能将每个人的需要分成碎片，接着他（她）的人格也被分成碎片，致使他（她）需要很努力地将这些碎片维持在一个整体的层面上。"③ 显然，大众消费者的消费需求，在其生活形态被经济力量细分后，形成了一个个消费"碎片"，品牌主开始注意到每一细分的个性化族群的特征，以及每个单一消费者的个性和心理需求，并开发出数据库营销、体验营销、互动营销、差异化营销等新的营销形式，也催生了定位、目标受众、定制式生产等流行营销概念。

（三）媒体接触碎片化

我国传播学学者喻国明曾指出："'碎片化'是描述当前中国社会传播语境的一个形象性说法。'碎片化'是一个社会由传统向现代过渡

---

① 黄升民、杨雪睿：《碎片化背景下消费行为的新变化与发展趋势》，《广告研究》（理论版）2006 年第 2 期。

② Leiss, "The Limits to Satisfaction, Marion Boyars," *London* (1976): 28.

③ 〔美〕苏特·杰哈利：《广告符码》，马姗姗译，中国人民大学出版社，2004，第 24 页。

时期的基本特征，表现在传播领域则是：一方面传统媒介市场份额收缩，话语权威和传播效能不断降低；另一方面则是新兴媒介的勃兴，传播通路的激增，海量信息的堆积以及表达意见的多元。这便是现阶段传播力量构建所面对的社会语境。"① 在这种语境中，最典型的体现则是受众接触媒体的时间、习惯、对象，已全然不同于以往一套央视、一张晚报、一个电台的接触传统，而是被各种媒体分割得支离破碎。以一个普通上班族的全天生活为例：早上手机闹钟响起，醒来后，可能是定制的新闻或天气信息立马响起；洗刷时，电视台又带来了新闻集萃或天天读报；而上班的路上，捎上的晨报、车载电视、交通电台以及路牌灯箱又会带来诸多信息；在办公楼的电梯内外，则会接触楼宇电视与电梯看板信息；而在办公室，专业报刊、专业网站等信息又会扑面而来；晚上，则可能在电视前进行 200 次以上的频繁调台，或可能在电脑前穿梭于数十个网站、浏览数百个页面。

统计数字也表明，近几年报纸、杂志、广播、电视等大众媒体依然占据着主流媒体的位次，网络、手机短信、户外电视等媒体形态则越来越普及，甚至成为人们日常生活的组成部分。中国互联网络信息中心《第十八次中国互联网络发展状况统计报告》表明，截至 2006 年 6 月 30 日，我国网民人数达到了 1.23 亿，其中宽带上网网民人数为 7700 万。对互联网的使用也越来越频繁，我国网民平均每周上网 16.5 小时，达到了新的历史高度，这一数据已经超过了许多互联网发达国家和地区的网民平均上网时长。② 而到 2006 年 3 月，我国的手机用户已达 4.1 亿，手机报成为各地报业集团推出的新媒体。③ 此外，"分众传媒"这一国内最大的楼宇视频媒体运营商则于 2006 年 7 月开始，将其遍布全国 75 个城市的数万栋商务楼宇的广告刊例价，比年初 1 月平均上涨了 10%以上。这也说明楼宇视频媒体的受众接触率得到了提高，加入了媒体接触碎片化的进程。

---

① 喻国明：《"碎片化"语境下传播力量的构建》，《新闻与传播》2006 年第 4 期。
② 中国互联网络信息中心（CNNIC）：《第十八次中国互联网络发展状况统计报告》，中国网信网，http://www.cnnic.com.cn/html/Dir/2006/07/19/3994.htm。
③ 李建国：《新媒体的崛起与报业应对之策》，《中国报业》2006 年第 7 期。

二 "碎片化"指向与"广告载具"的微观承接

在广告界，如何让广告信息均指向特定的受众乃是最基本的追求。美国广告学者雪莉·贝尔吉就曾经说道："广告商根据受众需求使他们的讯息针对某一个受众群……让每一个主顾的产品与一个十分确定的受众群相匹配，这样一来，每一美元的广告费都不白花。"① 这里，所强调的是广告信息需要对特定的受众群，亦为消费者群体进行匹配，其间的匹配中介即相应的媒体。当社会阶层的碎片化催生了消费需求的碎片化时，"消费者和品牌的'碎片化'使得大众传媒也呈现'碎片化'的发展趋势"②。那么，在这一"碎片化"大潮中，广告经营将以什么产品来对一个个碎片进行微观承接？"碎片化"将止于何处或所指向的基本元素是什么？在产品广告信息与碎片化消费者之间相匹配的媒体是什么？显然，就成了广告界必须回答的问题。

还是在 20 世纪 90 年代，营销学之父菲利普·科特勒就曾指出："市场细分导致了媒体细分——那些能更好地适应今天的目标化战略的更集中的媒介大量增加。总之，各个公司都在逐步减少广泛宣传，而更多地利用狭窄宣传来进入市场。它们运用日益繁多的集中宣传工具，努力打入各种不同的目标市场。""在不久的将来，现在以广告作支持的大众媒体将会被联机服务和双向电视等一对一的、交互式营销媒介所代替。"③ 也就是说，科特勒已经敏感地预测到将出现一种具有"狭窄宣传"功能的媒介工具，这种媒介显然已不宜使用内涵宽泛的"媒介"或"媒体"，需要对它们有一个严格、细分后的限定。

我们知道，随着小众传播时代的到来，以及媒体广告的精细化经营，媒体所销售的"媒体碎片"不仅以某一种具体的传播工具为单位，甚至

---

① 〔美〕雪莉·贝尔吉：《媒介与冲击》，赵敬松主译，东北财经大学出版社，2000，第267~268页。

② 黄升民、杨雪睿：《碎片化背景下消费行为的新变化与发展趋势》，《广告研究》（理论版）2006年第2期。

③ 〔美〕菲利普·科特勒：《市场营销导论》，俞利军译，华夏出版社，2001，第379页。

以某种具体传播工具中的特定空间或时段为单位。如央视的广告业务规定中表述道:"各段广告,指定正一和倒一加收 20%,正二和倒二加收 16%,正三和倒三加收 12%,正四和倒四加收 8%,正五和倒五加收 5%,正六和倒六加收 4%,正七和倒七加收 3%,正八和倒八加收 2%,正九和倒九加收 1%。"① 也就是说,即使同一时段的广告,也因时间排序的不同而有不同的价位,这使得每一个广告时间产品均是独一无二的。以"精品栏目"这一独立的电视传播工具为例,它的片前、片中和片尾所插播的不同广告会因广告时段的不同而具有不同的传播效果。因此广告投放者在选择媒介时,不仅要对具体媒介进行确认,也要进一步对具体载体的广告单位进行确认,也就是不仅要选择在哪一个媒体上投放广告,还要进一步选择在该媒介的什么位置上做广告,也就是确认广告单位。

如此,我们主张在媒介接触"碎片化"背景下,对"碎片化"进行微观承接的媒介产品也相应地"一碎到底",而将具体的、已经"碎到底"的媒介产品称之为广告"载具"。如此,西瑟斯所提出的"指媒体中的某一种传播工具"的"媒体载具"(vehicle)②,就将改造为具体刊载广告作品的传播工具,往往是单一媒体中特定的空间与时段,也可能是在具体环境中新开发出来的广告传播工具。这里的具体传播工具和以往提到的广告媒体并没有质的区别,不同之处在于它被媒体经营者依照一定的标准进行了进一步的分割,而成为相对独立和更具针对性的"碎片",例如某份报纸的报眼位置的广告载具、某个电视栏目的片前倒一时段的广告载具。它也可能是在具体的环境中新开发出来的广告传播工具,例如一些影视节目中的嵌入性情节、网络游戏中的植入性环境、博客联盟中的广告位置、搜索关键词排序、超市手推车挂牌等。

"广告载具"之所以成为碎片化微观承接的基本元素,还在于它所具有的三个特性。③

---

① CCTV:《2005 中央电视台广告业务规定》,央视网,http://www.cctv.com/advertisement/ggjg/。

② 〔美〕杰克·Z. 西瑟斯等:《广告媒体企划》,贾丽军主译,企业管理出版社,2000,第9页。

③ 舒咏平、张蔚:《媒体投放新思维:载具导向》,《现代广告》2006 年第 6 期。

（一）不可再分性

相对于既有的关于越来越趋向于精细化的广告媒体，其共通之处是对所有的广告载体进行了划分，而不同之处就在于划分的标准精细到了不可再分，一定意义上乃是广告媒体最小的"碎片"，从而使广告主对广告载具这一"碎片"的选择更具灵活性和操作性。不可再分性也决定了某一广告载具所具有的媒体特征具有唯一性，能够明显地与其他广告载具进行区分和比较，这些都为单一媒体或跨媒体广告投放中的多个广告载具组合提供了最基本的支持。

（二）具体指向性

衡量载具的具体指向性强弱，主要是看它是否具有目标明确、直指目标消费群、实施意图明确、广告到达率高的特征。对于具体进行广告媒体投放的业界人士来说，"一旦媒介策划人员给出了目标消费群的定义，随之就是广告时段和广告版面的受众要与目标市场消费群相匹配，就是说要把广告费用放在目标市场的定义相吻合的媒体上面。吻合得越好，广告支出的浪费就越少"。[①] 这里强调的就是"相匹配""相吻合"，即具体指向性。而广告载具的具体指向性主要体现在它是媒介最小化的碎片，并对应媒体接触特定碎片化的受众，如不同频道不同栏目的不同广告时段、不同报纸不同版面的不同广告位置、不同线路公交车上的车载电视、不同网站不同页面不同栏目的广告按钮，其各自的受众指向均到了不可再分的"具体"。更需进行分析的是，越来越多的广告主削减了硬广告的投入，转向专项终端建设；而细察碎片化趋势下的终端，我们可以发现，以专卖店形象展现的终端其本身就是一个最具指向性的广告载具，而包含店头、专柜、POP 等宣传形式的立体性终端则可言是载具的聚合体；但终端最大的特性则是以"专"店、"专"柜、"专"门产品吸引消费者，其指向性非常明确。

---

① 〔美〕阿诺德·M. 巴尔班、斯蒂芬·M. 克里斯托尔、弗兰克·J. 科派克：《国际 4A 广告公司媒介计划精要》，朱海松译，广东经济出版社，2005，第 27~28 页。

（三）自由选择性

广告主能够依据自己的需要对承载广告信息的载具进行自由而有效的选择，由于广告载具更加细分化，选择的范围也就更加广泛，但精确度却比以前更高了。经过精细划分后的广告载具，使呈现在广告主面前的"媒体碎片"更加丰富，精确度反而提高。其原因就在于：广告载具不是从媒体的"类"出发，而是从媒体单位的"个别"出发，该个别的媒体单位本身是具有特定的质和量的价值的，如此，各个载具除了烙上原有所属类别媒体的印记之外，还被贴上了标有各自属性的唯一性标签。这样广告主在挑选自己所需要的商品——广告载具时，因为商品丰富性和关于商品信息介绍的全面性而能够更加自由地选择，以满足自身广告投放的需要。

三 "广告载具"承接"碎片化"的广告传播学意义

我们之所以提出作为广告媒介最小碎片的"广告载具"概念，无疑从直观上对应了"碎片化"的趋势，是对消费需求及媒介接触"碎片化"的一个微观承接；但做理性的分析，则显示了如下两个方面的广告传播学上的意义。

（一）使整合传播具有了基本元素

我们知道，对传媒、广告、营销来说，永远不可能将自身价值立足于单细胞的个体消费者之上。理解和重视消费者碎片化趋势，我们真正要做的还是如何将这些碎片重新归聚起来，先细分，再归聚，以最小的传播代价获取精准传播的最大化效果。这里的将"碎片""归聚"起来固然是不错的，因为对传媒、营销及广告来说，永远不可能将自身价值立足在一个单细胞的个体消费者上；而是需要从混沌模糊的庞大社会消费者总群中，分出清晰的具有个性特征的小族群来，然后再将有着同一生活特质与消费特征的众多个体，通过某种介质聚合到一起。问题是，消费者碎片本身是无法归聚的，他们的任何聚合总是需要中介性的媒体，这个媒体的微观化的元素即广告载具。如果说 20 世纪 90 年代以来，整合传播的观念一直非常受重视，那么顺应碎片化趋势而提出的广告载具概念，恰是整合传播理论的一个延伸与丰富。整合营销传播理论的提出者唐·E. 舒尔茨写道："现在的市场由于资讯超载、媒体繁多而干扰大增。然而，目前最重要的事，反而是决定如何及何时与消费者接触，同时接触的方式也决定了要和消费者沟通什么主题。我们无意轻视创意在整合营销传播中的价值，此处我们只是要表明'讯息的送达'和'讯息的内容'分量相等，甚至更为重要。"[1] 那么，整合营销传播理论强调"讯息的送达"、何时并如何与消费者接触，"广告载具"就恰好是这么一个精准送达、具体接触消费者的微观媒体，使整合传播具有了基本元素。

2006 年初，和讯网推出了"博客广告联盟"计划，即把若干个博客捆绑起来"拉广告"，自己则成为不折不扣的"批发商"，目前已经有近 200 名博客加入了这个广告联盟，而作为大客户的"瑞星"已经投入了 60 万元广告费。[2] 从这一媒体广告经营事例，我们可以发现，一个个自我个性非常强的博客，其可以刊载广告的位置，无疑是我们所称的广告载具，而博客广告联盟所要做的工作，显然就是载具的整合，从而集腋成裘、聚沙成塔，使广告传播产生了整合效应。

而深受国人关注的"超女"现象，其给予我们的启迪则为：消费者"碎片化"可以消解巨大的主题性叙事、超主流媒体的大众传播效果；但反过来，宏大的主题性叙事也可能把"碎片化"的消费者暂时地聚集在一起。一个超女的"粉丝"，有可能涵盖多个细分的"碎片化"消费者，从农民到白领、从小学生到退休老人等，但节目中同样整合了诸多的广告载具，为"蒙牛""喜之郎"等品牌获得广告的整合传播效应。

（二）使广告传播更具消费者导向性

碎片化是社会分化的结果，而"社会分化如果是简单的两极分化，那当然是不好的，但如果分化是利益的'碎片化'，人们的利益是多元的，那样，反而不容易发生重大的利益冲突"。"最近的变化表明，社会

---

① 〔美〕唐·E. 舒尔茨等：《整合行销传播》，吴怡国等译，中国物价出版社，2002，第 80 页。
② 李洋：《小众冲击波》，《互联网周刊》2006 年第 6 期。

阶层、社会群体利益分化和多元化更为明显了。其基本趋势是从过去的巨型、整体群体,分化为多元利益群体。""从社会学角度看,阶层利益的碎片化、社会利益的碎片化减少了社会震动,有利于社会稳定。"① 也就是说,"碎片化"的认识给我们的最大的启迪是促使我们从"社会群体碎片"出发,以更具体清晰地认识其利益需求、群体特点,并更好地通过向一个个"碎片"服务而实现更好地为民众服务的目标。

服务"社会群体碎片"体现到消费上,就是为"消费者碎片"服务。在市场细分及消费者需求碎片化的背景下,企业的营销已经进入客户数据管理、个性定制等完全从消费者出发的层面。如唐·E.舒尔茨就曾指出,消费者"资料库的内容至少应包括人口统计资料、心理统计资料和以往购买的记录。此外,消费者态度的资讯,如消费者的产品类别网络及消费者对他们所使用产品的联想等资讯,对一个扎实的整合营销传播计划也是非常重要的"。② 这里,整合营销传播理论强调的是从消费者碎片角度出发,以碎片化的消费者为导向。而广告传播作为营销的延伸,之所以提出具有明确指向的"广告载具"概念,就在于通过这些媒体碎片对应、承接消费者碎片,在信息送达的碎片性服务中实现为目标消费者群体服务的目标。在一些学者眼中,这种以广告载具对消费者碎片的微观承接,被形象地称为"追踪性的点射"或"给你真正最好的顾客戴上金手铐"③。

喻国明曾从受众与消费者结合的角度指出:"受众的分化形成了许许多多受传者群落的'碎片',传播致效的一个基本前提,就是必须开始特别重视每一细分的个性化族群的特征,以及每一位单一消费者的个性和心理需求。一个深刻地把握了这一阶段性特征的传播者,必然会看到这样一种碎片化之下的真正社会涵义,这就是在'分众'的背后新的'聚众'的需求。"④ 而广告学者丁邦清也认为:在媒介接触碎片化趋势下,媒介

---

① 李强:《当前我国社会分层结构变化的新趋势》,《江苏社会科学》2004年第6期。
② 〔美〕唐·E.舒尔茨等:《整合行销传播》,吴怡国等译,中国物价出版社,2002,第77~78页。
③ 〔美〕约瑟夫·塔洛:《分割美国:广告与新媒体世界》,洪兵译,华夏出版社,2003,第164、109页。
④ 喻国明:《"碎片化"语境下传播力量的构建》,《新闻与传播》2006年第4期。

的广告经营应"从游说企业到服务企业转变，不再是一张媒介广告价格表包打天下，而是为企业提供个性化服务，针对顾客、市场、产品、品牌甚至活动，不仅是有效传播，而是有助于销售效果的媒介方案，解决之道"。① 而广告的个性化服务、媒介广告价格表之下的个性化服务，其落脚点，即从消费者碎片出发的"广告载具"。

实际上，目前的广告经营服务，虽然没有明确提出"广告载具"说，但各个广告经营者已经在按"广告载具"进行操作。如前面所提到的央视广告的刊例，每一广告时段中每一广告的位次又是相异的，实际上其广告产品性价比的差异，完全透视出了央视广告经营是按不可再分的广告载具进行个性化的售卖的。我们再来看一个对北京移动电视公交车车载移动电视的调研，其结果以翔实的数据显示了受众乘车习惯和态度、主要乘客年龄、性别特征、教育程度、职业特征、经济特征、每周乘坐带有车载移动电视公交车的次数、车内停留时间、每次乘坐公交车时收看车载电视的时间、乘车目的（工作日—周末）、重点路段乘客、经常乘坐的公交车、经过的路段、平均家庭月收入、消费潜力等；其中对一个工作日的调查中，早6：30—8：30和下午4：30—7：00是非常明显的乘车高峰期，其中每个时间段的乘客人数超过10万。除了早6：30—7：30和下午5：00—6：00外，其他时段的移动电视覆盖比例达到乘车群体的100%。② 这一研究数据的意义很显然，就在于从消费者角度为车载移动电视的广告产品——"广告载具"的切分、单售提供依据。而"新浪"所推出的搜索结果固定排名广告产品，其规定：所出现的位置为新浪搜索引擎关键词搜索结果页或指定目录页面的第一名至第五名，所具有的优势是该位置为该类型广告在搜索结果页中的最佳，能最先抓住用户的注意力，该类型广告的点击率名列前茅；其广告价格则在每月600—9000元。我们需注意的是其价格区间甚大，这就为进一步以消费者点击率为依据的"广告载具"切分提供了可伸展腾挪的空间。

---

① 丁邦清：《有细才有戏：媒介多元化与分众化的思考》，《广告大观》（综合版）2006年第4期。
② 北广传媒：《北京移动电视公交车车载移动电视调研研究结果》，中国媒体广告刊例网，http://www.mtklw.com.cn/bamc/zs2.htm。

　　以消费者为导向，从来都是广告主、广告经营者最乐意遵循的传播准则，但在大众传播时代，由于供需双方的信息遇合媒体过于粗放，这一准则的执行总难到位。而对碎片化消费者进行微观承接、对应性服务的 "广告载具" 的提出，则有效地捕捉到了分散、趋于离散状态的消费者，提供了精细化操作的基本载体，从而使广告传播以消费者为导向的理念得到了有效执行。

（原载《现代传播》2007 年第 2 期）

搜索平台上的广告信息呈现

一　搜索平台：信息供需的第一端口

在新媒体环境下，广告的一切都改变了，最典型的就是受众接受广告信息行为的改变。学者黄振家指出：消费者拒绝传统广告，却可以在新媒体环境中选择想观看的广告类型、品牌信息。[①] 这也正是丁俊杰所指出的"消费者不再相信单一的信息来源，他们需要不断地'搜索'、'分享'和'比较'，从而获取自己更需要和更满意的信息。这就又提出一个命题：在信息泛滥的今天，怎样才能吸引消费者主动出击去搜索并分享广告信息？我们的回答是'广告传播平台化'，以网络技术和数据库技术为内核，将原来对于消费者的'轰炸式'的传播方法衍化为'尊重本体需求下的吸引'模式"。[②] 简言之，即"搜索满足"广告传播模式脱颖而出。所谓"搜索满足"广告模式，即视受众为主动的，消费者受众出于消费信息的需要，不再只是被动的，且主要依凭无意识接受来获得广告信息，而是主动进行搜索，且在搜索中不断比较、求证广告信息，以满足消费决策最基本信息的需求。[③]

显然，作为信息聚合平台的搜索引擎，在"搜索满足"的广告模式

---

① 黄振家：《广告产业的未来》，《广告大观》（理论版）2008 年第 3 期。
② 丁俊杰：《2008 年，中国广告业的动力与动向》，《山西大学学报》（哲学社会科学版）2008 年第 3 期。
③ 舒咏平：《"信息邂逅"与"搜索满足"——广告传播模式的嬗变与实践自觉》，《新闻大学》2011 年第 2 期。

中，既是消费者搜索的第一入口，同时也是企业进行品牌传播的重要平台与端口。搜索引擎作为信息聚合器，在满足网民获取信息需求的同时也聚合了搜索背后的消费需求，为广大商家实现精准营销提供了更广阔的平台。搜索平台凭借其强大的搜索聚合功能，将搜索用户所需的品牌相关信息精准地展现在消费者面前，改变了以往品牌信息传播无的放矢的状况。搜索平台这一强大的功能满足了广大商家精准传播的需求，同时，又凭借其成本低、传播形式多样、传播效果可测量、性价比较高的传播优势，受到广大广告商的欢迎，甚至成为各大企业进行品牌传播的首要选择，在众多企业的营销费用中占据重要地位。对于更加注重品牌形象建设与维护的大型企业来说，搜索引擎营销平台更成为其进行品牌推广的最佳选择。

搜索引擎市场的不断发展，也推动了我国搜索引擎行业的成熟。在我国，以百度为代表的搜索引擎运营商已经获得了长足的发展，无论是在搜索技术方面，还是在广告运营策略、收费策略等方面，都已经形成了一套完整的体系。2013 年，我国搜索引擎运营商市场规模为 393.6 亿元，较 2012 年增长 36.7%。[1] 搜索引擎营销具有门槛低、收费低、能够实现精准营销等特点，已经被各大企业广泛应用。目前使用最为广泛的是竞价排名与搜索引擎优化：竞价排名，是指企业购买收费的搜索引擎广告，以保证用户在进行信息检索时，能够优先看到企业所发布的信息；搜索引擎优化则是指企业利用技术手段，对企业网站进行优化，使搜索引擎在信息抓取的过程中，能够更容易获取网页信息，优质的网站也能获得较高评分，进而获得较高的搜索排名。自 1994 年雅虎等分类目录型搜索引擎诞生后，搜索引擎营销已经获得飞速发展。2004 年搜索引擎营销开始获得各大企业的广泛认可，成为企业进行品牌推广的重要手段之一，时至今日，已经成为占据互联网广告主导地位的传播方式。市场分析机构 i-Crossing 所进行的一项调查数据显示：至 2012 年，美国企业投入搜索引擎营销的费用已是 2007 年的 315%[2]，搜索引擎营销在美国得到飞速发展，受到企业青睐。在我国，

---

① 数据来源易观智库，《2013 年第 4 季度中国搜索引擎市场季度监测》，2014 年 1 月。
② 数据引自《百度搜索营销更利品牌渗透》，http://www.sem8848.com.cn/baidu/20090805131.html。

搜索引擎市场规模也在不断扩大，成为互联网广告中最受欢迎的广告平台。易观智库 EnfoDesk 产业数据库发布的《2013 年第 4 季度中国互联网广告市场季度监测》数据显示，2013 年第 4 季度我国互联网广告运营商市场规模为 300.7 亿元，较 2012 年第 4 季度增长 42.8%。其中，百度占 31.4%，阿里巴巴占 17.5%，谷歌中国占 5.7%，占据市场前三位置。而与传统的广告媒体相比，2013 年百度的广告收入已经超过多年占据中国广告收入榜首的 CCTV。可见，搜索引擎平台已成为广告主的最佳选择。

二 广告主信息的搜索平台呈现

既然搜索平台对于消费者、广告主均如此重要，那么广告主是如何将自身的信息在搜索平台呈现的呢？为此我们进行了实证性的研究。本研究选取我国国内最具代表性的百度搜索平台为研究对象。百度搜索引擎是全球最大的中文搜索引擎，也是我国国内搜索引擎市场最具影响力的搜索平台。百度自 2000 年创立以来，一直不断开发新的产品，形成了一条相对完整的产品链，百度百科、百度知道、百度音乐等更是成为大众所熟知的搜索产品，而 2008 年凤巢系统的推出，更是为企业进行精准营销提供了更加完善的服务。对于广告主的选择，我们首先从国内 500 强企业中随机抽取 35 家企业，在世界 500 强企业中随机抽取 5 家外资企业作为参照；随后，又分别对这 40 家企业进行编号，并进行等距抽样；最终选取保利地产、蒙牛乳业、方正集团、上海家化、宝洁五家企业作为样本。选定五家企业后，以企业名称为关键词在百度搜索引擎进行搜索，选取搜索结果页面的前 10 页作为研究样本，对其进行具体内容分析。基于我们对于新媒体广告更多体现为品牌传播概念的认识，广告信息内容主要为：品牌内容传播来源分析、品牌传播内容及形式分析、品牌内容传播互动性分析。其内容分析的结果主要为以下几个方面。

1. 品牌内容传播来源丰富了搜索用户的需求

品牌内容传播来源直接显示了品牌主对品牌传播的控制力度，同时，也能够帮助企业了解品牌信息的主要来源，从而对如何组织品牌系统的传播，如何调整或利用其他主体辅助进行品牌传播，如何有效应对多来源的品牌传播有非常重要的意义。

统计结果显示，在基于搜索平台的品牌传播中，垂直网站已经超越品牌主主导的信息来源，占69%，成为传播品牌信息的重要来源；其次，品牌主主导的品牌信息来源占25%；干扰性信息来源则占6%。而在品牌主主导的品牌信息来源中，官方网站（其中包括一些子公司官方网站）仍是企业借助搜索平台进行传播的主体，占48%，其中宝洁、蒙牛乳业、方正集团都在官方网站上用官网字样进行标注，增加了其醒目度与可信度。同时，作为基于搜索平台的品牌传播，各家企业均非常注重对于搜索平台的迎合性，普遍使用搜索平台进行品牌传播内容的组织与传播，其中百度百科作为综合性品牌传播工具、百度知道作为互动性传播工具，更是受到各大企业的青睐，这类信息来源占37%。品牌主的官方微博作为辅助性传播渠道，也为各家企业所采用，其占比为15%。在垂直网站传播来源方面，占50%的新闻网站无疑是最重要的品牌信息来源，在垂直网站品牌信息传播中占据主导地位；招聘类网站、证券网站则凭借其功能性以及品牌传播内容的综合性，成为垂直网站中品牌信息来源的第二大渠道，分别占15%；销售网站、互动网站分别占7%、5%，在品牌信息来源中也占据一席之地；其他则为8%。这种多来源的品牌信息，使作为搜索用户的消费者得以将所搜索获得的信息进行参照求证，以引导其消费决策。

2. 搜索平台上的品牌传播内容挑战广告主品牌管理能力

点击搜索结果并进行内容的阅读，是网民进行搜索的最终目的。因而，在搜索平台所展现的内容，很大程度上影响了网民对品牌的第一观感，也关乎网民获取有效信息的效率，因此对于搜索平台所展现的品牌传播内容进行分析，进而帮助企业了解搜索平台所主要展现的信息内容，对帮助企业进行自身内容传播的组织、管理是非常重要的。

统计结果显示，在基于搜索平台品牌传播的内容中，综合信息占比最高，占33%，综合信息多集中涵盖了企业品牌的有形与无形资产要素，内容含金量较高，对企业品牌形象塑造多起到正效应。其次，则是股票信息和新闻信息，占比分别为22%、21%。股票信息多由专业财经机构进行发布，分析股市行情，这类信息多是对企业市场情况、营收情况、重大人事调整等信息进行公布及预测，多为中立性信息，对品牌建立的影响度相对较弱，多是为满足股民的搜索需求所进行的信息发布。新闻信息则是由专业的新闻垂直网站进行发布，这类信息的内容多且较为复杂，既有企业所发布的公关信息，又有新闻网站自发策划撰写的新闻稿件，既有对企业正面的评价，又有对企业负面的评价。信息类型的类目是招聘信息、销售信息、人物信息，其占比分别为10%、6%、6%。这些信息多是针对特定人群，比如有求职需求的人、有购买需求的人、对企业领导人有较大关注的人等，这类信息虽然受众面相对较窄，但其针对性更强，因而在其中传播的品牌内容更容易获得网民持久的注意力，是传播品牌信息、塑造品牌形象的重要方式。

具体到各企业品牌传播内容类型来看，各企业品牌传播中各类内容所占比重各不相同。比如，上海家化所传播的综合信息类型只有15条，远远少于其他企业，而其传递的股票型信息却高达55条，又远超其他企业。这其实是对搜索平台资源的浪费，对于拥有众多子品牌的上海家化来说，子品牌的知名度已经远远高于母品牌，然而只有实现子母品牌的共赢才能为企业的发展带来更多的机遇，因而应该更加注重品牌综合信息的传递。而与之属于相同类型的宝洁公司，其搜索平台信息类型布局相对更为合理，销售信息多达15条，这对于产品的销售、品牌的推广都具有较高的价值。不足之处则是其不注重对干扰信息的管理，导致大量的干扰信息占据了传播平台，浪费了传播资源（见表1）。

表1 五家企业品牌传播内容分类

单位：条

企业 \ 内容	综合信息	股票信息	新闻信息	销售信息	人物信息	招聘信息	干扰信息
保利地产	29	39	16	7	2	7	4
蒙牛乳业	47	10	30	4	3	7	4
上海家化	15	55	24	4	0	4	2
方正集团	47	4	17	2	3	27	2
宝洁	31	4	22	15	3	9	17

通过上述对品牌传播内容的类型研究，还可发现，综合信息、股票信息、销售信息、人物信息、招聘信息这五类信息所传递的信息内容较为客观中立，或者可以优化、美化企业形象，而且各大企业的内容相似性非常高，这对于品牌的塑造能够起到积极作用。然而，与这些类型信息不同，新闻信息则是复杂多样的，既有美化企业形象的宣传信息，又有对企业的抨击，再加上新闻信息对舆论的引导程度很强，网络传播又有节点裂变的特点，因而传播速度非常快，传播影响力也非常大。新闻信息报道就像双刃剑，一方面非常容易帮助企业进行推广，另一方面也非常容易使企业品牌受到负面影响，对品牌造成重大冲击。因此，新闻信息已经成为各大企业重点关注甚至是监控的内容。在此，本文也对新闻信息内容进行了定性研究。统计结果显示，在来自新闻信息的报道中，有52%的报道为对企业的正面报道，40%为负面报道，8%为中立报道，总体来看正面报道仍是新闻传播内容的主流。然而，在互联网时代，网民由于心态浮躁，对于负面报道的传播率、信任度往往大大超过正面报道。因而做好负面报道的应对和处理工作对于企业来说是品牌内容传播的重点。

而在对企业品牌的正面报道中，公关新闻起到了重要作用。五家企业57条正面新闻报道中，公关活动信息共计22条，在塑造企业美好品牌形象中起到了重要作用。其中，蒙牛乳业公关活动信息最多，在20条正面报道中有12条来自公关活动，比如"蒙牛公益、蒙牛邀请草原十佳母亲到厂参观、蒙牛向雅安震区捐助牛奶及1000万元现金、蒙牛工厂开放活动迎来低碳骑行团"等。而在对企业品牌的负面报道中，基于搜索平台的品牌传播负面内容报道呈现了一定的集中性，多是围绕公司发展问题以及公司产品问题的报道。在上海家化的16条负面报道中，其中关于集团内部斗争的报道有9条；在方正集团的8条负面报道中，其中7条是关于"方正集团到底由谁控制"的报道；在宝洁的7条负面报道中，其中有6条是关于"宝洁创新乏力，一哥地位动摇"的报道；在保利地产的4条负面报道中，关于保利房产产品问题的报道有3条；在蒙牛乳业的6条负面报道中，其中3条与蒙牛产品质量问题有关。

3. 搜索平台上的品牌传播形式应用尚有很大空间

搜索平台有极强的聚合能力，与品牌相关的各类信息都聚集在搜索平台上。如何才能够抓住网民的注意力，促使网民发生点击行为？这与品牌内容传播的形式密切相关。因而，我们对基于搜索平台的品牌内容传播形式进行了聚焦研究。在对品牌内容传播"形式"进行编码中，我们将其分为"文本与图片""纯文字链接""纯图片传播""视频传播"四种形式。

统计结果显示，在基于搜索平台的品牌传播形式中，文字链接更易被传播者接受，其次则是图文结合的传播形式，图片以及视频传播形式被使用的则较少。基于搜索平台的品牌传播，由于每个页面固定承载 10 条信息，简洁的文字链接更受传播者欢迎。图文并茂的传播形式虽然能够更好地抓取网民的注意力，但是由于搜索平台每页展示内容有限，因而对于图文并茂的传播形式不能设置过多，要合理运用。图片传播则因其传播内容单一，更多的是对品牌标识、品牌代言人图片的展示，并不能有效地满足网民的搜索诉求。而视频传播，虽然能够传达较多的品牌信息，且生动形象，在满足网民观感需求的同时，也能够满足受众的信息需求，但是其缓冲时间较久，制作成本较高，且占用网民时间较长，因而使用次数也相对较少。

在五家企业当中，宝洁的传播形式最为丰富，用了四种传播形式，而且对于图文传播运用得也最多，当然这与宝洁的企业性质密切相关。由于宝洁日化产品种类丰富，大量的图片使用能够让消费者获得更直接的观感，进而刺激其购买行为。这显然启迪我们的企业，在传播形式的运用上还有很大的进步空间（见表 2）。

表 2　五家企业品牌内容传播形式研究

形式 企业	图文 （条）	文字链接 （条）	图片 （张）	视频 （条）
保利地产	20	83	1	0
蒙牛乳业	25	78	0	2
方正集团	14	88	0	0
上海家化	10	93	1	0
宝洁	28	68	4	1

4. 搜索平台上的品牌传播内容互动性有待加强

社交媒体的出现，使网络品牌传播互动性特征越发明显，企业可以通过微博、博客、社区论坛等社交媒体，达成与消费者的双向互动。在充分掌握消费者动态与反馈的同时，组织品牌传播，使品牌传播达到更好的效果。基于搜索平台的品牌内容传播，一定量的信息也来源于互动网站，因为互动型媒体类型非常多样，传播内容也较多，因此在搜索引擎抓取信息时，被抓取的概率较高，非常容易出现在搜索平台上。因而，对搜索平台所展现的互动型媒体进行研究，帮助企业了解信息来源，有效应对互动型媒体中所产生的各类信息，并利用互动型媒体与网民达成互动，对于企业有非常重要的意义。

统计发现，在搜索平台中，出现的互动型媒体类型主要包括微博、百度知道、天涯论坛、猫扑、博客、开心网、人人网、客服电话、百度贴吧等九种形式。其中，以微博、百度知道、天涯论坛、博客等形式最为常见，这些是每个企业都需要进行关注的互动型信息来源。其中，微博、百度知道多由企业主导传播与互动，而天涯论坛、猫扑、博客、百度贴吧等类型互动媒体则多由个人主体发起传播行动，进而引发其他个体的关注与互动，此类互动型媒体较易形成群众性舆论，产生沉默的螺旋现象，最终产生主导性言论，因而对于此类互动型媒体，企业要多加关注。

在点击搜索平台展示的信息标题，进入着陆页进行阅读时，可以发现，目前我国企业在运用互动型媒体方面还有所欠缺，对互动型媒体的运营规律还没有充分掌握，对于互动型媒体的重要性也还缺乏应有的认识。以天涯论坛传播内容为例，2012 年 12 月 11 日，一位网名叫作"失足保利"的网民在天涯论坛中发表《黑心保利地产谁之过?》一文，对保利殴打业主的行径进行曝光，并配以图片。这一文章随后引发了 6747 的点击量，并得到了 136 条评论回复，全部为保利的负面信息，例如名为"保利暴力一家亲"的网友在论坛中强烈谴责"保利殴打妇女老人"，名为"飞 ty 火"的网友则谴责保利披着央企的外衣，欺负老百姓，更多的网友则是直呼"买保利房需谨慎"，最终在论坛中将保利塑造为一个依托国家背景的极其不负责任、欺负老百姓的无良地产商，这对保利的品牌形象造成了极大的损害。然而在整个传播过程中，却未见保利官方进行回应。

与保利的忽视行径不同，蒙牛乳业对于天涯论坛较为重视，甚至将其作为传播公关软文的平台。2005 年 6 月，光明牛奶被爆出将过期奶返厂加工再销售的消息，引起了舆论对乳制品产品品质的关注。2005 年 6 月 15 日，名为 Toccata 的网友在天涯论坛发表了《蒙牛：牛奶的品质就是人的品质》一文，文中对蒙牛产品的品质进行了宣传与评价，对蒙牛所获得的"中国航天员专用乳制品"等各项殊荣进行罗列，同时对蒙牛严格的产品加工工艺进行介绍，宣扬"诚信蒙牛，蒙牛诚信，产品等于人品"企业理念，力图塑造蒙牛优质产品、优质企业文化的品牌形象。然而结果却适得其反，该篇文章的点击量为 41489，回复数为 779。779 条回复几乎全部为负面评论。有的网友认为蒙牛此时在落井下石，有的则认为蒙牛在此做广告，拿消费者当傻瓜，并对其产品进行了猛烈抨击。例如，网名为"慕容鸿""秋水江湖"的网友直接抨击蒙牛在论坛做广告，并表示强烈鄙视；"蜀中流氓 A"则抨击楼主是蒙牛的枪手，并调侃其应该收取公关费。该软文的发布，非但没有发挥应有的效用，还引发了一系列负效应，与蒙牛使用互动型媒体进行品牌传播的初衷背道而驰。由此可见，企业对互动型媒体运营规律的认知不足直接导致了互动型媒体负效应的产生。

三 广告主在搜索平台上信息供给的优化

针对目前企业在基于搜索平台的品牌内容呈现的现状，为提升企业基于搜索平台的品牌传播质量，结合搜索平台品牌传播的规律与特点，我们提出以下优化性策略。

1. 优化企业主导传播来源，加强与垂直网站的竞争与合作

在基于搜索平台的品牌内容传播中，多信息来源冲击了品牌主的内容传播控制力，应对多来源的品牌内容传播，企业可以从以下两个方面进行传播状况的改变。其一，加强内容传播控制力度，确保企业主导品牌内容占据黄金位置。这就加大企业主导的品牌传播力度，使其在数量上能够与来自其他渠道的信息相抗衡，增加网民浏览到来自企业主传播内容的概率；同时，注重加强来自品牌主的信息与其他信息的区隔，比如在官方网

站的链接上，加上官方字样，提升官方信息来源的醒目度，使搜索网民能够更快地获取信息。此外需进行竞价排名及搜索引擎优化，使来自企业的品牌内容来源，能够出现在搜索平台的黄金位置。Spink 的一项研究显示，大多数用户只查看返回结果的前 10 条，平均查看结果的数量是 2.35 页[①]；另一项研究则显示，约 70% 的用户只查看 Google 检索结果的首页，用户平均只查看 1.7 个结果页面。[②] 因而企业在利用搜索平台传播的过程中，需要重视通过竞价排名、搜索引擎优化等方式使自身所传播内容出现在网民注意力最为集中的黄金地段。其二，加强与垂直网站的竞争与合作。在互联网传播时代，独自掌控品牌内容传播来源已经不可能实现，因而加强与垂直网站的竞争与合作，成为最佳选择。一方面，要积极与垂直网站展开竞争，掌握一定的内容传播主导权；另一方面，要与垂直网站进行合作，通过垂直网站平台发布品牌信息，比如达成与销售网站、招聘网站的合作，拓宽品牌传播渠道。

2. 统筹规划品牌传播内容，提升内容传播系统性

由于搜索平台的聚合性以及传播来源的多样化，基于搜索平台的品牌传播内容也丰富多样。内容的复杂化，也提升了企业内容管理的难度。若想改善这一状况，企业必须提前对品牌内容的传播进行统筹规划，合理分配平台资源，通过系统性的传播塑造企业的品牌形象。首先，要对品牌传播内容进行合理配置，因为搜索平台每页展示的内容有限，因而企业必须根据自身特点以及网民的搜索意图，合理设计综合信息、新闻信息、招聘信息、销售信息等所占的比重。其次，要善于与垂直媒体进行竞争合作。作为传播内容制造者的企业，一方面可以通过控制自身行为来控制对外传递的内容，进而影响垂直媒体对传播内容的选择；另一方面可以与利益相关垂直媒体进行合作，达成关于品牌内容传递的一致行为。而对于一些干扰内容也要及时进行整顿优化，防止网民注意力的分流。

---

① Amanda Spink, JaekL. XU., "Selected Results from a Large Study of Web Searching: the Excite Study," *Information Research: an International Electronic Journal* (2000).

② 曹双喜、邓小昭:《网络用户信息行为研究述略》,《情报杂志》2006 年第 2 期。

3. 有效运用公关手段传播正面信息，实时监控负面信息降低影响

在统筹规划品牌传播内容的同时，企业也必须有效运用公关手段传播正面信息，同时也要注重对品牌传播负面内容的监控，及时发现负面内容并进行有效处理，以降低其影响力。由于基于搜索平台的品牌内容传播，是网民主动搜索的结果，与正面传播内容相比，负面传播内容更容易引起网民的关注。因为许多正面传播内容可能是企业公关的手段，而负面信息多来自其他传播渠道，更容易获取网民的信任。因而，企业必须注重对搜索平台负面内容的管理。首先，企业要注意对搜索平台展现结果的监控，及时发现负面内容来源，并对负面内容进行及时回应；其次，由于搜索结果所展示的都是企业近段时期内所产生的负面信息，话题集中度较高，企业可以有针对性地进行话题处理。

4. 注重运用互动型媒体运用，有效开展传播活动

互动型媒体是一把双刃剑，其一方面拓宽了企业及时发布信息的渠道，降低了获取网民反馈的成本；另一方面也增加了企业产生品牌传播内容危机的可能性，网民可以不受任何审查地利用互动型媒体随意发布对企业品牌的不满。因而，在应对互动型媒体时，企业一方面要充分掌握互动型媒体的运营规律；另一方面要充分掌握网民心理，积极应对互动型媒体所带来的负面传播。首先，在利用互动型媒体进行传播的过程中，要对各类互动型媒体进行特性分析。比如微博多是企业主导的传播内容，本身就是为宣传企业品牌内容而设立的，因而在该平台上发布企业品牌的正面信息多会获取良好的效果。而论坛社区一般是网民自由发表意见的地方，因而如果企业在论坛中发布过于直接的公关广告信息，则会引发负效应。对于论坛中网民所发表的负面信息，企业要给予足够关注，及时进行互动，消除负效应。

5. 根据企业特色，组织内容传播

每个企业性质不同、产品不同，所要塑造的品牌形象也不尽相同，因而，在企业基于搜索平台的品牌内容传播中并无固定的模式可言，各企业要根据自身的特色，进行内容的组织。企业特色不同，其传播渠道、传播内容、传播形式、互动型媒体的选择与运用也会有所不同。搜索平台作为信息集中地，网民只要浏览各类传播内容的标题，就会形成初步的品牌印

象。经过良好统筹策划的品牌传播，必然能够展现品牌个性与特色，而杂乱的、无组织的传播，不仅增加了网民信息获取的难度，还难以形成良好的品牌印象。因而，企业必须根据自身传播需求，组织内容传播，以达到最佳效果。

（原载《湖湘论坛》2014 年第 6 期）

受众中心的网络广告呈现

——以"大众点评网"为例

"广告演进的历程一再提示我们，广告的变迁与媒介的发展密不可分"①，当反观广告形态与媒介形态的交互发展历程时，我们始终绕不开广告受众这一重要话题。媒介形态的变迁改变着广告受众的媒介接触行为与信息接受方式，广告受众的改变又反过来推动媒介形态以及筑基之上的广告形态发生变迁。过去的被动受众在今天的新媒体技术赋权下逐渐转变成真正意义的主动受众，他们在双向沟通和去中心化的开放平台中以多种形式、低成本地参与信息的生产、传播与共享，这样的变化也必然导致广告呈现形态的变革。

一 Web2.0时代，受众真正成为广告传播的逻辑起点

广告传播强调"受众中心"的立场并不是Web2.0时代的产物，从广告学以及营销学理论的发展可以清晰地辨明"传者中心"思维向"受众中心"思维的转变轨迹。早期广告偏重推销作用，其出发点是产品，这与早期的市场学理论偏重生产者是一脉相承的，因此无论是约翰·肯尼迪

---

① 张金海、王润珏：《数字技术与网络传播背景下的广告生存形态》，《武汉大学学报》（人文科学版）2009年第4期。

的"广告是印在纸上的推销术"、罗瑟·瑞夫斯的 USP 理论，还是李奥·贝纳的"发掘产品与生俱来的戏剧性"，都是站在广告主的视角来探讨如何在广告中诉求产品的卖点的。而大卫·奥格威在漫长的广告生涯中强调建立在市场调查基础之上的创意哲学，无疑投射出一种由产品视角转向消费者视角的自觉追求。被美国营销协会 2001 年举办的"20 世纪营销理论评比"确定为"有史以来对美国营销影响最大的观念"——定位理论以及 20 世纪 90 年代唐·E. 舒尔茨教授的"整合营销传播"理论更是越发清晰地明确了消费者的中心地位。

虽然广告传播的思维意识已经有了"传者中心"向"受众中心"的转变，但广告呈现形态的演进必然受媒体形态的制约。传统四大媒体的特点是"一个中心节点、单一的信息源、专门的信息生产组织、点到面的大众传播"，此种模式下的信息传播存在信息单向流动、受众横向交流缺位、信息来源单一、信息容量有限的多种弊病。① 在传统"少数媒体与海量受众"的二元结构中，媒体只能专注大众的基本面，忽略或者说毫无能力去顾及小众的个性需求，所以大众传播环境下的广告传播模式只能是追求"信息邂逅"的高概率，即"希望目标消费者能高概率地接触本广告信息，或希望所发布的广告信息能高概率地引发媒体接触者的接触"。因此，"在传统的'信息邂逅'广告传播模式中，相对于广告主的刻意传播，消费者邂逅广告信息无疑是被动的，是无意识的咋然相遇"②。而网络媒体的出现极大地降低了生产、传播信息的各种成本，客观上可以满足受众主动而非被动、多渠道而非单渠道、双向而非单向的信息需求。但网络媒体的革命性优势并不是一蹴而就的，网络媒体是在对传统媒体形态、传播形态、产业形态的移植、借鉴和创新中逐渐成熟起来的，因此依附于网络媒体的网络广告同样有着逐步进化的漫长历程。

Web1.0 时代，依附于早期网络媒体的广告有着典型的传统广告形态印记。从 1994 年 10 月 27 日美国著名的《热线杂志》（*Hotwired*）在其网

---

① 黎明：《网络广告的形态演进与未来发展》，《湖北大学学报》（哲学社会科学版）2011年第 6 期。

② 舒咏平：《"信息邂逅"与"搜索满足"——广告传播模式的嬗变与实践自觉》，《新闻大学》2011 年第 2 期。

络版主页上推出 14 位广告主的图像和信息开始，旗帜、通栏、图片、文字、链接、浮动和弹出式广告等陆续进入受众视野，但大体上延续了传统广告的传播逻辑：网站如同传统大众媒介，是广告内容的生产者与传播者，而网民如同传统媒体的读者或观众，只是被动地浏览或点击广告并获取信息。Web1.0 广告并未呈现出与传统广告迥然相异的传播形态，总体上坚持了"传者中心"的逻辑起点，但随着网络媒体互动技术的革命性突破，"传者中心"的 Web1.0 广告越来越不适应受众的行为变化，甚至激起了广告受众强烈的逆反与回避心理，网络广告点击率的下降正好佐证了这一事实。在国际方面，1996 年点击率作为网络广告的效果测量方式被采纳时，网络广告的点击率大概是 7%；2002 年降至 0.7%；2006 年降至 0.2%；2008 年低于 0.1%。[①] 在国内方面，广告拦截软件的广泛使用同样体现了网民对广告的反感情绪，国内网络广告的点击率通常低于0.5%，一般水平为 0.3%。[②] 研究表明，网络是更趋向于目标与任务导向性的媒体，受众使用媒体更多的是满足自己的信息检索需求，信息检索过程中体现出高参与感与明确的目标指向性，当受众认为广告成为"感知目标障碍"时，会对广告持负面甚至回避态度。[③] 鉴于受众的抵触情绪，网络广告的呈现形态必须寻求颠覆性的突破，而网络媒体逐步衍化出与互联网革命性互动技术相匹配的新媒介形态，Web2.0 正好为网络广告呈现形态的变革提供了良好的媒介环境。

Web2.0 的概念产生于 2004 年，蒂姆·奥莱利（Tim O'Reilly）在与工作伙伴的脑力激荡中提出了此概念，并推动全球第一次 Web2.0 大会于2004 年 10 月在美国旧金山召开，Web2.0 概念由此迅速传播开来。狭义上，Web2.0 是指 Web2.0 站点，具体类型主要包括论坛、博客、Twitter、BBS、SNS、维基、微博、视频或图片共享等网站。其与 Web1.0 站点的

---

① Fulgoni G. M., Morn M. P., "Whither the Click? How Online Advertising Works," *Journal of Advertising research* 7 （2009）：134-142.

② Fulgoni G. M., Morn M. P., "Whither the Click? How Online Advertising Works," *Journal of Advertising research* 7 （2009）：134-142.

③ Cho C. H., Cheon H. J., "Why Do People Avoid Advertising on the Internet?" *Journal of Advertising* 4 （2004）：89-97.

本质区别是信息发布模式不同：Web2.0站点本身不生产和提供内容，只是一个信息交互平台，只提供框架和规则，信息内容由受众生成（User Generated Content，UGC），站点运用特定的技术模块将受众生成的信息分类以对应其他受众的搜索行为，最终让受众与受众之间便捷地进行横向交流，即实现"所有人对所有人的传播"。广义上，Web2.0指代一种"互动共享"精神，"由原来的自上而下的由少数资源控制者集中控制主导的互联网体系，转变为自下而上的由广大用户集体智慧和力量主导的互联网体系"[①]。

Web2.0时代的互联网已经变得正如克莱·舍基在《未来是湿的》一书中所描述的那样，分享与合作的工具交到了普通大众的手中，打破了人与人之间原来的地域、学识、阶层等"干巴巴"的束缚，人们可以基于共同的喜好和经历等重新组成社会群体，分享信息、发起行动，可以凭兴趣聚合，这是一个湿的世界。"湿世界"颠覆了传统意义上的"受众"概念，网络受众超越了单一的信息接受者的客体身份，成为网络信息的生产创造者、聚合排序者与互动传播者，传统传播者的中心地位逐渐消弭，作为网络节点的受众正逐渐成为Web2.0时代的新中心、新的逻辑起点。受众的自主性、创造性和共享性反映到对广告信息的接受和传播方面，就是对广告信息拥有控制权，能够选择是否接受和传播广告信息，何时、何地以及以何种方式接受和传播广告信息。看清了广告受众的这种根本性变化以及网络媒体的革命性互动技术所赋予的自主权和独立权，我们可以说，Web2.0时代，受众真正成为广告传播的逻辑起点，只有符合广告受众自我主体性意识的新广告呈现形态才能产生传递品牌信息、产品信息、服务信息的良好效果。

二　大众点评网以受众为中心的网络广告呈现特质分析

在2004年Web2.0概念正式提出前，已经有了Web2.0式的传播模式

---

① 李良荣：《西方新闻事业概论（第3版）》，复旦大学出版社，2006，第304页。

和商业模式，成立于 2003 年 4 月的大众点评网是消费者发布最真实体验的互动平台，这与 Web2.0 的"互动共享"精髓不谋而合。大众点评网的创始人张涛认为其最初的框架灵感源自三个方面：其一，1979 年，成立于美国的 Zagat Survey 坚持以问卷调查形式将普通大众对于餐厅的消费评论进行收集整理并汇聚成《查氏餐馆调查》；其二，具有典型口碑传播特质的亚马逊"书评黑板"；其三，2002 年底兴起于美国的维基百科。大众点评网集三者特质于一体并创新出了全球最早的独立第三方消费者点评网站。网站在从最初的提供餐饮点评信息向提供购物、休闲娱乐、生活服务等点评信息的全面拓展中始终秉承"互动共享"精神。这种坚守积聚了稀缺的注意力资源，截至 2012 年，第三季度的官方数据显示，大众点评网月活跃用户数超过 5400 万，点评数量超过 2200 万条，月综合浏览量超过 12 亿，其中移动客户端的浏览量已经超过总体浏览量的 60%，移动客户端的独立用户数量超过 4500 万人。在全球范围内，当大多数 Web2.0 网站还处于缺乏盈利模式的困境时，2008 年就开始盈利，此后每年的收入均以超过 200%的速度增长，2010 年实现收入近 2 亿元的大众点评网显得格外耀眼。[①] 关于大众点评网作为第三方点评网站的成功经验已经有许多学者进行过剖析与梳理，我们无意再赘述，只想从"受众中心"的视角来探析这一符合 Web2.0"互动共享"精神的"消费者评价模式"表现出怎样的颠覆传统广告逻辑的新特质，这又预示着网络广告会有怎样的变化与未来。

1. "传者单独生产广告内容"向"受众参与创造广告内容"的演进

大众点评网上关于各商家的评价信息并非来自受商家所主导的广告公司，也不是来自作为渠道把关人的网站编辑，而是来自曾经被视为被动接受者的消费者。在大众点评网为消费者与商家、消费者与消费者之间进行互动沟通所搭建的平台上，消费者乐于发布真实体验后的评论信息，这些信息虽然琐碎而且分散，很大程度上还带有主观色彩，但客观上起到了广告传播的良好效果，消费者的真实评价反而比商家自我粉饰的传统广告更能赢得同样是消费者的关注与信赖。研究表明，消费者所做的产品

---

① 袁茵：《大众点评网的"慢功夫"》，《中国企业家》2011 年第 6 期。

评论对于生产者和消费者都是重要的信息来源，在线消费者评论在网络口碑营销中扮演着越来越重要的角色。① 北京三里屯附近的"一坐一忘"丽江餐厅开业初做好了亏损 3 个月的心理准备，但没想到大众点评网上点评用户的美言却让仅开业 15 天的生意立即火爆了起来。② 为何会有如此好的广告效果，根本原因是广告内容的生产者由"传统垄断信息的传播者"向"传者和受众"共同参与的方向发生了嬗变，从而使得广告公信力上升。

广告公信力的核心是信任，是受众对广告主所提供的品牌、产品或服务的信用体验及品质认定。传统的由广告主把控的广告内容受商业利益最大化的驱动难免会对消费者隐匿企业的不良信息，甚至是传达虚假信息，因此广告的公信力较差，而"受众参与创造广告内容"的新广告呈现形态正好弥补了传统广告生产方式的先天不足。对于广告主而言，由乐于成为意见领袖的消费者先期体验产品与服务，然后将自己的真实感受在Web2.0 平台上与其他消费者分享，从而让更多的消费者与广告主建立一种信任关系是更为有效的网络广告传播形态。2007 年，尼尔森调查公司在全球 47 个国家展开了一项关于互联网使用者对 13 种不同广告类型的信任度调查，26486 位受访者中，有超过 2/3 的人认为"来自消费者的推荐"是他们最信任的一种广告方式。③ 2009 年，美国口碑营销协会的调查数据表明，世界前 20 强的品牌声誉都是和"用户生成内容"（User Generated Content，UGC）相关，34%的博主发表关于产品和品牌的意见，在选择商品和服务时，人们更加关注这些品牌在社交网络上的排行。④

"受众参与创造广告内容"一方面增强了广告本身的公信力，另一方面也是受众自主性、创造性的体现与满足。许正林教授等人对西方 2007 年度具有代表性的 5 种期刊的 170 篇论文进行了统计，其五大研究热点就

---

① Li Jin, Zhan Lingjing, "Online Persuasion: How the Written Word Drives WOM: Evidence from Consumer-Generated Product Reviews," *Journal of Advertising research* 3（2011）：239-257.

② 袁瑛：《大众点评网：集结群众智慧》，《商务周刊》2007 年第 6 期。

③ 薄琯：《媒介社区化聚合》，中国传媒大学出版社，2011，第 46 页。

④ 杨海军、阴雅婷：《新媒体环境中的广告舆论生成与网络口碑传播》，《新闻界》2010 年第 12 期。

包括了"有关涉入的研究"。"涉入"（engagement）就是顾客涉入，指"新媒体环境下消费者越来越处于主动地位，深深处于广告、营销活动之中，甚至承担起广告、营销信息制造者、传播者的角色"①。传统的面向消费者的"广告创意征集"活动可谓"受众参与创造广告内容"的一种雏形，而 Web2.0 媒体环境下 UGC 概念的普及正好为网络广告的创新注入了新的活力。2010 年声势浩大的"凡客体"广告正是"受众参与创造广告内容"的成功典型，以"我爱……，我不爱……，我是……，我不是……"为基本叙述模式的广告体以摧枯拉朽之势风靡整个网络，借助社交媒体快捷的扩散式传播，整个广告活动迅速演变成全民参与的广告创作运动。"受众参与创造广告内容"的成功案例不胜枚举，但总体呈现出 J. 托马斯·罗素和 W. 罗纳尔德·莱恩所预测的趋势，"未来的广告和传播的标志是消费者参与程度更高、控制力更强，广告和传播由单向传播向双向沟通转变"②。在消费者即媒体的 Web2.0 时代，每一位消费者都是随时随地发布广告信息的主体。

2. "单向传播显性广告"向"互动共享隐性广告"的演进

《消费者王朝与顾客共创价值》一书的作者普拉哈拉德（Prahalad）和拉马斯瓦米（Ramaswamy）认为，消费者的传统角色正在发生转变，他们不再是孤立的个体，而是开始汇聚成不可忽视的力量；在做出购买决策时，他们不再盲目地被商家引导，而是主动积极地搜集各种有关信息；他们不再被动地接受广告，而是主动向企业提供反馈。③ 大众点评网上的消费者点评模式正是汇聚了消费者的"众语"来对接其他消费者在购买决策前的主动搜索行为。就美食搜索而言，消费者可以根据菜系、商区、排行榜、地标、地铁沿线等不同的分类指标的交叉排序逐渐锁定自己的搜索目标，再进入具体的餐厅品牌页面阅读不同的消费者给出的详细评价。除此之外，消费者还可以注册成会员，根据自己的喜好定制个性化主页，可

---

① 许正林、薛敏之：《2007 年西方广告研究综述》，《中国广告》2008 年第 3 期。

② J. Thomas Russell and W. Ronald Lane, *Kleppner's Advertising Procedure* (13th edition) (London: Prentice Hall, 1996).

③ Prahalad C. K. and Ramaswamy V., *The Future of Competition: Co-creating Unique Value with Consumers* (Boston: Harvard Business School Press, 2004), p. 80.

以在"会员榜"上筛选出自己信任的星级会员加以"关注",直接阅读他所发布的所有点评信息,以"回应"或者"私信"的方式与其进行互动交流。来自消费者的评价可以是正面信息也可以是负面信息,但不允许是商家炒作性质的点评内容,也不允许含有辱骂、侮辱或人身攻击等不正当语言,这种褪去了劝服、诱导和强迫性的"两面诉求"客观上成为消费者乐于接受的隐性广告,其所体现出来的开放性、平等性与共享性正好符合了 Web2.0 时代消费者的自我决策意识。

对于被点评的商家而言,是否能产生提高知名度、美誉度、忠诚度的隐性广告信息完全在于消费者每一次的实际体验。传统的显性广告一直强调借助大众媒体去单向地宣传企业的品牌、产品及服务,在"真诚"的说辞背后常常是难以兑现广告承诺。而在 Web2.0 时代,信息沟通的畅通无阻迫使商家不仅仅要重视"如何说",更要强调"如何做",商家提供给消费者的所有体验感受都将成为话题源头。触动消费者感官与心灵的行为必然引起消费者的诚心推荐与乐此不疲的传播,而与消费者预期感知相违背的言行必然会被批评和质疑。信息的高度透明与快速共享客观上督促企业必须坚守诚信经营的根本,同时还要学会聆听消费者的声音,以及时和公正的反馈来解除消费者的抱怨。"我们现在进入一个广告的新纪元,是寻求对话而非独白;是能引发回应但不是刻意安排。广告已不再是我们所认识的'广而告之'了。"①

广告除了"单向传播"向"互动共享"演进之外,从"显性"向"隐性"的悄然变化也是符合受众心理接受机制的一种必然。《广告:艰难的说服》一书指出传统的广告就像莎士比亚笔下6月的杜鹃,"人们听到它的叫声,但不理睬它"②,因此有学者指出,在一个广告信息铺天盖地的时代,只有把广告做得不像广告,让受众在没有任何心理戒备的情况下悄然接受,才能取得最好的效果。如果把广告作品作为一种叙事文本来看待,它与文学作品、电视剧、电影、新闻等其他叙事文本的最大不同是

① 〔美〕唐·E. 舒尔茨等:《整合行销传播》,吴怡国等译,中国物价出版社,2002,第21页。
② 〔美〕迈克尔·舒德森:《广告:艰难的说服》,陈安全译,华夏出版社,2003,导言第2页。

叙述者和接受者常处于一种对立状态，接受者总是以一种怀疑或排斥的态度来审视广告内容。因此，受众不会主动去接受一个广告文本，或许太短，或许没有意义，或许全部意义都在于促使你消费。近十年在各大国际广告节上获得大奖的广告作品其实已经显现出了"单向传播显性广告"向"互动共享隐性广告"变化的趋势：一方面，广告中对"物"的叙事部分衍化成了对"品牌符号或精神"的叙事；另一方面，广告与其他艺术门类或者表现形式之间的界限也越来越模糊，只专注受众能否在愉悦的互动共享体验中去自主完成对品牌意义的识别与建构。植入式广告的持续火爆，快闪式广告的迅速风靡，情景互动广告在欧美蹿红，微电影广告成为新宠等无不证明"互动共享隐性广告"的威力，在受众的积极参与和Web2.0媒体平台的推波助澜下，各种"互动共享隐性广告"发生爆炸式裂变传播，创下了传统广告难以企及的辉煌业绩。

3. "强势推销广告"向"信息服务广告"的演进

传统大众媒介环境下，广告主功利主义的主导、消费者检索行为的困境和信息传播技术的诸种限制使广告传播只能在有限的版面与时段内以一种极其简化的风格强势推销基于商业竞争意图的某些优点。传统广告就像阿尔·里斯在《公关第一，广告第二》中所描述的，"夸大的言辞和过多的数目是造成广告有效性下降的因素。广告所传播的信息被视为具有片面、偏颇、自私等特点，并且是公司主导，而不是消费者主导"[①]。当"受众中心"的逻辑起点一旦确立，信息传播、检索技术取得革命性突破，传统"传者中心"的"强势推销广告模式"必然式微。弗兰克·毕奥卡曾总结了"主动性受众"的五个主要特征：选择性，在媒介的使用上具有较强的选择性；实用性，运用媒介满足特定需要或达到特定目的；意图性，有目的地使用媒介内容；参与性，主动参与、思考和使用媒介；主动性，不容易被媒介说服。[②] Web2.0时代的广告受众已经充分展现出这五种特质，不再是"强势推销广告模式"中的"信息邂逅"者，而是

---

① 〔美〕阿尔·里斯、劳拉·里斯：《公关第一，广告第二》，罗汉、虞琦译，上海人民出版社，2004，第79页。

② 〔美〕斯蒂芬·李特约翰：《人类传播理论（第7版）》，史安斌译，清华大学出版社，2004，第360页。

主动的信息"搜索满足"者。坎高卡（Korgaonkar）和沃琳（Wolin）的研究也表明，信息动机与社会逃避动机是人们使用网络的主导动机[1]，网络广告传播向"信息服务模式"的演进可谓契合了"主动性受众"的真正需求。

大众点评网的成功是"信息服务广告"的成功，网站对消费者提供的所有信息服务都是免费的，同时还提供商家优惠券、团购等附加服务。为了给消费者提供客观可信的指南性服务信息，大众点评网有意识地将点评内容和商业进行了隔离。一方面综合网站众多会员的总体评价分数，根据科学的计算公式由程序自动更新生成商户的总体星级指标；另一方面不允许任何商家介入而删除负面点评内容、更改得分等级。大众点评网客观公正的"信息服务功能"很好地对接了消费者的"信息检索行为"，在帮助消费者减少购买决策中的不确定性与风险的同时也赢得了诚信经营者的认可。作为媒介平台的大众点评网以受众为根本出发点，用消费者最真实的体验与感受来承载企业的品牌、产品与服务信息，在"我为人人，人人为我"的传播环境中最终达到了消费者、企业主、媒介平台三方共赢的理想境界。

"受众中心"的逻辑起点要求广告人的思维意识必须专注于受众的信息需求，而人工智能技术的发展也保证了这种人本情怀的实现。从网络广告的未来来看，信息内容的匹配是一对一连接广告主与消费者的关键。借助可寻址定位技术，每位受众喜欢哪种食品、哪些商品、哪些网站等信息都能形成庞大的数据库，广告主可以针对受众的个性化喜好推送出完全差异化的广告内容。此时的广告要想成为媒体经济学家布鲁斯·欧文所说的"人们不仅愿意容忍而且乐于获得的东西"，就必须在信息的丰富、真实和互动等方面体现出与传统广告截然不同的感官体验优势，所以"从满足受众需求的角度出发，网络广告要成为适应受众需求的有价值资讯"[2]是网络广告发展的重要方向。

---

① Zheng Zhou, Yeqing Bao, "Users' Attitudes toward Web Advertising: Effects of Internet Motivation and Internet Ability," *Advances in Consumer Research* 1 (2002): 71-78.

② 周俊：《基于受众能动性的网络广告》，《国际新闻界》2004 年第 5 期。

三 结语

新旧媒体的竞合已经是一个不争的事实，新的传播媒介与传播形态的兴起并不意味着旧的传播媒介与传播形态的消亡，同理，网络广告新呈现形态的兴起并不是对 Web1.0 广告的替代式置换，多种广告呈现形态还会在长时期内共存与互补。Web2.0 的互联网媒介形态还会继续朝着更高的版本进发，受其赋权的受众将会爆发出更加强烈的自我主体意识，新旧网络广告呈现形态在整体格局中不会处于同等地位，一定会有"推陈出新和此消彼长"的漫长变化。今天的受众对广告主所主导的、以强势推销为手段的单向传播显性广告已经具有了批评、解构和颠覆的力量，网络广告向着"受者参与创造广告内容""互动共享隐性广告"和"信息服务广告"的演进是适应广告受众"人本情怀、互动信任、个性追求"的心理和行为变化的重要发展趋势。

（原载《新闻大学》2013 年第 4 期，

署名舒咏平、陈丽娟）

"信息邂逅"与"搜索满足"

——广告传播模式的嬗变与实践自觉

新媒体的急遽发展使得广告传播进入一个令人错愕不已的转型期，不仅"新媒体广告""数字化广告""互动广告""超广告传播""新兴广告"等新概念扑面而来，而且不少学者们也颇为迷茫地感叹："我们现在处于一个失语症的阶段，用传统的东西讲新的东西讲不清楚。但是新的东西是什么样，我们还没找到新的模式、新的术语把它讲出来，这个阶段是最痛苦的。传统广告业有很多概念都是混乱的，现在的变化太快，在这个环境里面，我们缺乏一套新的理论来把现在的变化讲清楚。"① 但也正是这种迷雾千重的现实，才更需要我们从理论上涤清思虑、清晰观照正在发生的广告传播模式之嬗变。

一 传统广告模式本质的反思：信息邂逅

传统广告模式无疑是嬗变发生的基础，那么其本质是什么呢？

我们知道，现代广告是随着大众传媒的发展而发展的，正如"麦迪逊大道"之所以成为广告高地的代名词，乃在于在它短短的街区有 CNN 等两大广播暨电视网的总部，《时代》《时尚》等几十家杂志的编辑部以及数千位电台、报纸全国业务代表的办公室，于是有了 BBDO、达彼思、

---

① 陈刚：《集体失语下的广告业转型》，《名牌》2008 年第 7 期。

麦肯、扬雅、智威汤逊、奥美、李奥贝纳等无数广告公司集中于此，并花费了全美约一半的广告费[1]，由此可见广告对于媒体的依赖性。虽然，在整个 20 世纪，广告人从不同方面进行了广告要义的强调，如"印在纸上的推销术"、"独特的销售主张"（USP）、"定位论"等，但其强调都是广告"说什么"的问题，而无论"说什么"的广告，其自身如何与其目标消费者实现信息相遇的难题一直没有得到本质的揭示。固然"媒体选择与组合"成为广告的核心业务，"媒体的接触率""媒体的到达率""千人成本"等术语也得到引入应用，却并不能改变广告主的想法："我知道我的广告费一半浪费了，却不知道哪一半。"实际上，其问题的症结就在于大众媒体环境下的广告模式乃是以"信息邂逅"为本质的。

传统广告传播模式之所以以"信息邂逅"为本质，是因为在大众传媒环境下对广告受众的媒体接触判断是模糊的，单向度的广告信息发布本身追求的也只是信息邂逅的高概率，即希望目标消费者能高概率地接触本广告信息，或希望所发表的广告信息能高概率地引发媒体接触者关注。美国学者曾描绘道："全美大约有 1750 家日报、450 家电视台、3300 家广播电台、600 种普通杂志、32 万座看板，还有几百万公共交通车上的车厢广告。……广告主的问题是一个属于选择的问题，站在密集的行列中，等待着帮助他做哪种选择的，是成千上万带着许多真实和未证实的事实与数字的媒体推销员。"[2] 在如此多的媒体选择中，以及每一媒体丰富的时间空间选择中，追求消费者对广告信息的接触概率显然是最明智的标准。可选择的媒体信息可以说是无穷大的，而无论多么财大气粗的广告主，其发布的广告信息也是非常有限的，如此，任一消费者对于具体广告信息的接触只能是"信息邂逅"的浪漫一隅。

在"信息邂逅"广告传播模式中，相对于广告主的刻意传播，消费者邂逅广告信息无疑是被动的、是无意识的相遇。如此，又导致广告信息邂逅之后的两个层面的接受。

一是广告信息的无意识接受。正如麦克卢汉所说："广告把借助鼓噪

---

① 〔美〕马丁·迈耶：《麦迪逊大道》，刘会梁译，海南出版社，1999，第 7 页。
② 〔美〕马丁·迈耶：《麦迪逊大道》，刘会梁译，海南出版社，1999，第 153 页。

确立自身形象的原理推向极端，使之提升到有说服力的高度。广告的作用与洗脑程序完全一致。洗脑这种猛攻无意识的深刻原理，大概就是广告能起作用的原因。""广告不是供人们有意识消费的。它们是作为无意识的药丸设计的，目的是造成催眠术的魔力。"① 也就是说，让消费者的无意识多次邂逅广告信息，从而在大脑皮层留下印记，产生对广告信息的识记与好感。这也是萨瑟兰所强调的，"广告产生的即使很小的效应对我们选择商品品牌也会产生影响"，犹如"在天平的一端加上一根很轻的羽毛即可使天平发生倾斜"，发生广告接受的"羽毛效应"。②

二是无意识过程中意识被突然唤醒后的接受。广告心理学认为："优秀的广告作品不仅能引起消费者注意、理解和使消费者产生肯定的情感和态度，而且还应当使消费者'过目不忘'；能将宣传的商品牌子和商标牢牢记在心上。"③ 这里，实际上指出了一个消费者对广告由无意注意转为有意注意的前提，即广告作品的"优秀"。我们知道，当今的社会是一个传播过度的社会，据统计，每个生活在都市中的市民每天要通过各种媒介途径被迫接触2000多条广告信息。如此，广告人就需要"考虑一下普通读者们，他面前有很多东西，他有时间细读的可能性只有百分之一"；就需要广告的"主题吸引他们，使他们能给我们一点注意"④。这也正是美国广告学家阿伦斯所告诫的，"广告是否完成告之、劝服和提示这些基本任务，创意在其中起着重要作用"。⑤ 如此，在传统的信息邂逅广告模式中，广告创意就成为广告信息无意识向意识接受转化最关键的因素。围绕广告创意，一些经典的广告主张由此提出，如"独特的销售主张"（USP）、"品牌形象"、"定位论"、"内在的戏剧性"等。即便如此，如果你以一个消费者的眼光来看广告创意，你会"注意到那些你会归类成'正中目

---

① 〔加〕马歇尔·麦克卢汉：《理解媒介——论人的延伸》，何道宽译，商务印书馆，2000，第282、283页。

② 〔澳〕马克斯·萨瑟兰：《广告与消费者心理》，瞿秀芹、鹿建光译，世界知识出版社，2002，第7页。

③ 欧阳康：《广告与推销心理》，中国社会出版社，2000，第75页。

④ 〔美〕克劳德·霍普金斯：《我的广告生涯&科学的广告》，邱凯生译，中国人民大学出版社，2008，第136、133页。

⑤ 〔美〕威廉·阿伦斯：《当代广告学》，丁俊杰等译，华夏出版社，2000，第349页。

标'或是接近目标的诉求是这样少得可怜"。① "人们可能都在纷纷谈论一则有轰动效果的新广告：客户可能喜上眉梢，广告代理洋洋自得。但是，这条广告或许是个美丽而空泛的外壳。事实上，它甚或正在赶跑顾客。"② 因为，广告创意艺术上轰动性的审美接受与其刺激消费的功能性说服接受，往往会彼此消解，消费者的理解会因为创意艺术的杰出而使其意识上邂逅的是审美的愉悦信息，与其想约会的"情人"——营销信息——却失之交臂。③

根据如上所述，传统的"信息邂逅"广告传播模式如图 1 所示。

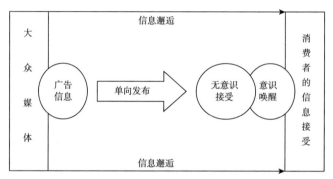

图 1 "信息邂逅"广告传播模式

在图 1 的信息邂逅广告模式中，我们可以很清晰地看到，消费者接受广告信息所处的被动地位，以及广告信息发布的单向特性，由此也可认识到，一方面大众媒体对于消费者信息邂逅的重复而给广告带来强大的效能，另一方面媒体信息的庞杂与消费者主体意识参与不足而使"信息邂逅"广告传播模式效率相对低下。

二 新广告模式的核心：搜索满足

随着世纪之交以网络为代表的新媒体的迅速发展，我们所需要正视的

---

① 〔美〕詹姆士·韦伯·扬：《广告传奇与创意妙招》，林以德等译，内蒙古人民出版社，2000，第 26 页。

② 〔美〕罗瑟·瑞夫斯：《实效的广告》，张冰梅译，内蒙古人民出版社，1996，第 33 页。

③ 张殿元：《反美学观照：广告文化对艺术审美价值的消解》，《新闻大学》2007 年第 4 期。

现实是：传统的大众媒体依然是主流性的存在，而数字化的新媒体强势崛起势不可当。当我们将关注的目光投向基于新媒体的新广告模式，可以发现"技术的转变已经威胁到广告业对于媒介和受众的控制力"。正如李奥贝纳广告公司的斯皮特勒所说："以前我们认为自己无所不能。我们可以使用大众媒介……对于所有人我们意味着一切。但新的媒介稀释了那样的努力。"①

全球独立广告代理商联盟（International Communication Agency Network）针对各国媒体环境调查显示，全球前十大成长最快媒体，几乎都与新媒体相关（见表1）。

表1　全球前十大成长最快媒体

名次	媒体	名次	媒体
1	部落格/电子邮件/社群网站	6	体验营销
2	病毒营销	7	游击营销
3	因特网置入性营销	8	关键词
4	手机图文广告	9	手机简讯广告
5	创意户外广告	10	电视节目置入性营销

资料来源：《动脑杂志》，台湾经济研究院产经数据库整理，2007年6月。

而在广告研究领域，许正林等人对西方2007年度具有代表性的5种期刊的170篇论文进行统计，其五大研究热点中关于新媒体广告的研究就有4个，即"手机广告及相关研究""网络广告研究""植入式广告研究""有关涉入的研究"。其中，"涉入"（engagement）又称顾客涉入研究，即是在新媒体环境下，消费者越来越处于主动地位，深深处于广告、营销活动之中，甚至承担起广告、营销信息制作者、传播者的角色。②

黄升民教授对于新媒体环境下的广告传播则说道："广告从简单的传播工具，向集多种交流渠道和多类交流方式于一体的沟通平台衍化，实质是广告媒体化的一种功能推演。平台的搭建对于捕捉分散与聚合的需求和市场而言意义非凡，'多媒体'与'泛媒体'潮流为广告传播的平台化提

---

① 〔美〕约瑟夫·塔洛：《分割美国：广告与新媒介世界》，洪兵译，华夏出版社，2003，第14、17页。

② 许正林等：《2007年西方广告研究综述》，《中国广告》2008年第3期。

供了必要的条件，我们可以凭借其定向、精准、互动等特征，向消费者和企业充分传递各自所需的有效信息，从而填平企业与消费者的信息鸿沟，消除二者之间的信息不对称。"[1] 在此背景下，一直处于被动地位的消费者受众从"信息邂逅"广告模式中获得觉醒，诚如台湾学者黄振家所指出的：消费者拒绝传统广告，却可以在新媒体环境中选择想观看的广告类型、品牌信息。[2] 这也正是丁俊杰所指出的"消费者不再相信单一的信息来源，他们需要不断地'搜索'、'分享'和'比较'，从而获取自己更需要和更满意的信息。这就又提出一个命题：在信息泛滥的今天，怎样才能吸引消费者主动出击去搜索并分享广告信息？我们的回答是'广告传播平台化'，以网络技术和数据库技术为内核，将原来对于消费者的'轰炸式'的传播方法衍化为'尊重本体需求下的吸引'模式"。[3] 简言之，即为"搜索满足"广告传播模式。

"搜索满足"广告模式的出发点，是视受众为主动的——消费者受众出于消费信息的需要，不再只是被动的，且主要依凭无意识接受来获得广告信息，而是主动进行搜索，且在搜索中不断比较、求证广告信息，以满足消费决策最基本信息的需求。"搜索满足"广告传播模式见图 2。

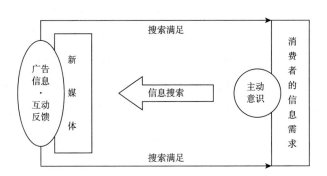

图 2 "搜索满足"广告传播模式

---

① 黄升民等：《分聚之间的危情与转机——略论新世纪以来中国广告产业的内在驱力》，《国际广告》2007 年第 9 期。
② 黄振家：《广告产业的未来》，《广告大观》（理论版）2008 年第 3 期。
③ 丁俊杰：《2008 年，中国广告业的动力与动向》，《山西大学学报》（哲学社会科学版）2008 年第 3 期。

在图 2 中，我们可以看到，一方面消费者搜索广告信息不仅是主动的、理性的，而且是以"满足"为标准、为旨归的；另一方面，消费者与广告信息的相遇并非一种随机性的邂逅，而是他在新媒体的信息世界中自主搜索到诸多信息，且进行了多方比较、咨询后甄选出来的，甚至是获得双向性互动反馈的。也就是说，这里的"广告信息"不是"信息邂逅"中具体特指的广告作品所包含的信息，而是一个信息由少到多、又由多到简、由泛而专的动态的信息结构。而要使具有如此内涵的"广告信息"实现消费者的"搜索满足"，其途径主要有如下两种方式。

其一，全面、客观、互联的数据库平台是一个由行业数据、品牌数据、产品数据、消费数据等构成的庞大社会化数据库平台；其直面消费者的终端体现形式为：电脑终端、家庭数字电视、3G 手机。其背后则是一个庞大的商业内容行业：品牌网站及虚拟商店、行业网站、专业商场网站、网上消费者社区、数字电视广告频道等。媒体经济学家布鲁斯·欧文曾说道："我对自己提出的最重要的问题是：怎样使广告成为人们不仅愿意容忍而且乐于获得的东西？"① 当广告信息的数据库足够庞大，且分类清晰、实时更新、链接快捷，消费者所需要的广告信息应有尽有时，等待消费者点击、遥控、浏览的"广告"，显然就是他们"不仅愿意容忍而且乐于获得的东西"了。

其二，即时、具体、人性化的互动平台是由品牌网站或虚拟商店的咨询员、行业网站值班专家、商场网上导购员、网络社区专业领袖、有消费经验的热心人、数字电视广告频道主持人等操作，能即时、有针对性地回答消费者的具体咨询，且能做到程序互动的充满人性化的服务平台。在这个平台上，广告已"由劝服、诱导向告知与沟通的功能回归"②。而这种互动沟通，在传统的大众传播模式中是无法实现的，但"现在我们拥有能力来集中进行浪费程度最小的传播，我们将使用新颖独特的方式与美国社会中较小的阶层进行沟通，每次一个"。③ 即"一对一"的广告信息服

---

① 〔美〕鲍勃·加菲尔德：《大混乱，2.0 后广告时代来临》，崔怡译，《国际广告》2007 年第 11 期。
② 张金海：《20 世纪广告传播理论研究》，武汉大学出版社，2004，第 181 页。
③ 〔美〕约瑟夫·塔洛：《分割美国：广告与新媒介世界》，洪兵译，华夏出版社，2003，第 16 页。

务，在网络平台上已是家常便饭。随着具备双向互动功能的数字电视普及，设置广告专业频道，使广告摆脱依附于其他频道的从属地位，走专业化之路，拓展发展的空间，构建"碎片化"的消费受众得以重聚的平台，与网络实现无缝融合，这不仅是数字电视广告服务的基本走向，更是"搜索满足"广告模式中互动平台拓展的一次飞跃。①

由上可见，如果说"数据库平台"是对消费者广告信息搜索"量"的满足，那么"人性化互动"则是信息搜索"质"的满足。正是新媒体技术实现的这种量与质的信息满足服务，新广告模式的核心"搜索满足"才得到了确定。

三　广告模式嬗变中的实践自觉

上文论述的两种广告模式的差异是如此鲜明，我们不妨从表2的对比中得到更为清晰的认识。

表2　两种广告模式差异对比

对比项	"信息邂逅"模式	"搜索满足"模式
出发点	消费者是被动的	消费者是主动的
媒体特征	单向度的	双向性的
代表性媒体	报纸	网络
广告代表形态	平面、电视短片	关键词+品牌网站
广告形态特征	相遇告知的	邀请引导的
信息含量	有限而模糊的	丰富而清晰的
接受行为	邂逅、注意	搜索、点击
接受反应	好感记忆	实时互动
作用于消费	好感记忆唤醒	理性比较、求证
广告重点	广告的创意高下	广告的数字路径
广告策略核心	个性化信息告知	整合性信息满足

① 陈致烽：《数字电视催生广告专业频道——基于电视数字化的新思考》，《湖南文理学院学报》（社会科学版）2008年5月。

对于广告模式的嬗变，固然需要清晰认识，但同时还需看到其还只是"嬗变"而不是"替代"。这因为，一方面新媒体强劲崛起，另一方面传统媒体活力依然。根据 IBM 产业价值研究所进行的产业价值分析，其所提出的全球各类型广告量预测显示：2002 年至 2010 年，全球广告量，大约可以维持 5.7%—5.9% 的成长，其中必须注意的是，2006 年至 2010 年，新兴媒体广告有将近 22.4% 的成长，而传统媒体广告也将有 4.4% 的微幅成长。其启发我们，立足于新旧媒体上的两种广告模式虽然在演绎着此消彼长的历史变革，却将长期并存，需要广告人由此进行以下两方面的实践自觉。

其一，在"信息满足"广告模式中寻求创新。

我国《广播电视有线数字付费频道业务管理暂行办法（试行）》规定：付费频道不得播出除推销付费频道的广告之外的商业广告，但经批准的专门播出广告或广告信息类服务的频道除外。显然，其传递的明确信息是：付费频道不得播出除推销付费频道广告之外的商业广告；"专门播出广告或广告信息类服务的频道"可以播出商业广告。也就是说数字电视普及导致了电视这一最具影响力的传统媒体蜕变为新媒体，其一直沿用的"信息邂逅"广告模式也将被"搜索满足"模式取代。数字电视的收费固然成为电视媒体稳定的收入源，但更具市场潜力的广告信息"搜索满足"服务，则需要遵循模式规律的创新。创新是广告产业的核心价值，也是广告产业的最大特色，可惜的是，传统的广告产业多半将创新精神专注在广告信息设计与广告媒体应用层面，很少认真思考如何提供创新的商业形态。随着"搜索满足"导向的广告模式渐成主流，对应消费者的广告信息需求，以及广告主所提供的信息搜索满足服务，整个广告产业进行创新探索，开发新颖的广告信息搜索满足服务形式，已是当务之急。

其二，在媒体融合中寻求广告模式整合。

"媒体融合"（Media Convergence）是美国麻省理工学院媒体实验室创始人尼葛洛庞帝提出的[1]，随后，美国的罗杰·菲德勒、托马斯·鲍德

---

① Quoted in Stewart Brand, *The Media Lab: Inventing the Future at MIT*（New York: Viking Penguin, 1987），p.11.

温等学者均指出了媒体在宽带技术与政策导引下"大汇流""大融合"的趋势。在这种媒体融合的趋势中，传统媒体不仅获得了新质——如"报网互动"中报纸版面的网络呈现①，而且还在人们生活空间中依然扮演着不可或缺的"信息邂逅"模式的主体角色。因为在全新的信息"搜索满足"广告模式中，其实还隐匿着一个前提：消费者进行的是有目的、有对象的搜索。而消费者广告搜索目的，尤其是搜索对象的确定，往往就有传统媒体"信息邂逅"服务的功劳，如路牌广告、报刊广告对于品牌形象的树立与品牌网站的告知。也就是说，在新旧媒体并存的社会，消费者对于品牌及产品信息的搜索满足，往往依循的是二步接受规程：邂逅品牌及产品门类的基本信息——根据消费需要进行相应品牌信息的搜索满足。如此，"信息邂逅"与"搜索满足"两种广告模式，构成具有互补性的"两程传播"，并由此得到整合。这也是媒体融合研究者所指出的："有生命力的广告模式将是嵌入融合布阵中的资讯和服务的软性模式。广告主的营销信息将融合到新的产业链条中，在立体化、互补式的传播布阵中得到全新的营销沟通效果。"② 如此，"信息邂逅"与"搜索满足"两种广告模式在媒体融合中实现了有机整合。

（原载《新闻大学》2011 年第 2 期）

---

① 范志忠：《论"报网互动"的发展态势与传播特征》，《新闻与传播研究》2008 年第 1 期。
② 王菲：《媒介大融合——数字新媒体时代下的媒介融合论》，南方日报出版社，2007，第 29 页。

新媒体广告的"原生之困"
与管理创新

随着"互联网+"时代的到来，以移动互联网为核心的新媒体得以迅速发展，因其开放、互动、多元、平等、即时、便捷等特点，在孵化出新媒体广告的同时，也必然催生"坚持依法治网、依法办网、依法上网，让互联网在法治轨道上健康运行"①，以及"建立多边、民主、透明的全球互联网治理体系"②之思路。为此，我们一方面对新媒体广告予以深层认识，另一方面也逻辑性地推进对新媒体广告管理创新的思考。

相对于传统媒体广告而言，新媒体广告可谓日新月异。数字技术和网络技术的飞速发展直接催生了大量新媒介形态，如大数据、云计算、物联网、微传播、移动互联、O2O等新媒体应用形态层出不穷，使信息传播正经历着前所未有的变革。体现到广告领域则自然挑战既有的广告内涵："广告是由可识别的出资人通过各种媒介进行的有关产品（商品、服务和观点）的、有偿的、有组织的、综合的、劝服的非人员的信息传播活动。"③ 也就是说，新媒体广告绝非如平面广告、电视广告那样具有非常清晰的识别性，甚至也绝非现有的可清晰识别的网络广告。虽然《中华人民共和国广告法》

---

① 《习近平在第二届世界互联网大会开幕式上的讲话》，2015年12月16日，新华网，http://news.xinhuanet.com/world/2015-12/16/c_1117480771.htm。
② 《第二届世界互联网大会发布〈乌镇倡议〉》，2015年12月18日，新华网，http://news.xinhuanet.com/world/2015-12/18/c_128546176.htm。
③ 〔美〕威廉·阿伦斯：《当代广告学（第7版）》，丁俊杰等译，华夏出版社，2000，第7页。

（2015 年修订）（以下简称《广告法（第 7 版）》）强调对于在互联网页面以弹出等形式发布的广告，应当显著标明关闭标志，确保一键关闭；但同样明确写道："利用互联网从事广告活动，适用本法的各项规定。"因此，我们这里更需关注的是一切利用互联网从事广告推广的信息传播。如此，我们可自然而明确地揭示出新媒体广告的本质内涵：以数字传输、网络在线为基础，可实现信息即时互动、终端显现为网络链接的多媒体视屏，广告主有意识地向广告目标受众传播品牌及产品信息的传播行为与形态。[①] 如此，新媒体广告形态就远远不止网络上可以清晰识别且可一键关闭的广告，而是各种各样的网络内容形式均可纳入新媒体广告角度来审视，只要直接或间接传播产品或广告主品牌信息，均具有新媒体广告性质。

由如上新媒体广告性质所决定，我们完全可以形成如此理解：互联网上所有信息内容形态也可能就是新媒体广告形态，即实现了无法识别的去广告形态化。如此，新媒体广告就泛化为当下业界甚热的原生广告。但细细推敲原生广告，却可发现其概念的非科学性。

其一，原生广告仅仅是网络领域浑然无迹的广告内容，不指代其他介质上广告的无识别，因此"原生"并非严格意义上的原生。其二，原生广告，美国互动广告局认为其要做到三个一致：与页面内容一致、与网页设计一致、与受众在平台上的行为一致。这就形成与诸多网络信息内容的无识别、无差异、无法界定，而缺乏明确界定的对象就难以构成科学概念。其三，原生广告仅仅是广告公司为了推销其信息服务业务并形成收费，故以收费与否来指代原生广告，但收费并不能体现到明确的信息形态差异之上。因此，我们认为原生广告概念是非科学的，但新媒体广告的原生性却可以成立。因为新媒体广告在新媒体领域与原生的新媒体内容浑然一体，具有新媒体之上内容的原生性。也正是新媒体广告基于新媒体之上的原生性，自然构成了"原生之困"。

1. 新媒体广告与新媒体内容缺乏差异之困

新媒体广告在新媒体之上的原生性，使其与新媒体内容形成高度同构，诚如喻国明所言："原生广告是指内容风格与页面一致、设计形式镶

---

① 舒咏平：《新媒体广告传播》，上海交通大学出版社，2015，第 12 页。

嵌在页面之中，同时符合用户使用原页面的行为习惯的广告。"① 而新媒体广告操盘者、凤凰网营销总经理付继仁则说道："原生广告是内容营销的最高形态。"② 这就是说，无论网页整体，还是新闻、图片、视频，既可能是常规网络内容，也可能是具有原生性的广告。尤其是在企业自媒体及社交媒体中，其广告与内容本身就是浑然一体的。因为企业自有新媒体如官方网站、网上品牌店、App，其诞生的本身就具有传播品牌与产品的广告使命。企业社交媒体则可以无限制地进行账号注册，并构成矩阵式传播。以小米手机为例，新浪微博与小米产品有关的官方账号多达 12 个，而其创始人团队也纷纷注册了个人账号，两类微博相辅相成，与受众进行人性化的交流互动，俨然构成小米品牌与产品最具效果的微博广告传播矩阵。

2. 形态无差异而形成受众接受的两面效应之困

美国移动广告公司 NativeX 曾给出数据，基于新媒体的原生广告的点击率、效率分别比非原生广告高出 220% 与 150%。也就是说，新媒体广告以其内容富有价值、呈现形态新颖，且往往淡化广告的商业功能而呈正向的接受效应。这也正是无数企业纷纷自设品牌新媒体，且将各类信息推送到新媒体平台的根本原因。但新媒体广告的原生性同时也是一把双刃剑，在受众无阻碍地接受正向品牌与产品信息的同时，新媒体广告也同样以原生性让防不胜防的受众接受着虚假信息的侵害。在 2014 年整治互联网重点领域广告专项行动中，全国工商系统检查互联网站 16.9 万家、监测互联网广告 112.8 万条、查处违法互联网广告案件 5232 件。在微博领域，金山毒霸和猎豹安全浏览器在 2014 年第一季度就拦截微博虚假广告 100 万次，发现 8 万余个微博大号从事过虚假广告营销。在微信领域，朋友圈"集赞"是欺诈广告的高发地。据人民网报道，腾讯 2013 年初打击网络黑色产业链的雷霆行动共封停累计 3 万个假货公众账号。这还是可以进行识别与拦截的新媒体广告，而更多网站、网页、App、微博、微信的虚假内容并不是那么清晰可辨识，也自然难以自动拦截封停，也就必然地

---

① 喻国明：《镶嵌、创意、内容：移动互联广告的三个关键词——以原生广告的操作路线为例》，《新闻与写作》2014 年第 3 期。

② 付继仁：《原生广告，媒介营销模式的创新》，《广告大观》（综合版）2013 年第 8 期。

在每时每刻侵害着受众。

3. 形态无识别而形成广告管理无从着手之困

由于"提供价值内容""嵌入媒体环境"构成了新媒体广告原生性的具体体现，这使得广告形态无识别，如凤凰网就坦言其几乎没有平面广告、视频广告的身影；这就使广告管理无从下手、难以监管①。2015 年 9 月 1 日开始执行的《广告法》，被媒体称为"史上最严的广告法"，其对新媒体广告的监管，包括三个方面的内容。一是规定"利用互联网从事广告活动，适用本法的各项规定"；原则上将互联网广告纳入了广告法的适用范围。二是规定"利用互联网广告发布、发送广告，不得影响用户正常使用网络。在互联网页面以弹出等形式发布的广告，应当显著标明关闭标志，确保一键关闭"。三是规定"互联网信息服务提供者对其明知或者应知的利用其场所或者信息传输、发布平台发送、发布违法广告，应当予以制止"。《广告法》中增加了对互联网广告监管的有关条款，确是众望所归。但细读新法条款，结合新媒体广告实际，却发现其对新媒体广告的原生性管理捉襟见肘。因为，其虽然涵盖了所有"利用互联网从事广告活动"，但实际上可操作的监管对象仅仅是可"一键关闭"的清晰可辨的网络广告。其中第十四条明确规定："广告应当具备可识别性，能够使消费者辨明其为广告。大众传播媒介不得以新闻报道形式变相发布广告。通过大众传播媒介发布的广告应当显著标明'广告'，与其他非广告信息相区别，不得使消费者产生误解。"可见，该法规定了广告必须可识别的特性，如此才可能构成监管。但新媒体广告的原生性，已经去广告识别特性，加之移动互联、微传播趋势使媒体门槛无限降低，传播载体无限增多、流水式的广告内容、无法留痕取证，导致海量管理内容出现，广告监管必然陷入对象海量、无从辨别、无从下手之困境。

如上新媒体广告的"原生之困"，使新媒体广告管理无法再简单走消费者举报、工商局监管之路，而需进行管理创新。

由于新媒体广告超越了《广告法》中有关"广告应当具备可识别性"的规定，但同时又具有《广告法》所规定的"直接或者间接地介绍自己

---

① 陈丽平：《原生广告对既有广告业态秩序的挑战》，《青年记者》2015 年第 2 期。

所推销的商品或者服务的商业广告活动"之特性,因此既需纳入广告的管理范畴,又需要进行管理创新。针对上文所指出的新媒体广告"原生之困",我们提出的管理创新选择为"公信力评估导向的新媒体广告监管模式"。其要点有以下三个方面。

所谓公信力,即指公众的信任度。新媒体广告虽说陷于"原生之困",难以进行广告形态的区分,但从内容上却可以进行明确的识别,即其内容必定是附着于特定品牌的。为此,我们曾提出新媒体环境下"广告"内涵演进的取向就是"品牌传播",其理由为:(1)新媒体广告的互动性,决定了受众可以选择广告信息,广告主也可自主传播广告信息,从而双向互动的"传播"特性得以凸显;(2)新媒体广告使广告主可以自主便捷地传播广告信息,这里的广告信息,不仅是直接的、功利性的产品信息,还包括突出广告主良好形象的品牌信息,而产品信息又是归属于品牌的,因此新媒体广告必然催生了"品牌传播"。[1]"品牌传播"作为新媒体广告的内容本质,虽然无法进行形态识别基础上的监管,却可以进行内容公信力的评估管理。由此,新媒体广告公信力评估管理应运而生。无疑,新媒体广告公信力评估将为我们提供企业、消费者、社会、政府、广告业多方利益平衡性的视角,是引导新媒体广告健康发展的导向性旗帜。

建立新媒体广告公信力评估管理制度,首先需要推行第三方评估。2015年8月,李克强总理主持召开国务院常务会议,听取重点政策落实第三方评估汇报,提出要用第三方评估促进政府管理方式改革创新。国际上,美国多采用民间主导的第三方评估模式、英国多采用政府主导的第三方评估模式、法国多采用行业主导的第三方评估模式。但无论采用哪种第三方评估模式,在评估的过程中都坚持公开透明的原则,即对社会组织的评估过程和结果都向社会公众开放,使公众了解社会组织运行的真实情况。[2]早在2007年,民政部就下发了《民政部关于推进民间组织评估工作的指导意见》;2015年5月,民政部又专门发布了《关于探索建立社会组织第三方评估机制的指导意见》。两个意见均指出:需保证第三方评估

---

① 舒咏平:《品牌传播:新媒体环境下广告内涵演进的取向》,《中国广告》2009年第10期。
② 石国亮:《通过第三方评估推动社会组织公信力建设》,《中国社会组织》2015年第10期。

机构的独立性、公开性和结果运用，确保第三方评估机构与政府部门脱钩，保证第三方评估机构客观公正的立场，保证第三方评估结果的可信度，增强其公信力；要求第三方评估公开透明，坚持信息公开，使社会组织处于"玻璃屋"中。为了新媒体广告公信力评估能规范进行，这就需要让独立于广告主、广告公司及媒体、政府监管部门的，具有中立性、权威性的专业评估机构进入，从而保证新媒体广告公信力评估的客观与公正。而新媒体广告公信力评估结果的发布，一般要受政府监管部门审查，同时还要接受舆论的审视考验。当然，公开透明的"玻璃屋"也还可能存在暗箱操作的空间；这就需要坚决杜绝由于利益集团的胁迫而篡改数据，以致公信力的评估也缺乏公信力的情况。

目前大数据技术与大数据产业发展迅速，已使诸多传统的广告公司进入以大数据为基础的新媒体广告传播业务，甚至转型为科技服务公司。由此，在广告业的大家庭内就有了善于驾驭大数据、熟悉新媒体广告的新型广告公司。此类科技型广告公司可与高校科研机构合作，联合通过招投标获得新媒体广告公信力评估资格授权，从而成为广告监管部门委托的新媒体广告评估第三方。如此，该第三方就可以依据其大数据挖掘能力，进行新媒体广告评估的智能化操作，以大数据来支撑新媒体广告公信力的评估。此前，该第三方公司需将评估维度、指标体系、大数据所获得的指标参数进行富有透明度的公示，从而获得公开性、公平性、公正性，真正实现公信力评估的可行性。该项评估持续进行，有望成为新媒体广告公信力评估的品牌，成为广告行业最有创新性、导向性的一项工作业绩。

显然，这种网民对于新媒体广告的监督舆论也将通过数据挖掘而进入公信力评估体系，从而让科学技术使公信力评估更具有公信力。

新媒体广告公信力评估，既是大数据挖掘技术与第三方评估机制的结合，更是依法监管与舆论监督的有机整合。法治是底线，具有震慑力，其法治标准就是法律法规，其立法执法本身就是一个信息公开的过程。而舆论本身就是信息透明的必然，是公信力评估的前提与最强大的支持力量。如此，基于舆情的评估与依法监管就形成了有机的对接，且整体上又置于舆论监督之下。这可以用"新媒体广告公信力评估管理模式"图进行说明（见图1）。

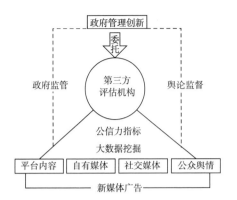

图1 新媒体广告公信力评估管理模式

在图1中，上端的政府监管部门通过政府采购招标，向富有实力的第三方评估机构进行委托授权。同时政府监管部门不再对具体的、海量的、无识别的新媒体广告进行直接监管，而是就新媒体广告公信力评估的过程以及呈现的成绩与问题进行监管。其中，对正向成绩宜进行引导张扬，对负向问题依法进行追踪监管。这样，政府对于新媒体广告监管就实现了有所为有所不为，从而提高了监管效率，实现了管理创新。

而居于该模式中央地位的第三方评估机构，在通过严格招投标获得政府的采购委托后，则依据科学的公信力指标体系，对呈现为大数据的新媒体广告进行信息挖掘，并进行智能化的统计甄选，从而形成对于新媒体广告的公信评估。其公信力指标体系、大数据挖掘技术、公信力评估结果需置于政府监管与舆论监督视野之中。

图1也进一步明确了新媒体广告几乎在所有新媒体载体中均原生性存在，其包括各网络平台内容、各企业自有媒体、企业与相关的社交媒体，以及公众对于特定企业、特定品牌、特定产品的舆情信息。这里，我们正视了新媒体广告原生性存在的事实，却不再拘泥于广告形态，而是专注于"品牌传播"内容的公信力评估。

公信力评估导向的新媒体广告监管模式，走出了资源有限的政府机构面对管理对象无限的尴尬，也突破了以往动辄十多家国家机构联合对虚假广告、违法广告进行突击性、运动性管理的模式。应该说，新媒体广告的

"原生之困"，反而激发了我们进行广告管理的创新。其无疑从理论上是可行的，但更呼唤广告产业链上的各环节主体来联合推动，从而在先行先试中付诸实践，真正实现新媒体广告管理上的创新。

（原载《现代传播》2016 年第 3 期，署名舒咏平、陶薇）

基于企业自有数字媒体的
品牌传播聚合性

如果说 19 世纪伴随报纸而诞生的"广告"（advertising），具有明显的"广而告之"的单向性；那么 20 世纪中叶诞生的"传播"（communication），则是以双向沟通为本质的。如此，品牌传播超越广告的深层逻辑，即作为双向度"传播"，更多是以受众为导向的；为此，品牌传播的实践与理论思考，同样也需要从作为受众的消费者探析出发。

一　信息碎片引发消费者对品牌
接受的聚合艰难

后现代主义是对传统的否定与割裂，"碎片化"是其重要的特征之一。近年来，"碎片化"被引入不同领域，其本质特征正在影响人们生活的方方面面。如果说物质消费形态的"碎片化"主要体现在产品消费方面，那么精神消费形态的"碎片化"则主要体现在消费者的媒介接触上。[①] 早在 20 世纪 90 年代，营销学之父菲利普·科特勒就曾指出："市场细分导致了媒体细分——那些能更好地适应今天的目标化战略的更集中的媒介大量增加。"[②] 总之，"技术导致媒介的碎片化，顾客的个性化需求

---

① 黄升民、杨雪睿：《碎片化：品牌传播与大众传媒新趋势》，《现代传播》2005 年第 12 期。
② 〔美〕菲利普·科特勒等：《市场营销导论》，俞利军译，华夏出版社，2001，第 379 页。

导致品牌的碎片化等一系列变化，那些原本被我们视作同一集体共享同一特征的分块被打得更碎，出现了彼此差异更加显著的碎片"①。这也意味着随着小众传播时代的到来，为品牌服务的媒介不得不实行碎片化分割，以实现对品牌信息更加独立和更具针对性的"碎片"承载。如某份报纸的报眼位置、某个电视栏目的片前某一时段，或者在新媒体环境中开发出来的传播工具；如一些影视节目中的植入性情节、购物网站中的相关性推荐、搜索关键词排序等。在这样的碎片化媒介环境下，消费者在浏览信息时往往在不同平台间频繁穿梭，接触到的是散落于各类媒体平台间的"碎片化"品牌信息。"顾客对于一个企业品牌形象的认知，很难通过企业有意识地向顾客传达的计划内信息进行全面了解，那些超出企业控制范围的计划外信息以及与品牌形象直接相关的产品和服务信息，都会以这样或那样的形式，零散地作用于顾客的意识，对顾客的品牌形象认知产生影响。"② 这些"碎片化"的传播信息零散碎小，品牌深层次的含义无法有效地传达给消费者，因为重点已经淹没在信息的碎片化海洋之中而凸显不出来③；并且在多个琐碎的品牌信息的堆砌下，消费者可能很快遗忘这些信息，从而无法形成心中的品牌形象，以至于品牌传播信息很难在消费者接受过程中得到聚合。④ 由此，企业迫切需要在消费者以及接受者那里实现品牌信息的有效重聚。

营销传播中的"用同一声音去说"（Speak with one voice），无形地将整合营销传播的核心指向了"品牌"。实际上，任何品牌均是信息聚合传播的产物。学者们认为，一个"品牌"的建立包括两方面的内容：一是表层信息，如品牌名称、图案、色彩、包装等；二是深层信息，如产品的特点、利益与服务的允诺、品牌认知、品牌联想等。两者共同构成了品牌传播的信息源。作为一个中枢纽带，品牌几乎把所有的企业元素都连接起

---

① 程士安等：《碎片化：21 世纪营销变化的关键词》，《广告大观究》（理论版）2007 年第 1 期。

② 喻国明等：《试论品牌形象管理"点——线——面"传播模式》，《国际新闻》2010 年第 3 期。

③ 肖洋：《我国数字出版产业发展战略研究》，南京大学，博士学位论文，2013。

④ 周昱、张嘉：《新媒体"碎片化"特征对品牌传播影响研究》，《商场现代化》2013 年第 28 期。

来，如企业历史与动态、产品科技含量与功能、企业家人格、企业员工素养、消费者的品牌认知等，成为一个具有最大包容性和最广关联性的价值核心。① 品牌之所以如此重要，是因为"品牌代表了品牌拥有者与消费者之间的'协议'，它不是违背消费者意愿而强加在'品牌的忠诚信徒'头上的。品牌使消费者在日益复杂的世界上充满自信地购物。品牌为消费者提供了质量、价值和产品满意方面的保证"。② "品牌和消费者之间的信任不是一蹴而就的，而是消费者在购买、了解过程中不断获得有关信任的信息逐步累积形成的，是一种理性的认知过程。"③ 显然，品牌积累了企业长期的商业信用，也聚焦了消费者对品牌的认可，理所当然地成为品牌信息重聚的归宿。由于品牌符号的聚焦性，消费者在对品牌传播的接受过程中，会将相关产品的所有信息碎片聚合在具体的品牌名下，产品特性与功能会被弱化。如谈及电视机，消费者立即会将信息碎片聚合到"海信""康佳""LG"等一个个品牌之上；谈及手机，则又会将信息碎片聚合到"苹果""三星""小米"之上。但是，一方面，在同一行业中产品往往具有同质化倾向，品牌又需要实现区隔；另一方面，由于消费者的注意力有限，而品牌信息碎片又零散且纷繁，要准确地实现记忆中的单个品牌信息重聚往往特别艰难。为此，整合营销传播的提出者唐·舒尔茨也开始转向"品牌传播"，他说："营销只是一种市场工具，是可以被模仿、学习、复制的；而品牌才是企业最核心的竞争力，是不可复制且独一无二的。传播的目的是品牌资产的长期积累而非只是短期的营销利益。"④ 这样一来，企业开始意识到，"不能继续在传统的产品或服务差异化的基础上进行竞争，而必须在他们能创造、管理和随着时间加以巩固的基础上——就是品牌上进行竞争"。⑤ "解决注意力不足这个问

---

① 张金海、段淳林：《整合品牌传播的理论与实务探析》，《黑龙江社会科学》2008年第5期。

② 〔英〕保罗·斯图伯特主编《品牌的力量》，尹英等译，中信出版社，2000，第12页。

③ 孙曰瑶、沙楠：《基于品牌信用度的性质研究》，《南京财经大学学报》2010年第5期。

④ 唐·E.舒尔茨、李光斗：《"整合营销传播"与"整合品牌传播"李光斗与唐·E.舒尔茨高峰对话》，《中国广告》2007年第6期。

⑤ 〔美〕道思·亚科布奇、博比·卡尔德：《凯洛格论整合营销传播》，邱琼、刘辉锋译，海南出版社、三环出版社，2007。

题的办法并不取决于更好的技术或更多的信息，而在于找到管理注意力的更好办法。"① 显然，学者们高度重视的是品牌信息碎片如何在注意力分散的消费者那里得到"重聚"，并在信息重聚中进行品牌传播，这样就强化了消费者的品牌记忆，弥补了消费者信息碎片重聚的艰难。也就是说，品牌传播的聚合性完全是针对消费者对于品牌碎片信息接受重聚的艰难而有的放矢地提出的。

二　企业自有数字媒体传播的反聚合现象

品牌碎片化信息的聚合性，需要发挥多平台间的协同传播效应，发挥其在不同营销环节中的位置和功用，从宏观上保持品牌信息整合战略的清晰认知，在各类细分媒体平台上实现整合一致的沟通与管理，从而形成品牌信息的整合循环机制，为消费者捕捉碎片化品牌信息构筑一个有效有序、整合一致的传播环境。然而，面对碎片化的媒介，企业不可能平均用力，只能优化媒体配置，把那些可能对品牌传播发挥重要影响力的平台作为信息聚合的焦点。全新的 AISAS（Attention 注意、Interest 兴趣、Search 搜索、Action 行动、Share 分享）消费者行为模式，将消费者在注意商品并产生兴趣之后的信息搜集（Search），以及产生购买行动之后的信息分享（Share），作为两个重要环节来考量。这也导致了企业主在品牌宣传投放时不再仅仅依赖以"围攻轰炸"为特色的传统媒体，而是开始更多地采用具有"互动""精准""定向"等特征的数字新媒体。② 根据日本电通对数字媒体平台的细分，企业自有数字媒体指的是企业自身拥有的网络平台资源，比如企业官网、企业博客、App 平台等。企业自有的数字媒体与传统媒体的最大区别在于，这些媒体是顾客"自发性"的"品牌接触点"。一般受众愿意关注一个企业的网站、微博、微信，多是基于对品牌

---

① 〔美〕托马斯·达文波特等：《注意力经济》，谢波峰等译，中信出版社，2004，第 10~11 页。
② 黄河、江凡：《论中国大陆网络广告的发展分期》，《国际新闻界》2011 年第 1 期。

广告、品牌活动、品牌新闻等企业行为产生了兴趣，并有对应的需求，想要更深入地了解品牌。此时，企业的各种自有数字媒体，自然而然地成为最有效的品牌信息接触点与聚合点。这为品牌信息如何通过更有效的传播渗透到顾客的心灵之中开辟了一个新的渠道，这一渠道是从"传—受"双方着眼的，是双方均期许的信息相交点，也是品牌信息聚合所需关注的切口。①

尽管企业自有数字媒体"已经具备建立互动式客户关系的能力，但很少有企业真正建立互动式的整合营销策略，大多数企业对于建立互动式的传播策略只是点到即止，停留于表层。而且，企业对于怎样将电子媒体与消费者数据库组合转化成为整合传播策略也知之甚少"②；从而忽略了它们在品牌建构过程中系统性地、聚合性地塑造品牌形象的功能，以至于传递的信息呈现出种种反聚合的现象。主要表现在以下三个方面。

1. 仅满足于品牌在自有数字媒体之上的存在，重营销轻管理

在品牌传播与建构过程中，只有当企业传递出来的信息既可以彰显品牌内涵，又可以代表某种生活方式、满足某种需求的时候，其发布的信息才有了价值。这与舒尔茨强调的"议题相关性"观点不谋而合：企业发布信息必须从顾客的接受心理出发，设法"将顾客与企业的品牌连接起来"，只有在公众认为媒介的内容具有与其自身相关和实用性的情况下，媒介议程才能影响到公众议程。③ 而在企业自有数字媒体的实际操作中，多数企业并没有从战略上重视自有数字媒体对品牌的系统建构作用。一方面，仅满足于在自有数字媒体上占个位、亮个相。调查显示，在目前的中小企业中，虽然有85%的企业运用互联网，却仅有48%的企业拥有独立的网站或网店。不仅如此，大多数企业只是粗放式地建立自有数字媒体平台，并无专人负责，大都局限在信息发布这样简单的用途之上。尽管定位如此之低，很多企业仍然难以保证对网站的关注和投入，接近六成的企业

---

① 舒咏平：《品牌聚合传播》，武汉大学出版社，2012，第 173 页。

② James W. Peltier, John A. Schibrowsky, Don E. Schultz：《互动式整合营销传播：统合 IMC、新媒介以及数据库营销的力量》，陈欢译，《新闻大学》2004 年第 3 期。

③ 倪宁、张勤：《试析广告传播中的"议程设置"——基于几种广告经典理论的解读》，《国际新闻界》2011 年第 10 期。

网站一个月都难以更新一次，多数企业的网站只是一个摆设。另一方面，即使内容经常更新，对发布内容的管理却不够重视。通过关注发现，企业网站、企业微博发布的信息、展示的商品或推广的活动，多是内容各异，没有在发挥各自优势的基础上形成统一的传播。[①] 此外，企业自有数字媒体发布的信息，其操作也多是营销思维导向。随着"精准营销""微博营销""微信营销"等词汇成为网络营销的热点，企业的各种自有数字媒体俨然成为一个个典型的营销工具。多数企业的自有数字媒体，除了营销信息，几乎看不到其作为一个品牌企业的"品牌"信息。短期内，自有媒体上的营销信息对于消费者会有正向影响；但是从长期效果来看，随着时间的推移，营销信息往往会逐渐淡化，顾客长期记忆中所需积淀的品牌信息却难以形成。这也就不难理解为什么有些品牌的产品信息在各种自有新媒体中频频亮相，却达不到让人印象深刻的品牌传播效果，其原因就在于重战术营销而忽视对品牌信息的战略管理。

2. 忽视通过自有数字媒体进行品牌关系管理

在当今的营销环境中，依靠产品差异来获取竞争优势在某种程度上已经变得越来越困难。美国品牌专家汤姆邓肯认为：塑造、维护和强化品牌关系已经成为过程论营销的核心问题。[②] 1992 年，Blackston 根据人际关系交往的原理规范了品牌关系的定义，创新性地提出品牌关系就是"消费者对品牌的态度和品牌对消费者的态度之间的互动"，并发现成功的品牌关系都具有两个因素：信任和满意。信任建立在亲密的基础上，亲密程度取决于品牌成功创建与消费者的个人连接；满意则是通过以顾客为中心，采取主动的态度来获得的。[③] 诸多企业在进行传统的市场营销时往往自然而然地使用以消费者为中心的研究策略，而在进行互动式传播策略时却抛弃了这一逻辑，完全漠视自有数字媒体的"互动"作用，依旧像对待传统媒体时期的消费者那样，"机械"地处理各种问题，即使在最终销售环

---

① 中国互联网络信息中心（CNNIC）：《2013 年上半年中国企业互联网应用状况调查报告》。
② 〔美〕汤姆·邓肯、桑德拉·莫里亚蒂：《品牌至尊：利用整合营销创造终极价值》，廖宜怡译，华夏出版社，2000，第 46 页。
③ Max Blackston, "Building Brand Equity by Management the Brand's Relationship," *Journal of Advertising Research* 6 （2003）.

节，如京东商城的客服界面，无论是消费者询问特定的区域能不能送货，或者缺货商品什么时候到货，都是系统的自动回复。就连在精准性、私密性更强的微信媒体上，这种情况也非常普遍。许多用户抱着与品牌一对一聊天的心态来收听品牌的公众账号，但大多数用户关注了某品牌并试图与其聊天后，发现对方根本不像微信上的好友，更像是一部机器。消费者对企业品牌的"心理认知"是通过"品牌接触点"来实现的：当消费者接触到企业传递出来的若干品牌信息后，会将储存在神经元上的与企业品牌相关的信息都调动起来，形成品牌感知。实证研究表明："企业内部对品牌的期望往往会与顾客的实际感知之间存在差异。"① 这意味着品牌发出的信息与其所说和所做的不一致，意味着品牌传递的信息散漫、模糊，意味着多数企业缺乏清晰明确的品牌信息聚合传播理念。

3. 自有数字媒体上的品牌危机管理乏力

在企业自有数字媒体上，品牌传播面对的目标不再是传统媒体传播中的"容器人"或"单面人"，而是更加活跃的、乐于自我表达的、渴望在社群中寻找角色定位的、热衷于分享的网络"社会人"。这些新媒体时代的具有强烈社交要求的网络用户，经常会在某些品牌传播活动中跳出来，来一场出乎企业传播计划之外的集体爆发。② 这让企业管理人员陷入了更加无法掌控的品牌传播窘境，以致常常采用一些错误的危机应对方式。西门子"冰箱门"事件中，西门子的危机公关在时间和内容上依旧倚重传统的新闻媒体，忽视了整个事件的主要发声平台——作为消费者的罗永浩的微博，这导致整个过程中，西门子在微博上的应对呈现被动、乏力的状态。面对随后而起的网友疑问，西门子总部也未主动进行处理，激化了网民的不满情绪。③ 农夫山泉"标准门"爆发前不久，已经屡屡暴露出各

---

① Johan Bosch, Elmarie Venter, Ying Han, Christo Boshoff, "The Impact of Brand Identity on the Perceived Brand Image of a Merged Higher Education Institution," *Management Dynam ics* 3 (2006): 36-54.

② 王怡：《社会化媒体中品牌传播观念的转变》，《人民论坛》2011 年第 9 期。

③ 周世禄、王文博：《西门子冰箱门事件的微博内容框架分析——微博对新闻报道影响初探》，《新闻与传播研究》2013 年第 2 期。

种问题，但其回应基本上都是轻描淡写，缺乏危机的发现能力，以致最后退出北京桶装水市场。西门子和农夫山泉的问题在于没有意识到自有数字媒体时代的"危机的瞬间升级"。以信息技术为载体的自有数字媒体极大地释放了人们的社会表达，为每一个人都安装了向社会喊话的"麦克风"。这种新兴的媒介环境极易造成大众围观，引发迅捷与多样的意见表达。[①] 这就是说消费者不再是纯粹的消费者，也可能是企业正向的或负面的宣传者。自有数字媒体平台对于企业品牌自主传播可以说是机遇与风险同在，企业能够使用的自有数字媒体越多，越类似于福柯提出的"全景敞视监狱"中描述的情形，企业被全方位地展示在受众面前。"滚雪球效应"和"蝴蝶效应"在自有数字媒体时代得到了最大程度的验证。

在社会系统中，品牌既是一种经济现象，又是一种社会、文化和心理现象，它的认知与创建都是一个动态传播与发展的过程。因此，品牌聚合传播需要一个以品牌建构为导向的统一性的传播机制，这种统一的传播机制首先就是构建适应于品牌传播的组织体系，以保障品牌传播的实效性和可操作性；同时还需要品牌传播的战略认知与制度认同，从而调动企业全员自觉地参与到品牌传播之中。但目前我国大多数企业的组织体系中，没有专门的品牌传播部门与岗位，从而无法对传播过程中的各个品牌信息进行协调、整合。一些公司的品牌战略、品牌定位等核心传播内容仍然由公司的一些高层领导兼职负责，然后把那些具体的传播活动交予不同的部门共同负责执行。这就使自有媒体的品牌传播企划和监控更显复杂，一旦协调缺乏，各自发出的信息就会自说自话，甚至自相矛盾。尽管有少数企业开始建立起品牌传播部门，但运作人员多是从营销、市场部门转岗过来的，采取的多是传统的营销思路，并未上升到"品牌传播"的高度。管理企业网站的是技术人员，发布企业微博、微信的是营销人员，危机事件又是公关部门负责，这样就难免导致自有数字媒体发布的信息出现反聚合现象。

---

① 喻国明：《"关系革命"背景下的媒体角色与功能》，《新闻大学》2013 年第 2 期。

三　形散神聚：品牌自有数字媒体
传播之取向

　　企业的每一个细节都可能成为传播品牌的符号。这些符号可以是品牌名称、品牌标识、产品包装，可以是品牌领导人的态度、故事，甚至是员工的一个举止，"这些细节我们无法一一列出，它们呈现在任何一个可能的时空中，存在，却又难以穷尽，这便注定了其碎片化的呈现状态"。①由于品牌形象的呈现不可能是整体的，这更加注定了品牌在自有数字媒体传播环境中也很难以一个整齐划一的形象获得所有公众的认知。为了使公众可以通过浩如烟海的信息碎片去感知品牌，企业不得不将品牌形象掰开揉碎，散入各个平台，如企业宣传册、网站、博客、微博、微信、广告等，进而针对不同细分用户特征进行不同方式的品牌传播。尽管呈现品牌的符号是"形散"的，但其品牌形象却不会因其碎片化的呈现而被分割得支离破碎、无法识别，因为每一个品牌都有令公众印象深刻且相对稳定的核心符号，其核心符号从不同角度展示着品牌的独特魅力。如海尔的"真诚到永远"、苹果公司缺了口的"苹果"、海底捞的"微笑式服务"，这便是核心符号传播的效果。核心符号往往是企业着力传播给公众的符号聚焦，是品牌神韵之所在。因此，品牌传播的"形散"，是以"核心符号"的"神聚"为前提的。掰开揉碎的"形散"传播只是便于用户在不同类型的数字媒体间自由穿梭时，也能够感知到整合一致的品牌信息，通过多点的个性化信息接触以及差异化的服务沟通，最终实现"神聚"的传播效果。唐·舒尔茨曾在其整合营销传播理论中清晰地表述道："要想和顾客建立关系，不单只是交换资讯，厂商还必须整合种种形式的传播，形成一致的诉求，才能建立起和顾客的关系。"②汤姆·邓肯也认为："在整合营销传播活动中，如果从一次活动到另一次活动或从一个媒体到另一

---

①　隋岩、张丽萍：《企业形象的碎片化呈现与传播》，《新闻大学》2013年第5期。
②　〔美〕唐·E.舒尔茨等：《整合行销传播》，吴怡国等译，中国物价出版社，2002，第546页。

个媒体，都能统一信息的风格，就拥有了一致性。"① 可以看出，作为整合营销传播的专家唐·舒尔茨与汤姆·邓肯，均不约而同地进行了品牌聚合传播的转向，强调这种品牌传播的精髓是消费者对于品牌集中统一的感受。这种感受则来源于企业在品牌传播过程中不断地制造"议题相关性"、不断地聚合各种品牌信息，从而实现顾客对于品牌的"认知一贯性"。尽管不同的自有数字媒体在传递信息时可以使用不同的语气与方式，但对于"品牌一致性"的"核心符号"必须进行明确而执着的坚守，如此才能避免"形散"的信息之间产生抵消与损耗。综观那些做得较好的企业，他们的官网、微博、微信发布的信息，既有对社会的深切关怀、对生活的真知灼见，又有行业的知识、企业的文化，消费者可以从点点滴滴的信息碎片中感受到品牌"神聚"性的律动。例如"小米"的新品发布、"小米"的新视频上线、"小米"创始人雷军出席某重要论坛、"小米"的品牌网站、创始人团队个人微信、"小米"旗下的"米聊"与"米U"的新话题等，其一个个碎片信息，实际上均以"为发烧而生"的小米之魂在消费者头脑中实现品牌聚合。

品牌传播除了要抽象出能够面向所有公众的"共通的品牌意义"之外，还要能够针对不同社群甚至个人的特征进行个性化的传播，让受众在体验中形成自己对品牌的印象。保持品牌信息的一致，对发布信息进行优化，尚属于初级程度的聚合，因为这些信息是"经过设计"的，是可以影响和控制的。② 而在品牌传播的实际环境中，消费者对于企业、产品或服务的咨询、抱怨、建议等信息，却超出了品牌主所能掌握的范围。"新媒体时代，谁能够最大限度地激发用户贡献内容，谁能对用户贡献信息的流向进行引导，对碎片化信息内容的呈现结构进行优化，对信息资源进行深度发掘、整合和利用，谁就最有可能获取说服和影响他人的能力。"③企业通过自有数字媒体的互动系统建立品牌关系，这不仅是一项新型投

① 〔美〕汤姆·邓肯：《广告与整合营销传播原理》，廖以臣、张广玲译，机械工业出版社，2006，第193~194页。
② 〔美〕汤姆·邓肯、桑德拉·莫里亚蒂：《品牌至尊：利用整合营销创造终极价值》，廖宜怡译，华夏出版社，2000，第84页。
③ 喻国明：《传媒新视界：中国传媒发展前沿探索》，新华出版社，2011，第111页。

资，更是一次自我革命。微软公司在推出 Windows 95 时，就曾出现一天 4 万个用户咨询的情形。企业的自有数字媒体体系一旦建立，即生存于"全景敞视监狱"的媒介环境中，被全方位展示在公众面前，面对的是不计其数的、不分时段的、四处散落的公众的咨询、建议、抱怨，而专门的品牌传播管理部门的传播力量毕竟有限，如果中途放弃这些互动关系的投资与运作，消费者一旦从企业得不到回应，转而向别的消费者诉苦，就极有可能产生雪崩效应，对品牌造成更为严重的损坏。为了维护品牌形象，企业必须以系统化和跨部门的方式来解决这个问题，这就要求企业建立完备的品牌聚合传播机制，成立专门的品牌传播部门，如此才能整合资源进行全员品牌管理，将员工力量集合起来，将品牌共识转化为全员品牌建设的行动，最终形成品牌创建的合力。以"品牌管家"定位的奥美公司就认为：企业里的每一个部门和每一项职能，都负有沟通的责任。认清一个企业所做的每一件事与没有去做的每一件事，都传达出一个代表品牌信息的事实。建立专门的品牌传播部门并非不允许各个自有数字媒体自行发布品牌信息，只是从宏观上、战略上确立品牌传播的标准，确保各个自有数字媒体发出的信息与品牌定位、品牌形象契合。以戴尔为例，其公司不仅建有社会化媒体指挥中心，而且在每个官方账号背后，均成立了综合性的运作团队，并成立了专门的社会化媒体大学，聘请专家对员工进行培训，以使每一位员工都能成为企业的品牌大使。[1] 也就是说，要想让每一个员工均能通过自身的社交媒体进行自觉的品牌传播，企业不能只是流于发布多少条微博或微信的形式上的要求，更需要让品牌理念、品牌定位、品牌文化走进员工心里，让员工真正富有对于品牌的归属感和向心力，从而有机地实现品牌传播的聚合。"九阳"基于自有数字媒体的品牌传播已经成为业界学习的案例，究其原因，不仅是企业的官方自有数字媒体发挥了核心作用，更重要的是实施了"全员社会化传播策略"：九阳员工的微博、微信作为企业自有数字媒体的主力军，担负着"全员社会化营销"的品牌传播重责；员工自有媒体的品牌微信息，最真实而有效地影响他们身边

---

① 陈刚等：《创意传播管理——数字时代的营销革命》，机械工业出版社，2012，第 60~62 页。

的朋友、同学、亲戚；员工们利用碎片时间与"形散"的媒体碎片，一对一地为消费者答疑解惑。最勤奋的一位员工创下了全年回答 400 多个网友问题的解答记录，而他并不隶属客服部门，亦非市场销售人员，而是一位基层管理人员。

显然，企业不仅需开发出系统的、矩阵式的自有数字媒体，形成"形散"的媒体碎片之"微力量"；而且需系统聚合品牌传播信息，建立包含员工社交媒体在内的自有数字媒体传播体系，积沙成塔式地聚合成"巨力量"，如此才有望实现品牌的聚合性传播，让消费者便捷地进行碎片化品牌信息接受聚合，形成低成本、高效率的品牌传播收益。

（原载《新闻大学》2015 年第 2 期，署名舒咏平、齐二娜）

超越营销的品牌营销传播

——新媒体环境下广告主的抉择

遍布新媒体之上的大数据，是企业战略、营销策略制定的依据。大数据专家写道："大数据分析有时候能明确地使企业获得比顾客更多的信息优势。""超级大数据分析革命常常给消费者带来实惠，因为它能够帮助卖方与政府更好地预测谁将需要什么。"① 如果说兵家的战场战略制定，离不开翔实而准确的情报，那么今天企业的市场战略制定，更翔实而准确的市场情报，则已经遍布于新媒体之上。随着大数据、云计算、物联网、微传播、移动互联、O2O 等新媒体应用形态层出不穷，信息传播正经历着前所未有的变革。在此背景下，一方面是"互联网思维"正在改变着人们的思维方式，另一方面则是"互联网+"在加速刷新各行各业。这一趋势，最典型的体现无疑是促使广告主进行超越营销的品牌营销传播，这是新媒体环境下广告主的全新抉择。

一 超越营销的三部曲

1. 摆脱实体：广告对营销的第一次超越

营销之父菲利普·科特勒对于营销的权威定义为："为创造价值及满

---

① 〔美〕伊恩·艾瑞斯：《大数据思维与决策》，宫相真译，人民邮电出版社，2015，第 33、14 页。

足需要和欲望来管理市场，从而实现交换和建立关系。"① 我们知道，营销比推销更先进的是从消费者的需要出发，重视建立关系；但从科特勒的权威定义上审视，营销本质中的"实现交换"，始终摆脱不了商品之实体。由此，营销的 4P 理论，即 Product（产品）、Place（销售渠道）、Price（价格）、Promotion（促销）组合思想自然成为营销摆脱不了的基本内涵。而营销中以商品实物为中心的物流、结算，即实现交换的核心环节，更是营销得以实现的本质所在。

广告从诞生的那一天开始，就立足媒体且摆脱了商品实体的束缚。1729 年，美国广告业之父本杰明·富兰克林创办的《宾夕法尼亚日报》，刊登了一则推行肥皂的广告。这被看作第一则现代广告，其商品的呈现不再是实体，而是纸媒上的图案与文字符号。在早期广告理论界，最具有代表性的观点无疑是肯尼迪提出的"广告是印在纸上的推销术"。具有国际影响的美国广告学者阿伦斯则如此给广告定义："广告是由可识别的出资人通过各种媒介进行的有关产品（商品、服务和观点）的、有偿的、有组织的、综合的、劝服的非人员的信息传播活动。"② 美国得克萨斯大学广告学系也早在 1995 年就提出了"广告即信息交流的"观点，他们认为未来的经济社会和媒体将发生巨大变化，广告的定义不应该局限在传统的范围内，从商业的角度来讲，广告是买卖双方的信息交流，即卖者通过大众媒体、个性化媒体或互动媒体与买者进行的信息交流。③ 由此，广告的价值得到凸显，即摆脱营销所要实现交换的商品实体，而将营销所要实现的实体商品交换提升到符号化、信息化的运作层面。也就是说，作为符号、信息扩散的广告，由于摆脱实体的纠缠，而对营销实现了第一次超越。如此，广告从营销中独立出来，并显示出一种巨大的进步与革命，即市场的开拓不再拘泥于产品实物的营销，而是产品符号化、信息化的传播。这是切合媒体发展、信息传播大趋势的，是工业社会开始进入信息社

---

① 〔美〕菲利普·科特勒：《市场营销导论》，俞利军译，华夏出版社，2001，第 17 页。

② 〔美〕威廉·阿伦斯等：《当代广告学》，丁俊杰等译，华夏出版社，2000，第 7 页。

③ The faculty of the Department of Advertising, College of Communication, The Unicersity of Texas at Ausin, Austin, Texas, *Thoughts about the Futuse of Advertising-A White Poper*, Duc, 1995.

会的时代选择。广告主如想开拓更为广大的市场,广告就成为营销的基本前提,成为19世纪开始且贯穿整个20世纪,至今依然绕不开的选择。

需说明的是,数字也是一种符号,是一种抽象度、准确性更高的符号;因此,近年"数字营销"概念的提出并得到广泛的认可,一定意义上正是数字媒体环境下广告形态对于营销超越的一种全新呈现。

2. 淡化功利:传播对营销的第二次超越

可以说,19世纪伴随报纸媒体诞生的广告(advertising),与生俱来就有"广而告之"的单向宣传特性;且由于大众传媒具有广阔的覆盖面,广告成为价格不菲的信息投资。如此,广告主必然的选择就是将产品功能进行清晰诉求,以尽快实现市场上的利益转化,从而抵消庞大的广告费的支出。可是,随着媒体产业发展,媒体越来越碎片化,广告的受众也加速分化,广告主要引导消费、促进营销,开始把关注点转移到传播之上。相比单向度的广告,诞生于20世纪中叶并延续至今的传播(communication)则是以双向性的信息分享与沟通为本质特征的。于是整合营销传播概念得以提出。所谓整合营销传播,即"企业或品牌通过发展与协调战略传播活动,使自己借助各种媒介或其他接触方式与员工、顾客、投资者、普通公众等关系利益人建立建设性的关系,从而建立和加强他们之间的互利关系的过程"。① 被认为是整合营销传播之父的美国西北大学教授唐·舒尔茨则这样强调:整合营销传播是关系营销得以实现的保障,而"要想和顾客建立关系,不单只是交换资讯,厂商还必须整合种种形式的传播,形成一致的诉求,才能建立起和顾客的关系"。② 由此,在整合营销传播体系中,广告发出的不仅仅是产品功能与价格优惠之类的功利性信息,而是统一的品牌个性诉求声音;其公共关系活动则以公益性、文化性的名义极力取悦消费者;企业数据库则支持进行各种以感情沟通为主的经销商、重点客户关系的维护。显然,这些淡化商品交换的功利性、旨在建立关系的双向传播,自然实现了对营销与广告的超越。

---

① 〔美〕汤姆·邓肯:《广告与整合营销传播原理》,廖以臣、张广玲译,机械工业出版社,2006,第193页。

② 〔美〕唐·E. 舒尔茨等:《整合行销传播》,吴怡国等译,中国物价出版社,2002,第546页。

3. 战略统摄：基于数字化的品牌传播对营销的第三次超越

虽然营销、广告、整合营销传播各自重心不同，但却拥有一个共性，那就是服务于某个阶段营销的业绩，属于市场战术策略层面。而进入数字化环境，尤其是大数据时代，当广告主与消费者双方均呈现通透性时，广告主的整体形象——品牌——就成为实现营销的关键要点；凡涉及品牌的广告主的任何言行均具有了战略统摄性质。

消费者信息，无疑是广告主战略制定之基石。在大数据中，消费者已经变得通透起来。我们知道，大数据即"指无法在一定时间内用常规软件工具对内容进行抓取、管理和处理的数据集合"。[①] 由于信息时代催生了海量的信息，如此大数据已经"像空气一样围绕在每个人的身边，每个人都是数据的创造者"；这就使大数据的提炼其实正是还原了事实真实。[②] 如此，消费者的各种行为事实上在互联网空间留下了各种各样的数据，如此大数据的集合，就使消费者的所思所虑、所需所为，变得通透明朗。

同样，在数字媒体与大数据环境中，广告主的通透性即广告主自身的信息透明，且总是进行着丰富性的品牌传播。如企业的官方网站进行着广告主全景性的信息裸露；各类形象视频则直观地展示着企业的建筑、设备、技术、产品、文化、市场；百度地图把企业的地址甚至代销点也展示得一清二楚；企业的网上商店与消费者评价打分，则把广告主的产品、服务、市场表现呈现得淋漓尽致；企业官方微博、微信，以及各类高管、员工的微博、微信，则无时无刻不在进行着广告主行为的直播。可以说，越是敢于敞开胸襟，袒露品牌企业的方方面面，让作为受众的消费者看得明明白白，广告主就越能取信于市场，从而将信誉的积累转换为品牌效应。

实际上，唐·舒尔茨继提出整合营销传播之后，其理念快速向品牌提升，他说道："品牌是买卖双方一致认同，并可以据此达成某种交换协议，进而为双方都创造价值的东西，""品牌是为买卖双方所识别并能够

---

① 杨正洪编著《智慧城市——大数据、物联网和云计算之应用》，清华大学出版社，2014，第13页。

② 车品觉：《决战大数据：驾驭未来商业的利器》，浙江人民出版社，2014，第29页。

为双方带来价值的东西。"① 英国品牌学家保罗·斯图伯特也说道："品牌不是违背消费者意愿而强加在'品牌的忠诚信徒'头上的。品牌使消费者在日益复杂的世界上充满自信地购物。品牌为消费者提供了质量、价值和产品满意方面的保证。只要品牌保持其作用，消费者就会继续给以支持，反之，如果消费者不喜欢某个品牌，或品牌不能满足消费者的需要，或出现了另一个更好满足消费者需要的品牌，品牌的区别功能就使消费者避开不满意的品牌，另选一个替代者。"② 如此，作为广告主与消费者建立以信誉为核心的全方位关系的品牌传播，既具有了融合营销、广告的策略要素，又拥有了理念、文化的战略意义，并实现了对营销的第三次超越。

具有战略统摄性的品牌传播体现了两方面的本质，即"信誉建构"与"双向沟通"。为此，其定义可表述为："以品牌信誉在消费者及公众心目中建构为目标，以包含产品品质、服务满足、广告、公共关系、营销对话在内的互动沟通为手段的现代主体性传播实践活动。"由于整合营销传播理论（IMC）影响广泛，我们有必要将品牌聚合传播（IBC）与之进行比较（见图1）。

IMC	IBC
请注意消费者	请尊崇消费者
单项营销活动的整合	长短效应兼顾的系统整合
注重一个声音	注重专一符号
多种硬手段的整合	神形兼备的聚合
基于大众媒体	基于数字媒体
营销层面	战略层面

图 1 IMC 与 IBC 的比较

资料来源：舒咏平《品牌聚合传播》，武汉大学出版社，2008，第 382 页。

由图 1 可见到，从 IBC 的"长短效应兼顾的系统整合"、有形产品与无形文化的"神形兼备的聚合"等角度审视，其超越 IMC 的营销战术层

---

① 〔美〕唐·舒尔茨、海蒂·舒尔茨：《唐·舒尔茨论品牌》，高增安、赵红译，人民邮电出版社，2005，第 8~9 页。

② 〔英〕保罗·斯图伯特主编《品牌的力量》，尹英等译，中信出版社，2000，第 12 页。

面，从而实现营销融合的战略统摄性也就非常清晰了。

二　品牌营销传播的三大保障

当广告主来到立足于新媒体环境的品牌营销传播的全新关口，要实现高效的运作需在既有基础之上建立以下三大保障。

1. 理念保障

当广告主进行品牌营销传播的战略抉择时，需在企业上下建立的理念共识主要有以下几点。

- "企业即事业"的价值升华——企业当然是以营利为本质的，但上升到服务人类的事业高度，做品牌就成为价值体现的自觉行为，而不仅仅是营销营利。

- 满足消费者全方位需求——市场调查资料表明，"认牌消费"已经成为一种普遍的消费现象；因为，品牌既是信誉的标签，又是文化价值的展现。可以说，认牌消费既是一种消费安全的保障，又是心理满足的需要。

- 帮助进行企业长短效应兼顾的营销——品牌有助于销售量的增长、品牌有助于商品合理溢价、品牌有助于营销费用降低，并形成后续市场营销力。也就是说，品牌导向的营销传播，不仅帮助营销人员提升当年业绩，而且还为后续市场进行了铺垫与酝酿。

- 提升经营品位，获得更大尊重——消费者及公众由衷认可，可使广告主或曰品牌主获得多方面的尊重。可以说，营销业绩或许更多体现在经济收益上，而品牌成功却能让广告主全方位地获得社会敬重。

- 我国经济转型的关键抓手——我国目前正面临经济转型，其基本内涵即内需导向、结构调整、自主创新，而这三者均聚焦于品牌。由此，品牌营销传播便成为企业与政府实现经济转型的关键抓手。

2. 组织保障

全球最大的广告主、日化企业"宝洁"于 2014 年 7 月 1 日宣布：即日起，营销总监转型为品牌总监，营销部门重新命名为"品牌管理部门"，其工作四大领域为品牌管理、消费者与市场、沟通传播、设计。

宝洁公司对此专门阐释道：这是为了提高品牌和商业效果，简化程序，提高效率。

"宝洁"组织机构的变革，无疑是企业顺应信息社会大趋势的理性举措。我们知道，新兴的数字媒体为每一个人都安装了向社会喊话的"麦克风"，如此也必然容易造成大众围观，引发迅捷与多样的意见表达。[①]这就必然使消费者不再是纯粹的消费者，而可能是企业正向或负面的宣传者。在广告主层面，企业如何实现多种媒体选择中的品牌营销传播，显然需要建有专门的组织体系机构。目前，我国大多数企业组织体系中往往只在营销中心建有市场部，但以营销业绩考核为取向的营销部门，始终围绕当年的营销额、回款率打转，其下属的市场部真正担负起品牌传播的战略功能是不现实的。因此，企业设置"品牌传播中心"成为必然的组织保障。如法国迪卡侬集团就设置有"品牌传播中心"，在全球对17个消费品牌及7个物料品牌进行了高效传播运作管理。因此，其"品牌传播中心"的建制无疑具有启迪性。[②]

"品牌传播中心"的运作还需要下设部门予以支撑，其部门的任何行为和活动都应该与企业的品牌发展战略目标息息相关，并发挥各自优势，协调一致地支持品牌营销传播战略目标的实现。在"品牌传播中心"部门之下，可分设三个具体部门或经理岗位，其职能分别如下：

- 品牌管理部（经理）——负责监控市场、市场调查、品牌规划、品牌传播策略制定、品牌传播执行与督导；
- 公关拓展部（经理）——负责线下公关活动执行、合作伙伴建立、危机事件处理；
- 媒体管理部（经理）——负责线上品牌舆论监控、自媒体技术维护、自媒体内容发布、大众媒体关系维护、O2O线上支持、数据库管理。

工信部2014年专门颁发了《关于2014年工业质量品牌建设工作的通知》，其中就明确指出：……推进工业企业品牌专业人员（品牌经理、首

---

① 喻国明：《"关系革命"背景下的媒体角色与功能》，《新闻大学》2012年第2期。
② 舒咏平、杨敏丽：《从案例看企业的"品牌传播"》，《企业研究》2014年第19期。

席品牌官）培养、推动产业聚集区域品牌建设、组织全国品牌故事演讲
比赛、品牌创新成果发布等。[①] 企业品牌专业人员的岗位设置，将形成一
个全新的企业"品牌人"群体，他们的人生发展路径如图 2 所示。

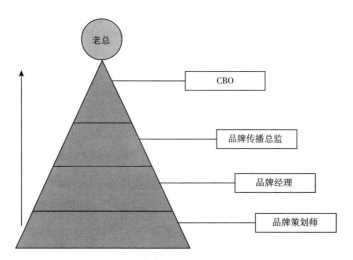

图 2　企业品牌人的人生规划

　　品牌部门建立以及品牌专业人员的发展，给我们带来的思考主要有以
下几点。（1）立足大数据与新媒体，企业自主的品牌营销传播比重越来
越大，我们的人才培养与科学研究更应该直接与企业需求对接。（2）企
业品牌管理部门的建立，使广告、传播专业毕业生的职业生涯目标将由市
场需求非常有限的"著名广告人"转向发展空间巨大的企业优秀"品牌
开拓者与管理者"。（3）由于品牌营销传播人才更具有战略思维，且更能
有效地融合性指导营销，其未来的企业 CEO 成长路径将形成这样的嬗变：
如果此前 100 年，企业 CEO 是从营销出生的；那么伴随新媒体的强劲发
展、企业由工业时代进入信息时代，此后 100 年企业 CEO 将由品牌管理
部门诞生。

---

① 工业和信息化部：《关于 2014 年工业质量品牌建设工作的通知》，2014 年 2 月 27 日，
　　http://www.miit.gov.cn/n11293472/n11293832/n12843926/n13917012/15901650.html。

3. 制度保障

如今的广告主，真可谓真正的品牌传播主人了！因为任何不至于置身新媒体之外的企业，其实均具有了丰富且多样性的自媒体矩阵。显然，立足企业自媒体并高效进行媒体运作，就需要有相应的制度管理。同时，企业的品牌营销传播往往涉及线上与线下的配合，即 O2O 策略——线上和线下（Online to Offline）互动的新型商业模式①，这更需要规范的制度管理。也就是说，仅仅从企业的媒体运作、OTO 运作方面来审视，品牌营销传播的制度建设与保障就必然是不可或缺的。

实际上，面对信息社会错综复杂的环境，担负企业生存发展重责的品牌营销传播不仅不允许出现任何可能引发"蝴蝶效应"的小小失误，而且还需创新性地为品牌形象提升建立传播业绩。这就需要建立科学规范的管理体系，以下有关企业品牌传播的管理制度均应是建章立法的范畴。

• 《品牌接触与品牌营销的大数据挖掘分析制度》——这为常规性的线上品牌接受与营销信息大数据挖掘分析做出规定。

• 《市场调研与品牌竞争力分析制度》——这是将线下调查与线上数据分析进行综合，并对企业品牌市场竞争的诸多要素进行分析、提出报告进行规范。

• 《品牌定位检视与产品优化改进制度》——通过调查分析数据，对企业品牌的市场表现进行定位检视，并提出品牌产业优化的改进建议制度；可以说，该项制度对于以往的营销人员，以及以广告为主的市场开拓者来说，乃是一个全新的进步。

• 《企业自有媒体内容信息发布与技术维护制度》——对企业官方自有媒体，以及以企业为背书的企业高管的社交媒体之信息内容、发布方式，以及技术维护等做出规定。

• 《企业新闻宣传与广告投放管理制度》——企业通过各类大众媒体、公共场合发布新闻，进行广告投放，进行科学规范的管理。

• 《品牌、产品核心竞争概念与营销培训制度》——品牌的市场亮相、产品的核心竞争力往往体现在核心竞争概念上，对此需进行统一规范

---

① 张波等：《O2O 实战——二维码全渠道营销》，机械工业出版社，2013，第 49 页。

的约定，并通过营销培训制度使企业在品牌营销传播中口径一致。

- 《目标市场调查与品牌营销传播策略制定与执行制度》——就特定的区域市场，或某一类人群的特定市场进行聚焦性调查，制定企业进入该市场的品牌营销传播策略，并对执行细则进行相应规定。

- 《O2O 一体化的品牌传播与销售促进管理制度》——线上线下高度协调的品牌传播以及营销促进，需要科学的管理，其制度就成为必要。

- 《企业文化、品牌文化建设与丰裕性传播规范》——同样，作为传统营销人员、广告人员，完全不必理会企业文化、品牌文化建设，但在进行品牌全面竞争的时代，企业文化与品牌文化已经成为竞争制胜的深层法宝，也是品牌丰裕性传播的内容源泉；相应地也需要进行规范管理。

- 《品牌危机管理制度与处置预案》——在信息时代，不可预测的因素空前增多，品牌危机防范与处置不可不早做准备，这必然地体现到制度预案上。

- 《品牌管理部职能与岗位责任制度》——作为企业战略的情报信息部、发展战略的"发改委"、市场营销的参谋部、营销执行的空中支持部，品牌传播管理中心的职能以及各个岗位的职责不可谓不重大，因此理所当然需要制定相应的责任制度。

可以说，任何企业倘若能结合自身行业与市场的实际进行如上制度的建设与执行，该企业的品牌营销传播必将成为行业的一面旗帜。

综上所论，即信息数字化促生了"互联网+"，让所有企业进入品牌直播的透明屋；而旨在品质信誉建构、重在双向沟通互动的"品牌营销传播"将黏连一切决定企业生存发展的利益攸关者；如此，当信誉导向的品牌关系建立时，营销也就水到渠成！

（原载《广告研究》2015 年第 3 期，署名舒咏平、肖雅娟）

基于受众评价的
广告社会效果研究

广告社会效果一直受到社会的广泛关注。从 2005 年国家 11 部委联合进行广告市场专项治理，到 2007 年新《医疗广告管理办法》正式实施，以及 2008 年乳业危机暴露出的广告责任问题，一个个热门却严肃的话题均有着同一指向，即广告社会效果与广告信任度的危机。但其危机究竟有怎样的体现并达到何种程度，且有怎样的具体表现，这恰是本研究的目的。

一 文献回顾

广告的社会效果研究，其基础文献主要在以下两个方面。

1. 广告的社会效果研究

广告的社会效果指的是广告刊播后对社会某些方面产生的影响，这种影响包括正面的与负面的影响。广告要依靠社会公众长期建立起来的价值观念来对它进行评判。广告的社会效果受到社会制度和意识形态，包括政治观点、法律规范、伦理道德以及文化艺术等标准的影响。近 50 年来，西方学者对广告的社会效果进行了多层次、多角度的研究。如，英国心理学家 Brian Young 在电视广告与儿童的研究中对广告如何引发人们心理变化进行了研究，其关注的无疑是广告对个体心理的影响。美国社会学家 William Leiss 等推出了广告社会研究的专著《广告中的社会传播》，其核心观点为"广告是一种强有力的社会传播形式，广告的内容与意义来自整个社会文化系统，因而广告的影响扩展到大众文化领域"。美国历史学家大卫·波特在《富裕的人们》中则指出，广告作为富裕的机构，是执行社会控制的机构之一，"其影响不是在我们分配系统的经济学方面，而是在我们社会的价值观方面"。在他们眼中，广告的社会影响是消极的。[①]英国学者费瑟斯通认为广告促进了消费主义滥觞，以牺牲传统的精神价值为代价，鼓励物质占有和享乐生活，导致物质主义盛行，颠覆了社会的价值体系。广告向人们展现美好的生活和理想的消费者形象，渲染物质占有和消费带来的满足、幸福和生活乐趣，通过不断开发需要，将人们导向追逐物质占有和消费的快速道上，物质主义取代了传统价值体系中的心灵完善和精神追求。广告让商品消费不再是生活需要的满足，炫耀性消费成为一种生活方式。[②]

我国对于广告社会效果最具代表性的研究乃是陈培爱关于"我国电视广告的社会效益及其改进策略"的研究，其以问卷调查方式在北京、武汉、厦门三地的受众中，征询了中央电视台与部分省市电视台的 376 条广告；调查结果表明：我国绝大多数电视受众对电视广告的正面社会效应持肯定态度，但电视广告的负面效应也非常突出，主要表现为对儿童的行为与语言习惯产生了不良影响，并诱导成年人的不合理消费，一些广告具有欺骗性，同时还存在抬高洋货、贬低民族工业的不良倾向。[③] 正因为广告的社会效果具有辩证性，路志宏认为：广告不仅具有宣传产品的作用，而且能潜移默化地影响人们的社会行为和价值观念。其社会化功能表现在向受众传播有关的价值观念和生活理念，倡导一定的行为准则和行为习惯，在一定程度上能影响和改变社会生活方式；广告还具有文化导向、价值导向、消费导向与政治导向的功能，所以，广告必须坚持健康导向。[④]

---

① 陈月明：《从美国广告批评看广告社会影响》，《现代广告》2005 年第 12 期。
② 〔英〕迈克·费瑟斯通：《消费文化与后现代主义》，刘精明译，译林出版社，2000，第 122~129 页。
③ 陈培爱：《提高我国电视广告社会效益的对策研究》，《中国广播电视学刊》1997 年第 7 期。
④ 路志宏：《广告表现特征与社会效果分析》，《中州大学学报》2004 年第 2 期。

2. 广告可信度研究

可信度是广告社会效果评价的核心指标，即受众对广告信息的信赖程度，是对信用的量化评价尺度。Rasha 等学者将可信度概念分解为 12 个可操作性指标：值得信任性、时效性、偏向性、公正性、完整性、客观性、诚实性、现代性、可相信性、平衡性、准确性、即时性。[①] 伊利诺斯大学库明斯广告研究中心 1997 年对 1000 多位成年人进行电话调查，发现多数人喜欢广告但不信任广告。52% 的受访者认为总体上广告是不可信的。[②] Shavitt 等在 1998 年对全美 1004 名成人进行电话调查，其结果表明：44% 的公众喜欢广告，不喜欢的占 25%；52% 的受访者认为广告具有娱乐功能，37% 的受访者表示反对；47% 的受访者认为广告侮辱了人们的智力；61% 的受访者认为广告是信息性的；68% 的受访者常常利用广告信息来制定购买决策；51.5% 的受访者认为广告是不能信任的；68.6% 的受访者认为常在购买决策中受到广告的误导；约 2/3 的受访者感觉在运用广告信息做购买决策时有信心。[③] 近期盖洛普公司对美国 32 项主要职位的信任度进行调查，广告和广告人的信任度仅为 10%，排在倒数第二位。其"夸张的承诺和过度的投放是广告效果下降的重要原因，但是，信任度的影响是最根本的原因"[④]。Pollay 等人在对中国三大城市中消费者的调查中发现，中国消费者对广告信任度不佳，但认为"外国产品广告更有吸引力"[⑤]。黄升民等人的研究则表明，中国城市公众中存在对广告信任度和广告在消费中的重要程度间的差异，并认为造成目前中国城市广告信赖度偏低的主要原因有三：①广告"假、滥、多"；②媒体曝光频密，企业面临诚信危机，间接影响了受众对广告的信任度；③消费者日渐成熟。[⑥]

---

① 林频：《西方传媒可信度研究概述》，《新闻记者》2005 年第 8 期。

② "Americans Actually are Favorable toward Ads," *USA Today Magazine*126（1997）.

③ 高运锋：《广告公信力的缺失与建构》，武汉大学博士学位论文，2007。

④ Al Ries, Laura Rtes, *The Fall of Advertising and the Rise of PR*（New York Harper Collins Publisher Inc., 2002), p. 73.

⑤ R. W. Pollay, D. Tse, Z. Y. Wang, "Advertising, Propaganda, and Value Change in Economic Development: The New Cultural Revolution in China and Attitude toward Advertising," *Journal of Business Research* 5（1990）: 83-95.

⑥ 黄升民、陈素白：《社会意识的表皮与深层——中国受众广告态度意识考察》，《现代传播》（中国传媒大学学报）2006 年第 2 期。

二　研究思路与设计

1. 研究思路

本研究重点考察受众对广告社会效果的评价及其影响因素。首先，通过单变量描述统计，分析受众对广告社会效果评价的基本状况，包括社会效果评价和广告可信度评价两个方面；其次，运用双变量交互分类统计分析方法分别考察不同居住地区、人口学特征（性别、年龄、受教育程度、职业、月收入）和信息接触习惯（产品信息接触偏好、广告接触反应）的受众对广告的社会效果评价是否存在差异；再次，运用双变量相关分析方法探讨受众对广告社会效果评价与广告可信度之间的相关关系；最后，阐明本研究的基本结论，对其中部分结论给予一定的理论揭示与讨论。

2. 研究设计

研究数据由课题组采取入户访谈与拦截访问的问卷调查方式进行采集。具体抽样方案为：按照立意原则，以人均 GDP 水平随机选取分别代表中国东部和中部地区经济发展水平的 5 个省（市），然后在每个省（市）按照研究需要抽取城镇，共抽取 6 个城镇的 2000 名居民为本次研究的调查样本。6 个城镇依次为：湖北武汉市、湖北黄冈市、江西茨坪镇、上海市徐泾镇、北京市、广东深圳市。回收有效问卷 1736 份，有效问卷回收率为 86.8%。统计分析运用 SPSS 软件，通过频率分布和双变量相关分析方法等，对基于受众评价的广告社会效果及其评价的影响因素做出探讨。

3. 样本的基本特征

研究样本中有女性 947 个，略多于男性的 778 个。从被访者居住地来看，被访者主要集中在城市，其中大城市被访者占总样本的 47.2%，中小城市的被访者占总样本的 36.2%，乡镇城市的被访者占总样本的 15.4%。月收入 3000 元以上者所占比例为 22.3%，1000—3000 元者所占比例为 39.3%，1000 元以下者所占比例为 35.3%，收入不详者占 3.1%。职业分布以企业员工居多，占总样本的 35.0%，其余依次为个体经营者、技术人员、企业管理者、无固定职业者、公务员、务农者，但还有 24.1% 的被访者的职业未包括在前几项职业选择中。

三　数据分析

1. 受众对广告社会效果的总体评价

在探讨受众对广告社会效果的评价之前，需审视受众怎样看待广告对自己消费及生活的影响，即在受众心中，广告到底主要起了哪些方面的作用。数据显示，受众对"帮助购买选择"和"增加消费知识"的选择频次最多，说明广告基本上能够实现自己的显性正功能——提供有用的产品市场信息和有益的商品、科学、生活知识。紧随其后，受众选择的是广告"刺激消费欲望"，这成为广告最凸显的负功能表现之一。这进一步证实了学者对广告"物化社会"的担忧。即使如此，在广告对消费及生活影响——商业效果的认知上，受众的总体反应是偏向于积极的，认为广告对自己消费及生活的影响以正面功能为主。受众关于广告对个人消费及生活影响的认知见表1。

表1　受众关于广告对个人消费及生活影响的认知

排序	广告对您生活的主要影响（限选两项）	频数 Count=3078（次）
1	帮助购买选择	858
2	增加消费知识	574
3	刺激消费欲望	418
4	改变消费方式	348
5	提升审美情趣	327
6	影响生活态度	175
7	信息过量，无所适从	171
8	干扰了正常生活	138
9	其他	69

注：频数 Count 是答案的总响应量，在多选题中，Count 数量大于总样本数量 N。

在广告商业效果认知的基础上，本研究从广告商业性与社会性的平衡、广告物质性与精神性的平衡、广告真实性与虚假性的平衡以及广告品位四个方面来考察目前受众对广告社会效果的总体评价。广告社会效果评价状况见表2。

表 2　广告社会效果评价状况

	广告的商业功利性太强，不注重社会影响			广告过分倡导物质享受，忽视了精神追求			广告存在过多的虚假信息，不敢相信			低俗广告大量存在，降低观众审美品位		
	频数（次）	百分比（%）	名次	频数（次）	百分比（%）	名次	频数（次）	百分比（%）	名次	频数（次）	百分比（%）	名次
完全同意	305	17.6	3	262	15.1	4	468	27.0	3	470	27.1	1
比较同意	509	29.3	2	482	27.8	2	471	27.1	2	452	26.0	3
基本同意	532	30.6	1	503	29.0	1	472	27.2	1	459	26.4	2
不太同意	279	16.1	4	359	20.7	3	251	14.5	4	243	14.0	4
不同意	89	5.1	5	89	5.1	5	54	3.1	5	88	5.1	5
N	1714			1695			1716			1712		

　　数据表明，在广告的商业性和社会性平衡问题上，对"广告的商业功利性太强，不注重社会影响"观点持赞同态度的人占77.5%，持不赞同态度的占21.2%，比例悬殊。在大多数受众心里，广告已被深深打上商业功利性的印记，这也是影响广告说服效果的重要原因之一。

　　在广告物质性与精神性的平衡问题上，对"广告过分倡导物质享受，忽视了精神追求"观点持赞同态度的人占71.9%，持不赞同态度的人的比例为25.8%，其中相当一部分人持"不太同意"态度，说明广告领域的精神建设也在渐渐被受众感知，但广告对社会的"物化"作用和基于"物质主义"的享乐文化仍是人们的批判对象，同时也是对广告负面精神影响的主要认识。

　　在广告真实性与虚假性的平衡问题上，对"广告存在过多的虚假信息，不敢相信"观点持赞同态度的人占81.3%。在四种观点中，对此观点持赞成态度的比例最高，这与现实生活中虚假、浮夸、欺骗性广告充斥人们周围，影响人们正常消费有关。这正说明了广告的真实性问题是广告领域存在的最严重的伦理问题之一。同样也解释了相当一部分人对广告排斥态度的原因。

　　在广告品位方面，对"低俗广告大量存在，降低观众审美品位"观点持赞同态度的人占79.5%。可见，总的来看，现在广告的品位并没有达到受众的审美要求。

为了对广告社会效果评价做一个整体上的了解，我们依据人们对以上4个观点的评价进行赋分合并，形成了我们分析人们对广告社会效果评价的整体认识（见表3、表4）。

表3　广告效果评价选项赋分

	完全同意	比较同意	基本同意	不太同意	不同意
广告的商业功利性太强，不注重社会影响	1	2	3	4	5
广告过分倡导物质享受，忽视了精神追求	1	2	3	4	5
广告存在过多的虚假信息，不敢相信	1	2	3	4	5
低俗广告大量存在，降低观众审美品位	1	2	3	4	5

表4　广告社会效果评价统计 （N = 1676）

	分值（分）	频数（次）	有效百分比（%）	名次
广告社会效果很好	19-20	14	0.8	5
广告社会效果比较好	16-18	86	5.0	4
广告社会效果一般	12-15	470	27.1	2
广告社会效果不太好	8-11	731	42.1	1
广告社会效果不好	4-7	375	21.6	3

通过赋分发现，在受众的评价中，认为广告社会效果"不好"和"不太好"的有63.7%，认为广告社会效果比较好和很好的只有5.8%，有相当大的悬殊。总的来看，人们对广告的社会效果的评价不高，人们对广告产生的社会效果持不满意态度。结合前面的详细分析，我们了解到，在广告几大问题中，广告的真实性问题最突出。人们对广告真实性的怀疑不仅严重削弱了广告的传播效果，还对建设和谐文明的社会精神面貌产生阻碍。

2. 不同居住地受众对广告社会效果的评价随城市增大而趋低

通过交互分类可以发现，居住地为"乡镇农村"的受众对广告社会效果的评价比其他两类居住地受众要高，对广告社会效果持认可态度的占10.6%。与之相反，大中城市的受众做出"不太好"和"不好"评价的比例明显高于"乡镇农村"受众。分析结果也显示，Gamma 值等于

-0.127，在显著度水平为 0.05 的情况下，p = 0.000 < 0.05，通过卡方检验，样本的结果可以推论到总体。结果表明居住地与广告社会效果评价两个变量之间有一定的负相关关系：居住地区越大，人们对广告社会效果的评价越低（见表5）。

表5　不同居住地广告社会效果评价特征

单位：%

	大城市	中小城市	乡镇农村	检验结果
广告社会效果很好	0.5	0.7	2.4	$X^2 = 38.459$
广告社会效果比较好	2.5	7.2	8.2	p = 0.000
广告社会效果一般	26.2	28.0	32.2	G = -0.127
广告社会效果不太好	47.4	42.4	35.7	N = 1655
广告社会效果不好	23.3	21.7	21.6	

3. 受众年龄越大，对广告社会效果评价越低

分析结果显示，Gamma 值等于 0.151，在显著度水平为 0.05 的情况下，p = 0.008 < 0.05，通过卡方检验，样本的结果可以推论到总体。表明年龄与人们对广告社会效果的评价两个变量之间有一定的正相关关系：年龄越大，人们越倾向对广告的社会效果做出消极评价。也就是说，年龄越大的人对广告的社会效果评价越低（见表6）。

表6　不同年龄广告社会效果评价特征

单位：%

	20 岁以下	20—24 岁	25—29 岁	30—34 岁	35—39 岁	40—44 岁	45—49 岁	49 岁以上	检验结果
很好	1.6	1.0	0.7	1.1	0.0	1.1	0.0	0.0	$X^2 = 49.007$
比较好	9.1	6.3	4.0	2.8	3.8	4.4	2.8	6.0	p = 0.008
一般	34.2	30.4	25.9	21.5	25.6	27.8	30.6	20.0	G = 0.151
不太好	41.7	43.0	44.7	49.2	46.6	42.2	33.3	32.0	N = 1651
不好	13.4	19.4	24.8	25.4	24.1	24.4	33.3	42.0	

4. 受教育程度越高，人们对广告社会效果评价越低

表7显示，"硕士及以上"和"大专或本科"受众对广告的社会效果持不乐观态度（"不太好"和"不好"）的比例明显高于其他群体，分

别占各自群体的 67.5% 和 70.1%。Gamma 值等于 0.135，表明受教育程度与人们对广告社会效果评价两个变量之间有一定的相关关系：受教育程度越高，人们对广告社会效果评价反而越低。

表 7　不同受教育程度广告社会效果评价特征

单位：%

	小学及以下	初中	高中或中专	大专或本科	硕士及以上	检验结果
很好	0.0	2.3	1.6	0.1	0.5	$X^2=50.577$ $p=0.000$ $G=0.135$ $N=1665$
比较好	25.0	7.0	7.4	3.9	2.9	
一般	16.7	35.3	27.3	25.9	29.2	
不太好	33.3	39.9	41.8	46.0	42.6	
不好	25.0	15.5	21.9	24.1	24.9	

5. 收入水平越高，人们对广告社会效果的评价越低

通过交互分类可以发现，收入水平在"2001—3000 元"和"3000 元以上"的群体对广告社会效果做出好评（"很好"和"比较好"）的比例分别为 3.4% 和 2.2%，低于收入水平在"1000 元以内"和"1001—2000 元"的群体。同时，与收入水平较低的群体相比，收入水平较高的群体中对广告社会效果做出差评（"不太好"和"不好"）的人的比例要高。这说明，在一定程度上，收入水平越高的群体对广告社会效果的认可度越低。从结果来看，两变量相关关系为 0.086，相关性较低，关系表现微弱（见表 8）。

表 8　不同收入水平广告社会效果评价特征

单位：%

	1000 元以内	1001—2000 元	2001—3000 元	3000 元以上	检验结果
很好	1.2	1.0	0.4	0.3	$X^2=30.461$ $p=0.002$ $G=0.086$ $N=1623$
比较好	6.4	6.4	3.0	1.9	
一般	29.9	28.6	21.9	26.1	
不太好	40.9	40.1	48.9	50.7	
不好	21.3	23.9	25.8	21.1	

6. 产品信息渠道选择影响广告的社会效果

在购买产品前，人们通过各种渠道搜集信息，并选择最可靠、最有效

的信息。调查研究显示，人们对产品信息的接触偏好与人们对广告社会效果的评价之间有一定的相关关系。如表 9 所示，35.1% 对广告效果做出"不好"评价的人认为，选择"亲戚朋友推荐"的产品信息对购买选择影响最大，比其他评价群体要高。其次才是"媒体广告信息"。而对广告社会效果持乐观态度的人来说，对其购买选择影响最大的产品信息都来自"媒体广告信息"。

表 9　渠道信息类别与对广告社会效果评价的交互分类

单位：%

哪些渠道的信息对您的购买选择产生重要影响	对广告社会效果的评价				
	很好	比较好	一般	不太好	不好
亲戚朋友推荐	16.7	27.8	30.7	31.1	35.1
媒体广告信息	33.3	39.1	37.1	37.9	34.5
营业员介绍	5.6	9.8	10.7	10.3	5.6
产品自带说明	22.2	18.8	16.2	16.0	18.7
其他	22.2	4.5	5.4	4.8	6.0
合计	响应总量 = 2532				

7. 广告接触反应与广告社会效果评价密切

从表 10 可以看出，受众对广告信息的接触反应与广告社会效果的评价有一定的相关关系，相关系数为 -0.162。对广告社会效果做出"很好"评价的人中有 50% 会"经常看看"广告，而评价广告社会效果"不好"的人中只有 19.5% 才会"经常看看"。受众对广告社会效果的评价直接影响受众对广告的接触行为。对广告社会效果的评价越好的受众越倾向经常观看广告。

表 10　对广告接触反应不同的受众对广告社会效果评价特征

单位：%

您接触媒体时对广告信息的反应	对广告社会效果的评价					检验结果
	很好	比较好	一般	不太好	不好	
赶紧离开	7.1	2.4	3.2	1.8	6.0	$X^2 = 43.067$
偶尔看看	35.7	57.1	55.5	62.2	68.0	$p = 0.000$
经常看看	50.0	32.1	35.5	28.8	19.5	$G = -0.162$
说不清	7.1	8.3	5.8	7.2	6.5	$N = 1657$

8. 受众对广告可信度的总体评价不容乐观

在考察受众对广告的可信度评价时，数据显示：35.7%的被访者对接触到的广告持"不太信任"态度，排在首位。还有 2.0%的被访者表示"从不信任"，而持"比较信任"态度的被访者比例为 16.0%，"信任"的占 2.4%。另有 31.6%的被访者表示"说不清"。倾向不信任的 37.7%比倾向信任的 18.4%，超出 1 倍以上，这充分说明，广告的传播存在严重的信任危机（见图 1）。

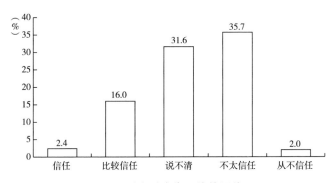

图 1　受众对广告可信的评价

通过"您有过被广告欺骗的经历吗"这一行为性的客观调查题，广告的信任危机又一次被证明。结果显示，高达 67.0%的被访者有被广告欺骗的经历，其中 60.1%的被访者"偶尔有过"被骗经历，6.9%的被访者被广告欺骗过"很多次"。如此高比例的受访者有过被广告欺骗的经历，进一步验证了广告面临的信任危机（见图 2）。

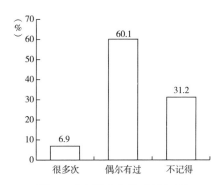

图 2　受众被广告欺骗的经历

9. 在五大广告媒体中，受众对电视信任度最高

广告总是借助媒体得以发布与传播，因此媒体的可信度与广告可信度乃至公信力均有着密切的联系。本研究就社会生活中影响最大的五类大众传播媒体的信任度进行考察。采取"可信—不可信"排序的方式对五大媒体进行排序征答，"排序一"为"可信"，依次递减为"排序五"（不可信）。其结果为电视的可信度最高，达61.6%；不可信的选择则是网络最高，为51.6%。处于中间值的则是报纸、广播、杂志，其中以报纸处于"排序二"为最高，比例为31.1%；广播与杂志在"排序二、三、四"中的比率分别为16.6%和19.0%、27.1%和18.9%、27.8%和29.3%，基本相当。这说明多数受众认为所有媒体中电视播出的广告最可信，网络播出的广告最不可信（见图3）。

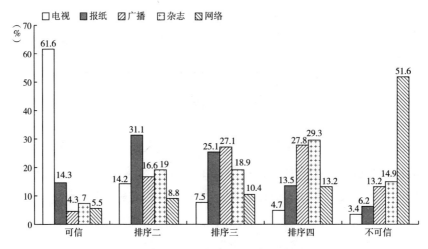

图3　您认为哪个媒体的广告比较可信

10. 受众对不同类别产品广告可信度评价以药品保健品为最低

受众对广告的社会效果的评价不容乐观，典型体现在广告的真实性上。"对于目前各大媒体上，您最怀疑哪类广告的真实性"题目，调查结果显示：广告真实性受怀疑的现象在多个行业中均有体现，其中最为突出的是药品保健品，其受怀疑的比例高达27.2%，紧随其后的为化妆品和医疗服务，分别为17.3%、16.6%。被访者对广告真实性持最怀疑态度的产品类型主要集中在药品保健品、化妆品和医疗服务（见图4）。

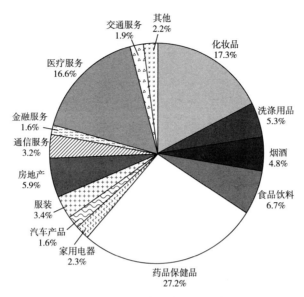

图 4　受众对不同类别产品可信度评价

11. 居住地不同受众对广告可信度评价差异不显著

总体来看，人们对广告的态度偏于怀疑和不确定。分析结果显示，不同地区受众在对广告的可信度评价上差异不显著。进一步观察发现，大城市受众对广告持信任态度的比例为 31.8%，比中小城市和乡镇农村的比例都高，同时，中小城市比乡镇农村的比例要高。同样，对广告持不信任态度的乡镇农村居民的比例为 46.5%，比大城市和中小城市的比例又要高。可见，居住地城市越大的受众对广告可信度评价略高（见表 11）。

表 11　不同居住地对广告可信度的评价特征

单位：%

总的来看，您信任接触到的广告吗	居住地区			检验结果
	大城市	中小城市	乡镇农村	
信任	1.5	3.4	3.0	$X^2 = 20.884$ p = 0.007 G = 0.086 N = 1703
比较信任	30.3	26.9	22.9	
说不清	33.7	31.4	27.4	
不太信任	32.6	36.7	44.0	
不信任	2.0	1.6	2.5	

12. 受教育程度不同受众对广告的可信度评价差异不显著

分析结果显示，受教育程度和人们对广告的信任度之间相关度不大，受教育程度不同的受众对广告的可信度评价没有显著差异。从交互分析中进一步观察可以发现，从"初中"到"硕士及以上"，对广告持不信任态度的人的比例呈逐步下降的趋势，这说明受教育程度越高的人对广告的不信任程度呈微弱递减趋势。但在信任广告的态度范畴里（"信任"和"比较信任"），受教育程度不同的人群没有体现出显著差异（见表12）。

表 12　受教育程度与对广告可信度评价的交互分析

单位：%

总的来看，您信任接触到的广告吗	受教育程度					检验结果
	小学及以下	初中	高中或中专	大专或本科	硕士及以上	
信任	25.0	5.5	3.1	1.1	1.4	$X^2 = 83.162$ $p = 0.000$ $G = -0.062$ $N = 1713$
比较信任	8.3	23.4	28.0	29.2	29.4	
说不清	33.3	28.1	26.2	34.2	38.8	
不太信任	16.7	40.5	39.8	34.3	28.0	
不信任	16.7	2.6	2.9	1.2	2.3	

13. 受教育程度越高对于市民化媒体的怀疑程度越高

通过交互分类发现，在是否同意"市民化媒体刊登的虚假广告要多些"的说法上，"硕士及以上"受教育人群持赞同态度的比例最高，占44.8%，"小学及以下"受教育人群持赞同态度的比例最低，占27.3%。Gamma值等于-0.142，结果通过卡方检验。结果表明受教育程度与人们对"市民化媒体刊登的虚假广告要多些"说法的态度这两个变量之间有一定的负相关关系：受教育程度越高，人们越倾向同意这一说法；或者说，受教育程度越高的人对于市民化的媒体的怀疑程度越高（见表13）。

表 13　受教育程度与对"市民化媒体刊登的虚假广告要多些"态度的交互分析

单位：%

市民化媒体刊登的虚假广告要多些	受教育程度					检验结果
	小学及以下	初中	高中或中专	大专或本科	硕士及以上	
完全同意	18.2	14.8	14.2	13.6	10.7	$X^2 = 84.861$
比较同意	9.1	18.5	20.9	24.9	34.1	$p = 0.000$
基本同意	36.4	29.6	37.4	42.9	39.7	$G = -0.142$
不太同意	27.3	25.2	20.9	16.1	14.0	$N = 1701$
不同意	9.1	11.9	6.7	2.5	1.4	

14. 收入水平高的群体对杂志媒体相对更信任

通过分析发现，收入和人们对最信任的广告媒体选择之间关系微弱，Lambda 值等于 0.009。但是，从交互分类中可以发现，不同收入水平的人对杂志媒体的选择上呈现一定差异。收入相对高的群体对杂志媒体的信任比例比收入相对低的群体更高。这也意味着收入相对高的群体对杂志更为青睐（见表 14）。

表 14　个人月收入与最信任媒体类别的交互分析

单位：%

您最信任哪个媒体的广告	个人月收入（元）				检验结果
	1000 以内	1001—2000	2001—3000	3000 以上	
电视	64.6	71.0	65.4	64.2	
报纸	19.0	13.4	13.2	14.0	$X^2 = 29.618$
广播	4.1	5.1	6.1	3.9	$p = 0.003$
杂志	5.3	5.4	10.1	11.8	$\lambda = 0.009$
网络	6.9	5.1	5.3	6.1	$N = 1563$

15. 受众对广告可信度的评价和他们对产品信息渠道的选择相关

从交互分类中可以发现，受众对广告可信度的评价和他们对产品信息的选择有一定相关性。对广告信任度不高的受众的对其购买选择影响最大的信息渠道是"亲戚朋友推荐"。有 33.3%"不信任"广告和 34.8%"不太信任"广告的受众选此项。不过，他们的次选都还是媒体广告信息。与之相反，对广告信任度相对较高的受众首选都是"媒体广告信息"。可见，对广告的可信度评价不同，受众对产品信息的选择也有差异（见表15）。

表15 受众对产品信息的接触偏好与对广告可信度评价的交互分析

单位：%

哪些渠道的信息对您的购买选择产生重要影响	总的来看，你信任接触到的广告吗				
	信任	比较信任	一般	不太信任	不信任
亲戚朋友推荐	32.7	28.3	30.2	34.8	33.3
媒体广告信息	32.7	46.3	35.7	31.4	25.0
营业员介绍	9.1	8.0	11.9	9.1	4.2
产品自带说明	23.6	13.7	17.1	18.3	22.9
其他	1.8	3.7	5.1	6.3	14.6
合计	响应总量＝2595				

16. 广告接触动机不同的受众在对广告可信度评价上呈现一定差异

从交互分类中可以发现，接触广告的动机为"获取有效商品信息"的人群中有34.8%的比例对广告持信任态度，高于其他动机人群。为了"打发时间"而看广告的人群对广告持不信任态度的比例最高，占47.9%，也高于其他动机人群。不同广告接触动机的受众在对广告可信度评价上呈现一定差异（见表16）。

表16 受众观看广告的动机与对广告的信任度的交互分析

单位：%

总的来看，你信任接触到的广告吗	您看广告是为了				检验结果
	获取有效商品信息	享受乐趣	打发时间	其他	
信任	3.5	1.8	1.1	0.0	
比较信任	31.3	32.1	19.4	13.6	$X^2＝71.399$
说不清	30.6	34.7	31.5	33.6	$p＝0.000$
不太信任	33.7	28.2	45.4	46.4	$\lambda＝0.013$
不信任	0.9	3.2	2.5	6.4	$N＝1688$

17. 广告内容偏好不同的受众在对广告可信度评价上呈现一定差异

受众在观看广告时，对广告的风格和内容会有不同偏好。调查发现，受众对广告内容信息偏好不同，他们对广告的信任也呈现微弱差异。相对来说选择"产品信息"的人中对广告持信任态度的比例最高，占本群体的 34.9%（见表 17）。

表 17　受众对广告内容偏好与对广告可信度评价的交互分析

单位：%

总的来看，你信任接触到的广告吗	广告最吸引你的是						检验结果
	产品信息	画面和音乐	宣传企业品牌	故事情节内容	广告中的名人	其他	
信任	3.3	1.4	4.4	3.3	0.0	0.0	
比较信任	31.6	28.0	26.1	28.0	21.5	9.7	$X^2 = 46.860$ $p = 0.001$ $\lambda = 0.004$ N = 1644
说不清	30.4	32.0	33.0	28.4	31.2	40.3	
不太信任	33.7	36.7	35.0	37.9	41.9	41.9	
不信任	1.0	1.8	1.5	2.5	5.4	8.1	

四　结论与讨论

通过对调查对象关于广告社会效果的评价的分析以及对不同地区、不同个人特征、不同信息接触行为的受众之间的比较，可以得出以下结论。

总的来说，人们对广告影响消费及生活有着积极的认知。数据显示，受众对"帮助购买选择"和"增加消费知识"的选择频次甚多，说明广告基本上能够实现其正功能——提供有用的产品市场信息和有益的商品、科学、生活知识。也就是说，在"媒体广告信息"对消费及生活影响——商业效果的认知上，受众的总体反应偏向于积极，认为广告对自己消费及生活的影响以正面功能为主。这一基本结论告诉我们，简单化地放大广告负面的认知存在偏颇。诚如丁俊杰教授等通过对《人民日报》近30 年 1060 篇文章的内容分析后所指出的舆论现状：因 63% 的文章对广告持批评与否定态度，肯定的只占11%，广告舆论"负面评价远胜于肯定"①。显然，我们的舆论不应该简单地对广告局部的负面过分夸大，另外则需要理性的意见领袖在舆论上进行制衡，以防"沉默的螺旋"导致广告客观评价者噤若寒蝉。

但需正视的是，人们对广告社会效果的评价较低、广告传播存在较严重的信任危机，又确实是存在的事实。如，倾向不信任的比例比倾向信任的比例超出1倍以上；"虚假"和"低俗"成为广告信任不佳的最主要表现；大部分受众认为自己曾被广告欺骗过；药品、保健品、化妆品和医疗服务是受众认为虚假广告最为猖獗的产品领域；对"广告的商业功利性太强，不注重社会影响"观点持赞同态度的人约有77.5%。这些影响社会效果的失信广告现象，不仅需要我们足够的重视，更启发我们进行具体分析，从而发现其重点表现的领域、规律特点以及深层次原因，从而为广告社会效果提升提供有效引导。

在对广告社会效果评价上，我们主要从人口统计变量上探寻差异，研究结果表明，居住地城市越大、年龄越大、受教育程度越高、收入水平越高，人们对广告社会效果的评价越低；反之，则相对积极。在广告信任度的评价上，居住地区、受教育程度与对广告的可信度之间没有显著相关性；而受众接触广告动机、反应和内容偏好等因素，则与广告信任度评价呈现一定差异性。也就是说，理性群体更趋向广告社会效果的负面评价；广告信任度评价没有群体间的差异，更需要我们关注，也更启发我们应将相应的研究重心从广告社会效果转向广告信任。

在上述结论得以归结的基础上，需引起讨论的是——广告对受众消费及生活功用认知与广告的社会效果认知不一致。研究中我们发现在广告对消费及生活影响即商业效果的认知上，受众的总体反应是偏向于积极的，认为广告对自己生活的影响以正面功能为主。但一进入广告的社会效果评价上，受众则表现出总体不满意态度。这无疑促使我们思考，广告的功用评价存在两面性，其标准永远是双重的：当从产品宣传、消费引导上审

---

① 丁俊杰、黄河：《为广告重新正名——从主流媒体的广告观开始》，《国际新闻界》2007年第9期。

视，其总体评价是正面的；从伦理的、审美的角度审视，其评价则多是负面的。广告评价多是站在社会效果角度进行，无须奇怪的是对广告一边倒的舆论指责；奇怪的倒是广告主、广告媒体抑或广告公司总是选择沉默，虽然广告在继续进行制作与刊播，却无心为广告进行"正名"。理应保持独立精神的广告学界，更多的是从批判的角度来附和舆论，而在广告业总体价值科学评估的理论探讨上却总体失语。如此，寻求一种各方价值博弈后获得平衡的理论视角，或协调广告商业效果与社会效果关系的价值标准就显得非常重要。其中间值——"广告的公信力"，则可能是由广告主、广告媒体、广告公司构成的产业链，以及消费者、社会、政府所共同接纳的广告业健康发展的视角。

（原载《新闻大学》2009 年第 1 期，署名舒咏平、饶立安）

企业公益传播：公益营销的超越

近年来，公益营销由于可以带来实现塑造形象和扩大盈利的利好，正日益受到企业重视。然而，"公益营销"本身就存在一个悖论：究竟营销目标的实现与公益目的的达成哪一个才是企业公益行为的指导方针？公益行为是否仅仅是企业盈利动机的掩饰？盈利与公益的目的性冲突，使得"公益营销"本身就是一个矛盾体，造成了实践中企业在公益旗帜下的营销牟利，而营销牟利的本质又必然抵消其公益性努力，损坏企业的品牌形象。由此，我们必须对公益营销进行反思，理论上廓清企业公益行为的认识。

一　公益营销的理论与实践辨析

公益营销理论（Cause-Related Marketing，CRM）产生于20世纪80年代，是从"软推销"中演进出来的产物。公益营销的权威定义是 P. Rajan Varadarajan 和 Anil Menon 在1988年提出的：公益营销是一个制定并实施营销活动的过程。企业以消费者采取购买行为并带来收益为前提，对某项公益事业给予一定金额的赞助，最终满足企业组织与被资助个人双方的目标。[①] 他们认为，公益营销的标志就是以促销为目的，承诺将一定比例的销售收入（通常为0.1%）投资给公益事业。对企业而言，公益是刺激消

---

① P. R. Varadarajan, A. Menon, "Cause-related Marketing: A Coalignment of Marketing Strategy and Corporate philanthropy," *Journal of Marketing* 52 (1988): 58~74.

费者购买的诱饵。一个典型的公益营销案例是可口可乐公司开展的"美化得克萨斯"项目。可口可乐公司规定，消费者每将一张购买公司旗下"马里兰俱乐部"咖啡的凭证邮寄给可口可乐公司，就捐助十美分给得克萨斯州的高速公路与公共交通部门，作为该部门清洁州立公路与种植绿化带的费用。该案例清晰揭示了"先有营销，后有公益"是公益营销的内在逻辑。

也正是这一逻辑招致人们的反感和怀疑。为了保证现金回流的速度，大多数公司在操作公益营销时都刻意回避那些需要长期投入资金的公益项目，但是短期的有限的公益投入很难延续效果，因而舆论称公益营销为"企业的伪善"（corporate hypocrisy）。[①] 有时企业在营销上的花费甚至远超对公益事业的投资。美国运通公司 1983 年为修缮自由女神像募集资金的公益项目被誉为公益营销的鼻祖。运通公司许诺，在当年第四季度内，每产生一笔该公司信用卡的交易，就为修整自由女神的工程捐助一美分；每新发一张该公司的信用卡，就为修整自由女神的工程捐助一美元。最终，运通信用卡当季的使用率比 1982 年同期上升了 28%，新发信用卡的开通数量也大幅度增长。运通公司兑现承诺向自由女神的修整工程捐款170 万美元，这绝非一个小数字。但令人更为惊叹的是，运通公司在宣传此次企业的公益行为上就花了 600 万美元。舆论认为，如果公司捐出 600万美元，而只用 170 万美元来打广告，效果会更理想。[②]《公益营销》的作者乔·马尔科尼在这本书的结尾处暗示了公益营销的潜在风险："对公益暗藏其他目的，却在实施时试图以体面示人，这种做法相当危险，很容易适得其反。"[③] 随着买方市场的成熟，消费者对产品质量的要求越来越高，公众认知企业公益行为的维度也越来越多元。清华—罗德企业社会责任研究室和清华大学媒介调查实验室联合发布的《快速消费品行业企业社会责任指数研究报告》显示，消费者所关注的企业社会责任顺序前三

---

① R. I. Morris, A. B. Daniel, "How to Give Away Money Intelligently," *Harvard Business Review* 63 (1985): 86-91.

② W. L. Wall, "Companies Change the Ways They Make Charitable Donations," *Wall Street Journal*1 (1984): 19.

③ 〔美〕乔·马尔科尼:《公益营销》，邱裴娟译，机械工业出版社，2005，第135页。

名为：产品质量 76.8%；环境保护 59.9%；诚信经营 47.4%。"慈善事业与社会公益"仅以 24.3% 排在第四。[①] 这说明健康安全的产品和诚信的市场行为是企业最基本的公益行为。如果企业仅仅出于盈利上的考虑，一面在产品品质、诚信等基本的公共利益上敷衍塞责，一面施行公益营销，马尔科尼所说的"适得其反"的结果就将产生。企业不但无法实现预期中的品牌认同和产品销售，还会引起大规模的抵触运动。2008 年伊利集团成为北京奥运赞助商，这一万众瞩目的公益行为为伊利赢得了广泛赞誉。但奥运会闭幕不到一个月，国家质检总局就曝光在伊利集团的液态奶产品中检测出三聚氰胺。伊利品牌遭到公众的指责和抵制，产品销量骤降，最严重时下降幅度达到 90%。[②]

针对公益营销的理论局限，美国学者试图从消费者对公益营销的行为反应和感知变化来反思公益营销，并引进利益相关人、营销道德等理论来拓展公益营销的理论空间。[③] 但是他们都无法回避盈利主导的公益营销带来的灾难性后果。[④] "重营销轻公益""重宣传轻行动"的操作，导致企业达不到预期的盈利目标，甚至还会引发公众反感。农夫山泉"一分钱"捐赠希望工程开创了国内知名企业"以公益做促销"的先河，并使农夫山泉在公众心中树立了"负责任企业"的形象。然而，上海大学学者的实证研究证明，由于"一分钱"捐助仅停留在媒介宣传阶段，64% 的被访者认为该项目对自己是否选购农夫山泉产品没有影响，47% 的被访者认为该项目会增加自己对农夫山泉的印象，"但是增加的印象不深"。事后，"一分钱"项目募捐资金的金额数和流向不明遭媒体曝光，69% 的消费者认为企业的经营活动可能存在问题，对农夫山泉的品牌形象造成了巨大损失。[⑤]

---

① 骆闻：《"企业社会责任"需要被消费者认同》，《公益时报》2009 年 12 月 7 日。

② 《伊利蒙牛产品销量骤降 90% 以上》，和讯网，2008 年 10 月 30 日，http：//news. hexun. com/2008-10-30/110682756. html。

③ J. Burnett, W. Van, "A Proposed Model of the Donation Decision Process", in E. C. Hirschman, ed., *Research in Consumer Behavior* (Greenwich, CT, JA1 Press, 1988).

④ M. G. Gurin, "Cause-Related Marketing in Question," *Advertising Age* 16.

⑤ 孙绵绵、帅萍：《农夫山泉公益营销实证研究》，《销售与市场·管理版》2010 年 5 月，第 29 页。

实践中的公益营销至少存在以下三点不足。其一，强化了公众以营销绑架公益的认知。公益营销以消费者产生购买为前提，实际上是通过对消费者公益心的挟持（也可称为"公益剥削"）来完成自利的公益投资。从消费者心理来看，消费者购买产品并不是出于认同公益营销的企业，而是为了获得道德实践的自我满足感。其二，突出了企业的投机形象。为了获得媒体版面和超常规的"广告"效果，公益营销在选择公益项目时多是急功近利的。这就是多数企业选择一次性投资的助学项目，而对于老年群体、临终关怀、环境恶化等需要深入和长期介入的公益领域少有涉足的原因。其三，忽略了无形资产增值。唐·舒尔茨曾说："老实说，有很多公司所具备的绝对多数东西都不像它们的品牌一样拥有客观的赚钱能力或目前的市值。"① 根据大卫·艾克（David A. Aaker）的品牌资产"五星"概念模型，品牌资产核心特征要素（品牌知名度、品质认知度、品牌联想度、品牌忠诚度）都是以消费者感知即无形资产为衡量标准的。而公益营销以现金回报作为采取公益行为的前提，要么是不透明的公益主题绑架，要么是建立在营销数据上的公益提成；按受众的基本智商来审视，他们也绝对不会给企业的无形资产加分。所谓"公益"，权威的解释是指公共的利益，多指卫生、救济等群众福利事业。相对于商业事业而言，具有非营利的性质。而公益营销实质上扭曲了"公益"的本质，同时约束了企业的公益行为。这种概念上的内在悖论就是施行公益营销的企业屡屡陷入公益、盈利两难相顾的泥潭的原因。

二　相关理论的启示

以盈利为前提的公益营销既然存在难以消解的弊端，那么企业公益行为应是如何？借鉴企业公益行为涉及的相关理论即管理学的企业社会责任理论、营销学的社会营销理论以及广告学的品牌传播理论，可以有所启发。

---

① 〔美〕唐·舒尔茨、海蒂·舒尔茨：《整合营销传播：创造企业价值的五大关键步骤》，何西军、黄鹂等译，中国财政经济出版社，2005，第167页。

1. 企业社会责任论的启示

西方学界普遍认为企业社会责任是企业公益行为的逻辑起点。"企业社会责任"理论（Corporate Social Responsibility，CSR）发祥于20世纪50年代，属于管理学领域的概念，经历半个多世纪的演变，到今天已经形成了一个庞大的理论体系，衍生出企业责任表现（Corporate Social Performance）、商业道德理论（Business Ethics Theory）、利害关系人理论（Stakeholder Theory）以及企业公民（Corporate Citizenship）等一系列相关理论。Clarence C. Walton 在《企业社会责任》一书中提出，CSR 是企业一定程度上的自愿而非强制行为。企业必须接受：履行社会责任时投入的资本也许无法产生直接的、可计算的经济回报。[1] Thomas M. Jones 进一步提出判断自愿的标准是企业的公益行为是否迫于外力，遵守法律和履行契约的企业公益行为是出于强制性的要求，因而不能被算作 CSR。[2] 而20世纪末企业社会责任研究的领军人物 Archie B. Carroll 则认为：CSR 是由经济责任、法律责任、道德责任及慈善责任四个部分组成的金字塔，经济责任是履行所有责任的基础。[3] 知名管理学学者 Michelle E. Porter 认为 CSR 就是市场竞争的战略武器。企业对能带来社会效益，又能带来经济效益的"互利"慈善领域进行战略性投资，从而塑造差异化的企业形象，增强公司竞争力。[4]

以上观点尽管在 CSR 的驱动力是道德还是经济的问题上存在争议，但它为我们提供了从道德驱动考察企业公益行为的视角。美国经济发展委员会的出版物《工商企业的社会责任》曾指出："企业是在公众的允许下运行的，它的基本目的是为社会需要——让社会满意提供服务。"[5] 因此，

---

[1] C. C. Walton, *Corporate Social Responsibilities* (Belmont, CA: Wadsworth, 1967).

[2] T. M. Jones, "Corporate Social Responsibility Revisited, Redefined," *Carlifornia Management Review* (1980spring): 59-67.

[3] A. B. Carroll, "The Pyramid of Corporate Social Responsibility: Toward the Moral Management of Organizational Stakeholders," *Business Horizons*34 (1981): 39-48.

[4] M. E. Porter, M. R. Krame, "Competitive Advantage of Cooperate Philanthropy," *Harward Business Review* (2002): 5-16.

[5] Committee for Economic Development, *Social Responsibilities of Business Corporations* (New York: Author, 1971).

作为一种商业化的竞争战略，那些不仅考虑利润，还出于道德驱动力履行公益责任的企业更能获得公众的肯定，实现良好的商业效果和社会效果。

2. 社会营销论的启示

菲利普·科特勒与杰拉德·佐特曼在 1971 年发表于 *Journal of Marketing* 的文章《社会营销：计划社会变化的方法》中首次提出"社会营销"，它指"精确计算社会项目的设计、应用和控制，以影响公众对社会观念的接受程度，包括对社会项目产品的规划、定价、传播、分销以及营销调查"。[①] 简单地说，就是用营销的一套方法来传播公益观念，促成社会问题的解决，达到社会环境的改善。在这篇社会营销的开山之作中，作者创造性地提出以 4P 促使公众参与，诸如购买国债、加入国防部志愿者、通过青少年犯罪法案等公益活动。公益产品的设计，受众参与公益的精力、财力付出，参与公益的便利，以及公益活动的推广对公益目标能否实现具有重要作用。被称为"营销大师"的科特勒建议用营销的手段经营社会公益事业，乍看起来不可思议，然而，科特勒却在这篇文章中指出，运用营销的逻辑来实现社会目标是自然而然的发展，也是一个有前景的发展。

科特勒的这番话不无道理。在当前商业竞争白热化的现实背景下，以扩大销量为功能的营销已接近"天花板"，人们不得不为营销的生命力找寻新的春天。用营销为公益服务，开拓了营销更为广阔的适用空间，促成社会改变的结果也为营销的道德诟病找到了出路。事实上，越来越多的企业正在把解决公益问题作为营销的目标。石油巨人壳牌通过在非洲帮助当地人发展小企业来帮助他们彻底摆脱贫困；沃尔玛通过简化包装来保护环境；谷歌公司在 2004 年成立非营利事业部门"谷歌公益"，并将其 1% 的股份、1% 的利润、1% 的员工时间捐赠给该部门，希望谷歌公益将来有一天能"让整个世界受益"。[②] 这些企业巧妙地将公益与业务结合起来，在传统业务外找到了新的机会。比尔·盖茨认为，这种现象可能是商业活动

---

① P. Kotler, G. Zaltman, "Social Marketing: An Approach to Planned Social Change," *Journal of Marketing* 35: 3-12.

② Google, org official site, http://www.google.org/about.html.

"体制创新"的开始。① 社会营销表明，商业活动与公益可以实现完美的结合。通过设立具体的公益目标，企业公益行为可以促成社会完善，企业随之找到一种全新的盈利模式。

3. 品牌传播论的启示

"品牌"一词由西方传入，最初用来区分不同生产者的产品。从 20世纪 50 年代至 90 年代，品牌理论经历了从品牌标识、品牌形象、品牌个性、品牌资产到品牌认同的演变，该理论演变路径反映了打造品牌的实践逐步从品牌的视觉特征转向品牌与公众的内在互动。星巴克的总裁霍华德·舒尔茨曾说，品牌"必须让消费者知道：你不只是为了赚钱，你也有自己的主张"。大卫·爱格则在《品牌经营法则》一书中提出，品牌就是产品加企业加人（个性与顾客关系）和符号（隐喻与传统）的整体。② 到 20 世纪 90 年代末，唐·舒尔茨提出整合营销传播理论，从深化企业与客户的互动出发，将营销手段、传播手段、客户管理与企业管理融为一体。进一步肯定了消费者认同对于品牌生存和发展的生命线意义。"品牌传播"的概念由舒咏平教授和余明阳教授在 2002 年首次提出，指"通过广告、公共关系、新闻报道、人际交往、产品或服务销售等传播手段，以最优化地提高品牌在目标受众心目中的认知度、美誉度、和谐度"。③ 这一概念突破性地将品牌归属为目标受众（不仅仅是消费者）的认知，企业只是掌握一系列传播手段的传者。研究者 Godfrey 认为企业公益行为可以创造"道德资本"或"关系财富"。④ 通过传播公益行为，企业强化了声誉，与公众更为接近，这使他们产生更高的信赖、忠诚以及好感。企业公益行为的直接结果就是通过传播手段强化品牌在公众心目中的认知度、美誉度及和谐度，其在财务上的回报则是品牌取得公众认同后的后续结果。

品牌传播理论充分说明了公众对企业公益行为的重要性。首先，买方

---

① M. Bishop, M. Green, *Philanthro Capitalism* (London: A & C Black, 2010).

② 〔美〕大卫·爱格：《品牌经营法则——如何创建强势品牌》，沈云聪等译，内蒙古人民出版社，1998，第47页。

③ 余明阳、舒咏平：《论"品牌传播"》，《国际新闻界》2002 年 3 月，第 64 页。

④ P. C. Godfrey, "The Relationship Between Corporate Philanthropy and Shareholder Wealth: A Risk Management Perspective," *Academy of Management Review* 4 (2005): 777-798.

市场下人们对品牌的感知已经转变为一种心理体验，未来的品牌经营必须着眼于引起公众在心灵上的共鸣。公益合乎道德规范和人类悲悯的天性，能引起公众天生的好感，利于在他们心中树立品牌形象。其次，公众才是品牌的裁判。成功的品牌传播不能仅靠传统的线上传播，还要在产品、广告、员工等每一个与公众的接触点实现有效互动，包括以高品质的产品打基础、以独到的企业文化凝聚人心、以巧妙的经营策略获得认同。因此企业必须依靠系统的传播战略向公众传达其公益行为：企业最基础的公益责任就是保证品质，使公众从产品体验中获得实际利益；其次通过传播公益行为传达企业的公益理念，营造积极向上的企业文化；此外，通过投入公益项目促成社会改变，企业自然达成品牌认同的最大化。因此，从公众出发的企业公益行为抓住了品牌传播以目标受众为中心的关键，具有在买方市场下建立强势品牌的预期效果。

综合而言，三种相关理论对企业公益行为的逻辑贡献如表1所示。

表 1　企业公益行为的逻辑

企业公益行为		
动机	目标	结果
企业社会责任	社会营销	品牌传播
不仅考虑利润，还出于道德驱动力	设立具体的公益目标，促成社会完善，找到盈利模式	直接结果：通过传播手段强化品牌在公众心目中的认知度、美誉度和和谐度 后续结果：品牌取得公众认同后的财务回报

三　企业公益传播的界定与内涵

如前所述，理论和实践均证明，公益营销以企业私利为主导，归根结底是"皮下注射"式的传者导向的营销战略，不足以应对今天互动式的传播环境和在互动中日益主动的公众。企业公益传播应因势利导地超越公益营销，适应现代商业环境。

所谓"公益传播"，是以公益为目标或以公益为内容的传播。从字面上理解，企业公益传播就是企业以公益为目标或以公益为内容的传播。但是，由于企业公益传播同时糅合了企业树立品牌的商业战略，这一概念必须涵盖与公益对等的商业意义。企业公益行为相关理论揭示了其"公益先行，公众评定"的逻辑，因此，企业公益传播应以实现公共利益为目标，以自身可得资源投资社会公益事业，获得对等的企业声誉资本的积累，实现企业可持续发展。

企业公益传播的内涵突破了"公益营销"的内在悖论，从"公益营销"营利的功利性本质中走出，确立了公共利益的实现在企业公益行为中的本位作用，同时也强调企业公益传播是通过传播企业公益行为获得公众认可，从而为企业积累声誉资本，提升企业品牌的战略传播。实际上，已有典型案例证实企业公益传播的内涵对企业公益行为的指导作用：企业不以促销为直接目的的公益行为，往往可以经受住市场的考验，获得较高的品牌美誉度和丰厚的市场回报。

1985 年，美国 Trailways 长途汽车公司与全美的警察部门合作，实施免费送流浪青少年回家的公益活动。公司承诺：只要有社会需要，这个公益活动就会一直持续下去。与公益营销活动相比，"免费回家"项目出于公益目的，持续时间长，不需要以消费者购买为前提，是典型的企业公益传播。实施该公益项目后，Trailways 公司的市场表现突飞猛进，成长为仅次于灰狗（Grey Hounds）公司的美国第二大长途汽车公司，"免费回家"被评为当年最成功的公益活动之一[1]，在"不言利"的企业公益传播中实现了名利双收。

随着一对一的新媒体互动工具微博的诞生，企业公益传播找到了一个新的发布平台。通过微博平台，企业可以与广大未知的公众建立联系，直观地了解公众对企业公益传播的认知。中粮集团在 2010 年 7 月 12 日开通了微博账户"中粮美好生活"，提倡"健康饮食和健康生活方式"，是国内企业探索微博特性和价值的一次里程碑式的尝试。两年来，该微博账户

---

[1]　W. A. Robinson, "Best Promotions of the Year 1985," *Advertising Age* (1986): 8–12.

每日围绕"美食美刻""自然之源""看心情"等主题发布时令食补、菜谱、心理激励的公益内容，邀请微博用户参加在线公益活动，这些公益传播与中粮集团的品牌形象——全食品供应链紧密相关，却不涉及任何中粮产品的信息。以"美好生活"为口号，引导粉丝们通过动手制作美食享受生活乐趣，学习食品的知识进行养生调理，同时分享趣味性的心情短文和游记。截至 2012 年 7 月，"中粮美好生活"的粉丝人数超过 18.7 万名，平均每条微博实际覆盖的用户超过 10 万。"中粮美好生活"潜移默化的企业公益传播，以实用性和趣味性为粉丝营造"美好"的互动体验，使广大微博用户建立起中粮集团关注食品安全，打造美好生活的品牌联想，培养了公众的品牌信任度，获得了理想的品牌效应。

可见，企业公益传播真正回归了公益性，社会大众自然能感受到企业的社会责任感。企业尊重公众的利益，其品牌信誉也就自然在公众的心理世界得到理想的建构。我们认为，企业公益传播表达了企业对人类社会的人文关怀，彰显了企业深刻的精神内涵，而这种无价的财富才是企业值得被人们永远铭记的理由。未来一定会有更多的企业投身于公益事业，若这些企业能领会企业公益传播的内涵，则社会、企业、公众将有一个可期许的美好未来。

（原载《现代传播》2012 年第 9 期，署名舒咏平、谷羽）

传播通道过剩与品牌人文价值

新媒体的迅猛发展带来企业传播通道的激增，可以说一定意义上企业传播通道形成了过剩。以传播的 5W 模式审视，传播通道仅仅是个中间环节，而要形成良好的传播效果，从传者、信源的前端来追寻富有信度的传播内容则更显重要。

一　媒体技术引发传播通道过剩

随着 Web2.0 技术成熟、移动互联网广泛运用、社会化媒体带来个体传播活跃以及大数据对数字环境呈现，敏感的企业界自然而然地将它们用于最能带来经济效益的营销。由此，企业营销传播犹如插上了通道的翅膀，同时也催生了一次次媒体工具问世的狂飙与狂热。博客营销、微博营销、微信营销、二维码营销、大数据营销、数字营销、移动营销等概念与对应的"大师"们纷纷登场。截至 2015 年 8 月 31 日，百度搜索显示以下数据。

"博客营销"相关结果约 2440 万个；"博客营销大师"相关结果约 79.6 万个；

"微博营销"相关结果约 2320 万个；"微博营销大师"相关结果约 190 万个；

"微信营销"相关结果约 165 万个；"微信营销大师"相关结果约 43.3 万个；

"二维码营销"相关结果约 1100 万个；"二维码营销大师"结果约

60.2 万个；

"大数据营销"相关结果约 4320 万个；"大数据营销大师"结果约 937 万个；

"数字营销"相关结果约 142 万个；"数字营销大师"相关结果约 111 万个；

"移动营销"相关结果约 83 万个；"移动营销大师"相关结果约 903 万个。

与此同时，当当网图书关键词搜索显示："微博营销"共 652 件商品；"微信营销"共 1561 件商品；"二维码营销"共 234 件商品；"大数据营销"共 559 件商品；"数字营销"共 395 件商品；"移动营销"共 1177 件商品。

新技术、新媒体、新通道，本应投入市场开发、社会应用，这本身并无可厚非；但学术界却需理性深思：我们的学术思想是简单跟风还是需超越工具时尚而进入理论建构层面？我们的学术价值是对操作工具画蛇添足式的唠叨还是理论提升的前瞻性探索？我们可以发现，诸多新媒体营销概念热上一两年，就迅速被新崛起的媒体形态压制、湮没；但社会上对单一新媒体的追逐性狂热却丝毫未减，仍然不断逐浪赶潮，即使上一波浪头已经扑打在沙滩上浑然无迹。也就是说，我们稍稍超越短期营销功用来冷静旁观与回望，便可以清晰地看到一波波新媒体工具营销狂飙与狂热的酿成与沉寂的轨迹纹路。而且我们可以意识到，传统媒体在传统营销传播中所起的作用在当时丝毫不比当下的某一类新媒体作用差，但我们见到过类似的单一报纸营销、杂志营销、广播营销、电视营销等营销方式了吗？也就是说，将企业生死存亡的营销与单一媒体形态捆绑，本身就是反营销、反实践的。

当一波波新媒体狂欢过后，我们发现连我们个人都已经有足够的媒体工具与通道了，几乎达到任何人每时每刻想直播什么就直播什么的自由。于是我们的个体无法生产更多的传播内容，只得以"转发"、"点赞"及手势符号等证明自己的媒体存在。企业面临同样的现实，那就是传播通道过剩已经是不争的事实。其主要体现为以下几个方面。

1. 企业拥有了多种类、多数量的自有媒体

传统的企业报、企业杂志、企业画册等在新媒体环境下几乎没有列入

自媒体范畴，但却也是一种现实的存在。在其基础上，企业官方网站作为企业存在的数字载体，几乎为所有企业所重视。同时，企业的自有网店、App、QQ 空间、论坛、官方微博、微信公众号也开始得到采用。数据显示：截至 2014 年 12 月，我国使用互联网办公的企业比例为 78.7%，规模 50 人及以上的企业，互联网使用比例超过 80%。调查结果显示，利用互联网开展过营销活动的受访企业使用率最高的是利用即时聊天工具进行营销推广，达 62.71%。① 在"小米"品牌的自媒体矩阵中，创始人雷军的微博、微信，创业团队的个人微博、微信，以及各细分产品的微博、微信，骨干员工、营销人员的微博、微信等，均成为企业自有媒体不可或缺的组成部分。如此可以说，企业其实已具有了足够多的传播通道。

2. 企业自有媒体开发利用不足

毫无疑问，我们已经身处"互联网+"时代，企业无一例外地拥有了诸多传播通道，理论上已就此坐上了信息传播高速列车，可以随时随地与环境进行数据信息的交换。但有了"互联网+"标签不等于企业对以网络为基础的自有媒体进行了充分、有效的开发。调查显示，虽然目前有 78.7% 的中小企业在运用互联网，却仅有 41.4% 的企业拥有独立的网站，开展在线销售的企业比例仅为 24.7%；而企业普遍利用即时聊天工具进行营销推广、搜索引擎营销推广，以及利用电子商务平台推广，使用率分别为 62.7%、53.7% 和 45.5%。② 不仅如此，大多数企业还只是粗放式地建立自有数字媒体平台，并无专人负责，近六成的企业网站一个月都难以更新一次。即使内容经常更新，对发布内容的管理却不够重视；通过关注发现，企业网站、企业微博，其发布的信息、展示的商品或推广的活动，多是内容各异，没有在发挥各自优势的基础上形成统一的传播。初广志教授的一项调查显示：有 54.8% 的企业高管认为自己企业的各种营销传播手段缺乏战略上的一致，而认为企业相关部门之间缺乏协调的企业高管比

---

① 中国互联网络信息中心（CNNIC）：《第 35 次中国互联网络发展状况统计报告》，2015 年 2 月 3 日，http://www.cnnic.net.cn/hlwfzyj/hlwxzbg/hlwtjbg/201502/t20150203_51634.htm。

② 中国互联网络信息中心（CNNIC）：《2014 年下半年中国企业互联网应用状况调查报告》，2015 年 2 月 3 日，http://www.cnnic.net.cn/hlwfzyj/hlwxzbg/hlwqybg/201503/t20150316_51984.htm。

例达 51.9%，认为企业还停留在广告为主导的营销观念的企业高管比例为 44.7%。[①] 我们的一项研究也表明：搜索平台上品牌信息来源于品牌主主导的信息仅占 25%。[②] 显然，不少企业面对诸多传播通道突然摆到自己的面前，显得猝不及防、应对无策，更别说自觉与理性地开发与利用。

3. 企业自媒体的互动性、黏性不够

当企业的自有媒体已经足够丰富，也就意味着企业可以随时随地与消费者进行一对一的对话与沟通。如此，企业如果对单一的个体能予以足够重视，充分进行人性化的沟通，那么用于沟通的信息，显然就是消费者不仅愿意容忍而且乐于获得的信息内容了。有学者曾针对社会化媒体的营销沟通提出了 5T 模型，即谈论者（Talkers）、话题（Topics）、工具（Tools）、参与（Taking Part）和跟踪（Tracking），认为企业与消费者通过网站互动栏、微博、微信进行友好的互动、交流，不仅能达到互动营销的效果，而且能够增强企业和客户之间的关系，巩固品牌正向传播的效应。[③] 但诸多企业却往往漠视自有数字媒体的"互动"作用，依旧像对待传统媒体时期的消费者那样，机械地"自动回复"各种问题，而毫无个性化、情感化可言。如京东商城的客服界面，无论是消费者询问特定的区域能不能送货，或者缺货商品什么时候到货，都是系统自动回复。许多用户抱着与品牌一对一聊天的心态来登录品牌微信的公众账号，但大多数用户关注了某品牌并试图与其聊天后，发现对方根本不像微信上的好友，更像是一部机器。CNNIC 的《第 35 次中国互联网络发展状况统计报告》数据显示，我国城市 O2O 用户的互动频率不高，一线城市仅 41.5% 的人偶尔进行回复和评论，二线城市为 33.9%，三线城市则为 15.8% 的人经常回复和评论。而就企业自媒体黏性而言，新浪的企业微博具有一定的代表性："联想 V"有粉丝 213.5 万，发表微博 1.37 万；"康师傅 V"有粉丝 150 万，发表微博 2932 条；"中青旅 V"有 38 万粉丝，也有 9095 条微

① 初广志：《整合营销传播的本土化研究——中国企业营销传播管理者的视角》，《现代传播》（中国传媒大学学报）2010 年第 12 期，第 84~91 页。
② 舒咏平：《新媒体广告传播》，上海交通大学出版社，2015，第 139 页。
③ 王战平、阮成奇等：《企业微博传播效果测评研究》，《情报科学》2014 年第 9 期，第 52~59 页。

博；"波司登 V"有粉丝 20.7 万，发表微博 1.35 万条；"海尔 V"有粉丝 15 万，发表微博 7597 条；"三只松鼠 V"虽然仅 12 万粉丝，但却有 6330 条微博；"周黑鸭 V"有粉丝 7.8 万，发表微博 5987 条；应该说这是从微博发布与粉丝黏性结合上做得比较好的企业。但我们也可以发现，不少品牌的微博却缺乏足够的黏性："同仁堂阿胶"粉丝 9201，发微博 25122 条；"雅戈尔体验馆"粉丝 37118，发微博 1005 条；"蓝月亮科学洗衣"粉丝 1 万，发微博 318 条；"同仁堂化妆品官方微博"粉丝 5440，发微博 43 条。通过如上比较，则可看到后者的黏性明显弱于前者。我们知道：在网络新闻领域是"无跟帖不新闻"、在电子商务领域是"无评论不交易"。① 那么，缺乏以"评论"来显示的互动与黏性，企业自媒体作为通道的生命力就容易被质疑了。

由此可见，新媒体发展尤其是社会化媒体的普及，使企业传播通道实际已经形成了过剩，也就是说传播通道已经不是问题。因为在社会化媒体、口碑传播、大数据时代，品牌信息传播已经让言者不单是自己、让引发响应不再靠媒体；而问题的关键已经自然转移到"有什么可说""传播什么"的内容开发之上。

二　由工具走向价值的品牌传播

虽然一种种新媒体营销工具诞生总难免引发一阵阵兴奋与时尚，但它们往往很快化为普通、回归通道工具之一，并被营销传播或品牌传播整合。早在 20 世纪 90 年代，整合营销传播理论的提出者舒尔茨就指出：现在市场由于资讯超载、媒体繁多而干扰大增，因此更重要的是在接触方式基础上决定与消费者沟通什么诉求主题。为此，他提出对各种营销手段、传播通道等消费者接触点所接触到的资讯碎片进行组合，形成一致的诉求。而当时，他已经意识到了单向度传播系统下整合营销传播的困难，预期着双向性新媒体给整合营销传播、建立起和顾客的关系

---

① 钟瑛、张恒山：《大数据的缘起、冲击及其应对》，《现代传播》（中国传媒大学学报）2013 年第 7 期，第 104~109 页。

带来的福音。① 也就是说，整合营销传播理念中的"整合"本质就是以一个营销声音来对工具整合，即对传播通道、营销手段的整合。或者说，在 20 世纪 90 年代舒尔茨就已经超越了单一营销手段、单一传播通道的思维，而由传播通道进入传播内容。另一位整合营销传播专家汤姆·邓肯也认为："在整合营销传播活动中，如果从一次活动到另一次活动或从一个媒体到另一个媒体，都能统一信息的风格，就拥有了一致性。"② 可以看出，整合营销传播的精髓就是对信息一致性聚合传播的强调，以引发消费者对于品牌明确统一的感受。这种感受则来源于企业在品牌传播过程中不断地制造"议题相关性"、不断地聚合各种品牌信息，从而实现顾客对于品牌的"认知一贯性"。尽管不同的媒体通道在传递信息时可以使用不同的语气与方式，但对于"营销主张一致性"以及"品牌一致性"却必须进行明确而执着的坚守，如此才能避免多通道、碎片化信息之间产生抵消与损耗。实际上，唐·舒尔茨在提出整合营销传播之后，其理念快速向品牌提升，他说道："品牌是买卖双方一致认同，并可以据此达成某种交换协议，进而为双方都创造价值的东西"，"品牌是为买卖双方所识别并能够为双方带来价值的东西"。③ 英国品牌学家保罗·斯图伯特也说道："品牌不是违背消费者意愿而强加在'品牌的忠诚信徒'头上的。品牌使消费者在日益复杂的世界上充满自信地购物。品牌为消费者提供了质量、价值和产品满意方面的保证。只要品牌保持其作用，消费者就会继续给以支持，反之，如果消费者不喜欢某个品牌，或品牌不能满足消费者的需要，或出现了另一个更好满足消费者需要的品牌，品牌的区别功能就使消费者避开不满意的品牌，另选一个替代者。"④ 如此，作为企业与消费者建立以信誉为核心的全方位关系的品牌传播，就具有了既融合营销、广告、媒体的策略要素，更拥有了理念共鸣、文化共振、关系共存的战略意义。

---

① 〔美〕唐·E. 舒尔茨等：《整合行销传播》，吴怡国等译，中国物价出版社，2002，第 80、68、56、209~210 页。
② 〔美〕汤姆·邓肯：《广告与整合营销传播原理》，廖以臣、张广玲译，机械工业出版社，2006，第 193~194 页。
③ 〔美〕唐·舒尔茨、海蒂·舒尔茨：《唐·舒尔茨论品牌》，高增安、赵红译，人民邮电出版社，2005，第 8~9 页。
④ 〔英〕保罗·斯图伯特主编《品牌的力量》，尹英等译，中信出版社，2000，第 12 页。

如"王老吉"的声名鹊起是在 2003 年，其整合营销传播策略的出发点，就是从到底是把产品当作药用凉茶还是当作饮料来卖而起步的。经周密的市场调研、企业访谈、中药文化与品牌文化解读，王老吉的品牌成功形成了定位及一致性诉求——"怕上火，喝王老吉"。该定位既是产品的主打功能，又是品牌与消费者的关系链接点，更是品牌的核心价值。而"微软的世界窗户""丰田每一天""苹果的全球开发者大会（WWDC）发布""农夫山泉有点甜""送礼就送脑白金""洽洽瓜子是煮出来的"等，这诸多案例最终均将营销传播的凝聚点归结到了品牌定位之上。也正是在此意义上，品牌传播成为时代的话语。百度搜索显示，"品牌传播"的相关结果约 1570 万个。而在期刊网上，"品牌传播"的论文数也是逐年递增：2002 年 27 篇、2005 年 154 篇、2010 年 306 篇、2014 年 485 篇。一批著作也相继问世：《品牌传播学》（余明阳，2005）、《品牌传播策略》（舒咏平，2007）、《消费品牌传播》（韩进军，2007）、《文化品牌传播》（王钧，2007）、《品牌聚合传播》（舒咏平、余明阳，2008）、《品牌传播与管理》（舒咏平、郑伶俐，2008）、《有效的品牌传播》（张树庭、吕艳丹，2008）、《整合品牌传播学》（林升梁，2008）、《品牌传播学》（段淳林、戴世富，2009）、《品牌传播论》（舒咏平，2010）、《服务品牌传播》（张贤平，2010）、《品牌传播策划》（施安，2012）、《品牌传播教程》（舒咏平，2013）、《整合品牌传播——从 IMC 到 IBC 理论构建》（段淳林，2014）、《品牌传播研究》（罗子明，2015）……这些论著有个共同的认知，即品牌传播以品牌信誉在消费者及公众心目中建构为目标，以包含产品品质、服务满足、广告、公共关系、营销对话在内的互动沟通为手段的现代主体性传播实践活动。[1] 也就是说，品牌传播既尊重营销策略、媒体通道，又在对它们自由取舍的整合中，凸显着被营销传播技术与技巧笼罩的品牌传播信源本位。

可以说，社会化媒体让品牌主成为自由的传播主体，传播通道已经不是问题；而从企业自有的媒体通道并没有得到充分利用的角度审视，也就意味着企业传播通道实际形成了过剩。相对于通道过剩，传播信源却资源

---

① 舒咏平编著《品牌传播教程》，北京师范大学出版社，2013，第 19 页。

匮乏，凸显出富有传播价值的品牌信源不仅重要、稀缺，而且弥足珍贵。段淳林在其《整合品牌传播》中曾写道："整合品牌传播指企业以移动社会化媒体为主要平台，使用跨媒体整合方式，围绕着品牌核心价值开展价值共创活动，与消费者互动沟通建立价值关系，使品牌价值突破经济价值上升到社会价值的战略组织传播过程。"① 这里，其重心不是社会化媒体平台，也不是跨媒体整合，甚至不是营销功用，而是通过过程传播实现品牌价值共创、价值关系建立、经济价值升华至社会价值。如此，我们的逻辑必然延伸至品牌传播中的品牌价值这一核心问题之上。

三　品牌价值的深层追溯：人文价值为本

国内外学者对品牌价值评估研究主要从基于财务要素、基于财务要素和市场要素、基于消费者要素三种角度展开。基于财务要素研究品牌价值评估是利用会计学的原理来测量品牌价值：具有代表性的有成本法、股票市值法。而基于财务要素和市场要素的品牌价值评估是在财务要素基础上，引入品牌在市场上的表现，结合这两大要素对品牌价值进行评估；代表方法有英特品牌价值法、世界品牌实验室法、HIROS 模型法。随着品牌价值理论越来越重视品牌价值与消费者的关系机理，品牌价值真正动力源泉来自消费者的观点被广泛接受，基于消费者要素的品牌价值评估研究逐渐成为主流观点。其中 Aaker 提出的品牌价值十要素模型最值得关注，其模型如表 1 所示。②

表 1　Aaker 提出的品牌价值十要素模型

一级指标	二级指标
忠诚度评估	（1）价差效应 （2）满意度/忠诚度
品质认知或领导品牌评估	（3）品质认知 （4）领导性/受欢迎度

---

① 段淳林：《整合品牌传播——从 IMC 到 IBC 理论建构》，世界图书出版公司，2014，第 77 页。

② David A. Aaker, *Building Strong Brands* (The Free Prees, 1996).

一级指标	二级指标
品牌联想或差异化评估	（5）价值认知 （6）品牌个性 （7）品牌联想
品牌认知度评估	（8）品牌知名度
市场状况评估	（9）市场占有率 （10）市场价格及渠道覆盖率

但品牌价值的探索远远没有止步，又有学者提出，基于消费者要素的品牌价值其实来自生产者，认为生产者的特殊劳动投入与市场认可的契合度越高，品牌价值越大；契合度越低，品牌价值越小。从系统的角度看，可以得到以下品牌价值的构成要素：生产者特殊劳动投入要素包括资源稀缺性、技术及工艺、品质保证、文化特征开发、形象及广告和客户服务管理等；市场认可要素包括消费者的专属与独享感、功能利益、安全与耐用性、审美与个性、信赖感、亲切感等。品牌价值高低不是生产者一厢情愿的事，它取决于特殊劳动投入，但投入的方向、数量和质量必须符合市场需要，即生产者所付出的成本只有最大限度地满足了消费者的功能利益、安全与耐用性、审美与个性、专属与独享感、信赖感、亲情感等需要，才是有效的，品牌价值才能实现。[①] 在品牌价值由生产者—品牌载体—消费者的转化中，品牌不仅仅由于其功能性价值而被人喜爱，也由于其心理和社会价值而被人喜爱。[②] 成功的品牌往往带领顾客进入一个更深层次的、普遍的情感层次。[③] 美国学者斯科特·戴维斯为此提出品牌金字塔模型，认为：金字塔最底端是品牌的特征和属性，满足消费者基本需要；中间部分是品牌利益，满足消费者情感需要；最顶峰是品牌的信念和价值，满足消费者精神和文化需要。[④] 我国学者年小山在分析品牌价值与文化关系的

---

① 王成荣、邹珊刚：《论品牌价值的来源及构成》，《商业研究》2005 年第 9 期，第 7~10 页。
② S. King, *What is a Brand?*（London：J. Walter Thompson，1970）.
③ Marc Gobe, *Emotional Branding*（New York：Allworth Press，2001），pp. 120-127.
④ 〔美〕斯科特·戴维斯：《品牌资产管理》，刘莹等译，中国财政经济出版社，2006，第 48~49 页。

基础上，提出品牌是物质文化与精神文化的高度结合。物质文化包括资金、设备、活动场所等，精神文化包括品牌符号、品牌语言、品牌信息等。品牌包括物质文化系统、精神文化系统、行为文化系统。① 随着人们对品牌价值认识的深入，品牌价值是个复杂、可多角度审视的系统几近成为共识。乔均就此说道："价值是一个相对概念，决定价值构成的因素有许多，商品价值量是价值构成的多元自变函数决定的。""品牌是实体价值功能和非实体价值功能的综合体。"②

既然品牌价值的追索有着如此的积淀与呈现，那么我们顺其逻辑，则自然可在更宏观的层面，以及用中国传统而经典的话语来审视品牌的人文价值。《左传·襄公二十四年》写道："'太上有立德，其次有立功，其次有立言'，虽久不废，此之谓三不朽。"孔颖达在《春秋左传正义》中对德、功、言三者分别做了界定："立德谓创制垂法，博施济众"；"立功谓拯厄除难，功济于时"；"立言谓言得其要，理足可传"。由此，这"三不朽"成为人生成功与否，或曰人生价值能否体现最简明的指标。也就是说，任何主体只要能在"三立"之中得占其一，就足以不朽。而这里我们以"三立"来审视品牌的价值，可以发现品牌价值"三立"的普遍性。

1. 立功：产品功于用户、用工功于社会、纳税功于国家

品牌既指优秀的产品，又指生产并提供优秀产品的企业，其共同的价值首先在"立功"层面，即产品得到客户由衷的欢迎，并实现其功能与文化价值；品牌得到市场欢迎则必然引发产能的释放，有效地吸纳社会就业；同时也必然地通过营业税、增值税、所得税等税费交纳，而有功于国家。

2. 立德：德之不立，行之不远；企业品行，归于"五德"

优秀的品牌，必须不能有任何的短板、不能有任何负面行为，否则市场或舆论将毫不留情地予以湮没。而从品牌的人文价值层面审视，其"立德"由5个维度构成，我们同样可以用传统文化的关键词来概括。

信——品质的信誉保障，这是品牌由产品品质、服务品质、市场信誉

① 年小山：《品牌学·理论部分》，清华大学出版社，2003，第76~77页。
② 乔均：《品牌价值理论研究》，中国财政经济出版社，2007，第226~227页。

来向市场、向社会进行最基本的品牌道德呈现。如：同仁堂的"炮制虽繁必不敢省人工，品味虽贵必不敢减物力"；海信的"严守诚信经营"；"淘宝"的"宁可淘不到宝，也不能丢诚信"。显然，品牌唯有"独守信用、方自夸于世界人之前"。[①]

智——技术创新、模式创新，即创新的不懈追求与呈现；可以说品牌注定需要"苟日新，日日新，又日新"。在品牌创新中包含品牌个性定位的创新，因为品牌定位本身即创造性地在市场需求与人文价值融合的海洋中独取一勺来精心烹饪，向消费者传递；从而通过创新实践来证明自身个性生命的存在。

爱——关爱的社会角色，其体现于产品、服务、公益、管理、品牌文化的方方面面；如华为的"为用户创造价值，为奋斗者创造价值"，其实质就体现了华为品牌爱用户、爱员工的独特之"爱"。

勇——在市场惊涛骇浪中的定位坚守、市场开拓、风险驾驭，随时迎接着、进行着市场上的惊险跳跃。当乔布斯在苹果公司危机中重新归来，孤注一掷地将"苹果 iMac"推上市场，并一举扭转苹果的财政危机时，我们可以想象当时他面临市场惊涛骇浪时的勇气与决绝。

礼——"礼也者，理也。"守法规、合伦理、有风度，是法制、伦理、礼仪的有机统一。当"吉利"收购"沃尔沃"，其就收购价格、支付方式、支付期限、交易保护、损害赔偿、产权界定和交割、工商手续变更、并购后的人事安排、税负、品牌战略、企业文化、管理经营等，无一不在国际法则、当事国法律以及伦理文化的框架内逐一达成共识，并进行运作磨合；从而使得两个品牌获得双赢。

显然，这里的"五德"不同于儒家的"五常"，也不同于阴阳家的"五行"以及物的五种特征，但这又是传统五德的一个自然继承与延伸，而合理地成为现代品牌之"五德"。

3. 立言：言之于理念、言之于经验、言之于不言（存在）

优秀的品牌总是有着崇高而朴素的理念来对实践予以指导，如："同仁堂"的"修合无人见，存心有天知"；"海尔"的"真诚到永远"；"奔

---

① 《山西票号史料》编写组：《山西票号史料》，山西人民出版社，1990，第590页。

驰"的"驱动人类精神";"三星"的"我们从消费者出发"。优秀的品牌之立言，还不仅仅在于它怎么说，更在于它如何做、如何成功实践，如："苹果"的开发主题"每个肯定的想法中都有一千个反对的声音";"宝马"经营中的"迭代资本与创新转移";"华为"客户开发中的"你中有我，我中有你"的"共赢生态圈"思维。世人或许不知道它们提出过什么至理名言，但它们的成功经验却每每成为品牌经营分享的法宝。所谓的"言之于不言"，则是品牌成功的本身即无言的丰碑，是一种本身就值得无限解读的存在；如诸多"隐形冠军"企业，虽名不见经传，却是业内高度认可的品牌。

立功、立德、立言对品牌而言，既三位一体，同时又以"立德"为内在核心。因为，"立功"是"立德"外在的实效显示，"立言"是"立德"外在的符号显示；唯有"立德"才是品牌价值的人文之魂。由此，"信、智、爱、勇、礼"之"品牌五德"构成了品牌人文价值的基本维度，成为品牌富有持续竞争力的人文价值保障。对深受消费者欢迎的成功品牌进行审视，我们可以看到它们在运作中不存在任何短板，即事实上构成了"五德"之模范；并因此构成了可靠、可信、丰富且受欢迎的品牌传播内容资源体系。也就是说成功的品牌，其"五德"往往成为人们津津乐道的话题，成为口碑传播资源不竭的内容。相形之下，关注、强调甚至押宝单一的媒体通道自然会显示出自身的窘迫来。

当社会化媒体使得人人拥有"摄影机""麦克风"，企业传播通道形成过剩时，立足于"品牌五德"人文价值基础上的各类创意传播内容，通过首次发布传播后，自然可吸引自发的围观及二次传播，迅速建立良好的口碑效应，且在获得高接触率的基础上建立正向品牌传播效应。如OPPO手机，正是通过独立自主研发拥有了VOOC闪充的快速充电技术，在18项专利基础上将最快充电速度提升了4倍以上，从而在中国企业竞争力年会上获得"最佳技术创新奖"。这一创新体现了品牌五德，又被凝聚成"充电五分钟，通话两小时"的内容诉求，并得以展开品牌聚合传播。目前百度的"OPPO"搜索相关结果约238万个，新浪微博"OPPO"粉丝达764万，所发微博7600多条且保有评论、转发、点赞的高互动率；而OPPO品牌也进入了线下整体市场的前三名，并被年轻消费者视为智能手机的新宠。OPPO 案例显示，当富有品牌五德、富有令人信服的传播内容时，传播通道不是问题，传播效应也将水到渠成。也就是说，品牌五德乃是品牌传播信源之源！当然，"品牌五德"的人文价值，不是一个终极设定，而是品牌运作过程中的不懈追求与历史留痕！

（原载《江淮论坛》2016 年第 9 期，署名舒咏平、甘世勇）

融媒体广告的特性与品牌传播取向

尼葛洛庞帝提出"媒介融合"概念是在 1978 年,"当时能理解汇聚的人寥寥无几"。[①] 而在 40 年后的今天,以新旧媒介在数字传播技术的推动下相互汇聚、交融,实现媒介多功能一体化已成为媒体生态的基本写实。在我国,"推动传统媒体和新兴媒体融合发展"已经成为国家层面的媒体战略;以《人民日报》为代表的传统媒体在媒体融合发展方面已经取得了显著成效。在我国基层的县市,县级融媒体中心建设则标志着媒体融合推进工作重点已从中央及省级延展到基层媒体、从主干媒体扩展到支系媒体。[②] 这也意味着"融媒体"成为主流媒体最切实的、最凝练的媒介形态概念。虽然从传统的眼光看来,"融媒体"仅仅是个"资源通融、内容兼融、宣传互融、利益共融"的理念,并因此把各种媒体介质形成整合运作管理。其实质是一个机构、一个声音、一个品牌的媒体存在,并鲜明地构成了融媒体实体。

融媒体实体性的存在,使其广告经营也形成了集约统一,其基本服务出售就是"融媒体广告"的内容、形式,价格一起商谈。虽然在传统广告经营中往往有增值服务,即广告发布中增加了活动组织、多种广告信息呈现;但"融媒体广告"毕竟成为融媒体市场经营的主要产品,其经营

---

① 〔美〕罗杰·菲德勒:《媒介形态变化:认识新媒介》,明安香译,华夏出版社,2000,第 21 页。
② 黄楚新、曾林浩:《当前我国县级媒体融合建设的创新模式》,《青年记者》2019 年第 2 期。

无疑充满挑战。于是，对融媒体广告特性进行深度认识，对其经营的核心理念进行全新探索就成为融媒体发展绕不开的话题。

一　融媒体广告的特性

1. 曝光接触跨屏性

广告曝光与广告接触，是广告信息"传—受"不同角度的量化单元，但均是广告效果转化的源头。在融媒体广告中，这种广告信息的曝光与接触，其频次量化统计首先建立在"跨屏性"这一显性前提下。信息跨屏联动是界面上信息与人之间的整合、连接与互动。网络哲学家海姆曾深刻地指出："在一种意义上，界面指计算机的外围设备和显示屏；在另一种意义下，它指通过显示屏与数据相联的人的活动。"[①] 广告信息跨屏联动是指在融合媒介空间中，将广告信息表现在不同显示界面中形成结构化的信息流，并确保信息在各界面间的流动时保持一致性，完成广告信息与消费者的无缝连接和即时互动。信息跨屏联动是社会碎片化后信息重构的重要途径。"碎片化"原意为完整的东西破成诸多零块，它在 20 世纪 80 年代由后现代主义研究者提出，指的是后现代文化视野中真实的实在转化为各种影像，时间碎片化为一系列永恒的当下片段。[②] 如今，碎片化的"碎"对应消费者的时间、注意力、使用场景及需求碎片化。时间碎片化使消费者的注意力在不同媒介时间上的分布不断变迁，生活场景的不断转换、生活方式中的移动状态增加形成空间碎片化，消费者对广告信息获取的快速化、伴随化趋势等诸多因素导致广告传播发生转向，即将广告意义的时间静止表现转变成空间运动过程，这种转向也被称为"追射移动目标"。这体现了对碎片化时间和空间的追逐与衔接，将广告信息进行不间断呈现以引发消费者对广告信息的持续关注，广告意义接受从对结果的凝视与感悟到广告呈现过程的行为主动参与。于是，在移动终端、PC 机终

---

① 〔美〕迈克尔·海姆：《从界面到网络空间——虚拟实在的形而上学》，金吾伦、刘刚译，上海科技教育出版社，2000，第 80 页。

② 〔英〕迈克·费瑟斯通：《消费文化与后现代主义》，刘精明译，译林出版社，2005，第 7 页。

端、商场 LED 屏、楼宇显示屏、智能手表、电视屏，往往同一品牌、同一款产品的广告信息总是跨屏不断冲击受众的注意力，并产生广告跨屏联动的传播效应。[①] 而在融媒体广告中，这种跨屏性还体现为传统的报纸、期刊、广播、电视之形态，无论这种形态是以纸质还是电子介质，都可以跨屏性来予以阐释。如人民日报媒体融合实践或言人民日报融媒体，可将全媒体平台"中央厨房"的信息聚合作为信息加工提供环节，其信息的跨屏呈现则主要为：《人民日报》及 29 家社属报刊共创办新媒体平台 294个，覆盖总用户数 6.35 亿；人民网中文及 9 大外文频道日常传播覆盖总用户数超过 1.3 亿，用户遍布 210 多个国家和地区；客户端累计下载量1.99 亿，微博总粉丝数 9400 万，微信粉丝数 1300 万，Facebook 账号粉丝数 3888 万。[②] 显然，其融媒体广告也自然可同步实现跨屏曝光与接触。从广告的受众角度看，便利的媒介使用也成为广告跨屏接触、实现广告信息融合接受的前提。现代工业文明所提供的生活方式和"融媒体"所营造的信息环境使消费者的消费行为跨越单一媒体端的限制，而呈现传统与现代媒体相互影响、相互融合的特点。一份来自农村广告传播模式的测量研究成果表明，农民接触广告传播模式的种类越多，其消费行为越趋于现代；反之，消费行为趋于传统；融合型的则居中；其获得三种传播模式影响的传统型占 7%、融合型占 63%、现代型占 30%。[③] 可以说，在农村广告信息的接触与获得也明显富有跨屏性。

2. 劝服角度多维性

美国实验心理学家、传播学奠基人之一的霍夫兰曾进行了旨在解释说服/态度的变化的因变量的实验，其研究发现被称为"传播劝服理论"。其发现："信源变量"中的说服的意图、信源的吸引力、信源和信宿的相似性、信源的力量、信源的可信度等均对受众态度变化的劝服

---

① 甘世勇、张昆：《媒介融合视域下的广告融合传播探析》，《出版发行研究》2017 年第10 期。

② 陈刚：《媒体融合与广告公共服务型转向研究》，《学术前沿》2019 年第 3 期。

③ 陈欢：《福建省农村广告融媒体传播与农民消费行为研究》，《沈阳农业大学学报》（社会科学版）2014 年第 5 期。

产生影响。① 传统的告知性广告，多是可识别的广告形态，虽然可能借用代言人、虚拟消费者来宣传产品，但广告的"可识别"的出资人——"广告主"角度却挥之不去，如此则构成了劝服角度依然是广告主角度、多多少少具有自卖自夸的性质与色彩。也正因为这种劝服角度的固定性，广告在人们的眼中总是"无孔不入地赤裸裸地宣传消费文化"的符号系统或社会行为模式，而广告人则在"不同领域产业人员的诚实度与道德水平中得分最低"，也使"广告在改变人们的消费习惯方面根本无效，或者效果甚微"。②

如果说传统广告赤裸裸的劝服角度确实效果有限，那么融媒体广告因为其跨屏性，而必然地形成广告形态去表层广告化，即广告信息内容变身为新闻、变身为受者意见，这使劝服的角度必然地出现多维性，也必然地提高了其广告传播效应。如融媒体广告一般以传统广告增值服务的形式转化为"线下活动线上软文"而进行传播（又称 online 线上和 offline 线下的 O2O），或更简单地称之为融媒体传播。由于融媒体发展使内容为王更形成了集约性，也使融媒体更具有传播的权威性。这使"线下活动线上软文"式的融媒体传播更方便可行。当线下的媒介事件服务或公关活动生产出新闻源，以新闻或软文形式的广告呈现就水到渠成。这时"原生广告"也就润物无声地悄悄登场。因为这种原生广告与融媒体的逐项媒体内容浑然一体，具有融媒体之上内容的原生性，与融媒体内容形成高度同构，诚如喻国明所言："原生广告是指内容风格与页面一致、设计形式镶嵌在页面之中，同时符合用户使用原页面的行为习惯的广告。"③ 显然这种无论网页整体，还是新闻、图片、视频，既可能是常规网络新闻内容，也可能是具原生性的广告，其权威见证者的角度无疑更具有劝服性。传播学者保罗·莱文森指出："不仅过去的一切媒介是因特网的内

---

① 〔美〕沃纳·赛佛林、小詹姆斯·坦卡德：《传播理论：起源、方法与应用》，郭镇之等译，华夏出版社，2000，第 181~184 页。

② 〔美〕迈克尔·舒德森：《广告：艰难的说服》，陈安全译，华夏出版社，2003，第 3、5、7 页。

③ 喻国明：《镶嵌、创意、内容：移动互联广告的三个关键词——以原生广告的操作路线为例》，《新闻与写作》2014 年第 3 期。

容，而且使用因特网的人也是其内容。因为上网的人和其他媒介消费者不一样，无论他们在网上做什么，他们都是在创造内容。"①这实际上可以说，融媒体的受众在传播互动中，其实也在创造广告内容，从受众角度在起着广告劝服作用。如微信内容的点赞、正向评论等，以及受众正向呼应的大数据智能统计，均可以视作受众参与了融媒体广告的劝服。

3. 求证可溯便捷性

一项广告公信力的实证研究发现：对于"您最信任哪个媒体的广告"选项，月收入 3000 元以上的受众有 64.2% 选择电视广告，14.0% 选择报纸广告，11.8% 选择杂志广告，6.1% 选择网络广告，3.9% 选择广播广告。②这说明传统的主流媒体除了广播之外，其广告的公信力远远高于网络广告。长期以来，由于网络广告分布于偌大的网络空间，其来源好坏掺杂，公信力也就相对低下。如仅仅对于网络广告流量虚假问题就受到舆论谴责，虽然互联网一直标榜广告效果精确可测量，然而美国网络安全公司 White Ops 在《2015 年机器人流量（BOT）广告欺诈研究报告》中预测，由于非人类产生的流量，广告商和企业将损失 72 亿美元。2016 年美国 Facebook 公司表示将不再进行全平台 DSP（Demand-Side Platform）竞价产品的研发，因为他们发现这个平台 75% 以上的流量都是不良的，这些由劣质广告和虚假机器人流量组成的流量毫无广告价值。③这尚是网络广告流量方面存在的虚假，网络广告内容的真实性更由于其形态无从识别导致监管缺位而往往更令人怀疑。如"百度竞价排名医疗广告"就曾因为名义上的公立医院医疗机构而实质为外包的民营机构导致人命事件而陷入了信任危机。

在融媒体广告中，由于传统媒体的公信力自然迁移到同一系统的网络媒体，其社会公信力相应得到提高。因为，"信息源的信用度取决于信息

---

① 〔美〕保罗·莱文森：《数字麦克卢汉——信息化新纪元指南》，何道宽译，社会科学文献出版社，2001，第 53 页。

② 舒咏平：《广告传播与公共信任——广告公信力研究》，人民出版社，2009，第 214 页。

③ 任学安：《媒体融合背景下电视广告经营创新策略——以中央电视台广告经营转型为例》，《电视研究》2017 年第 10 期。

源的专业性、可信性和可爱性"。① 如果说"信息源"的信用依然属于广告劝服的角度，但融媒体广告的"一键链接"与"同屏搜索"却鲜明地体现出"求证可溯便捷性"，让受众在便捷的求证溯源中消除疑虑、增加信任。所谓"一键链接"即在融媒体广告所提供的广告主相关链接中，一键进入广告主的网络信息矩阵；"同屏搜索"则是以融媒体广告的关键词进行搜索查询，且可以在同一屏幕上进行信息比对。我国广告学者丁俊杰曾指出："消费者不再相信单一的信息来源，他们需要不断地'搜索'、'分享'和'比较'，从而获取自己更需要和更满意的信息。这就又提出一个命题：在信息泛滥的今天，怎样才能吸引消费者主动出击去搜索并分享广告信息？我们的回答是'广告传播平台化'，以网络技术和数据库技术为内核，将原来对于消费者的'轰炸式'的传播方法演化为'尊重本体需求下的吸引'模式。"② 也就是说，作为融媒体广告有机组成部分的网络板块，因平台式思维以及从受众信息需求的服务出发，其接受者只要对广告内容存疑或者欲进行广告扩展认知，均可以便捷地进行内容求证溯源，从而消除疑虑，增加信任，达成融媒体广告的价值。

二 融媒体广告的品牌传播取向

广告求关注求新颖的本质使其自身总与媒体新趋势相伴相随。广告商、广告主总会在跟踪消费者媒体接触习惯基础上，自然地将各类品牌与产品的广告信息通过融合媒介渠道，最大限度实现广告信息与消费者的即时互动交流，引发消费者在融合媒介环境中对广告信息此时此刻的需求。于是，以信息融合联动，并体现于媒介、信息、消费者之间的广告融合广告应运而生；并形成与以往独立闭合、静态单向的广告形态的明显区别。从信息学角度来看，融合是一种形式框架，其过程是用数学方法和技术工

---

① 〔美〕菲利普·科特勒、凯文·莱恩·凯勒：《营销管理》，卢泰宏、高辉译，中国人民大学出版社，2009，第414页。

② 丁俊杰：《2008年，中国广告业的动力与动向》，《山西大学学报》（哲学社会科学版）2008年第3期。

具综合不同源信息，目的是得到高品质的有用信息。[①] 在融合媒体环境可随时随地获得海量信息流的背景下，明确的、精准的、一致性的广告诉求总是期待能引发消费者的相应决策；就融媒体经营者而言，其所展开的各种品牌及产品信息的传播服务及其传播形态，其本质无疑就是融合广告传播。

但是由融媒体广告的曝光接触跨屏性、劝服角度多维性、求证可溯便捷性所决定，融媒体广告形态的去广告化使其在多元化结构基础上形成广告信息的品牌化全新聚合。同时由于消费者根据主体需求，主动进行品牌搜寻与广告信息获得，使融媒体上的碎片化广告信息重新得到显现、聚合、接受，并聚合成品牌的传播认知。融媒体广告一方面统摄了媒介渠道多样性，另一方面则实现了广告信息融合中的内容重聚与品牌传播。所谓"品牌传播"，张树庭等学者认为：就是品牌所有者通过广告、新闻、公关等"多种传播策略及各种传播工具，与内外部目标受众进行的一系列关于品牌信息的交流活动"。[②] 可以说，在网络环境下，融媒体广告的内容与形态再以"广告"指代显然已经力不从心，而最合理的概括就是"品牌传播"。

实际上，广告最新概念内涵已经在悄悄改变。我们知道，权威的亦为传统认知的广告定义为："由可识别的出资人通过各种媒介进行的有关产品（商品、服务和观点）的、有偿的、有组织的、说服性的、综合性的非人员的信息传播活动。"[③] 但近年学者所给出的广告最新定义则为："广告是由一个可确定的来源，通过生产和发布有沟通力的内容，与生活者进行交流互动，意图使生活者发生认知、情感和行为改变的传播活动。"[④] 中美合作的几位专家给出的广告定义则是：广告是品牌"介入/相关的"用户媒介行为、达成"意图/有助品牌"而产生的联结与互动。[⑤] 这里的

---

① 潘泉、王增福等：《信息融合理论的基本方法与进展（Ⅱ）》，《控制理论与应用》2012年第10期。

② 张树庭、吕艳丹主编《有效的品牌传播》，中国传媒大学出版社，2008，第7页。

③ 〔美〕威廉·阿伦斯：《当代广告学》，丁俊杰等译，人民邮电出版社，2005，第24页。

④ 陈刚、潘洪亮：《重新定义广告——数字传播时代的广告定义研究》，《新闻与写作》2016年第4期。

⑤ 顾明毅、姜智彬、李海容：《百年广告定义研究辨析》，《现代传播》（中国传媒大学学报）2018年第4期。

"可确定的来源"可视作品牌，而"联结与互动"则视作传播；也就是说，如上两个最新的广告定义的本质内涵即"品牌传播"，而传统的"可识别出资人"的广告内涵维度则悄然褪去。显然，这种"品牌传播"内涵在融媒体广告业务中越来越显示出一种清晰度，这就是"品牌传播"取向。融媒体广告的这种品牌传播取向，可以说正通过品牌传播理念建立，品牌传播多元服务得以鲜明展现。

1. 品牌传播理念建立

之所以将品牌传播依然归属于融媒体广告，是因为其依然具有收费经营、进行产品信息传播的色彩。在新型主流融媒体的经营中，虽然也在努力"去行政化，去营利性"，其获得财政补贴的机制不断丰富，但将广告经营与公共服务融合的态势却非常分明。也就是说，广告经营开始明确地向公共服务型转变。从广告经营的内容侧重上看，一方面，公益广告、政府广告等公共服务类广告比重加大，更多地向政务、教育、旅游、环保等公共服务性的行业领域倾斜，在公益传播、政府传播、正能量引导中体现公共服务属性[①]；另一方面则加大了富有社会公信力的品牌的广告及传播力度。

无论是经济角度还是文化角度，我们提及的品牌总是正向价值的，是令消费者、经营者乃至全社会高度认可的产品符号或企业组织机构的符号，并由此被认知为"品牌是一种合同，是一种关系，是一种保证"[②]，也就是说从品牌拥有者与使用者双方的角度方能清晰地审视品牌本质属性，我们也因此可将品牌本质归纳为信誉主体与信任主体的关系符号达成。[③] 如此，我们可以进一步揭示出品牌传播理念，即品牌是实践主体信誉的正向性信息凝结，是特色创新、品质价值的认知聚合；品牌不仅适用于产品与企业，即商业品牌，而且适用于各类事业性组织与服务，即事业品牌；同时，还可一方面上升为国家品牌，另一方面体现于每一个体的个人品牌。对于富有正向价值的品牌进行多种方式与途径的传播，则是融媒

---

① 陈刚：《媒体融合与广告公共服务型转向研究》，《学术前沿》2019 年第 3 期。
② 〔美〕艾丽丝·M. 泰伯特等编《凯洛格品牌论》，刘凤瑜译，人民邮电出版社，2006，第 48 页。
③ 舒咏平：《品牌即信誉主体与信任主体的关系符号》，《品牌研究》2016 年第 1 期。

体时代内容为王的实践使命,对于融媒体广告则更是基本理念所在。2014年,习近平在河南考察时曾明确提出"三个转变",即"推动中国制造向中国创造转变、中国速度向中国质量转变、中国产品向中国品牌转变";而"三个转变"落实的核心则无疑是"中国品牌"之载体,因为中国品牌承载着中国创造、中国质量。这也正是国务院在 2017 年确定每年 5 月10 日为"中国品牌日"的根本动因。在此背景下,中国经济开始了品牌引领的供需结构调整,广告主开始主动实施"全方位品牌传播",消费者也更多地通过品牌信息的搜索满足进行品牌消费,处于二者之间的融媒体广告导入品牌传播理念则无疑是当然的选择。当市场主体企业实施品牌引领的发展、消费者进行品牌识别的品质性商品消费、国家全面进行品牌主导的经济转型时,作为主流的融媒体广告全面建立品牌传播理念就无疑是广告经营中的使命担当。《人民日报》曾刊文指出,要"坚持正确舆论导向,关注自主品牌成长,讲好中国品牌故事,提升中国品牌竞争力,共同促进中国品牌做大做强"。[①] 而央视在 2016 年就推出了"国家品牌计划",一方面使广告招标额实现了增长,另一方面也成功地推动了中国各行业代表性企业塑造良好国家品牌形象。央视广告经营管理中心主任任学安就表示:其广告经营管理中心定位就是由单一的广告销售升级为全方位的品牌传播。这无疑代表主流的融媒体广告正践行着品牌传播理念。

2. 品牌传播多元服务

当中央电视台广告经营提出"国家品牌计划",开始全面转型升级时,这一定意义上标志着融媒体广告正在以传播的形式帮助中国企业成就品牌,也标志着央视广告经营进入了新时代。在国家品牌计划中,最值得关注的是服务内容、产品设计、合作规则等方面进行了重大改变。如推出"国家品牌行动、国家品牌盛典、国家品牌课堂"等多项创新性的品牌传播服务,引领广告经营向全方位品牌传播服务升级。同时依托《新闻联播》《焦点访谈》等核心节目,整合各频道资源,优化产品体系,通过"固定配套+自选配套"的方式将新闻、电视剧、财经等多种类资源打包,

---

① 刘平均:《加快推动中国品牌走向世界》,人民网,http://opinion.people.cn/n1/2017/0717/c1003-29407984.html。

契合了品牌聚合传播的需求。"国家品牌计划"中的品牌传播服务始于广告，却走向了全方位、多形式的品牌传播服务。如为"国家品牌计划"中的品牌成员定制品牌故事短片，同时又通过"国家品牌计划"形象宣传片将品牌与品牌相互联结、将品牌与重要事件相互联结，无疑有效地提升了品牌的张力和深度。在具体传播形态上，也不再是时段硬广、节目软广的简单拼接，而是"固定资源+配套资源+整合传播资源"的全方位传播方案，不仅形成"1+N"的多频道传播，而且通过"央视新媒体矩阵"为品牌提供全终端"大屏"+"小屏"的跨屏传播服务。此外，央视打通电视与移动互联网同步传播渠道，提供多种即时场景式互动服务，实现品牌信息传递和销售转化。央视还成立"国家品牌研究院"，为品牌传播发展提供专业化服务和策略支持。央视的融媒体广告践行多形式创新的品牌传播服务，在 2017 年全球戛纳广告节 *Shots* 特刊上得到题为 "A Bigger Stage for Chinese Brands：The National Brand Plan"（《国家品牌计划：为中国品牌提供更大舞台》）的文章宣传，也因此得到正谋划转型的全球广告界的高度评价。[1] 无独有偶，《人民日报》作为融媒体发展的先行者，也同样以多形式进行品牌传播服务。在《人民日报》"中央厨房"，已建有跨部门协助的 46 个融媒体工作室，"报、网、端、微、屏"各种媒体资源实现了全媒体融合传播。在融媒体广告经营上，同样也是以品牌传播为业务导向，推出了"新时代·新印象"优选品牌计划，即通过传播数据分析品牌优势、点位价值与行业特点，面向地方政府和企业推出品牌传播计划，优选地方与企业单位纳入品牌传播计划，提供更加精准的品牌传播服务。其传播服务方式基于旗下海内外空中媒体、社交媒体、广播电视、户外大屏、报刊集群等媒体资源，以提供相对应的各类品牌全方位、多层次的个性化传播服务。

地方性的融媒体广告，则从区域品牌资源出发，展开融媒体多方式、多途径的品牌传播。如浙报集团对核心媒体的"三端"即《浙江日报》纸端、浙江在线网端、浙江新闻移动端进行整合，其通过品牌传播服务，

---

[1] 任学安：《媒体融合背景下电视广告经营创新策略——以中央电视台广告经营转型为例》，《电视研究》2017 年第 10 期。

使媒体经营近年实现了高位增长。仅 2016 年，其总营收、净利润同比分别增长 19%、42%。其经验所在就是取融合之势、明发展之道、优创新之术，品牌导向、个性定制，以形成全媒体品牌传播之优势。如在对"2016 中国国际（义乌）电子商务博览会"项目品牌传播中，服务项目组就为博览会量身定制了全媒体传播推广方案，在微信端发起"电商时代，谁是英雄"故事征集活动，并在故事中植入博览会的宣传推广，精准覆盖目标人群。整个活动共微信推送 36 个电商创业故事，单篇阅读量最高突破 10 万。与微信端同步，《浙江日报》纸质端和新闻 App 客户端、浙江在线 PC 端，均对博览会品牌进行多维度、多层面的有效渗透传播。[①] 而在一些地市融媒体，也通过本地品牌客户服务、定制化的活动，形成高品质的内容资源，再通过媒体各类通道整合，以广告、展播、新闻、专栏等方式进行品牌传播，其不仅实现服务盈利，而且提升了自身的社会公信力。[②] 显然，融媒体广告的品牌传播取向已经由理念建立走向服务实践的自觉，其在改造广告内涵的进程中是否正在悄悄地去广告化呢？

（原载《现代传播》2020 年第 1 期，署名甘世勇、舒咏平）

---

① 方卫英：《媒体融合经营的一次质的飞跃——浙报核心圈融合经营新探索》，《传媒评论》2017 年第 1 期。

② 曹光奇：《基于融媒体广告冲击下的地级电视台发展分析》，《科技传播》2018 年第 9 期。

品牌传播服务取向的广告产业转型

广告的演进历史是与历史进程中的生产技术、社会经济、传播技术等紧密联系在一起的。广告的产业化经营伴随大众传播时代的到来而出现。19世纪的大众化报纸，20世纪的广播、电视相继成为主流大众传播媒体，促进了广告业的蓬勃发展。而今，互联网、社会化媒体等数字传播媒介打破了传统大众传播媒体的传播逻辑，构筑于传统大众传播媒体基础之上的传统广告业也面临前所未有之大变局。广告主在新媒体环境中拥有了自主传播的机会和主动权，原来占据广告产业主体身份的广告公司日益被边缘化。广告产业自身的定位取向该何去何从？这必然性地引发业界、学界的广泛关注与思考。本文在梳理广告业演变的传播环境、生产条件、市场环境等发展要素基础之上，从广告产业发展的内在逻辑出发，探求当下环境中广告产业的转型取向。

一 不可逆转的"广告"萎缩

阐述"广告"的萎缩，我们有必要首先简述"广告"从何诞生以及如何发展而来。早期的招牌、幌子、叫卖、实物陈列等广告活动虽拥有部分告知、劝服等广告功能，但都依附于商品载体和人际传播，并未发展出有独立经济价值的广告业。现代意义上的"广告"是由工业革命和以报纸为代表的大众媒介催生而来的。18世纪中叶，开始于英国的工业革命逐渐影响欧洲和北美，机器化大生产使商品产量激增，广告应运而生，能够满足生产者商品推销的需求，发挥调节市场供求关系的功能。蒸汽印刷机、轮转印刷机等工业革命成果惠及报刊业，使报纸实现了大批复制，价格降低，发行量扩大。交通、通信条件的改善使报纸广泛传播。广告逐渐成为报纸的主要经济来源。这一时期，西方社会对广告的理解是："广告是有关商品或服务的新闻"（News about Product or Service）。随着社会对广告活动需求的增加，广告活动逐渐走向职业化。1841 年，福尔尼·帕尔默在美国开办了第一家广告公司。1869 年美国艾耶父子广告公司成立，开始代理广告业务，标志着广告作为一门职业的诞生。19 世纪末 20 世纪初，专业广告代理的大量涌现，大大加快了广告产业化的历史进程，广告迅速发展成独立的新兴产业。从此，广告产业逐步走上规范化的代理服务之路，其服务功能也从早期的单纯媒介代理，逐步拓展为以营销为目的，包括市场调查、广告策划与创意、广告设计与制作、广告的媒体发布与效果检测等一系列活动在内的专业服务。美国营销协会在 1948 年提出了一个影响广泛的广告定义，"广告是由可确认的广告主，以任何方式付款，对其观念、商品或服务所作的非人员性的陈述和推广"，该定义描述了现代意义上的广告产业的主要属性。

报纸、杂志、广播、电视等大众传播媒介在 20 世纪占据垄断性的传播地位，直到 21 世纪互联网的逐渐普及应用才将这一状态打破。在大众传播时代，广告产业的运营逻辑主要是基于"二次售卖"原则，即媒体出售媒介产品，吸引大量受众注意，然后将媒体版面或时间出售给广告代理公司，广告代理公司根据广告主需求制作广告创意作品，投放在相应的媒体上，也就实现了将受众注意力转售给广告主，满足其商品营销的需求。

从媒介传播环境角度来说，广告产业赖以生存的这个运营逻辑是建立在大众传播媒体具有强大而广泛的影响力基础之上的。在大众传播时代早期阶段，行为主义者提出的"刺激—反应"机制盛行，认为对人施以某种"刺激"便会出现某种"反应"行为，该模型也用来理解早期的大众传播效果。1898 年，E. 路易斯提出的"AIDA 模式"认为广告传播效果经过四个相继的阶段产生，即引起注意（Attention）、发生兴趣（Interest）、产生欲望（Desire）、行动（Action）①，该模式也是建立在"刺激—反应"心理机制基础之上的，认为广告是对人的一种刺激，会激发人们的消费行为。在20世纪70年代末改革开放之后，广告作为一种新兴事物在中国出现。1992年开始，全社会广告需求激增，中国广告业迎来增幅最大、增速最快的"黄金时代"。② 日本学者山本武利指出：改革开放初期，中国受众对广告有较高的好感度和信赖度，人们喜爱电视广告的程度甚至要超过电视节目。③ 1992年，上海市的一项广告调查表明，上海市民对广告的关心度和信任度都在80%以上。④ 广告是当时人们获取生活知识、提高生活品质的重要信息渠道。广告塑造品牌、激活消费市场的作用非常显著。⑤

从市场竞争环境角度来看，早期的商品市场是菲利普·科特勒所说的"以产品为中心的时代"，当时的营销就是把工厂生产的产品全部卖给有支付能力的人。这些产品通常都比较初级，其生产目的就是满足大众市场需求。⑥ 按照吴晓波的说法，"那是一个商品短缺而需求日渐旺盛的年代，只要产品质量过得去，营销手段稍有创新，便可以迅速获得市场青睐"。⑦ 丁俊杰指出，所谓的"营销手段的创新"，主要指手段单一的"广告轰炸"。中国20世纪80年代甚至被形容为"一做广告就灵"的年代，因为出现过许多"一条广告救活一个企业""一条广告做成一个企业"的现象；90年代被形容为"大做广告才灵"的年代，只要把大量资金砸在广告上，就能砸出名牌来。⑧

到21世纪，广告产业畅行有效的各种环境基础条件都有了非常大的

---

① 张金海、程明主编《新编广告学概论》，武汉大学出版社，2009，第85页。
② 陈培爱主编《创新与开拓——中国广告理论探索三十年》，厦门大学出版社，2009，第6页。
③ 〔日〕山本武利：《现代中国的消费革命——改革开放下中国市民的消费·广告意识》，日本广告研究所，1989，第29页。
④ 〔日〕山本武利：《现代中国的消费革命——改革开放下中国市民的消费·广告意识》，日本广告研究所，1989，第29页。
⑤ 丁俊杰、陈刚：《广告的超越》，中信出版社，2016，第13~14页。
⑥ 〔美〕菲利普·科特勒，〔印尼〕何麻温·卡塔加雅、伊万·塞蒂亚万：《营销革命3.0》，毕崇毅译，机械工业出版社，2011，第4页。
⑦ 吴晓波：《激荡三十年》，中信出版社，2007，第36页。
⑧ 陈培爱主编《创新与开拓——中国广告理论探索三十年》，厦门大学出版社，2009，第5页、第19~20页。

变化。媒介方面，互联网逐渐打破了传统媒体的垄断地位，改变了传统媒体大众化、单向化的传播模式，创造了更多媒介接触的机会，赋予普通用户主动权。不仅如此，正如麦克卢汉所说，"新媒介总是以旧媒介为内容"。报纸、杂志、电视、广播等传统大众媒体都成为互联网的内容。这使得现在出现了所谓的"零接触的一代"，他们不看传统四大媒体，唯一信息来源就是网络。[①] 保罗·莱文森指出："我们还可以说，不仅过去的一切媒介是因特网的内容，而且使用因特网的人也是其内容。因为上网的人和其他媒介消费者不一样，无论他们在网上做什么，他们都是在创造内容。"[②] 我们正在从将传播的内容灌输给大众的泛播转变为针对群体或个人的需求设计传播内容的窄播。我们正在从单向的媒介转变为互动的媒介。[③] 因为这种媒介环境的巨大变化，传统上针对广大匿名受众的大众媒介广告可能是一种行将消亡的传播形式。[④] 市场方面，商品经济逐渐从"产品竞争时代"过渡到了"品牌竞争时代"，竞争程度和层次都有了极大变化。陈刚教授将中国市场的发展划分为三个阶段：第一阶段是 1997 年以前的短缺经济时代，这时中国市场最主要的是产品经济；第二阶段是 1997—2006 年，中国市场从短缺型经济转到过剩型经济，这一阶段企业营销重点是终端渠道；第三阶段是 2006 年之后，品牌成为企业的核心竞争力。[⑤] 随着竞争加剧，广告业的水平在提升，但其所发挥的营销作用却越来越有限。这一方面是因为人们熟悉了广告这一事物；另一方面是因为日渐繁多的广告轰炸成了信息烟尘，失去了原有的注意力关注度。所以，巴普洛夫的"刺激—反应"模型已经不再适合今天消费者的现实状况，该模式所描述的那个世界已经不复存在了。综上，因为生存基础环境因素

---

① 刘国基：《传媒变革的机会与挑战：企业品牌传播》，《广告大观》（综合版）2010 年第 8 期，第 35~36 页。

② 〔美〕保罗·莱文森：《数字麦克卢汉——信息化新纪元指南》，何道宽译，社会科学文献出版社，2001，第 53 页。

③ 〔美〕Werner J. Severin，James W. Tankard，Jr.：《传播理论：起源、方法与应用》，郭镇之主译，中国传媒大学出版社，2006，第 4 页。

④ 〔美〕Werner J. Severin，James W. Tankard，Jr.：《传播理论：起源、方法与应用》，郭镇之主译，中国传媒大学出版社，2006，第 10 页。

⑤ 陈刚、王禹媚：《新兴市场、共时性竞争与整合营销传播——整合营销传播在中国市场的发展状况研究》，《广告大观》（理论版）2009 年第 1 期，第 11~19 页。

的巨大转变，广告将不可避免走向消逝。

　　行业现实发展状况也已显现出依赖于传统媒体的广告产业正在萎缩。就中国广告市场而言，央视市场研究（CTR）数据显示，2014 年至 2016 年，中国传统广告市场每年都在下降，下降幅度依次为 2.0%、7.2%、6.0%。电视广告刊例收入 2015 年同比下降 4.6%，2016 年同比下降 3.7%。报纸和杂志的刊例收入下降趋势尤为明显。报纸广告刊例收入 2015 年同比下降 35.3%，2016 年同比下降 38.7%。杂志广告刊例收入 2015 年同比下降 19.8%，2016 年同比下降 30.5%。广播媒体因中国汽车行业的高速发展，拥有规模相对庞大而稳定的车载听众群，其广告业务下降趋势不甚明显，甚至还有略微的增长。2015 年电台广告刊例收入同比下降 0.3%，2016 年电台刊例收入同比增加 2.1%。但据陈刚教授预测，智能语音产品的迅速落地成熟和逐渐规模化将从基础上动摇广播媒体的地位，其广告业务也必将无法避免受到波及。中国拥有最大的传统媒体市场。并且，CNNIC 数据显示，截至 2017 年 6 月，中国互联网普及率为 54.3%。而世界银行报告数据显示，2016 年，美国、日本互联网普及率已分别达到 87.4%、90.6%，同期中国互联网普及率仅为 49.3%。可见，中国与发达国家之间互联网普及率差距明显。在这些互联网普及率更高的国家，传统媒体广告市场所面临的状况就更为严峻。以美国报业为例，2010 年美国报业广告收入（含报纸网站收入）相当于中国 1950 年的水平，2011 年再创中国 1950 年以来最低水平。① 显然，传统的广告生存空间的萎缩一定意义上已是不可逆转。

二　品牌传播服务：广告产业转型之取向

　　在传播技术、市场环境、受众广告意识等发生巨变的时代，广告产业突破原有业态进行转型势在必行。这也成为近年来业界和学界共同关注和思考的一个重要问题，不少广告集团公司和知名广告学者从不同角度提出了广告产业的转型理念。本文梳理具有代表性的几种观点，并在对其进行

---

　　① 陈刚：《电视媒体悲剧时代的到来》，《中国传媒科技》2013 年第 23 期，第 19~20 页。

对比分析基础之上提出本文观点。

唐·舒尔茨教授提出了"整合营销传播"（Integrated Marketing Communication，IMC）理论，认为"整合营销传播是一个战略性的业务流程，企业利用这一流程在一定时间内针对消费者、已有客户、潜在客户以及其他有针对性的内外相关受众来规划、发展、执行和评估品牌的传播活动，使之协调一致、可以衡量，并且具有说服力"。① 这个定义将营销传播提升到战略的高度，可以看作对传播业变化的反应和为界定比广告更广的领域而做出的努力，但它并未明晰企业（广告主）该如何具体推进这一过程，因此在实际应用中难以落地。在最近的文章"The Future of Advertising or Whatever We're Going to Call It"中，舒尔茨把"广告"这一术语（以及其自身实践）纳入"营销传播"这一涵盖性术语下。但同时他也指出，"日益普及的术语'营销'，也正在面临和广告同样的问题，即此概念本身已经几乎成为一个无用的困扰性概念"。② 因此，广告业从自身行业特点出发对"整合营销传播"进行了更明确的定义。美国广告公司协会将其定义为："这是一个营销传播计划概念，要求充分认识用来制定综合计划时所使用的各种带来附加值的传播手段——如普通广告、直接反应广告、销售促进和公共关系——并将之结合，提供具有良好清晰度、连贯性的信息，使传播影响力最大化。"③ 这个定义的关键所在是致力于各种促销形式的结合运用，传统广告与公关、促销等被视为营销传播的渠道。中国知名广告人刘国基教授也曾提出，最好连"广告"的概念革命掉，直接以"营销传播"的概念来代替④，与舒尔茨的观点相似。这种观点照应了广告为营销服务的功能性作用和广告乃是传播活动的本质。但其也有不足之处：一是广告仍被

① Don E. Schultz, Philip J. Kitchen, *Communicating Globally: An Intergrated Marketing Approach* (Lincolnwood, IL: NTC Business Books, 2000). 转引自〔美〕唐·舒尔茨、海蒂·舒尔茨：《整合营销传播：创造企业价值的五大关键步骤》，王苗、顾洁译，清华大学出版社，2013，第18~19页。
② D. Schultz, "The Future of Advertising or Whatever We're Going to Call Itt," *Advertising Panorama* 3 (2017): 276-285.
③ 〔美〕乔治·E.贝尔齐、麦克尔·A.贝尔齐：《广告与促销：整合营销传播展望》（上），张红霞、李志宏主译，东北财经大学出版社，2000，第13页。
④ 刘国基：《新媒体广告产业政策的应对》，《广告大观》（综合版）2008年第6期，第5页。

视为营销传播的独立手段之一，同时符号化广告脱离实物性营销本身就是一种进步，而"广告取消观"显然不仅对广告业自身拓展升级未有贡献，而且可以说是一种倒退；二是正如舒尔茨所说，"营销"概念本身也在经历变革，目前对"营销"的界定是混乱的，以"营销传播"来涵盖或替代"广告"，并不能为信息社会所需要的广告信息服务业转型的实践指明具体方向。

陈刚教授认为，传统的广告服务已经无法满足新的传播环境中企业营销传播的需要，他把新媒体时代的营销传播概括为以人的智慧与数字技术相结合为基础的"创意传播管理"（Creative Communication Management，CCM）。① 创意传播管理是在对数字生活空间的信息和内容管理的基础上，形成传播管理策略，依托沟通元，通过多种形式，利用有效的传播资源触发，激活生活者参与分享、交流和再创造，并通过精准传播，促成生活者转化为消费者和进行延续的再传播，在这个过程中，共同不断创造和积累有关产品和品牌的有影响力的、积极的内容。② 陈刚教授在这一理论中提出了许多富有创见的概念，包括"数字生活空间""生活者""沟通元"等，表现了其对当今时代广告传播环境和消费者角色转变的深刻洞见。创意向来被视为广告的核心，传统广告业凭借富有独特创意的广告作品吸引受众注意，激发购买需求和行为。创意传播理论注意到了新媒体时代传统广告形式的转变会导致创意方式的变化，在数字生活空间中，创意要从"沟通元"——一种凝聚了生活者最感兴趣的内容和最容易引起讨论和关注的话题的文化单元入手，激发生活者热烈的分享、讨论和参与。但该理论主要适用于那些为企业提供互联网等新媒体平台之上的营销传播服务的广告业务。互联网营销传播服务固然是当今广告产业增长最快的版块，一些学者也提出广告业将迎来"数据化转型"，基于大数据平台的创意传播能够更好地了解消费者（生活者），与其良好互动，并进行精准营销。但是，互联网和数据化营销并非广告产业唯一的业态，传统媒体和众多专业

① 陈刚：《第四类广告公司 VS 创意传播》，《广告大观》（综合版）2008 年第 5 期，第 5 页。
② 陈刚等：《创意传播管理——数字时代的营销革命》，机械工业出版社，2012，第 56~57 页。

化广告公司以及企业自身仍然是广告产业的重要部分。同时，创意传播管理强调的是传播内容，重在传播途径，也就是拉斯韦尔"5W"模式中的"Says what"和"In which channel"，但内容为谁传播、为何传播则缺乏说明清晰的价值取向，主体性不明确。

张惠辛教授指出，我们正置身于整个中国品牌营销传播发生转型的大背景下。这个转型的一个重要标志是广告的话语开始挣脱广告行业的狭隘的视野，成为广告公司、广告主与媒体建立的全社会共同的一个话语平台。同时品牌的营销传播也开始挣脱广告的狭隘空间。① 张惠辛教授将之概括为一个超越广告的时代，并在 2007 年正式出版《超广告传播：品牌营销传播的新革命》一书，提出了"超广告传播"这一理论话语。这一理论注意到了广告业原有的边界正在被打破，但在广告前加上前缀"超广告"依然不能清晰指明广告业的发展取向，其内涵依旧是模糊的。

除学界提出的广告产业转型的话语理论之外，业界也结合实践构建了营销理论模型，可以看作对传统广告产业转型的一种探索。奥美创建了"360 度品牌管家理论"，认为品牌是消费者所有相关经历的总和，在 360 度管理过程中，必须预见消费者与品牌的每一次接触机会，分别设计需要传达的信息，加强品牌在人们生活中的融入度，实现品牌与消费者的联结最大化。智威汤逊提出了"全方位品牌传播"，将具有洞察力的策略和突破性的创意天衣无缝地熔接在一起，再发展为创意出色且高度灵活的广告作品，使其适用于所有媒介。可以看出，这两家全球知名 4A 公司所提出的理论都聚焦于品牌，一切营销活动都围绕塑造品牌展开；同时理论也明显秉承了舒尔茨所提出的"整合"思想，洞察消费者生活，重视其与品牌任何可能的接触点。这两种模型都超出了传统广告的边界，是对广告业转型的积极探索，也非常具有实用价值。但不足是这种观点仅仅是一种实务操作方法，并不能作为对整个广告产业的一种主体性角色定位，而广告产业首先面临的困惑就是要从主体身份上重新界定自身角色，在逐渐被边缘化的趋势下争得自身存在的合理性。

由于"品牌传播服务"在广告业务中越来越显示出一种清晰度，最

① 张惠辛：《品牌的超广告传播策划》，《中国广告》2006 年第 5 期，第 23~25 页。

新的"广告"内涵探讨也鲜明地体现出"品牌传播"内涵。如陈刚等所给出的广告最新定义为："广告是由一个可确定的来源，通过生产和发布有沟通力的内容，与生活者进行交流互动，意图使生活者发生认知、情感和行为改变的传播活动。"① 中美合作的几位专家的广告定义则是：广告是品牌"介入/相关的"用户媒介行为、达成"意图/有助品牌"而产生的联结与互动。② 这里的"可确定的来源"可视作品牌，而"联结与互动"则视作传播；也就是说，如上两个最新的广告定义的本质内涵即"品牌传播"。如上，在对已有广告产业转型相关理论的探讨基础之上，我们提出本文观点：广告产业转型之取向为品牌传播服务。以下从三方面来阐述广告产业向品牌传播服务转型的合理性。

1. 企业需要以"品牌"为聚焦点的传播

从某种意义上说，如今企业之间的竞争就是品牌之间的竞争，企业无不奋力传播品牌，以求在品牌红海中突围，抢占消费者心智中那狭小的阶梯。菲利普·科特勒提出："品牌是一个名称、术语、符号、图案，或者是这些因素的组合，用来识别产品的制造商和销售商。它是卖方做出的不断为买方提供一系列产品的特点、利益和服务的允诺。"③ 也就是说，企业向消费者传递（主动和被动）的所有信息，包括产品、服务、活动、事件、文化等，都负载于品牌这一符号，没有品牌符号，也就无从辨认其来源，无法构成有效传播。而消费者对企业所有的认知与认可也都凝结于品牌之上，形成对品牌的整体评价。所以，对于企业而言，其需求升级到了以"品牌"为聚焦点的传播。为此，国务院专门出台文件，强调"发挥品牌引领作用　推动供需结构升级"。④ 同时，消费者的传统角色已经发生转变，他们对品牌从理性和感性上都有更高的要求，甚至可以切身参与到品牌的共建过程中，与品牌产生产品上、情感上的关联。菲利普·科

---

① 陈刚、潘洪亮：《重新定义广告——数字传播时代的广告定义研究》，《新闻与写作》2016 年第 4 期，第 24~29 页。

② 顾明毅、姜志彬、李海容：《朝向品牌传播未来的广告定义研究辨析》，2017 "首届品牌传播青年学者论坛"参会论文。

③ 〔美〕菲利普·科特勒等：《市场营销导论》，俞利军译，华夏出版社，2001，第 212 页。

④ 国务院办公厅：《关于发挥品牌引领作用　推动供需结构升级的意见》，http://www.gov.cn/zhengce/content/2016-06/20/content_5083778.htm。

特勒提出营销 3.0 时代概念，即价值驱动营销时代，在这个新的时代中，营销者不再把顾客仅仅视为消费的人，而是把他们看作具有独立思想、心灵和精神的完整的人类个体①，这一点与上述提到的陈刚教授的"生活者"的观点不谋而合。以"品牌"为导向的传播相比于"广而告之"的广告思维更多地注入了人文性，具有价值的追求，超越了工具性，更有利于塑造个性化形象，传播有温度、有趣味、有人情味的与消费者生活经验相关的内容，契合当今人们的消费心理。

2. 企业需要多样化快速有效的"传播"

传统广告传播模式乃是一种"信息邂逅"，即广告信息对于毫无准备的消费者是不期而遇的。新媒体的应用带来了一种新的广告传播模式——"搜索满足"，即消费者为了消费需求主动进行广告信息搜索并获得满足。②《消费者王朝与顾客共创价值》中提到，消费者不再盲目地被商家引导，而是主动积极地搜集各种有关信息。③ 电通适时地提出了具有互联网特质的"AISAS 模型"，重点关注了用户搜索（search）和人人分享（share）带来的变革力量。在这种传播环境中，企业不仅需要传统媒体上大规模的品牌传播，扩大品牌的知名度；同时也需要企业网站、微博、微信、论坛类部落、实体店、网店、企业领导人、活动、事件等多样化的传播。广告产业要从传统的大众化、单向度的传播向丰富的一对一、人际化传播转变。舒尔茨说过，未来的营销在于产品与消费者在每一个接触点的有效接触。在这个新媒体时代，这是箴言，也是警句。因为，网络的传播速度几乎没有时间延迟，信息可以瞬间在以个人为节点的庞大网络中快速传递，这是一把双刃剑。当品牌在某一接触点形成有效传播，就会凭借用户分享迅速产生良好口碑；反之，一旦在某一节点出现任何负面接触，则

---

① 〔美〕菲利普·科特勒，〔印尼〕何麻温·卡塔加雅、伊万·塞蒂亚万：《营销革命 3.0》，毕崇毅译，机械工业出版社，2011，第 4 页。

② 舒咏平：《"信息邂逅"与"搜索满足"——广告传播模式的嬗变与实践自觉》，《新闻大学》2011 年第 2 期，第 79~83 页。

③ C. K. Prahalad, Venkat Ramaswamy, *The Future of Competition: Co-creating Unique Value with Consumers* (Boston: Harvard Business School Press, 2004). 转引自〔美〕菲利普·科特勒，〔印尼〕何麻温·卡塔加雅、伊万·塞蒂亚万《营销革命 3.0》，毕崇毅译，机械工业出版社，2011，第 11 页。

会短时间内引起广大舆论，损害品牌形象，如 2017 年 12 月 26 日在微博上爆出的一段"暗访知名五星级酒店"的视频就让香格里拉、喜来登等高级酒店品牌形象一落千丈。所以，品牌主在新媒体环境中一定需要快速响应的主动传播。而传统广告产业作为中介，企业需要花费大量时间在与广告公司的沟通上，导致广告服务的执行常常是滞后或延迟的。

3. 企业需要专业细致的品牌传播"服务"

广告产业是服务性行业，凭借自身的专业化能力服务于企业的营销传播。现如今，随着互联网的发展，广告产业业态变得越来越不像广告产业，各种互联网科技公司的精准推荐系统比广告更有效用，企业的 In-house 团队比广告公司更加高效、更懂品牌，媒体跨过广告代理商直接与品牌主合作……英国登广告者协会（ISBA）、营销集团奥利佛（Oliver）与市场研究咨询公司思考未来（Future Thinking）联合发布的一项报告称，62% 的广告主正弱化与广告公司的合作关系，开始注重驻场（On-site）或内部（In-house）广告制作。在这种"去乙方化"的趋势下，广告产业一定要打破传统广告思维模式，调整自身角色定位，来适应不断变化的企业需求。其合理化的主体性定位即品牌传播服务者。广告的概念正在淡化，但企业都比以往任何时间更加需要品牌传播，能够提供以品牌传播为导向的专业化服务者将会受到企业欢迎。比如，央视在 2016 年推出了"国家品牌计划"项目，创新性地将"大国"思维渗入广告经营，一方面使 2016 年央视广告招标额实现了增长，另一方面项目的实施也成功地为中国各行业代表性企业塑造了良好国家品牌形象。央视广告经营管理中心主任任学安表示，其广告经营管理中心定位更加清晰，就是由单一的广告销售升级为全方位的品牌传播。事实上，央视广告中心承担的无疑为品牌传播"服务"者的角色。

在未来，传统媒体、传统广告公司、互联网科技公司以及企业 In-house 团队等将成为广告产业中主要的传播主体。它们各自拥有自身的专业优势，如传统媒体的大规模影响力、传统广告公司的创意能力、互联网科技公司的数据分析能力、企业内部团队的快速反应能力等。它们虽身份不同，但在营销传播的系统中都有一个共同的角色，就是企业的品牌传播服务者，这就明确了自身在"5W"传播系统中"Who"的主体性定位。

各类品牌传播服务者应在发展自身优势专业能力的基础上，敢于突破自身边界，寻求合作共赢，共同为企业品牌传播服务。

三　品牌传播服务形态的五大拓新

当广告产业以"品牌传播服务"进行再定位、理念再调整时，其服务对象、服务产品、服务方式在带来一片全新视野的同时，也必然引发品牌传播服务形态的拓展与创新，这集中体现在以下五大领域。

1. 基于大数据的品牌闭环管理

数字化时代来临后，社会经历了这样一个过程：信息—数据（大量的）—信息爆炸（从量变到质变）—信息形态的变化（大数据）。[1] 舍恩伯格指出，大数据是当今社会所独有的一种新型能力，即以一种前所未有的方式，通过对海量数据进行分析，获得有巨大价值的产品和服务，或深刻的洞见。[2] 大数据是全样本采集和分析，物联网、云端、移动互联网、PC、平板电脑、可穿戴设备等各种终端以及传感器都是大数据的来源，形式可以包含书籍、相册、电子邮件、社交媒体、电话、视频、电子游戏、导航应用、地理位置等。[3] 大数据时代使品牌管理更加科学化，因为企业可以实时搜集和分析有关品牌的所有可获得数据，及时掌握各个节点上用户对品牌的态度反映情况，然后根据反馈结果调整品牌传播策略。显而易见，品牌管理渗入了"控制论"的思想，它是一个周而复始的闭环系统。只不过，在没有大数据技术时，我们只能依靠随机抽样获取小规模样本数据来推断、估测整体情况。现在，大数据时代可以让品牌管理实现实时的、全样本监测和反馈，实现对品牌的科学闭环管理。具体来说，品牌大数据闭环管理涉及的环节有：市场调查与数据挖掘、数据分析与问题

---

① 倪宁：《大数据时代的传播观念变革》，《西北大学学报》（哲学社会科学版）2014年第1期，第139~145页。
② 〔英〕维克托·迈尔-舍恩伯格、肯尼思·库克耶：《大数据时代：生活、工作与思维的大变革》，盛杨燕、周涛译，浙江人民出版社，2013，第4页。
③ 谭辉煌：《大数据背景下广告的形态变迁、价值和产业转型》，《临沂大学学报》2015年第1期，第75~79页。

诊断、产品优化与创新对策、品牌提升与品牌再定位、品牌内涵与内容资源的创意与创作、品牌传播资讯的艺术设计与通道保障、品牌传播的系统策划、品牌传播载具（媒体）的系统整合、品牌传播的精细化管理、品牌传播效果的调查，到此环节之后再从第一环节的市场调查与数据挖掘重新开始，回环往复。

2. 需求丰富化的品牌再定位

品牌的定位并非一劳永逸的事情，品牌在发展过程中会面对许多正在变化的情况，比如市场竞争环境发生变化、消费者价值取向和偏好发生改变、最初定位过于模糊不清、原品牌形象衰老等。尤其在当今时代，人民日益提升的美好生活需求使品牌延伸、更新、再创变得更为频繁。因此，品牌就有了丰富的再定位需求，以顺应时代发展，保持品牌活力，赢得竞争优势。如此，品牌再定位也就成了品牌传播服务者的一块主营业务。众所周知的靠品牌再定位赢得巨大成功的品牌有"王老吉"和"百雀羚"，而这两个品牌的再定位都是广州成美营销顾问公司的杰作。王老吉再定位之前已销售多年，但品牌定位一直模糊不清，导致消费者对其认知混乱，一直局限在当地范围销售。2003年，成美将红罐王老吉凉茶定位为"预防上火的饮料"，将广告语定为"怕上火，喝王老吉"。截至2013年，其年销量从2002年的1.8亿元跃至360亿元，已超过可口可乐在中国大陆的年销量。百雀羚的初始定位为"经典国货"，作为化妆品，此定位让它与时尚感绝缘，大部分消费者都是喜爱国货的中老年女性，被年轻消费者贴上"过时"的标签，也就无法与国内外一线化妆品品牌有效竞争。2009年，成美将新品百雀羚草本护肤定位为"天然无刺激的化妆品"，将广告语确定为"百雀羚草本，天然不刺激！"按此定位，仅七年时间，百雀羚年销量由2009年的2亿元增至2016年的145亿元。2015年，百雀羚的年销量已超越巴黎欧莱雅和玉兰油在大陆的年销量，成为中国化妆品第一品牌。在为品牌提供再定位服务的过程中，成美也顺利实现了转型，原"广州成美行销广告公司"2005年更名为"广州成美营销顾问有限公司"，宣布公司聚焦于为客户制定品牌定位战略，不再承接广告业务。可以说，随着人们需求的丰富性、多样化发展，企业市场的细分、调整将越来越频繁，而体现到广告战略上，就是丰富化的品牌再定位业务的大量存在。

3. 传播信息再造的品牌内涵优化

品牌自身是营销信息传播的根源，无论人们以什么样的方式和态度接收品牌信息，最终人们消费和体验的还是品牌的产品和服务。有效的品牌传播会让优质的品牌更快赢得市场，同时也会让劣质品牌更快地走向消亡。所以，品牌传播最关键的首要步骤是对品牌内涵本身的优化，信息传播则是随着品牌内涵的优化自然地进行更新再造传递给消费者的。一个企业的领导人价值观、公司文化等根本理念会自然地投射到品牌之上，这对于塑造品牌的人格化气质是至关重要的。而现在，在众多的市场选择中，人们寻找的其实就是与自己志同道合的品牌。以微信为例，"微信之父"张小龙一直坚持"好的产品会自己说话"，微信团队一直做的工作就是坚持尊重用户和个人的初心，把微信做成一个最好的工具，不断改进那些可能会给用户带来困扰的缺陷。在 2018 年 1 月 15 日举办的微信公开课上，张小龙传达了他的产品理念，透露微信接下来会推出企业微信，帮助用户解决工作内容占据个人微信的问题，推出公众号 App 以便从 PC 端操作解放出来，鼓励用户探索线下生活而非沉迷手机，恢复公众号赞赏并直接打赏作者等功能。可以看到，微信在达到将近十亿用户的时间点，仍然不忘初心，坚持优化品牌内涵。而这些借助张小龙的公开课活动，以及新闻媒体、自媒体对该事件的报道传递给无数微信用户，使用户对其更为认同，对未来产品更加期待。所以，品牌传播服务需要向品牌上游延伸，而不必仅固守"传播"这一环节。许多企业都需要懂品牌、懂用户的专业品牌服务者的帮助。比如，阳狮集团旗下的 BBH 公司，设立了联合营销项目"Zag"，既帮助企业提出产品概念、设计品牌，又帮助企业营销和配送产品，结果大受好评。可以说，品牌内涵的优化，超越了传统广告仅把注意力放在信息的制作与传播上，而是将注意力、创造力向前延伸至信源，因为信源得到优化，后面的品牌传播势必更富有效果。

4. O2O 一体化的品牌聚合传播

平板电脑、智能手机等移动互联网终端以及移动支付工具的普及应用逐渐将 Online（线上）和 Offline（线下）生活无缝连接在一起，我们在线上虚拟空间和线下实体空间随意进行切换，在这种融合空间中进行信息互通和消费购买。Online 作为一种媒介，一方面承担品牌信息传播扩散功能，主要通过微博、微信公众号、电子会员卡、团购 App、B2C 电商平台、搜索引擎、地图软件等渠道；同时利用各种线上渠道进行数据搜集分析，进行精确地品牌传播和客户管理。另一方面承担线上支付功能，主要通过银行网银、支付宝、微信支付等工具。Offline 作为一种场景，为消费者提供品牌展示和体验服务。Online 和 Offline 都属于品牌接触点，品牌无疑要力求在所有接触点上进行有效传播，对消费者产生黏性效果。随着这种 O2O 一体化的融合空间成为人们生活空间的实际样态，企业也要开展适应这种线上线下一体化布局的品牌聚合传播，通过活动、新闻、广告等信息的传播，带动线上线下互动，达到推广品牌、促进销售等效果。这也对品牌传播服务者提出了相应要求，它们要能够为企业制定系统化、可执行的 O2O 一体化品牌传播运营方案。这种基于新媒体的品牌传播职业服务空间具体主要有搜索优化服务、量化数据服务、媒介事件服务、新闻传播服务、载具整合服务、危机管理服务等。现在已有不少专业化公司提供 O2O 品牌传播方案，如阿里云、腾讯云、Hishop、蜂窝媒等。

5. 品牌自媒体矩阵规划与指导代理

新媒体因为应用便捷、传播迅速、影响面广等优势，逐渐成为品牌传播的得力媒介。不少品牌凭借自媒体矩阵的传播塑造了个性化品牌形象，赢得了忠实粉丝。例如，小米科技公司建立了 MIUI 论坛，借助"为发烧而生"的理念吸引了大量科技粉，论坛用户之间、用户与品牌官方之间的互动使之成为一个黏性很强的粉丝部落。小米董事长雷军及高管们也都成为品牌代言人，不仅个人微博拥有上千万粉丝，还在发布会、演讲会、媒体采访等平台充分展现个人魅力，为品牌注入感性内涵，如踏实努力、追求极致等，其言其行通过自媒体传播最终都凝结于品牌之上。自媒体对品牌而言最大的好处是可以尽最大可能地拓展品牌与生活者的接触点，产生与生活者的有效接触及互动，传播品牌信息，塑造品牌形象，增进品牌与生活者之间的关系。鉴于各自媒体平台拥有不同的用户属性和内容属性，品牌需要综合应用各平台优势，形成自媒体矩阵，包括官方网站、网上旗舰店、品牌微博、企业家微博、高管微博、微信公众号、微信服务号、品牌微电影、品牌 App、多媒体新闻、品牌直播等。而自媒体矩阵的组建、运营则需要专业的品牌传播理念和策略指导，以发挥品牌传播最大效果。因此，品牌自媒体矩阵规划与指导理应是品牌传播服务者的业务版块，其主要业务范畴包括品牌自媒体矩阵建设与年度运行策略规划、品牌及其相关关键词词条的维护与更新、品牌官网及其移动端内容的制作与上线、品牌新品进入电商网店的营销话语创作、品牌阶段性视频信息的艺术性制作与上线、品牌官微及其企业高管自媒体的内容聚合、品牌新闻获得的多新闻点内容创作与发布、品牌微危机与危机应对的自媒体信息制作等。这些品牌主自媒体矩阵规划与指导代理，无疑均需要有专业性的公司提供一体化代理服务；这无疑就是品牌主在"去乙方化"之后再次向更高层次的新兴服务产业提出要求，并派生出的全新业务。

可以说以上五大品牌传播服务形态，既包含了传统的广告业务，又包含了新型广告产业正在创新实践，以及富有创新空间的品牌传播服务内容。或许并不周密，但却对广告产业全新转型的方向与产品形态进行了一个探路，以期有助于新时代广告实践与理论的发展。

（原载《广告研究》2018 年第 1 期，署名舒咏平、祝晓彤）

图书在版编目（CIP）数据

品牌传播：信息时代的主体建构：舒咏平自选集／
舒咏平著. -- 北京：社会科学文献出版社，2022.3
（喻园新闻传播学者论丛）
ISBN 978-7-5201-9885-1

Ⅰ.①品⋯ Ⅱ.①舒⋯ Ⅲ.①品牌-传播-文集
Ⅳ.①F273.2-53

中国版本图书馆 CIP 数据核字（2022）第 042869 号

喻园新闻传播学者论丛
品牌传播：信息时代的主体建构
——舒咏平自选集

著　　者／舒咏平

出 版 人／王利民
责任编辑／周　琼
文稿编辑／张　格
责任印制／王京美

出　　版／社会科学文献出版社·政法传媒分社（010）59367156
　　　　　　地址：北京市北三环中路甲 29 号院华龙大厦　邮编：100029
　　　　　　网址：www.ssap.com.cn
发　　行／社会科学文献出版社（010）59367028
印　　装／三河市东方印刷有限公司

规　　格／开　本：787mm×1092mm　1/16
　　　　　　印　张：32.25　字　数：507 千字
版　　次／2022 年 3 月第 1 版　2022 年 3 月第 1 次印刷
书　　号／ISBN 978-7-5201-9885-1
定　　价／138.00 元

读者服务电话：4008918866